PUBLICATIONS

DE L'ÉCOLE DES LANGUES ORIENTALES VIVANTES

VI

1978

MÉMOIRES

SUR

L'AMBASSADE DE FRANCE

EN TURQUIE

ET SUR

LE COMMERCE DES FRANÇAIS DANS LE LEVANT

A. Quantin imprimeur
7, rue St Benoît, à Paris.

MÉMOIRES

SUR

L'AMBASSADE

DE FRANCE

E𝒩 TUR𝒬UIE

ET SUR

LE COMMERCE DES FRANÇAIS DANS LE LEVANT

PAR

M. LE COMTE DE SAINT-PRIEST

*Suivis du texte des traductions originales des Capitulations
et des Traités conclus avec la Sublime Porte ottomane*

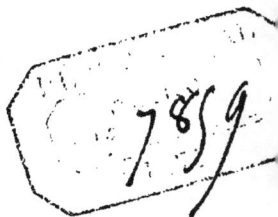

PARIS

ERNEST LEROUX, ÉDITEUR

LIBRAIRE DE LA SOCIÉTÉ ASIATIQUE

DE L'ÉCOLE DES LANGUES ORIENTALES VIVANTES, DES SOCIÉTÉS DE CALCUTTA
DE SHANGHAÏ, DE NEW-HAVEN, DU CAIRE, ETC.

28, RUE BONAPARTE, 28

—

1877

AVANT-PROPOS

Il était de règle, sous l'ancienne monarchie, que les ambassadeurs de France près la Porte Ottomane remissent au Roi, à la fin de leur mission, un mémoire sur les négociations qu'ils avaient dirigées et sur l'état du commerce et de la navigation des sujets français dans les Échelles du Levant.

M. le Comte de Saint-Priest est le dernier ambassadeur à Constantinople qui se soit conformé à cette obligation, son successeur, M. le Comte de Choiseul Gouffier, ayant été déposé, en octobre 1792, par une assemblée tumultueuse des résidents français et remplacé par le premier député de la nation.

Pendant le congé qu'il avait obtenu en 1776, M. de Saint-Priest avait, ainsi qu'il le dit lui-même, rassemblé les matériaux de son « *Mémoire sur l'ambassade de France en Turquie* ». Il avait consulté les documents conservés à la Bibliothèque du Roi, au dépôt des archives du Ministère des Affaires étrangères, et dans la maison de Noailles. A son retour en France, en 1778, il remit à la Cour cinq mémoires ayant pour objet : 1° l'histoire de la politique suivie par la France depuis l'établissement des relations politiques avec la Porte ; 2° un mémoire sur les ambassadeurs et agents de France ; 3° l'histoire du commerce et de la navigation des Français dans le Levant ; 4° un mémoire sur les établissements religieux et sur la protection que le Roi leur accorde, et enfin le compte rendu de sa mission.

Les trois premiers, qui ont un intérêt purement historique et dont il existe plusieurs copies, sont les seuls qui soient insérés dans ce volume.

L'alliance permanente de la France avec la Turquie et avec les cantons suisses était autrefois considérée par les hommes d'État français comme absolument nécessaire pour faire échec à la puissance de la maison d'Autriche[1].

Malgré l'opposition de l'opinion publique qui blâmait tout pacte avec les Musulmans, et en dépit de dissentiments passagers motivés par les caprices et les hauteurs des ministres ottomans ou les écarts de conduite de quelques ambassadeurs, l'alliance avec la Turquie s'est maintenue intacte jusqu'à la paix de Versailles.

Le mémoire de M. de Saint-Priest est plutôt un canevas qu'une histoire détaillée de la diplomatie française en Turquie. Tel qu'il est, son travail est, cependant, plus net et plus complet que celui de M. de Flassan[2].

M. de Saint-Priest ne paraît point avoir connu quelques documents manuscrits ou imprimés qui auraient pu lui fournir soit des appréciations plus justes sur certains événements, soit des dé-

1. « J'ouys dire une fois à M. le Connétable : que les roys de France avoient deux alliances et affinitez desquelles ne s'en devoient jamais distraire et despartir pour chose du monde : l'une celle des Suysses, et l'autre celle du grand Turc. *Brantôme, les vies des grands capitaines françois,* tome V, page 55 de l'édition publiée par M. Ludovic Lalanne.

2. De Flassan. Histoire générale et raisonnée de la diplomatie française et de la politique de la France depuis la fondation de la monarchie, jusqu'à la fin du règne de Louis XVI ; par M. de Flassan. Paris 1811, 7 vol. in-8°.

tails sur des faits en apparence secondaires, mais qui n'ont pas laissé que d'avoir une influence considérable sur la marche des affaires.

Les papiers des agents français à Constantinople, pendant le XVIᵉ siècle et les trente premières années du XVIIᵉ siècle, sont conservés à la Bibliothèque nationale où ils sont entrés à différents titres. Ils ont été en grande partie publiés par M. Charrière dans les *Négociations de la France dans le Levant*, recueil rempli de documents curieux, mais que la mort regrettable de M. Charrière a laissé inachevé[1]. Il s'arrête à la fin du règne de Henri III. Le lecteur curieux de recourir aux sources originales trouvera les lettres de Henri IV à M. Savari de Brèves, son ambassadeur à Constantinople, dans la collection des *Lettres missives de Henri IV* publiée par les soins de M. Berger de Xivrey[2].

1. Négociations de la France dans le Levant ou correspondances, mémoires et actes diplomatiques des ambassadeurs de France à Constantinople et des ambassadeurs, envoyés ou résidents à divers titres à Venise, Raguse, Rome, Malte et Jérusalem, en Turquie, Perse, Géorgie, Crimée, Syrie, Égypte, etc., et dans les États de Tunis, d'Alger et de Maroc, publiés pour la première fois par E. Charrière. Paris, 1848-1860.

2. Recueil des lettres missives de Henri IV (1562-1610) publié par M. Berger de Xivrey. Paris 1843-1872, 8 vol. in-4°.

Déjà au xvie siècle, Ribier avait publié sans grand ordre et sans éclaircissements quelques dépêches de MM. D'Aramon, Codignac et de la Vigne [1].

Camuzat avait également imprimé dans son recueil quelques lettres de M. de Pétremol adressées au Roi et à son ambassadeur à Venise [2].

Enfin, dans le second volume de l'*Illustre Orbandale ou l'histoire de Châlon - sur - Saône*, P. Cusset a donné le texte des instructions de M. de Germigny, quelques-unes de ses lettres et la traduction des capitulations renouvelées à la demande de Henri III [3].

Les pièces diplomatiques et les relations des

1. Lettres et mémoires d'Estat des Roys, Princes, ambassadeurs et autres ministres sous les règnes de François Ier, Henri II et François II, contenans les intelligences de ces Roys avec les Princes de l'Europe, contre les menées de Charles-Quint; principalement à Constantinople auprès du Grand Seigneur, etc., par messire Guillaume Ribier, conseiller d'État. Imprimés à Blois et se vendent à Paris chez François Clouzier, 1666, 2 volumes in-folio.

2. Meslanges historiques ou recueil de plusieurs actes, traictez, lettres missives..... depuis l'an 1390 iusque à l'an 1580, par N. C. T. (Nicolas Camuzat, Troyen); à Troyes, par Jacques Febvre, 1644. Supplément, fol. 1 à 12.

3. L'illustre Orbandale ou l'histoire ancienne et moderne de la ville et cité de Châlon-sur-Saône. Lyon, 1662, 2 vol. in-4°.

agents français ont été communiquées à J. A. de
Thou et son histoire contient sur les affaires de
France en Turquie les détails les plus exacts et
les plus précis [1].

Les documents postérieurs ont été mis à profit par Baudier et par Mézeray [2]. Les ouvrages de
ces deux historiographes de France ne méritent
nullement l'oubli et le discrédit dans lesquels ils
sont tombés.

J'ai fait suivre les trois mémoires de M. de
Saint-Priest des traductions originales des capitulations accordées par la Porte de 1528 à 1740
et des traités conclus avec la Turquie en 1802
et 1839.

1. J. A. Thuani historiarum libri C.XXX.VIII, etc. Londini,
Sam. Buckley, 1733, 7 vol. in-folio. Histoire universelle de J. A.
de Thou, de 1543 à 1607, traduite sur l'édition latine de Londres.
Paris, 1734, 16 volumes in-4°.

2. Inventaire de l'histoire générale des Turcs, où sont descriptes
les guerres des Turcs, leurs conquêtes, séditions et choses remar-
quables, etc., depuis l'an mil trois cens, jusques en l'année 1640, par
le sieur Michel Baudier de Languedoc, Gentilhomme de la maison
du Roy, conseiller et historiographe de Sa Majesté. Rouen, 1641,
in-4°.

Histoire générale des Turcs contenant l'histoire de Chalcondyle
traduite par Blaise de Vigenaire et continuée jusque en l'an
M.D.C.XII, par Thomas Artus; et en cette nouvelle édition, par
le sieur de Mezeray jusques en l'année 1661, etc., à Paris, Sébastien
Cramoisy, 1662, 2 volumes in-folio.

J'ajoute à ces quelques lignes la liste des principaux ouvrages et opuscules relatifs aux affaires de Turquie écrits par des Français pendant les xvie et xviie siècles. Un certain nombre des relations, publiées à la fin du règne de Louis XIV et dans le courant du xviiie siècle, ne doivent être consultées qu'avec réserve. Je me bornerai à recommander, pour les négociations de M. de Villeneuve, l'Histoire de la paix de Belgrade par l'abbé Laugier [1].

« Des coustumes et manières de vivre des Turcs, faict premièrement en latin par Christophe Richer, varlet de chambre du Roy très-chrestien, François premier de ce nom, et secrétaire de son chancellier, et depuis par iceluy Richer, traduict en langue françoise. Paris, Robert Estienne, imprimeur du Roy, 1542, in-8° [2]. »

---

1. *Histoire des négociations pour la paix conclue à Belgrade le* 28 *septembre* 1739, par l'abbé Laugier. Paris, veuve Duchesne, 2 vol. in-12.

2. Christophe Richer, secrétaire du cardinal Du Prat, avait été, par François Ier, chargé d'une mission à Constantinople. Il fut ensuite envoyé en Suède et en Danemark. Camuzat a publié le texte de ses instructions, du traité qu'il conclut, et quelques-unes de ses dépêches. Richer mourut le 24 mars 1552, à l'âge de trente-neuf ans.

« Le discours du voyage de Constantinoble, envoyé dudict lieu à une demoyselle françoise à Lyon. Chez Pierre de Tours, 1542 [1]. »

« Briefve description de la court du Grant Turc et un sommaire du règne des Ottmans, avec un abregé de leurs folles superstitions, ensemble l'origine de cinq empires yssuz de la secte de Mehemet par F. Antoine Geuffroy, chevalier de l'ordre de S. Jehan de Jérusalem. Paris, Chrestien Wechel, 1546, in-4°. »

« Voyage de Paris en Constantinople, celuy de Perse, avec le camp du Grand Turc, de Judée, Surie, Égypte et de la Grèce, etc.; fait par Noble homme Jehan Chesneau et par luy mis et rédigé par escrit, 1547-1555 [2]. »

« Le discours du voyage de Venise à Constantinople, contenant la querele du Grand Seigneur contre le Sophi : avec élégante description de plusieurs lieus, villes et citez de la Grèce et chose admirable en icelle. Par maistre

---

1. L'auteur de cette relation en vers était embarqué à bord de l'escadre commandée par M. de Saint-Blancart qui se rendit dans les mers du Levant en 1537.

2. Jean Chesneau était secrétaire de M. d'Aramon qu'il suivit en Turquie. Il passa en 1555 au service de Renée de France, duchesse de Ferrare.

Jacques Gassot. Paris, Ant. Leclerc, 1550[1]. »

« Les navigations, pérégrinations et voyages faicts en la Turquie par Nicolas de Nicolay, Daulphinoys, seigneur d'Arfeville, valet de chambre et géographe du Roy. Anvers, Guillaume Sylvius, imprimeur du Roy, 1576[2]. »

« Apologie faicte par un serviteur du Roy contre les calomnies des Impériaulx sur la descente du Turc. Paris, Charles Estienne, imprimeur du Roy, 1552, in-4°. »

« Articles accordez par le Grand Seigneur en faveur du Roy et de ses subjets, à Messire Claude du Bourg, chevalier, seigneur de Guérine, pour la liberté et seurté du traffiq, commerce et passage ès pays et mers de Levant. Lyon, François Didier, 1570, in-4°, 8 ff[ts]. »

« Histoire des Ottomans, grands seigneurs de Turquie, où est amplement représentée la naissance de leur monarchie, la grandeur de leur empire, etc., avec un indice géographique des noms, par T. Pelletier. Paris, Marc Orry, 1600, in-8°. »

1. Ce voyage a été réimprimé en 1606 par Fr. Jacquin.
2. N. de Nicolay accompagnait M. d'Aramon en 1550 et 1551 Dans sa préface, il donne des détails sur les ambassadeurs et les savants français qui ont visité la Turquie dans la première moitié du XVIe siècle.

« Discours abrégé des asseurez moyens d'a-
néantir et ruiner la monarchie des princes Ottomans, faict par le sieur de Brèves. S. l. n. d. 4°,
48 p. »

« Articles du traité fait en 1604 entre Henry
le Grand et le sultan Amat, empereur des Turcs,
par l'entremise de messire François Savary,
seigneur de Brèves, conseiller du Roi en ses
conseils d'État et privé. »

« Capitulation accordée par Amat, empereur
des Turcs, aux princes et potentats d'Allemagne,
d'Italie, Hollande et amis de l'Empereur de
France. Paris, s. d. 4 feuillets. »

« Discours sur l'alliance qu'a le Roy avec le
Grand Seigneur et de l'utilité qu'elle apporte à
la chrestienté. S. l. 1605, in-4°, 22 pages. »

« Relation des voyages de M. de Brèves, tant
en Grèce, en Terre Sainte et Égypte, etc.;
ensemble un traicté faict l'an 1604, entre le Roy
Henri le Grand et l'empereur des Turcs, le tout
recueilli par J. D. C. (Jacques Du Castel). Paris,
Gasse, 1628, 2 parties, in-4°. »

« Discours parénétique sur les choses turques,
divisé en trois livres, où est proposé s'il est
expédient et utile à la République chrestienne

de prendre les armes par communes forces et
les porter jusqu'en Grèce et Thrace contre ce
juré et pernicieux ennemi; par J. A. D. C. B. (de
Chavigny.) Lyon, Pierre Rigaud, 1606, in-8°. »

« Advis et relation de Turquie envoyée au Roy
par M. de Salignac, de tout ce qui s'est passé en
cet empire depuis l'avénement de l'empereur
Amat. Paris, Pierre Ménier, 1608, in-4°. »

« Lettre de sultan Osseman, empereur des
Turcs, au Roy, traduict du turc en françois sur
l'original. Paris, Nicolas Rousset, 1618, in-4°. »

« Lettre d'un des secrétaires de M. le comte
de Césy, ambassadeur pour le Roy en Levant,
sur l'éstat présent des affaires de Turquie et le
grand embrazement arrivé à Constantinople en
1628. Paris, Adrien Toupinart, 1628, petit in-4°. »

« Alliances du Roy avec le Turc et autres : jus-
tifiées contre les calomnies des Espagnols et de
leurs partisans, par G. Le Guay. Paris, Toussainct
Du Bray, 1625. »

« Les capitulations renouvelées entre
Louis XIV, Empereur de France, et Mehemet IV, Empereur des Turcs, par l'entremise
de M. Charles Olier, marquis de Nointel, conseiller du Roy en tous ses conseils et en sa

cour de Parlement de Paris et son ambassadeur
en Levant. Paris, F. Léonard, in-4°. »

« Remercîment fait au Roi au sujet de la restitution des saints lieux de la Terre Sainte que Sa
Majesté a procurée aux Religieux de l'ordre de
Saint-François, présenté à Sa Majesté par les
gardiens de la Terre Sainte. Paris, 1691, in-12. »

« Histoire des grands vizirs Mahomet Coprogli
pacha et Achmet Coprogli pacha; celle des
trois derniers Grands Seigneurs, de leurs sultanes
et principales favorites, etc. (par de Chassepol);
Amsterdam, Abraham Wolfgank, 1676, in-12. »

« Mémoires du sieur de la Croix, cy devant
secrétaire de l'ambassade de Constantinople,
contenans diverses relations très-curieuses de
l'Empire othoman. Paris, Claude Barbin, 1684.
2 vol. in-12. »

« Journal de Galland en l'année 1673 (publié
dans le 12ᵉ volume de la *Revue rétrospective*,
2ᵉ série). Paris, 1837. »

« Les mémoires du chevalier d'Arvieux,
envoyé extraordinaire du Roi à la Porte, consul
d'Alep, d'Alger, de Tripoli et autres échelles
du Levant, etc., publiés par le P. Labat. Paris,
1735, 6 vol. in-12. »

« Ambassades de M. le comte de Guilleragues et de M. de Girardin auprès du Grand Seigneur, avec plusieurs pièces curieuses, tirées des mémoires de tous les ambassadeurs à la Porte, qui font connoistre les advantages que la religion et tous les princes de l'Europe ont tirés des alliances faites par les François avec Sa Hautesse. Paris, G. de Luines, 1687, in-8°. »

« Substance d'une lettre écrite par un officier du Grand Vizir à un Pacha, touchant l'expédition de M. du Quesne à Chio et la négotiation de M. de Guilleragues avec la Porte. A Ville-Franche, Pierre Marteau, 1683. »

« Nouveau voyage du Levant par le sieur D. M. (Du Mont), etc., où l'on voit aussi les brigues secrètes de M. de Chateauneuf, ambassadeur de France à la Cour ottomane. La Haye, Étienne Foulque, 1694, in-12. »

« Voyage de M. Du Mont en France, en Italie, en Allemagne, à Malthe et en Turquie. La Haye, 1699, 4 vol. in-12. »

« Relation d'un voyage du Levant fait par ordre du Roy, contenant l'histoire ancienne et moderne de plusieurs isles de l'Archipel, de Constantinople, etc., par M. Pitton de Tournefort, conseiller du Roy. Paris, Imprimerie Royale, 1717, 2 vol. in-4°. »

Enfin, pour clore cette liste, je citerai pour le lecteur qui voudrait avoir quelques détails sur le commerce de la France dans le Levant au xviiiᵉ siècle, l'ouvrage de Flachat qui a pour titre :

« Observations sur le commerce et sur les arts d'une partie de l'Europe, de l'Asie, de l'Afrique et même des Indes orientales, par Jean Claude Flachat, directeur des établissements Levantins et de la manufacture royale de Saint-Chamond, etc. Lyon, 1766, 2 vol. in-12. »

C. S.

MÉMOIRE

SUR L'AMBASSADE

DE FRANCE

EN TURQUIE

L'ambassade de France à la Porte Ottomane réunit, pour celui qui en est chargé, au
travail de la politique, le devoir d'une vigilance
éclairée sur le commerce et la navigation des
sujets du Roi au Levant, et le soin d'y protéger
les missionnaires, autant que cela se peut sans
se compromettre; cette multitude d'objets d'occupation dont le marquis de Bonac, qui a rempli cette place depuis 1716 jusqu'en 1724, ne
négligeait aucun, ne l'a pas empêché de com-
poser sur les temps antérieurs à sa mission,
un ouvrage ayant pour titre : *Mémoire pour
servir à dresser une histoire de l'Ambassade et
des Ambassadeurs de France, auprès des Grands
Seigneurs.*

On peut dire à la vérité, que M. de Bonac

ainsi qu'il l'annonce lui-même, n'a que désigné
la carrière; sa diligence à faire, avant son départ
de France, des recherches à la Bibliothèque du
Roi n'avait pas été fructueuse : le Dépôt des
Affaires Étrangères n'existait point encore en
ce temps, et les Archives de Constantinople,
incendiées soixante ans auparavant, ne contenaient depuis cette époque aucune suite de
documents; quelques pièces détachées en faisaient tout le fond. Aussi les transactions politiques des premiers temps des liaisons de la
France avec l'empire ottoman n'ont-elles pas
été bien connues à M. de Bonac; il n'a même
su qu'imparfaitement les noms de ses prédécesseurs d'après une liste fautive qu'il a trouvée
à la Bibliothèque du Roi. L'essai de cet ambassadeur ne contient jusqu'au commencement du
règne de Louis XIII que cette même liste : il y
a joint, à compter de cette dernière époque,
quelques anecdotes sur les subséquents ambassadeurs, qu'il avait recueillies çà et là. Sentant
bien ce qui manquait à son ouvrage, M. de
Bonac se proposait, à son retour en France,
de faire de nouvelles recherches propres à
l'enrichir ; mais s'il s'en est effectivement
occupé, leur résultat n'est pas venu jusqu'à
nous.

On a quelque droit de s'étonner que cet ambassadeur, qui s'est plaint avec raison de la négligence de ses prédécesseurs à déposer aux archives du palais de France la correspondance de leur mission, ait lui-même omis d'y laisser la sienne; il est vrai qu'il a enrichi ce dépôt de différents mémoires qu'il a composés sur les affaires et événements de son temps, et on y trouve plus d'instructions sur l'ambassade de Constantinople que dans tout le reste de la collection faite jusqu'à lui; ce n'est qu'à l'année 1747, date de l'arrivée de M. le comte Desalleurs qu'elle commence à être complète. Il mourut dans son ambassade où ses papiers sont restés, et les comtes de Vergennes et de Saint-Priest, qui sont venus après lui, ont déposé l'un et l'autre leurs minutes dans les archives.

Ce dernier a pris de la lecture de M. de Bonac, l'idée de suivre les plans de cet ambassadeur et d'y donner l'étendue qu'il s'était proposée. Le comte de Saint-Priest, dans un voyage qu'il a fait en France, par congé en 1777, s'est conséquemment occupé à rassembler des matériaux; il a trouvé à la Bibliothèque du Roi des documents échappés à M. de Bonac, et notamment un *journal de l'ambassade* à Constantinople

du S^r d'Aramon, auquel étaient jointes les copies
des trois plus anciens traités de la France avec
la Porte, et dont la trace était perdue ; la bibliothèque de la maison de Noailles a fourni un intéressant extrait des négociations de François et
de Gilles de Noailles à la Porte, par l'abbé de
Vertot, ainsi que leurs correspondances particulières; enfin M. de Semonin, chargé du dépôt
des Affaires Étrangères établi pendant la minorité
de Louis XV et confié constamment en d'habiles
et vigilantes mains, a procuré au comte de
Saint-Priest un grand nombre de pièces anciennes et intéressantes qui y ont été successivement réunies. Le catalogue en est
déposé dans les Archives de Constantinople.
Cet ambassadeur s'est aussi prévalu des ouvrages,
tant imprimés que manuscrits, propres à son
sujet; il ne s'astreindra pas à en alléguer les
autorités à chaque occasion, afin d'éviter l'ennui
de ces citations fréquentes ; ses successeurs
auxquels son mémoire est destiné, auront sous
les yeux les sources où il aura puisé et n'en
pourront révoquer en doute l'existence.

Pour traiter l'histoire de l'ambassade et des
ambassadeurs de France à la Porte, il a paru
convenable d'en diviser les objets. Un mélange
d'anecdotes, particulières à ces ministres, ne pou-

vant être amalgamé heureusement avec le cours
politique des affaires qu'ils ont eu à traiter, ni
cette dernière partie s'unir à ce qui concerne
le commerce et la navigation de la France au
Levant, ainsi qu'aux progrès de la religion catholique, à laquelle nos Rois ont toujours recommandé à leurs ambassadeurs une attention spéciale ; le comte de Saint-Priest a jugé à propos
de former son ouvrage en cinq parties : La première sur la politique de la France à la Porte,
objet auquel est lié nécessairement le précis
historique des affaires de Turquie, depuis le
commencement du xvie siècle jusqu'à la guerre
de 1768, et qui doit être précédé par une exposition succincte du commencement et des progrès
de la monarchie ottomane, la seconde sera
purement anecdotique sur les ambassadeurs de
la France en Turquie depuis qu'il y en a eu de
permanents ; la troisième rassemblera quelques
notions sur le commerce ancien du Levant et
s'étendra sur celui que les Français y font
aujourd'hui ; la quatrième présentera l'état de
la religion catholique en Turquie relativement à
l'influence que les ambassadeurs de France peuvent y avoir ; la cinquième, enfin, en résumant
toutes les autres, rendra compte de l'ambassade
du comte de Saint-Priest dans toutes ses parties

et offrira les points de vue sous lesquels il pense
que ces différents objets doivent être suivis à
l'époque où il écrit; c'est le résultat de ses
observations pendant une mission de seize
années, de 1768 à 1784.

INTRODUCTION.

La nation turque est sans contredit celle de toute l'Europe dont l'histoire a été écrite avec le plus d'ignorance et d'inattention. Les auteurs chrétiens qui l'ont traitée n'ont pas puisé dans les vraies sources et s'en sont tenus à rassembler des fragments d'historiens des nations voisines, ainsi que des rapports des voyageurs ordinairement crédules ou trompeurs et que l'ignorance de la langue et des usages locaux a mis hors de portée d'être informés avec exactitude. Il faut encore convenir que les historiens de cette nation n'offrent au lecteur rien de bien satisfaisant. Le comte de Saint-Priest a vu une grande partie des règnes des princes ottomans traduits des auteurs turcs les plus estimés par M. Mouradgea, premier interprète de Suède, et l'homme le plus instruit à cet égard qui ait peut-être existé ; on n'y voit guère que des récits sans critique, chargés d'invraisemblances et dictés par le fanatisme religieux et l'orgueil national. Le champ de l'histoire turque est ouvert : si l'on y a glané, nul n'y a moissonné jusqu'à présent. Deux auteurs grecs, à portée d'être plus éclairés et mieux informés, ont aussi tenté cette carrière : le premier est Chalcondile, traduit en langue française. Il a conduit son histoire jusqu'à la conquête de la Morée par Méhémet II, en 1462; mais il y a porté les mêmes préjugés que les écrivains turcs, et d'ailleurs, les faits y sont placés avec peu d'exactitude. Démétrius Cantemir a écrit au commencement de ce siècle une prétendue *Histoire ottomane* qui n'offre au vrai que des annales très-sèches et remplies d'erreurs; ses notes présentent quelquefois des faits intéressants, mais tout l'ouvrage montre dans l'auteur un fond d'attachement stupide pour les Turcs, ses anciens maîtres, dont il regrettait le joug et le pays; il fait remonter à Gengiz-Khan l'origine de la famille Ottomane et la lie dans sa tige avec la maison tartare de Gueray, réellement issue de ce conquérant; c'est une fausseté que les auteurs turcs eux-mêmes ne se sont pas permise ; le Muphti Saad-Eddin Effendy, qui vivait à la fin du xvi* siècle, sous le règne du sultan Méhémet III, ne remonte qu'à Soliman

Chah, grand-père d'Osman, que les Turcs comptent pour leur premier empereur; ce Soliman était chef d'une horde nomade de Turcomans, nation errante entre la mer Caspienne et l'Euphrate; il se noya dans ce fleuve; son fils Ertogrul s'attacha au service d'Ala-Eddin, Sultan d'Iconium, aujourd'hui Conia, ville de Natolie, lequel établit Ertogrul auprès d'Angora; à sa mort Osman, son fils, le remplaça; mais Ala-Eddin étant décédé sans postérité, ses États se démembrèrent et il s'en forma plusieurs indépendants les uns des autres; Osman demeura maître du district qu'il gouvernait auparavant et ne tarda pas à l'agrandir par des conquêtes. On place à l'an 1300 de Jésus-Christ, et environ 700 de l'hégire, le commencement du règne d'Osman. C'est surtout aux dépens des Grecs que ce prince accrut son État, leur empire n'avait pu se remettre de la division des forces qu'avait opérée la courte domination des Latins à Constantinople, quoique finie depuis quarante ans. Osman, devenu trop vieux pour faire la guerre en personne, fit assiéger Brousse par son fils Orchan, que Chalcondile prétend avoir supplanté les aînés, ce dont Saad-Eddin ne fait aucune mention. Ce prince prit la ville au moment de la mort de son père qui y fut inhumé. L'abbé de Vertot, dans son *Histoire de Malte*, place au règne d'Osman, un premier siége de Rhodes par les Turcs et fait perdre à son fils Orchan une bataille navale, quoique, au dire des auteurs musulmans, l'un et l'autre n'aient jamais eu ni galères ni vaisseaux.

On ne peut en avoir une meilleure preuve que l'usage que ce dernier fit de quelques radeaux pour traverser l'Hellespont, lorsqu'il surprit Gallipoli et s'en empara; ce fut le premier pas des Ottomans en Europe où ils acquirent ensuite un État si considérable.

C'est à l'institution des Janissaires (en turc *Jéni tchery*, ce qui signifie : nouveau soldat), que ce Sultan dut principalement ses conquêtes. Ce génie guerrier reconnut le manque absolu de tactique et de discipline militaire dans la manière de faire la guerre usitée par les Turkomans, ses ancêtres, qui ne savaient, ainsi que les Scythes, combattre qu'à cheval; il jugea que cet antique usage serait trop difficile à changer dans sa nation et imagina en 1329 de former une milice nouvelle des captifs chrétiens faits à la guerre et devenus musulmans, laquelle serait toujours recrutée de la même manière, ou du moins, par des enfants de tributs que ces sujets chrétiens seraient obligés de fournir. Les Janissaires ne connaissaient ainsi de patrie et de famille que leur corps; ils y étaient attachés toute leur vie et ne pouvaient se marier ni entrer dans aucune classe de citoyens. Il serait difficile de trouver un régime plus parfait pour créer une milice valeureuse.

Le nombre des Janissaires fut d'abord peu considérable : le Sultan Méhémet II le porta à 12,000 hommes, et il était encore tel sous le règne de son arrière-petit-fils, le grand Soliman; ses successeurs en augmentèrent le nombre, et ne pouvant plus, sans exercer sur leurs sujets chrétiens une tyrannie qui les aurait portés à la révolte, en exiger d'enfants pour les recrues, ils se déterminèrent, vers la fin du xvie siècle, à y admettre des musulmans natifs. La discipline dès lors déclina, et cette milice fameuse est de nos jours devenue la plus méprisable de l'Europe. Ce qui mérite d'être observé, est que la plupart des grands empires qui se sont formés, ont dû leurs progrès à une institution militaire inconnue chez leurs voisins : c'est ainsi que Cyrus triompha des Assyriens par l'effet de l'éducation guerrière des Perses; que la phalange macédonienne vainquit ces derniers et fut elle-même vaincue par les légions romaines : de semblables causes produisent dans tous les temps à peu près les mêmes effets.

Amurat Ier, fils et successeur d'Orchan, hérita
d'un État déjà formé. Nicée et Nicomédie avaient
subi le joug ottoman, et les Grecs n'avaient
presque plus rien en Asie. Le nouveau Sultan s'y
arrondit encore aux dépens de quelques princes
musulmans, ses voisins, et bientôt il songea à
étendre son empire en Europe. Les faibles empereurs grecs se virent cernés de tous côtés. De
Gallipoli, Amurat marcha de proche en proche
à la conquête d'Héraclée, Rodosto, Andrinople
et Philippopolis; il poussa ses conquêtes en Macédoine, dans l'Albanie et jusqu'en Servie, où il
trouva le terme de ses victoires en 1389. Ce
Sultan après avoir gagné une bataille contre le
souverain de ce pays, qu'il fit prisonnier, fut
assassiné par un des sujets de ce prince.

Bajazet, fils et successeur d'Amurat, acquit le
surnom d'Ildirim, à cause de la rapidité de ses
conquêtes. Ce barbare commença son règne par
faire étrangler son frère Jacoub. C'est le premier fratricide dans la dynastie ottomane qui
en a tant produit depuis. Orchan avait non-
seulement ménagé le sang fraternel, mais encore
il créa pour son frère la place de grand visir
qui a toujours subsisté depuis. La férocité
s'accroît dans les nations guerrières avec leur
puissance; elle n'est pas le partage des peuples

simples dans leur énergie et que l'avidité n'a pas
encore corrompus. Bajazet est le premier empereur ottoman qui ait eu des rapports avec les
souverains de l'Europe. Sigismond de Luxem-
bourg, roi de Hongrie par sa femme Marie
d'Anjou, alarmé des progrès des Turcs vers le
Danube, eut recours aux princes chrétiens pour
en obtenir des secours et arrêter ces conqué-
rants. Charles VI régnait alors en France; malgré les dissensions intestines qui agitaient ce
royaume, l'esprit des croisades, non encore
éteint, s'y ralluma à cette occasion; le connétable partit avec six mille hommes pour renfor-
cer le roi de Hongrie pendant la campagne
de 1395, mais Bajazet, occupé d'un autre côté,
ne s'étant point montré, Sigismond n'osa s'avan-
cer en pays ennemi. L'année suivante, Jean,
comte de Nevers, fils aîné du duc de Bourgogne,
prit le commandement du corps auxiliaire français et fut suivi par un grand nombre de guerriers distingués : on y comptait le connétable, le
maréchal de Boucicaut, l'amiral Jean de Vienne,
les sires de Couci, de Bar, de La Trémoïlle et
mille chevaliers. Le comte de Nevers, qui faisait ses premières armes, avait la confiance et
la témérité qu'inspirent trop souvent la jeunesse
et l'inexpérience; il taxait d'infamie pour les

armes chrétiennes l'inaction de la précédente campagne, et il se promit bien de la réparer. L'armée hongroise assiégea Nicopolis sans se concerter avec Sigismond. Nevers animé par un léger avantage qu'avait remporté sur les Turcs le sire de Couci à la tête d'un détachement, marcha avec le corps français contre Bajazet dont l'armée était de cent mille hommes. Le Sultan prit avantage du nombre pour envelopper les Français et parvint après une assez grande résistance à les défaire; les Hongrois ne tinrent pas si longtemps; trois cents chevaliers français, prisonniers échappés au carnage, furent mis à mort en vengeance de la même cruauté exercée peu avant par le sire de Couci. Les comtes de Nevers, de La Trémoïlle, de Bar, Boucicaut et le connétable furent épargnés dans l'espoir d'en tirer une grosse rançon; celle de Nevers fut de cent mille ducats : c'est à ce haut prix que fut racheté un prince qui mit ensuite la France à deux doigts de sa ruine.

Charles VI envoya, à l'occasion de ces prisonniers, le sire de Château-Morand en ambassade au Sultan avec des présents qui consistaient en une tapisserie de Flandre et quelques toiles de Rheims ; on était bien loin alors de supposer qu'il pût un jour exister des relations de politique et de commerce entre les deux États.

L'abbé de Vertot, dans son *Histoire de Malte*, rapporte la disposition des deux armées sur laquelle les écrivains turcs ne donnent aucune lumière; il fait faire par Bajazet, après la bataille, une réprimande au comte de Nevers sur sa folle témérité : probablement elle est de l'invention de cet écrivain. Bajazet n'aurait pu être entendu du jeune prince que par interprète, et il n'est guère vraisemblable qu'il eût voulu prendre la peine de lui donner cette leçon. Selon Vertot, Sigismond et le Grand-Maître de Rhodes s'enfuirent à Constantinople par le Danube et la mer Noire sur une galère qui avait conduit ce dernier à Nicopolis. Chalcondile ne fait mention à cet égard que de Sigismond. L'historien Turc Saad-Eddin ne dit rien des Français, il parle seulement d'une bataille gagnée sur le roi de Hongrie par Bajazet qui courut grand risque dans la mêlée.

Cet événement ayant des rapports à la France, on s'est permis d'en parler avec plus de détails qu'un précis aussi abrégé ne semblait le comporter. On ajoutera encore que Château-Morand retournant en France avec Boucicaut, qu'il avait racheté, prit son chemin par Constantinople. L'un et l'autre y furent bien accueillis par l'empereur Manuel Paléologue;

ce premier, menacé par Bajazet, redemanda les deux guerriers à Charles VI, l'année suivante, et ils lui amenèrent douze cents hommes; mais Bajazet qui se vit alors menacé par Tamerlan, s'accommoda avec l'empereur grec. Celui-ci profita de ce répit pour venir en personne solliciter les secours des princes chrétiens et il arriva à Paris en 1400 avec Boucicaut qu'il ramena. Charles VI fit rendre beaucoup d'honneurs à Manuel, mais il ne put lui accorder aucun renfort; quant au connétable pris avec le comte de Nevers, il ne revit pas sa patrie. Le président Hénaut place la mort de ce guerrier à l'année 1397. Une pierre sépulcrale de marbre vert fut trouvée en 1636 au faubourg de Galata dans une église que desservaient alors les Franciscains ; elle portait l'épitaphe d'un connétable de France, comte d'Artois, mort à une bataille de Nich, en 1384. Malgré les méprises de plus d'un genre qui se trouvent dans cette inscription, on ne peut en méconnaître l'objet.

Tamerlan, qu'on fait naître dans la Sogdiane, s'était formé un grand État en envahissant l'Indoustan, la Perse, les bords du Tigre et de l'Euphrate; des princes musulmans, dépouillés par Bajazet, eurent recours à la protection de Tamerlan qui envoya une ambassade à ce Sultan

pour lui demander de les rétablir dans leurs
États. Il traita cette députation avec le plus
grand mépris, et Tamerlan outragé eut recours
à la voie des armes.

L'auteur de la nouvelle *Histoire de France*
cite une lettre de ce prince à Charles VI pour
lui proposer une alliance contre Bajazet; il faut
croire que l'idée en était venue à l'empereur
Manuel, lequel était en correspondance avec le
prince tartare; la réponse du Roi n'arriva qu'a-
près la mort de Tamerlan, qui dans l'intervalle
défit Bajazet et le fit prisonnier à une bataille
qui se donna entre eux sous les murs d'Angora,
en 1401. Le Sultan mourut dans les fers peu avant
son vainqueur. C'est, selon Cantemir, le premier empereur ottoman qui ait eu une flotte. Il
mit en mer trois cents bâtiments qui n'étaient
probablement que des galères. La défaite et la
mort de Bajazet Ildirim ne firent que suspendre
les progrès de la monarchie ottomane. Tamerlan, si on en croit les historiens turcs, se repro-
cha d'avoir abattu dans ce Sultan un des plus
fermes appuis du musulmanisme; il voulait le
rétablir dans ses États et n'en conserva pas la
conquête.

Les quatre fils de Bajazet se disputèrent
l'héritage de leur père; trois périrent les uns

2

après les autres, et Méhémet Ier, le plus jeune
demeura seul possesseur de l'Empire; ce fut
beaucoup pour sa gloire de préparer le règne de
son fils Amurat II, en lui laissant un État réuni,
et en paix avec ses voisins. Cantemir traite Amurat de prince philosophe, sans doute parce qu'il
descendit du trône après l'avoir occupé quelque
temps avec gloire; mais il paraît que cette résolution était plutôt l'effet d'une dévotion outrée;
est-il philosophique et raisonnable de céder le
sceptre d'une monarchie à peine formée, à un
enfant de quatorze ans, tel qu'était alors Méhémet, son fils? On vit bientôt l'effet de cette imprudence : les princes voisins crurent devoir
profiter de la circonstance et formèrent une puissante ligue dont Ladislas Jagellon, Roi de Pologne
ainsi que de Hongrie, fut le chef. Il marcha à la
tête d'une puissante armée sur le Danube. A cette
nouvelle, les grands officiers et les corps de milice de l'empire ottoman redemandèrent Amurat retiré à Magnésie; il sortit de sa retraite, as-
sembla ses troupes et marcha à Ladislas qui fut
vaincu et tué à la bataille de Varna en 1444.
Cantemir prétend que le Sultan victorieux voulait de nouveau quitter le sceptre et qu'il fut forcé
de le garder par le vœu de ses sujets; mais
Aaly-Effendi, auteur turc très-estimé, rapporte

que le grand visir Khalil-Pacha, très-attaché au vieux Amurat, eut l'adresse d'engager le jeune Méhémet à presser son père de demeurer sur le trône, ce qu'il fit s'attendant à un refus. Le Sultan d'accord avec son ministre parut se rendre aux instances de son fils qui, plein d'un dépit qu'il fallut étouffer, alla occuper la demeure d'Amurat à Magnésie. C'était et ce fut longtemps encore l'usage des Sultans, de donner à leurs fils des gouvernements de provinces; ils s'y exerçaient à l'administration et à la guerre sur les frontières; tous les grands hommes de la dynastie ottomane se sont formés à cette école et depuis qu'elle a cessé, nul Sultan n'a plus été digne du trône.

Amurat eut à combattre deux héros, les remparts de la chrétienté, Huniade et Scanderbeg, qui mirent obstacle à ses conquêtes. C'est ce Sultan qui, selon la tradition ottomane, épousa la fille d'un Roi de France, enlevée sur mer par des corsaires et conduite à Constantinople où elle devint mère de Méhémet II. Cette fable que quelques auteurs ont mis sur le compte de Roxelane, femme du grand Soliman, est absurde, aucune princesse de France n'étant disparue ni à l'une ni à l'autre époque; les Turcs n'en croient pas moins le fait authentique, et on voit dans les dépêches de M. de Girardin à Louis XIV, que le muphti de ce temps le donna comme constant à cet ambassadeur; le grand vizir Emin-Pacha tint le même langage au comte de Saint-Priest à sa première audience.

Méhémet II, que les Turcs appellent Fatih ou le Conquérant, succéda à son père en l'an 1451. Il eut le bonheur et la gloire, deux ans après, de s'emparer de Constantinople après un siége de cinquante jours. Tous les auteurs parlent d'un prodige, du transport de la flotte du Bosphore dans le port de la ville, par-dessus les collines qui sont entre deux ; on y compte une grande lieue. Mais Ahmed-Effendi, écrivain turc de réputation, dit que le Sultan bâtit une flotte sur les hauteurs en question et la fit ensuite glisser dans le port, dont l'entrée était fermée par une chaîne; ce récit n'offre rien d'invraisemblable.

Tous les petits États, formés en différents temps des démembrements de l'empire grec, succombèrent l'un après l'autre sous le glaive du vainqueur. L'empire de Trébizonde en Asie, les établissements génois en Crimée, la Macédoine, le Péloponèse et l'Albanie en Europe, après la mort de Scanderbeg, furent conquis et réunis à la monarchie ottomane. Méhémet déclara ensuite la guerre aux Vénitiens et au roi des Deux-Siciles; il s'empara d'Otrante, regardant cette place comme le premier pas à la conquête de l'Italie qu'il méditait; enfin il ne vit ses progrès arrêtés qu'aux siéges de Belgrade et de Rhodes, qu'il ne put prendre. La première de ces places fut défendue par Huniade, et la seconde par le grand maître d'Aubusson. Le Sultan survécut peu à ce dernier échec et mourut en 1481. C'est de tous les princes ottomans celui qui a le plus agrandi leur empire. On doit observer que jusqu'à lui le trône n'avait été occupé que par des héros guerriers.

Bajazet II, fils et successeur de Méhémet le Conquérant, fut le premier prince faible de sa race. Son frère Gem, que nos historiens appellent Zizim, lui disputa le sceptre qu'il était plus digne de porter; mais il fut vaincu en deux batailles par les talents supérieurs du vizir de Bajazet, et fut obligé d'aller chercher un asile à Rhodes où le grand maître d'Aubusson le reçut. On accuse ce dernier d'avoir fait un accord avec le Sultan, pour détenir son frère, par l'appât d'une forte pension; ce qui donne quelque probabilité à la chose, est que Zizim fut peu après transféré en France; on peut aussi attribuer l'éloignement de ce précieux gage à la crainte qu'eut d'Aubusson, d'attirer sur son île les armes du Sultan, dans l'objet de se rendre maître de la personne du fugitif. Commines rapporte que Bajazet envoya, en 1483, une ambassade à Louis XI avec un présent de reliques et l'offre d'une somme considérable pour engager ce monarque à retenir Zizim dans ses États; l'ambassadeur turc était déjà à Riéz en Provence, lorsqu'il reçut l'ordre de s'y arrêter et de s'en retourner. Louis, alors mourant et toujours bizarre dans sa dévotion, se fit, dit cet écrivain, un scrupule d'entrer en correspondance avec l'ennemi du nom chrétien.

Cette ambassade rapportée par le seul Commines, paraît être la première que les empereurs ottomans aient envoyée à nos rois. La politique qui commençait à peine alors à lier les intérêts des princes de l'Europe, ne s'était pas étendue jusqu'à la Turquie.

Madame de Beaujeu, sœur de Charles VIII, fils de Louis XI, et régente pendant sa minorité, ne put refuser au pape, qu'elle avait besoin de ménager, l'extradition de Zizim, qui fut ,en conséquence, conduit à Rome. La venue de ce prince ottoman en France, qui avait frappé l'esprit encore enfant de Charles, ne contribua peut-être pas peu dans la suite au projet gigantesque qu'il

forma pour la conquête de Constantinople. Il
crut s'y donner un droit légitime en transigeant,
avec André Paléologue, de ses droits à l'empire
grec. La copie de cet acte passé le 6 septembre 1474, est au dépôt des Affaires étrangères.
La conquête du royaume des Deux-Siciles,
comme héritier de la maison d'Anjou, devait
être le premier échelon de l'entreprise de
Charles VIII. « Quand vous voudrez me croire,
disait à ce roi Ludovic Sforce, selon Commines,
je vous aiderai à vous faire plus grand que n'a
été Charlemagne, et lorsque vous aurez le
royaume de Naples, nous chasserons aisément
les Turcs alors de cet empire de Constantinople. »
Le jeune monarque pour rassurer les différents
États de l'Italie, et notamment la république de
Venise, sur les soupçons et les craintes que son
invasion y répandait, faisait déclarer par ses ambassadeurs qu'il ne voulait posséder le royaume
de Naples que pour s'en servir à faire la guerre
aux Turcs; au reste, Commines, ce ministre
habile et judicieux, regardait la conquête de la
Turquie européenne, comme très-facile. Dans
ses *Mémoires,* il calcule la largeur du golfe
Adriatique entre Otrante et la Valone à vingt
lieues; et de cette dernière ville à Constantinople, il compte dix-huit jours de marche,

ajoutant que le pays à traverser est ouvert, sans places fortes et peuplé de chrétiens à la dévotion du Roi, lesquels n'attendaient pour se révolter que l'apparition des troupes françaises. Commines se trompait assurément, au moins quant à la nature du pays très-montueux et propre à la chicane; il ne put engager la république de Venise à entrer dans le plan, elle se fit même un mérite de son refus auprès de Bajazet, et à la réquisition d'un ministre que ce sultan envoya à Venise, elle fit arrêter l'archevêque de Durazzo, déjà embarqué pour se rendre dans son diocèse où il devait, de concert avec Constantin Comnène, marquis de Monferrat, ménager un soulèvement en faveur de la France. Le marquis averti à temps, et peut-être par les Vénitiens mêmes, eut le moyen de s'évader.

Charles VIII ne comptait pas tellement sur le succès de cette intrigue qu'il négligeât de faire usage de Zizim, lequel était toujours à Rome. Lorsque le Roi y passa pour aller à Naples, il força le pape Alexandre VI de remettre entre ses mains le prince ottoman. Charles espérait probablement lui former un parti parmi les Turcs et défaire les deux frères l'un par l'autre. La mort de Zizim à son arrivée à Naples, priva le Roi de cette ressource. On a accusé le pape Alexandre VI de n'avoir livré ce malheureux prince qu'après l'avoir fait empoisonner ; les auteurs turcs prétendent que son barbier, gagné par Bajazet, lui coupa la gorge. Charles obligé de quitter Naples et de s'ouvrir un passage l'épée à la main pour s'en retourner en France, y mourut peu après.

Louis XII, son successeur, entra à la sollicitation du pape, dans une ligue contre les Turcs. Le continuateur de Chalcondile assure que ce monarque envoya préalablement une ambassade à Bajazet pour lui reprocher l'infraction de la paix avec la république de Venise ; il ajoute que le Sultan expédia au Roi un ambassadeur pour s'en justifier et lui offrir son amitié et son alliance.

Il est probable que cette mission fut mal reçue ; Louis fit partir ses galères commandées par Philippe de Clèves, Ravestein, pour s'unir aux forces navales des Espagnols et des Vénitiens : la flotte combinée mit le siége devant Mételin, capitale de l'île de ce nom, et ne put prendre cette place. Tout le fruit de la ligue se réduisit à la conquête de l'île Sainte-Maure au profit des Vénitiens. Louis XII n'entreprit rien contre les Turcs le reste de son règne ; il eut pour successeur François Ier.

Jusqu'au règne de ce monarque la politique
de la France n'avait envisagé les Turcs que dans
l'esprit des croisades, c'est-à-dire, comme les
ennemis nés du nom chrétien. C'était, ainsi qu'on
l'a dit, le langage de Louis XI, quoique le plus
éclairé des princes de son temps.

Il est vrai que la conduite des Empereurs
ottomans jusqu'à cette époque justifiait ce préjugé ; on avait vu Bajazet Ier, Amurat II et Méhémet II menacer tour à tour la Hongrie, la
Pologne et l'Italie avec des forces redoutables;
si le règne du faible Bajazet avait été pacifique,
il avait eu pour successeur, en 1512, Sélim Ier,
son second fils, qui se fit un chemin au sceptre
en l'ôtant à son père, qu'il empoisonna, et en
faisant mourir ses frères. On retrouva en lui les
héros guerriers ses ancêtres ; dans un court
règne de huit années, il battit Ismaïl, Roi de
Perse, vainquit et prit le Soudan d'Égypte, qu'il
fit pendre à une porte du Caire. Ce fertile
royaume et la Syrie qui en dépendait, devinrent
des provinces de l'empire ottoman. Il est remarquable que le titre de calife que prirent depuis
lors les Sultans ottomans, procède de la cession
prétendue qu'en fit à Sélim, le dernier des ca-
lifes titulaires qu'il trouva en Égypte. Ce Sultan
songeait à d'autres conquêtes, lorsque la mort le

surprit dans la vigueur de l'âge. Le continuateur
de Chalcondile prétend que l'empereur Maximilien proposa à Sélim d'entrer dans la ligue de
Cambrai et d'agir contre les Vénitiens, mais que
ses projets contre la Perse l'en empêchèrent.
Soliman le Grand, que les Turcs appellent
Canouny ou législateur, fils unique de Sélim, lui
succéda en 1520. Le nouveau Sultan, après avoir
apaisé quelques troubles en Asie, assiégea, la
seconde année de son règne, Belgrade, qu'il prit
en 1522. Rhodes succomba aussi sous ses armes,
et ces deux boulevards de la chrétienté, qui
avaient résisté à Méhémet II, ouvrirent le cours
des conquêtes de Soliman. Le pape Adrien VI
avait adressé des brefs à tous les princes de l'Europe pour leur demander des secours; chacun·
d'eux trouva des prétextes pour s'en dispenser, et
François Ier se servit de celui de la guerre dans
laquelle il était engagé contre Charles-Quint.
L'histoire de Malte dit cependant que le roi
permit au chevalier d'Ansoyville, qui lui avait été
député par le grand maître L'Isle-Adam, d'armer
tous les vaisseaux qu'il trouverait en Provence
et de les conduire à Rhodes ; mais les commandants de la province apportèrent des délais à
l'exécution de cet ordre et il en fallut demander
de nouveaux : en attendant, la saison favorable

pour mettre en mer s'écoula, et l'île de Rhodes fut prise. Ici finit cette introduction comme étant l'époque à laquelle commencèrent les rapports politiques entre la France et l'empire ottoman, sujet principal de cet ouvrage.

PREMIÈRE PARTIE.

La puissance de la maison d'Autriche avait
été portée par Charles-Quint, au point d'alarmer
l'Europe : il possédait outre la couronne impériale, l'Espagne, les Pays-Bas, Naples, la Sicile
et la partie de l'Amérique, récemment découverte, qui lui fournissait beaucoup de riches
métaux. Ce prince ambitieux venait de chasser
les Français de l'Italie, et le connétable de Bourbon qui commandait les troupes impériales avait
entrepris en 1524 le siége de Marseille. François Iᵉʳ, privé d'alliés et attaqué dans ses propres
États, conçut alors l'heureuse idée d'entamer
une négociation avec la Porte ottomane ; mais,
comme cette démarche ne pouvait manquer de
le rendre odieux aux autres princes chrétiens,
et surtout au Saint-Père, qu'il importait beaucoup alors de ménager, le Roi dépêcha à Soli-

man un émissaire secret nommé Jean Frangipani, dont le nom semble indiquer que c'était un
seigneur Hongrois, réfugié en France ; il avait
paru sans doute plus propre qu'un autre à dégui-
ser sa commission. Frangipani était auprès du
Sultan lorsque se donna la bataille de Pavie, où
François Ier fut fait prisonnier ; événement qui
amena le traité de Madrid, entre le Roi et l'Empereur, et empêcha probablement le cours de la
négociation commencée. Soliman était devenu
l'ennemi naturel de la maison d'Autriche ; il
avait vaincu Louis Jagellon, Roi de Hongrie à la
bataille de Mohacz, où ce prince fut tué. Les
états de Hongrie voulurent lui donner pour
successeur un seigneur du pays, nommé Jean
Zapolya ; mais Ferdinand d'Autriche, frère de
Charles-Quint et beau-frère de Louis, prétendit
à sa couronne. Le Roi Jean eut recours à la
protection du Sultan qui saisit avec empressement l'occasion de profiter des troubles de ce
royaume. Il ouvrit la campagne par le siége et
la prise de Bude, la capitale, et vint attaquer
Vienne qu'il battit vivement pendant quarante
jours, mais sans pouvoir la forcer. Sa retraite se
fit en bon ordre et il demeura maître de la plus
grande partie de la Hongrie. Ferdinand tenta
vainement, deux ans après, de reprendre Bude ;

il perdit une grande bataille dont l'effet fut la levée du siége.

François Ier ne revint qu'en 1531, à son projet d'alliance avec les Turcs, il expédia à Soliman, pour cet objet, un nouvel émissaire, nommé le capitaine Rinçon, avec des instructions secrètes. Le Roi prit pour cacher ses vues, relativement aux préjugés du temps, le singulier parti de publier qu'il n'avait envoyé cet agent au Sultan que pour le menacer de toutes les forces de la France s'il passait les limites de la Hongrie. il se fit lui-même accorder par le pape, à la faveur de cette supposition, une levée de décimes sur le clergé de France; mais lorsque Charles-Quint, d'après une promesse positive qu'il devait avoir eue de François, réclama son secours, celui-ci se contenta de lui répondre, « qu'exposer les enseignes françaises à être pendues à la porte d'une mosquée est un arrangement si étrange qu'on aurait pu se dispenser de le proposer. »

Cependant pour continuer à donner le change, le Roi conclut le 28 octobre 1532, avec Henri VIII, Roi d'Angleterre, un traité d'alliance contre les Turcs. La clause que les contingents respectifs ne seraient levés que dans le cas de la jonction des forces des autres princes chrétiens, montre assez l'intention des contractants de ne pas agir. Leur véritable but était de faire illusion au pape Clément VII, afin de le rendre plus facile au divorce de Henri avec Catherine d'Aragon. Dès que le pontife eut prononcé, il ne fut plus question de la prétendue ligue.

Soliman, prince politique autant que législateur et guerrier, avait aperçu que le véritable intérêt de son empire, le liait avec François Ier. Ces princes se voyaient en butte à l'avidité de la maison d'Autriche dont les États les confinaient également, et leurs monarchies étaient trop distantes pour pouvoir être suspectes l'une à l'autre, ou jalouses des progrès respectifs qu'elles pourraient faire. Cependant une sorte de honte empêchait encore François Ier de s'allier avec un prince réputé l'ennemi du nom chrétien. Quant au Sultan, plus au-dessus des préjugés, il se prêtait à ceux du Roi, avec lequel il s'entendait, soit par des messages directs et secrets, soit par le canal de Khaïr-Eddin Barberousse, roi d'Alger.

Enfin, en 1534, la correspondance des deux monarques prit une forme publique ; François pressé par les circonstances envoya en ambassade à Constantinople le sieur Jean de la Forest, chevalier de Saint-Jean-de-Jérusalem.

La copie de son instruction se trouve au dépôt des Affaires étrangères ; le plan tracé au chevalier de la Forest était de proposer à Soliman de faire la paix avec tous les princes chrétiens, du consentement desquels le roi se faisait fort ; mais de n'y comprendre Charles-Quint qu'à condition de rendre à François le duché de Milan et de reconnaître la suzeraineté de la France sur les Pays-Bas. En cas de refus de l'Empereur, il s'agissait de l'attaquer de concert et de commencer par la conquête des îles de Sicile et de Sardaigne, qui seraient données à un personnage que la Forest était autorisé à désigner au Sultan, mais que les instructions de cet ambassadeur ne nomment point. Il y a lieu de croire qu'il s'agissait d'un des deux fils cadets du Roi ; l'aîné François dauphin vivait encore. On demandait à Soliman de fournir une armée navale et un million d'or, le Roi promettait de joindre ses forces de mer à la flotte ottomane, et se chargeait en outre d'opérer une puissante diversion, par terre, contre les États de l'Empereur, avec lequel il entra effectivement en guerre à cette époque. L'ambassadeur auquel il était prescrit de ménager le grand vizir Ibrahim-Pacha, devait tâcher de persuader à la Porte que ce plan lui serait plus avantageux que celui d'agir contre la Hongrie dont la défense attirerait toutes les forces de l'Allemagne.

Cette négociation présente deux vérités évidentes : l'une, que François Ier ne mettait en avant la paix avec tous les princes chrétiens, que pour couvrir d'une apparence pacifique aux yeux de l'Europe, l'intention de se liguer avec Soliman contre Charles-Quint; l'autre, que le Roi ne songeait qu'à tirer parti pour ses propres vues, de l'alliance ottomane. Mais la circonstance n'était guère favorable. Charles-Quint, avec une puissante armée, menaçait alors Tunis, et cet armement pouvait regarder Constantinople. Le Sultan en eut assez d'inquiétude pour accepter une trêve en Hongrie, que lui offrit Ferdinand. L'auteur de la nouvelle histoire de France dit que le chevalier de la Forest parvint à signer avec la Porte un traité de ligue défensive et de commerce. Il en sera fait une mention plus détaillée dans la partie de cet ouvrage relative à cet objet. On n'y voit, d'appartenant à la politique, que la liberté d'accéder à cet acte réservée par l'article 18 au pape et au Roi d'Angleterre et d'Écosse. François Ier n'avait point par là rempli son but; résolu à tout prix d'engager les Turcs dans sa querelle contre l'Empereur, il fit partir pour Constantinople le protonotaire Montluc,

depuis évêque de Valence et fameux dans l'histoire de ce temps. L'auteur déjà cité dit sur cette
négociation, que Montluc convint avec la Porte
d'un nouveau traité sous le nom de trêve, et
qu'un ambassadeur turc vint en France à l'occasion de cet accord. Or, comment nommer trêve
un nouveau traité lorsque le précédent n'a été
suivi d'aucune rupture. L'histoire ajoute que
les deux contractants s'engagèrent à attaquer
Charles-Quint en Italie. Le Roi en y entrant avec
cinquante mille hommes et le Sultan en en faisant
transporter cent mille dans le royaume de Naples; les conquêtes respectives furent garanties.
Barberousse, en conséquence, se mit en mer
avec la flotte ottomane, mais sans armée de
débarquement. François Ier n'y insista pas parce
que l'Empereur, battu en Picardie et en Provence, accepta, en 1537, une trêve de trois mois,
qui fut l'année suivante portée au terme de dix
années et prit le nom de la ville de Nice où on
la négocia.

Quant à Soliman, des intérêts duquel il
paraît que François ne s'était guère occupé dans
cet accord, il fit face en Hongrie à Ferdinand,
lequel avait rompu la trêve qu'ils avaient ensemble. La flotte ottomane se montra deux
années consécutives sur la côte d'Italie, et Bar-

berousse ravagea la Pouille; une autre division
navale couvrit le siége de Corfou entrepris par
Soliman pour venger quelques insultes faites par
les Vénitiens au pavillon ottoman. Dans le même
temps une puissante escadre, partie de la mer
Rouge, prit en passant Aden, et servit d'auxiliaire au roi de Cambaye qui assiégeait, dans le
golfe de ce nom, la forteresse de Diu, occupée
par les Portugais.

On voit quel était ce Sultan qui ne démentit
jamais pendant son règne, long et glorieux, les
principes de sa politique à l'égard des puissances
chrétiennes. Il fut toujours ami des Français et
ennemi de la maison d'Autriche, ainsi que son
intérêt de situation le comportait; au lieu que
François Ier, dans une position à peu près pareille
se montra, tantôt l'adversaire le plus emporté de
Charles-Quint, tantôt son ami et presque son
partisan. Ce Roi donna une preuve de sa politique versatile à l'occasion du raccommodement
des Vénitiens avec les Turcs dont ses ministres
à Constantinople, le capitaine Rinçon et César
Cantelmo, seigneur napolitain attaché à la
France, étaient occupés. Notre histoire dit que
Charles-Quint, informé que la négociation allait
réussir malgré les obstacles qu'il y avait suscités,
s'adressa au connétable de Montmorency pour

qu'il engageât le Roi à ordonner à ses ambassadeurs à la Porte de faire comprendre la maison d'Autriche dans la même trêve. François, gagné par son favori, en écrivit à Soliman dont la réponse rapportée par l'historien est remarquable. La substance en est, que pour faire plaisir au Roi, il accordera une trêve à l'Empereur dès qu'il aura restitué toutes les possessions qu'il retient à la France. C'est ainsi que le Sultan se vengea de n'avoir pas été compris dans la trêve de Nice.

Paruta, historien vénitien, raconte que Louis Barbaro, ambassadeur de la République à la Porte, chargé de suivre la négociation entamée par Contarini, son prédécesseur, et par les agents du Roi de France, fut très-étonné lorsque introduit devant Soliman et développant graduellement les conditions que la République offrait pour obtenir une trêve, il se vit apostrophé par ce prince qui, le regardant d'un visage sévère, demanda pourquoi il ne déployait pas ses ordres en entier. « Je sais, dit-il, que vous êtes autorisé d'aller plus loin que vous ne dites. » Barbaro fut forcé d'en convenir et il conclut la trêve sur ce pied. Paruta insinue que les Français avaient trahi le secret de la République.

Charles-Quint, à son passage en France pour

aller réduire les Gantois révoltés, avait promis à François Ier l'investiture du Milanais pour son second fils ; mais l'ayant décliné dès qu'il fut en Flandre, le Roi s'occupa dès lors des moyens de le forcer à tenir parole ; cependant, il eut encore la faiblesse de lui promettre de ne pas le troubler pendant son expédition contre Alger, où il échoua. Pour reconnaître ce procédé, l'Empereur qui avait eu connaissance du renvoi du capitaine Rinçon à Constantinople et de Frégose à Venise comme ambassadeur de France, donna ordre au marquis Du Guast gouverneur du Milanais, de se rendre maître de leurs personnes et de leurs papiers ; ce dont celui-ci s'acquitta en les faisant assassiner sur le Pô qu'ils descendaient ensemble en bateau. Leurs papiers avaient été dirigés par une autre voie et ce fut un crime inutile. François Ier, déjà préparé à la guerre, prit cette occasion pour la déclarer à Charles-Quint en 1542.

Soliman avait profité de sa trêve avec les Vénitiens pour agir avec plus de vigueur en Hongrie ; il était irrité contre Ferdinand qui, dans le temps qu'il sollicitait de lui une trêve et son influence pour succéder à la couronne de Hongrie, vacante par la mort de Jean Zapolya, était entré en armes dans ce royaume. Les prin-

cipaux seigneurs du pays, ayant élu le fils de Jean
Zapolya réclamèrent avec, sa veuve la protection du Sultan, qui n'eut garde de la refuser, et,
sous ce prétexte, il s'empara de la plus grande
partie du pays. François Ier substitua à Rinçon
pour la mission de Constantinople, le capitaine
Polin, nommé depuis le baron de la Garde, avec
ordre de s'y rendre par Venise et de tâcher en
passant d'engager la République à rompre avec
l'Empereur; mais elle se fixa à demeurer neutre
et permit simplement à Polin de traverser le
golfe Adriatique pour débarquer à Raguse et
poursuivre son voyage. Cet ambassadeur arrivé
auprès du Sultan en obtint des ordres à Younis-
Bey son ministre à Venise, de presser le sénat
pour contracter une alliance avec les Français.
Cette assemblée répondit « que la République
était en bonne amitié avec la France et résolue
de s'y maintenir; mais qu'elle n'était pas pour
le présent en situation de faire des démarches
qui pussent la conduire à une guerre, et qu'elle
espérait que la sagesse et l'équité de Soliman lui
feraient agréer ces raisons. »

Paruta prétend qu'en effet il les approuva; ce
qui ne l'empêcha pas de promettre à l'ambassadeur Polin d'unir ses forces navales à celles de la
France pour l'année suivante (1543).

L'armée ottomane commandée par Barberousse et forte de cent galères, fit voile au printemps, ayant à bord l'ambassadeur de France.
Elle saccagea, chemin faisant, la ville de Reggio
en Calabre sur le phare de Messine et mit Rome
dans la consternation. Polin rassura le pape en
prenant l'engagement qu'il ne serait fait aucun
ravage sur les plages romaines. De là Barberousse alla jeter l'ancre dans le port de Toulon;
il y fut joint par l'escadre française que l'auteur de l'*Histoire de France* dit, composée de
soixante galères, mal équipées, aux ordres du
comte d'Enghien, généralissime, et à qui l'amiral
turc avait ordre d'obéir. L'armée combinée bloqua
Nice : assiégée en même temps par terre; la ville
se rendit au bout de deux jours; mais le château
résista à tous les efforts des assaillants. On leva
le siége après avoir brûlé la ville. Barberousse
hiverna en France et repartit au printemps pour
le Levant, côtoyant l'Italie et exerçant de grands
ravages dans le royaume de Naples et particulièrement aux îles d'Ischia et de Lipari. Polin, avec
cinq galères, l'accompagna jusqu'à Lépante.
L'amiral turc, dit-on, fut mécontent des Français
qui se plaignaient de leur côté que la flotte ottomane avait coûté fort cher au Roi, sans lui rendre
aucun service réel; mais à qui devait-on attri-

buer la mauvaise direction des opérations militaires qu'un généralissime commandait?

Les ambassadeurs de François Ier à la diète de l'Empire, dans un discours qu'ils y prononcèrent et qui fut ensuite imprimé, dirent que l'amiral turc n'était venu avec la flotte ottomane dans les mers d'Italie que par vengeance personnelle contre André Doria, amiral de Charles-Quint, et que le général français dans l'impossibilité de détourner Barberousse d'assiéger Nice, avait cru devoir se joindre à lui pour s'emparer de la place et empêcher les Turcs de s'y établir. Ce subterfuge ne fit comme de raison aucun bon effet dans l'assemblée, et François Ier y fut déclaré ennemi de l'Empire et du nom chrétien.

C'est à regret qu'on rapporte des traits d'une politique aussi basse et aussi absurde ; on croyait encore alors devoir, au mépris même de la vérité, nier un concert avec les infidèles.

Le traité de Crespy termina, en 1544, la guerre entre François Ier et Charles-Quint. Paruta prétend que le premier s'engagea de fournir un secours de cavalerie et d'infanterie à l'Empereur et à l'Empire si la trève, que ce dernier conclut alors avec Soliman, venait à se rompre. Le Sultan y comprit le Roi, qu'il nomma son très-cher ami et allié. Montluc, évêque de Valence, accom-

pagna à Constantinople les ambassadeurs de
Charles-Quint et de Ferdinand. Au départ de
Venise, ce prélat, annonçant au sénat l'objet de
son voyage, dit que le Roi son maître ne culti-
vait l'amitié des Turcs que pour la faire servir
au bien de la chrétienté. On retrouva le même
ton dans le langage de François Ier sur ce sujet
pendant tout son règne qui finit en 1547.

Henri II son successeur ne manqua pas de
reconnaître l'importance de la liaison de sa couronne avec la Porte. Le sieur d'Aramon, ambassadeur de France en Turquie, reçut ordre du
nouveau Roi d'engager Soliman à comprendre la
France dans la trêve de cinq ans que le Sultan
renouvelait alors avec la maison d'Autriche ; il
écrivit en effet à Charles-Quint et Ferdinand qu'il
avait accepté la trêve dans la supposition qu'ils
n'attaqueraient pas les puissances ses amies ;
mais que ses armes aideraient celle qui viendrait
à être assaillie.

Ce prince partait alors pour faire la guerre
en Perse. D'Aramon l'accompagna dans cette
expédition qui dura deux ans et n'eut aucun
succès. Charles-Quint profita de cet intervalle
pour attaquer en Allemagne les princes de la
ligue de Smalcade dont il vint à bout par le gain
de la bataille de Mühlberg ; mais, ayant abusé de

ses avantages, les protestants s'adressèrent au Roi, qui conclut avec eux, en 1551, un traité pour la défense de la liberté germanique et s'empara de Metz, Toul et Verdun.

Henri avait préventivement donné ordre à d'Aramon d'exciter Soliman à rompre la trêve qu'il avait avec Charles-Quint et Ferdinand. La circonstance était favorable ; le Sultan était indigné des troubles que ce dernier venait d'exciter en Hongrie contre la reine régente et son fils. L'armée turque attaqua Temeswar et s'en empara, ainsi que de toute la province de ce nom. Une flotte ottomane partit en même temps aux ordres de Sinan-Pacha pour porter la guerre en Afrique, où André Doria avait enlevé à Dragut, élève et ensuite successeur de Barberousse, les places de Soussa, Monastir et Africa qu'il venait de conquérir sur les Maures. Sinan-Pacha ayant vainement tenté de s'emparer en passant de l'île de Malte, s'attacha au siége de Tripoli de Barbarie, possédée et défendue par les chevaliers du même ordre à qui Charles-Quint en avait fait cession. D'Aramon, qui revenait de France où il avait été rendre compte au Roi du plan d'opérations militaires de Soliman, relâcha par hasard à Malte. Le grand maître, nommé Jean d'Omedes, Espagnol, engagea l'ambassadeur de passer à

Tripoli dans l'espoir qu'il pourrait détourner l'amiral turc de cette attaque qui, sans doute, n'était pas dans le projet communiqué au Roi par d'Aramon. L'abbé de Vertot dans son *Histoire de Malte* prétend que Sinan-Pacha, non-seulement refusa à cet ambassadeur de lever le siége, mais même qu'il le retint jusqu'à ce que la place fût rendue, de peur, qu'arrivant auparavant à Constantinople, il ne lui attirât des ordres du Sultan de se désister de son entreprise.

Charles-Quint ne manqua pas de profiter de la présence de d'Aramon au siége de Tripoli, pour répandre qu'il n'avait été décidé au divan de le faire que sur la proposition de Henri II : imputation sans vraisemblance, le but de la France ne pouvant être que d'opérer une diversion directe contre l'Empereur son ennemi.

Dragut, de son côté, battit André Doria, lui enleva cinq à six galères ; et la perte de la flotte impériale eût été totale, si l'escadre française, sous les ordres du baron de la Garde, eût joint les Turcs à temps. La Garde les suivit avec ses galères et alla hiverner à Scio pour être plus à portée, au printemps suivant, de s'unir à la flotte ottomane.

L'armée combinée fit voile à l'ouverture de la saison, et mouilla sur la côte de Toscane, où

Paul de Termes avec un corps de troupes françaises, s'embarqua sur l'escadre de sa nation.
Après avoir pillé l'île d'Elbe, les troupes de terre
furent débarquées en Corse pour faire le siége
de Bonifacio. Cette place, pressée, préféra se
rendre au général français plutôt qu'à Dragut
qui en fut furieux. On l'apaisa, dit l'*Histoire de
France*, par une somme de trente mille écus et il
repartit avec la flotte ottomane. De Termes,
continuant d'agir avec les Français, s'empara du
reste de l'île, hors la place de Calvi que les Génois
conservèrent. On voit que la France en cette
occasion se conduisit comme au siége de Nice.
Elle employa à des conquêtes pour elle le secours
des Turcs sans songer à leur en faire part. La
magnanimité de Soliman fut toujours la même
malgré ces procédés. Henri lui avait envoyé un
de ses valets de chambre, nommé Codignac,
solliciter pour la campagne de 1554, une nouvelle
jonction des forces navales des deux puissances.
Le Sultan, quoique en route pour la frontière de
la Perse, y consentit encore. Malheureux père, il
fit mourir pendant le voyage, sur des soupçons
insinués par Roxelane, sa favorite et non son
épouse, comme le disent faussement les auteurs
chrétiens, démentis par les Turcs, Mustapha
l'aîné de ses fils, et perdit Djihanguir, qui suc-

comba à sa douleur de la mort de son frère.

La flotte ottomane se porta comme l'année précédente, sur la côte d'Italie où elle fit de grands ravages. Il est fastidieux, sans doute, de lire cette répétition des mêmes campagnes et des mêmes effets; mais elle est nécessaire pour tenir le fil des négociations de la France en Turquie. On ne voit point que l'escadre française ait joint cette année-là; le président Hénaut observe que de Termes sut se maintenir en Corse, sans doute à la faveur de l'approche des Turcs.

Ils firent de nouveaux efforts en 1555. Codignac, successeur de d'Aramon à l'ambassade de Turquie, partit du Levant avec la flotte ottomane commandée par Piali-Pacha; cette fois, les galères françaises s'y réunirent; mais les opérations se bornèrent à de grands ravages en Calabre, en Sicile et dans les îles Baléares.

Henri II et Soliman ne firent que changer d'ennemi par l'abdication de Charles-Quint, auquel Philippe II succéda en Espagne, comme Ferdinand à la dignité impériale. La trêve de Vaucelles qui avait précédé cet événement, fut presque aussitôt rompue que conclue, et le roi envoya, en 1557, le sieur de la Vigne au Sultan, pour lui proposer le même concert que les années précédentes. Laugier dit dans son *Histoire de*

Venise, que la campagne navale des Turcs, en
1558, sur la côte de Naples où ils prirent Sorenzo,
fut l'effet des arrangements de la Porte avec la
France. Celle-ci n'en conclut pas moins, en
1559, à Câteau-Cambrésis, la paix avec l'Espagne
sans y comprendre Soliman, lequel ne s'en ressentit, selon Busbecq, qu'en disant à l'ambassadeur Lavigne : « Écrivez à votre maître que, s'il est
difficile à d'anciens amis de devenir ennemis, il
ne l'est pas moins à d'anciens ennemis de devenir amis fidèles »; sentence admirable dans un
prince de l'amitié duquel la France avait si souvent abusé et dont la conduite politique envers
elle eut toujours un grand caractère.

Henri II mourut la même année et avec lui
finirent les beaux jours de l'union entre la France
et la Porte. Le règne de ses fils, agité de troubles
intestins et souvent guidé par l'influence de la
cour d'Espagne, n'était guère propre au maintien d'une intelligence si utile, mais trop distante
pour la politique de ces malheureux temps. A la
renaissance de la France, sous Henri IV, le grand
Soliman n'était plus, et avec lui s'était éteint le
flambeau de la monarchie ottomane qui ne s'est
jamais bien rallumé sous aucun de ses successeurs.

Pour revenir au règne des enfants de Henri II,
l'ambassadeur Lavigne était retourné en France

à la mort de ce prince. On a au dépôt des Affaires
étrangères une lettre de Pétremol, chargé des
affaires de Charles IX à Constantinople, en date
du 8 décembre 1563, où il mandait qu'il ne pouvait venir à bout de rien et que la Porte se plai-
gnait de ce qu'on lui annonçait depuis quatre ans
un ambassadeur de France sans qu'il parût. A
cette occasion Pétremol, discute s'il vaut la
peine ou non de se maintenir en liaison avec les
Turcs : il fait envisager d'un côté les secours
qu'on peut en espérer au besoin, mais il remarque
de l'autre que les grandes armées qu'ils ont
fournies à la France, lui ont rapporté plus de
dommages que d'avantages et que si l'argent qu'il
en a coûté avait été employé à bâtir des galères
françaises, elles eussent rendu plus de services
que des alliés comme les Turcs, dont l'avidité et l'insolence étaient si redoutées que le
désespoir seul de tomber dans leurs chaînes
avait donné aux peuples de Corse, du royaume
de Naples et de la rivière de Gênes, le courage
de résister. ɣ

On voit dans l'extrait qu'on vient de faire de
cette dépêche, l'oubli des principes de la saine
politique et d'une observation éclairée. Impor-
tait-il que les forces ottomanes fissent des conquêtes en Italie, et le seul véritable intérêt de la

France n'était-il pas d'obliger la maison d'Autriche à y tenir des troupes qu'elle ne pouvait conséquemment employer ailleurs? Faut-il ne compter pour rien l'occupation que Soliman lui donnait en Hongrie? Le poids du mouvement d'un aussi puissant Empire ne pouvait sûrement être compensé par la construction et l'usage de quelques galères de plus.

Il n'est que trop ordinaire que les divisions intestines dans un État en rétrécissent la politique au dehors. Les passions de ceux qui gouvernent, les pressent d'employer toute leur attention et leur énergie pour vaincre les obstacles qui les entourent. L'ennemi naturel est ménagé, cultivé, appelé même au sein des troubles qu'il fomente. Ainsi le fut, en France à cette époque, Philippe II; ainsi le furent les Perses, en Grèce, lorsque la division se mit entre Sparte et Athènes et causa la guerre du Péloponèse. Les Romains donnèrent un exemple bien différent, lorsque dans les guerres civiles entre Sylla et Marius, entre Pompée et César, le premier et le dernier poussaient aussi vivement Mithridate et les Gaulois, que si la République eût été dans l'harmonie intérieure la plus parfaite.

On trouve dans le *Dictionnaire Historique*, à l'article du capitaine corse San-Pietro qu'il alla à Constantinople et fut recommandé par Catherine de Médicis aux ministres qu'y avait alors le Roi son fils pour appuyer sa proposition à la Porte, d'envoyer sur la côte de Corse une escadre ottomane, afin d'y favoriser la révolution qu'il y avait tramée et qui réussit peu après sans le secours de personne, n'ayant rien pu obtenir des Turcs. Il est aisé de comprendre que Soliman se refusa à faire agir ses forces navales en faveur d'un aventurier que la cour de France lui recommandait sans oser elle-même le secourir. Ce Sultan qui ne perdait pas de vue les intérêts communs aux deux États, fit partir, en 1565, un chiaoux pour complimenter Charles IX, devenu majeur, et lui témoigner ses dispositions à continuer avec lui la bonne intelligence qu'il avait maintenue avec ses prédécesseurs. Il est probable que cet agent avait une instruction secrète relative à la guerre que Soliman méditait de porter en Hongrie. Il y commença la campagne suivante par le siége de Sighet; mais sa vieillesse ne put en supporter la fatigue et il mourut à l'âge de soixante-douze ans. La ville fut emportée d'assaut après sa mort. Ce succès compensa l'échec qu'avaient reçu la même année, au siége de Malte, les armées ottomanes commandées par Dragut qui y périt avec trente mille hommes.

Telle fut la fin d'un règne de quarante-six ans et de la plus brillante époque de l'empire turc. Soliman n'était pas aussi grand homme de guerre que son père Sélim et que son bisaïeul Méhémet II ; mais il fut un sage législateur et un grand politique. La dynastie ottomane n'a pas produit depuis un seul prince de son mérite, et c'est la vraie cause du déplorable état où cet empire est tombé. Cette pénurie de talents dans une si longue liste de Sultans serait incroyable si elle n'était expliquée par les défauts de leur éducation. On a dit que jusqu'à Soliman, les fils des empereurs ottomans étaient employés aux commandements des provinces. Depuis Sélim II, son fils et son successeur, cet usage cessa. Les jeunes princes furent soigneusement renfermés jusqu'à la vacance du trône, et longtemps encore les cadets furent mis à mort à l'avénement de l'aîné. Cette barbarie ne cessa que pour faire place à une coutume moins cruelle, mais plus funeste pour l'Empire, celle de faire succéder le plus âgé des princes existants ; en sorte que, tels sont montés au trône à l'âge de cinquante ans, comme les sultans Osman et Abdul Hamid aujourd'hui régnant, après avoir passé toute leur vie en prison et sans aucune instruction quelconque, hors de savoir lire et écrire.

La première démarche de Sélim II, prince de peu de talents et fort adonné au vin, fut de s'accommoder avec l'empereur Ferdinand, ce qui procura à la Porte un repos de quatre années. Cette trêve fut l'ouvrage de Busbecq, ambassadeur de l'Empereur, qui a écrit quatre lettres latines, si instructives et d'une si belle diction.

Un long repos ne convenait pas alors aux milices ottomanes. Des murmures annoncèrent au Sultan ce qu'il avait à craindre. C'est alors que sur les insinuations de Sigismond, Roi de Pologne, Sélim forma le projet de porter ses armes jusqu'à la mer Caspienne et de l'unir à la mer Noire par un canal, aisé à pratiquer et entamé depuis par Pierre le Grand. Le Sultan fit partir pour Azof trois mille janissaires et vingt mille hommes de cavalerie, destinés à faire le siége d'Astrakan. On embarqua, sur quinze galères, cinq mille janissaires et trois mille travailleurs pour creuser le canal; elles portèrent aussi les munitions de l'armée assiégeante qui, après la jonction de l'armée tartare, devait être de quatre-vingt mille hommes. On remonta le Don jusqu'à l'endroit où ce fleuve se rapproche à sept à huit lieues du Volga, et les travailleurs se mirent à l'ouvrage. Mais le czar Jean Bazilowitz était trop

vigilant pour se laisser surprendre. Il envoya le
prince Sérébianow à la tête de quinze mille
hommes fondre sur les janissaires qui furent
défaits. L'armée qui assiégeait Astrakan ne put
prendre la place, et une sortie de la garnison, qui
réussit, obligea les Turcs de se retirer. De toutes
ces troupes, il n'en revint que bien peu à Constantinople.

Charles IX et son conseil semblaient avoir
oublié la Turquie. Sélim II, en paix avec la maison d'Autriche et inactif par caractère, ne songeait pas à réveiller la correspondance entre la
Porte et la France. Elle se renoua par un événement assez singulier. Un juif nommé Joseph
Miques, se prétendant créancier du Roi, qui ne
s'acquittait pas, requit de la Porte et en obtint
des lettres de représailles pour se payer sur les
effets des bâtiments français qui faisaient le commerce à Alexandrie. Les intéressés jetèrent les
hauts cris à la cour, et on se détermina à envoyer
en ambassade à Constantinople, Claude Du Bourg,
sieur de Guerines, sans autre commission que celle
de solliciter le redressement des griefs et le renouvellement du traité de 1535. Cet ambassadeur y réussit au mois d'octobre 1569, comme il
en sera parlé ailleurs.

C'est à la même époque que le Sultan tourna

ses vues de conquêtes sur l'île de Chypre, appartenant alors aux Vénitiens. Cette république envoya des ambassadeurs à toutes les puissances de l'Europe pour demander des secours. La France n'eut à offrir qu'une vaine entremise. Philippe II fit partir André Doria avec une armée navale pour défendre cette île ; il ne put y réussir et elle tomba aux mains des Turcs. La république, désabusée de l'espoir de la conserver, demanda à Charles IX les bons offices qu'il lui avait offerts auprès de la Porte, et le Roi s'y prêta volontiers. Il fit choix, pour exercer cette commission, de François de Noailles, évêque d'Acqs, ministre déjà éprouvé dans d'autres ambassades importantes. Le prélat eut ordre de se hâter pour se rendre par Venise à sa destination. Dans l'intervalle, s'était formée contre les Turcs une puissante ligue qui semblait devoir opérer la ruine de leur empire. Philippe II y était entré, et Don Juan remporta, en 1571, sur l'armée navale ottomane, la fameuse victoire de Lépante ; s'il avait poursuivi son avantage, il pouvait, avec ses forces, remonter les Dardanelles et paraître à la vue de Constantinople. On s'y attendait, et plusieurs riches habitants étaient déjà passés en Asie pour échapper aux vainqueurs. Les lauriers de Don Juan se ternirent par l'inconcevable inaction dans laquelle il perdit le reste de la campagne, après laquelle l'armée combinée se sépara.

L'évêque d'Acqs étant arrivé à Venise avant la nouvelle de la bataille, le sénat lui témoignait de l'empressement pour son départ, quand l'avis de la victoire changea en un moment ses dispositions. Il écrivit même à Charles IX pour le prier de rappeler en France le prélat. Mais l'inutilité de l'affaire de Lépante ramena une troitième fois la république à ses premiers désirs de paix. Elle fournit en hâte à l'évêque d'Acqs deux felouques pour son transport à Raguse, au travers du golfe Adriatique ; il se rendit de là par terre à Constantinople et il y arriva le 13 mars 1572.

Les instructions de Charles IX à son ambassadeur portaient, outre l'objet de la paix des Vénitiens, de viser à détourner les armes ottomanes de la Hongrie et du Frioul, c'est-à-dire des domaines de l'empereur Maximilien dont le Roi avait épousé récemment la fille. Le prélat y trouva de la facilité à la Porte qui craignait la jonction de ce prince à la ligue chrétienne. Le vizir, de son côté, chargea l'ambassadeur de proposer à sa cour d'agir contre l'Espagne, afin que cette diversion obligeât Philippe II à rappeler ses forces navales dans ses États. Soit que ce monarque l'eût craint, soit lenteur naturelle à la nation, Don Juan d'Autriche joignit si tard les forces alliées pendant cette campagne, il eut de si vives altercations avec l'amiral vénitien, que toutes les opérations se réduisirent au siége de Navarin qu'il fallut ensuite lever.

La régence d'Alger s'était crue menacée par l'armée de la ligue et elle avait écrit à Charles IX, pour lui demander des secours contre l'invasion qu'elle appréhendait. Cette démarche fit naître dans l'esprit de Catherine de Médicis l'idée de profiter de l'occasion pour former un établissement au duc d'Anjou, son fils bien-aimé; idée que le roi, jaloux de son frère, adopta volontiers dans le but de l'éloigner. L'évêque d'Acqs reçut ordre d'en faire la matière d'une négociation à la Porte et d'y demander en même temps un prêt de trois millions d'or. Il obéit, après avoir fait observer à sa cour l'inadmissibilité de la chose par les Turcs. Cet ambassadeur manda ensuite que le vizir avait pris la première ouverture sur Alger comme l'annonce d'une rupture, tant il eut de peine à croire que la France se fût sérieusement flattée d'obtenir à l'amiable le concours de la Porte pour ce projet; qu'enfin, détrompé par la suite de la

conversation, il se borna à répondre que toute la
bonne volonté du Grand Seigneur ne suffirait pas
pour en venir à bout ; que le corps des gens de
lois, ministres à la fois de la religion et de la justice, dont l'influence est grande dans le gouvernement ottoman, y ferait une opposition insur-
montable. Mais, en compensation du royaume
d'Alger, ajoutait le vizir, Sa Hautesse offrait au
duc d'Anjou la cession des conquêtes que les
forces françaises et ottomanes réunies pourraient
faire sur la monarchie Espagnole, soit en atta-
quant, de concert, les îles de Sicile et de Sardaigne, soit en facilitant à la France l'invasion
des Pays-Bas par une diversion qu'opérerait la
flotte turque dans la Méditerranée. Le Sultan
demandait simplement qu'on fournît à son armée
de mer les rafraîchissements dont elle aurait
besoin. L'évêque d'Acqs connaissait trop bien la
situation de la France, à peine alors sortie d'une
guerre intestine et à la veille de recommencer,
pour adopter ce plan. Il se réduisit à tâcher d'intéresser les Turcs aux efforts du prince d'Orange,
chef des révoltés des Pays-Bas, demandant pour
lui un prêt d'argent dont le roi offrait de se
rendre caution. Le grand vizir s'y refusa absolument, à plus forte raison, dit le prélat, dans sa
dépêche, ne m'aurait-il pas accordé les trois

millions que Sa Majesté m'avait prescrit de demander pour elle-même.

L'absurde idée de mettre le duc d'Anjou sur le trône d'Alger, fit bientôt place au projet de lui procurer la couronne de Pologne qui vint à vaquer sur ces entrefaites. L'évêque d'Acqs eut ordre d'exciter la Porte à témoigner par des offices à la diète qui allait s'assembler, qu'elle s'intéressait à l'élection de ce prince; mais, il ne rencontra pas des dispositions favorables : le grand vizir lui soutint que cette couronne tributaire, en quelque sorte, des Tartares dans ce temps-là, était par là même indigne du duc d'Anjou. Le fait est que ce ministre croyait plus avantageux pour l'empire ottoman qu'elle fût portée par un seigneur polonais, dont l'importance serait moindre pour ses voisins. Mais la diète s'étant déclarée contre le choix d'un Piast, la Porte se décida enfin, sur les instances de l'ambassadeur, à expédier en Pologne un chiaoux pour y recommander le duc d'Anjou dont l'élection se trouva faite avant l'arrivée de cet émissaire.

Le président Hénault place à l'année 1572, la paix entre les Turcs et les Vénitiens, et en donne l'honneur à l'évêque d'Acqs qui, par là, dit l'historien, sauva l'île de Candie assiégée par les

Turcs. Il y a plus d'une faute dans ce passage : premièrement, on n'assiége point une aussi grande île que celle de Candie; en second lieu, les auteurs du temps, turcs et chrétiens ne parlent pas de ce siége; troisièmement, la paix ne se fit qu'en 1573; quatrièmement enfin, on en disputa la gloire au prélat. Il était, dit le Vénitien Paruta, entré en conférence sur cette matière avec le grand vizir, et celui-ci, s'apercevant que l'ambassadeur n'avait pas reçu de la République des pouvoirs plus étendus que le baile, en revint à traiter avec ce dernier par le ministère des agents précédemment employés dans cette négociation. Il est cependant vrai que l'évêque d'Acqs, dans sa correspondance, se donne pour avoir eu la plus grande part à la conclusion de cet accord; il convient toutefois de s'être dispensé de se mêler du taux de la somme que la République eut à payer à la Porte, regardant cette clause comme déshonorante pour elle.

La paix des Vénitiens était de leur part une infraction et une désertion de la Sainte Ligue. Le Roi d'Espagne ne s'en mit guère en peine; il était dégoûté de ses vains et dispendieux efforts, et il songea à suivre leur exemple en traitant directement avec la Porte, ce qui n'avait pas encore eu lieu pour l'Espagne. Les

Turcs n'avaient jusqu'alors négocié avec la maison d'Autriche que collectivement et par relation à la couronne de Hongrie. Cette innovation ne convenait pas à la politique de la France qui voulait être la seule amie avouée de l'empire ottoman. Sur les insinuations de l'évêque d'Acqs, le grand vizir déclara à l'agent de Philippe II que la paix existante avec l'Empereur Maximilien suffisait pour tous les princes de sa maison.

Henri III, devenu Roi de France par la mort de Charles IX, chargea Gilles de Noailles, abbé de l'Isle, successeur de son frère à l'ambassade de Turquie, de faire part de son avénement à Amurat III, qui venait de succéder à Sélim II, son père. Henri, qui prétendait conserver la couronne de Pologne, prescrivit à son ambassadeur de détourner la Porte de reconnaître Étienne Bathory à qui les Polonais l'avait déférée, après avoir déclaré le trône vacant. Mais Noailles ne put y réussir, et les ambassadeurs du nouveau roi de Pologne à la Porte furent admis. Henri III en fut offensé, et il paraît que ce fut le motif du prompt rappel de l'abbé de l'Isle, qui ne fut pas immédiatement remplacé. Pendant cette lacune d'ambassade, l'Espagne parvint enfin à conclure avec l'empire ottoman une trêve directe.

Ce fut aussi l'époque du premier traité entre la Porte et l'Angleterre; l'historien Hume dit qu'on avait cru jusqu'alors en Turquie que ce royaume dépendait de la France, mais que la renommée d'Élisabeth et de sa puissance s'y étant fait entendre, le Grand Seigneur admit à son amitié cette Reine et reçut son pavillon dans les ports ottomans. L'ignorance des Turcs était, et est encore bien grande; mais le traité de la France de 1535, portant la réserve au roi d'Angleterre d'y accéder, prouve que l'existence de cette puissance était connue de la Porte. Il est vrai de dire que les Anglais n'avaient navigué jusqu'alors en Levant que sous le pavillon français.

Le sieur de Germigny, baron de Germoles, fut nommé ambassadeur de France à la Porte, en 1579. Son instruction porte de s'opposer, s'il est encore temps, à la trève de l'Espagne, sinon de veiller à ce que les anciennes liaisons entre la France et l'empire ottoman n'en souffrent pas. Ses ordres lui prescrivaient aussi de ménager, s'il se pouvait, une nouvelle trève avec l'Empereur Maximilien et de préserver l'État ecclésiastique des ravages des Turcs. Il négocia sur ces différents objets et il conclut, en 1581, un nouveau traité de commerce où l'Angleterre fut comprise dans le nombre des puissances dont les vaisseaux ne devaient paraître en Levant que sous la bannière française. Cette stipulàtion, contraire à l'engagement pris avec la Reine Élisabeth, ne manqua pas d'être enfreinte, et Lancosme, successeur de Germigny en 1585, s'en plaignit en vain. Il n'est peut-être pas inutile d'observer à cette occasion que l'opinion de la fidélité des Turcs dans l'exécution de leurs traités, quoique généralement admise, n'en est pas plus vraie; ils y sont pour le moins aussi peu ponctuels que d'autres lorsque leur avantage s'y trouve.

Busbecq, alors ambassadeur de l'empereur Maximilien en France, dit dans ses dépêches que la mission de Lancosme avait pour objet de susciter les Turcs contre la Hongrie, afin que la défense de ce royaume y attirât les princes allemands, et qu'ils ne pussent venir au secours des protestants de France. Mais les instructions de cet ambassadeur n'en font aucune mention. Elles lui prescrivent de représenter au ministre ottoman que la guerre qui existait entre la Porte et la Perse donnait trop beau jeu à l'*Émulateur commun,* ce qui peut s'entendre de la maison d'Autriche collectivement ou de l'Empereur et du Roi d'Espagne séparément. On voit que le faible Henri III n'osait prononcer leur nom; cette même année il venait de signer la ligue et il avait refusé, malgré, les conseils de l'Évêque d'Acqs, la souveraineté des Pays-Bas que les révoltés lui avaient offerte; Lancosme, son ambassadeur à la Porte était lui-même un déterminé ligueur; aussi l'un des premiers soins de Henri IV, parvenu à la couronne, fut-il de le révoquer et de le remplacer par le comte de Brèves.

Sous ce règne, on voit briller une lueur de la politique de François Ier et de Henri II relativement à l'empire ottoman. De Brèves, dit M. de Thou, pressa les pachas d'envoyer une flotte dans les mers de Toscane pour croiser de là jusqu'en Espagne, dans la vue d'obliger Philippe à en garder les côtes avec celles d'Italie et des îles voisines, et à rappeler, pour cet effet, les troupes qu'il envoyait en France au secours des ligueurs. L'ambassadeur engagea même le Sultan à écrire au Roi pour l'assurer qu'il ne manquerait pas d'armer l'année suivante une flotte pour le secourir. De Brèves, dans ses mémoires, dit encore qu'il était parvenu à décider le Grand Seigneur à entretenir pendant quatre ou cinq années de grandes armées navales : en effet elles tinrent en échec celles d'Espagne et elles opérèrent pour Henri IV une heureuse diversion.

Amurat ne se borna pas à cela; il porta ses armes en Hongrie où ils s'empara de quelques places et, en 1595, Javarin se rendit à lui. Cet exploit fut le dernier du règne et de la vie de ce Sultan qui mourut la même année.

Henri IV venait de déclarer la guerre à l'Espagne; le sieur de Brèves eut ordre d'offrir à Méhémet III, fils et successeur d'Amurat, la jonction des forces navales de la France à la flotte ottomane, ainsi que de proposer que la première place conquise sur l'Espagne devînt pour les Maures de ce royaume un lieu d'asile et de sûreté. Il paraît que ce plan émanait du fameux Antoine Pérez, confident de Philippe II et ensuite tombé dans sa disgrâce. Fugitif et retiré en France, il avait un émissaire à la Porte pour y représenter la facilité et l'avantage d'attaquer l'Espagne, promettant d'y faire livrer à l'armée turque lorsqu'elle paraîtrait, deux postes importants. Ces propositions, dit le Tarikhi Selaniky, éblouirent d'abord la Porte ottomane; mais le manque de confiance empêcha de les accepter. Ce fut peu d'années après sur le motif de ces intrigues à Paris et à Constantinople, attribuées aux Maures, que Philippe III fonda le décret de leur expulsion d'Espagne.

Méhémet III commanda son armée de Hongrie en personne pendant la campagne de 1596. De Brèves et Richard, ambassadeur d'Angleterre, l'avaient suivi ; ils se trouvèrent à la bataille d'Agria et ils accompagnèrent dans sa fuite le Sultan vainqueur qui s'était cru battu. C'est sous son règne que s'introduisit le changement fatal au corps des janissaires dont on a déjà parlé. On cessa de les recruter parmi les captifs ou enfants de tribut, et dès lors, ils perdirent cette énergie et ce dévouement guerrier qui caractérisaient cette milice, conformément aux vues de son instituteur.

La flotte ottomane, commandée par le pacha Cicala, infesta la côte de Naples pendant la campagne de 1597. De Brèves accusa l'amiral turc, né sujet vénitien, d'avoir ménagé le pays, imputation dont ce dernier trouva moyen de se laver.

Henri IV chargea son ambassadeur de proposer à la Porte, cette même année, un traité d'alliance entre la France et l'empire ottoman contre l'Espagne; mais il ne put obtenir que le renouvellement des traités précédents; encore les Anglais et les Vénitiens furent-ils exceptés, cette fois, de l'obligation de naviguer en Levant sous la bannière de France.

La paix de Vervins, en 1598, rétablit l'har-

5

monie entre la France et l'Espagne; mais la
guerre de la Porte avec la maison d'Autriche
continuait en Hongrie. Les historiens turcs
placent à l'année suivante une anecdote dont les
auteurs chrétiens ne font pas une mention bien
distincte. Ces derniers rapportent que l'archiduc
Mathias ayant pris sur les Turcs en Hongrie le
château de Papa, en 1597, la garnison qu'il y
avait mise se révolta; mais Hassan-Beyzadé dit,
en termes précis, que les Allemands avaient, en
1599, des troupes françaises à leur solde; qu'une
division de 3,000 hommes de ce corps était en
garnison à Papa; que ces Français, mal traités et
mal payés, formèrent le projet de livrer la place
aux Turcs et trouvèrent le moyen de le faire
savoir au vizir, demandant qu'un détachement
se présentât pour faciliter l'opération et qu'on
leur assurât d'acquitter la paye qui leur était due
par l'Empereur ainsi que de les incorporer dans
l'armée ottomane. Tout cela fut accordé. A l'apparition des Turcs, les Français se soulevèrent,
firent main basse sur les Allemands et ouvrirent
les portes du château comme ils en étaient convenus; mais le grand vizir, au lieu de hâter l'envoi d'un renfort, se laissa prévenir par le général
allemand. Ce dernier fit attaquer Papa si vivement que les Français, après l'avoir défendu

un mois de suite avec beaucoup de courage, se virent forcés de l'abandonner de nuit et de tâcher de gagner les hauteurs pour se sauver à Belgrade. Les ennemis en firent un horrible carnage, et six cents de ces malheureux purent à peine y arriver; on en prit grand soin, on leur fit de fortes largesses et ils furent mis à la solde du Grand Seigneur. Ces Français, dit l'historien turc, servirent avec le plus grand zèle. L'année suivante ils ouvrirent la première tranchée au siége de Canise; Hassan-Beyzadé ajoute que ceux d'entre eux qui vivaient encore sous le règne d'Osman II le suivirent en Pologne et se signalèrent à l'expédition de Chotin.

On pourrait croire que ces Français avaient été conduits en Hongrie par le duc de Mercœur, lequel, après son accommodement avec Henri IV passa au service de l'Empereur Adolphe II. On trouve en effet dans le *Journal de l'Estoile*, à l'année 1600, que Méhémet III, sensible au revers qu'avaient éprouvé ses armes depuis que le duc de Mercœur commandait les Impériaux, envoya en France un médecin renégat, nommé Barthélemy de Cuœur, pour se plaindre à Henri de ce qu'il avait permis à un de ses sujets de se mettre à la tête des ennemis de la Porte. La réponse du Roi fut que le duc de Mercœur était un prince de la maison de Lorraine sur lequel il n'avait aucune autorité. Henri se plaignit à son tour des déprédations que les Barbaresques exerçaient sur ses sujets. Ce grief parvint à la Porte dans un temps où elle sut le refus du Roi d'entrer dans une ligue contre elle, ménagée par le Pape Clément VIII, comme on le voit dans les lettres du cardinal d'Ossat. Méhémet, qui en fut reconnaissant, châtia sévèrement les excès des pachas de Tunis et d'Alger.

On peut juger de l'attention de Henri IV à maintenir sa considération et son crédit à la Porte par ce que mandait le comte de Cézy, ambassadeur de France en Turquie, dans une lettre datée de Constantinople le 12 juillet 1626 : « J'ai, dit-il, des mémoires de M. de Villeroy et des actes de chancellerie par lesquels il se voit qu'un homme, en qualité de trésorier ou contrôleur, était ici auprès de l'ambassadeur avec pouvoir d'y dépenser jusqu'à cent mille écus par an. Aussi étions-nous très-puissants à la Porte et dans tout le Levant. »

De Brèves renouvela encore, en 1604, avec Ahmed Ier, fils et successeur de Méhémet III, les traités entre la France et l'empire ottoman. Cet acte est le plus ancien des trois qui forment aujourd'hui le corps de nos capitulations.

Cet ambassadeur fut relevé par le baron de Salignac, qui mourut, ainsi que Henri IV, en 1610.

Le baron de La Mole, successeur de Salignac, arriva à Constantinople l'année suivante. On ne voit point sur quel fondement Dumont, dans son *Recueil diplomatique*, attribue aux bons offices de l'ambassadeur de France la conclusion du premier traité des États généraux avec la Porte qui fut signé en 1612. Rien n'indique que La Mole ait eu ou dû avoir de pareils ordres.

La mort prématurée d'Ahmed Ier, en 1617, fut pour la monarchie turque un événement funeste. Osman, son fils aîné, n'avait que treize ans et les grands de l'empire jugèrent à propos de lui préférer Mustapha, son oncle, qu'Ahmed, plus humain que ses prédécesseurs, avait laissé vivre peut-être à cause de son imbécillité. C'est le premier exemple de succession collatérale dans la dynastie ottomane. Le nouveau Sultan montra bientôt son incapacité. Il en résulta des troubles et des intrigues qui relâchèrent les rouages du gouvernement, lequel n'a jamais pu, depuis, regagner sa première énergie. Le baron de La Mole éprouva sous le règne de ce Sultan une violence, jusque-là sans exemple, dont on donne ailleurs le détail. L'imbécile Mustapha ne tarda pas à être précipité du trône. On le mit en prison, et la couronne passa sur la tête d'Osman, son neveu.

Ce prince, malgré sa jeunesse, annonçait de grands talents; déterminé à faire la guerre à la Pologne, il s'allia avec Gustave-Adolphe contre cette République, combinaison qui fait honneur à la politique d'Osman; il commanda lui-même son armée, eut des succès et des revers, et termina cette guerre en conservant la place de Chotin qu'il avait prise.

La mauvaise conduite que tinrent sous ses ordres les troupes ottomanes lui fit voir la nécessité d'y rétablir la discipline que les successeurs de Soliman avaient laissé relâcher. Malheureusement ce projet fut pénétré; les corps de milice se soulevèrent, forcèrent le sérail et tirèrent de prison Mustapha pour le remettre sur le trône. L'infortuné Osman, accablé d'injures et de coups, fut conduit sur un méchant cheval aux Sept-Tours (outrage que Cantémir dit faussement avoir été éprouvé par Mustapha Ier), et peu de jours après étranglé. Ainsi périt ce jeune prince de grande espérance et qui aurait pu rendre son ancien lustre à l'empire ottoman. Il avait, selon les historiens turcs, épousé la fille d'un muphti ; les Sultans ne contractent pas ce lien avec des

femmes esclaves nées dans une religion différente : mais le mariage est de devoir lorsqu'il
s'agit d'une musulmane d'origine, qu'on ne peut
posséder qu'à ce titre. Mustapha III a été, de nos
jours, plusieurs fois dans ce cas et la célébration
s'est faite sans aucune cérémonie par le muphti.

Il est étonnant que Cantémir, qui avait l'histoire turque sous les yeux, fasse monter Osman
sur le trône à huit ans et périr à douze. On ne
peut, à cet âge, ni commander, ni mécontenter
son armée et son peuple. Ce Sultan, dans son
court règne, répara l'outrage fait au baron de
La Mole et écrivit à Louis XIII à cette occasion.

Le second règne de Mustapha fut de quinze
mois. Il fit tant d'extravagances que les grands
de l'État préférèrent d'être gouvernés par le jeune
Murad, frère cadet d'Osman, ayant à peine
quinze ans, plutôt que par cet insensé, qui fut remis en prison.

Pendant la minorité de Louis XIII, l'Espagne
avait pris de l'influence en France et la liaison
avec les Turcs y fut un peu négligée ; mais le
ministère du cardinal de Richelieu la remit bientôt en activité. C'était une partie essentielle de
son plan d'abaissement de la maison d'Autriche ;
on connaît le mot fameux de la première dépêche
de ministre aux ambassadeurs de France dans

les cours étrangères : « Le conseil du Roi a changé de maximes, etc. »

Le comte de Cézy, successeur du baron de La Mole, eut ordre de tenter Bethlem-Gabor, prince de Transylvanie, alors feudataire et tributaire des Turcs, par l'offre d'un subside pour qu'il armât et attaquât les États de l'Empereur. Gabor en demanda la permission à la Porte, qui y donna les mains comme une suite du traité d'Osman avec Gustave-Adolphe, lequel avait alors un ministre à Constantinople. C'était l'époque de ses premières liaisons avec la France.

Murad prescrivit aussi au prince de Transylvanie de protester contre l'élection qui devait se faire d'un roi de Hongrie dans la personne du fils de Ferdinand II; elle n'en eut pas moins lieu, et, l'année d'après, le Sultan s'accommoda avec l'Empereur. Le Roi d'Espagne tenta de son côté de conclure une trève avec la Porte, mais il y rencontra les mèmes obstacles que son père Philippe II; l'historien vénitien Sagredo dit que l'ambassadeur de France répandit l'argent à pleines mains pour empêcher que le vice-roi de Naples ne réussît dans cette négociation, dont il était l'organe. C'est toujours la ressource des écrivains mal instruits d'attribuer à la corruption des ministres de la Porte toutes ses opérations politiques. On aurait peine à citer avec vérité quelques événements d'importance produits par cette cause en ce temps; on voit dans les dépêches du comte de Cézy que, loin d'avoir des fonds à y employer, il était dans la pénurie la plus extrême. Cet ambassadeur écrivait le 8 mars 1626, que ceux d'Angleterre et des républiques de Hollande et de Venise s'étaient réunis à lui pour mettre obstacle à cette trêve et qu'ils s'étaient servis utilement, pour contrecarrer le Vice-Roi, de la découverte des menées espagnoles chez les Polonais et les Cosaques engagés à continuer leurs incursions dans la mer Noire. De tels moyens, mis en œuvre, suffisaient bien pour empêcher la négociation d'Espagne de réussir.

Des barques cosaques s'introduisirent, en effet, cette même année, dans le canal de Constantinople pour y saccager des villages à deux lieues de la capitale. On y pourvut pour l'avenir, en construisant des châteaux qui en défendaient l'entrée, mais qui, depuis les progrès de l'art de la fortification, ne remplissent plus leur objet. Les Cosaques ne bornèrent pas là leurs exploits: ils s'emparèrent d'Azof, située au fond de la mer de Zabache à l'embouchure du Don et en firent leur place d'armes pour continuer leurs ravages sur les côtes de la mer Noire.

Murad s'en vengea par une incursion des Tartares en Russie. Le czar Michel Fœderowitch en
fut très-effrayé et il envoya un ambassadeur à
la Porte pour donner l'assurance qu'il n'avait
point de part à la surprise d'Azof, faite par des
Cosaques indépendants.

Le Sultan était bien moins occupé de ce qui
se passait en Europe que de sa guerre avec la
Perse. Richelieu, qui le voyait absorbé par cette
diversion, s'occupa de la faire cesser. Il dépêcha
en Turquie un sieur Deshayes qui devait offrir à
la Porte la médiation du Roi entre elle et la cour
d'Ispahan, où il devait passer ensuite. Deshayes
vint à Constantinople; mais il paraît que des
obstacles l'empêchèrent de suivre sa mission jusqu'au bout.

Probablement Murad fier de la conquête
de Bagdad refusa de se prêter à la médiation de
la France.

Richelieu ne perdit pas pour cela de vue son
objet d'inquiéter la cour de Vienne de ce côté
dans les instructions qu'il donna en 1639 à M. de
la Haye, successeur de M. de Cézy. On voit qu'il
lui était prescrit d'engager, s'il le pouvait,
Ragotzki, successeur de Bethlem-Gabor dans la
principauté de Transylvanie, par l'offre de
200,000 rixdalers la première année et 150,000

les suivantes, à faire des hostilités contre les
États impériaux, avec promesse, au cas qu'il vînt
à succomber, d'une pension de 50,000 rixdalers
par an. Cette convention fut ménagée par
Torstenson, agent de Suède auprès de Ragotzki.
L'auteur de l'*Histoire du cardinal Mazarin* dit
que ce Suédois stipula pour les deux couronnes,
et que, dans l'acte, la Reine, sa maîtresse, fut
constamment nommée avant Louis XIII, ce qui
piqua Richelieu et l'engagea à dépêcher en
Transylvanie le sieur de Croissy-Fouquet pour
y traiter directement les affaires du Roi.

Il était, en outre, prescrit à M. de la Haye de
détourner Murad du projet d'attaquer les Vénitiens, et même de chercher à lui inspirer l'idée
d'une alliance avec eux pour assaillir de concert
les Espagnols dans les deux Siciles et d'en faire
avec la République, après la conquête, un
échange pour l'île de Candie, qui était plus à la
convenance de la Porte.

Richelieu observait à l'ambassadeur que l'intérêt du roi n'était pas que Candie, plus que Naples
et la Sicile, tombât aux mains des Turcs, mais
qu'il s'agissait d'opérer une diversion pour forcer
la maison d'Autriche à la paix. On retrouve dans
cette dernière partie de l'instruction la manière
de François Ier et de Henri II, qui se servaient

des Turcs sans trop s'embarrasser de tenir leurs engagements avec eux. Il s'en fallait beaucoup qu'on eût alors des principes de saine politique à l'égard des infidèles. Il suffit, pour en juger, de lire l'inscription qui est au-dessous de la statue de Louis XIII à la place Royale de Paris. On y voit ces deux vers :

> J'eusse attaqué l'Asie et, d'un pieux effort,
> J'eusse du saint tombeau vengé le long servage.

Le cardinal de Richelieu, que le total de l'inscription regarde encore plus que son maître, ne pensait sûrement pas à renouveler les croisades ; mais ce langage, sous son ministère, montre quel était l'esprit du temps.

Sagredo rapporte, à cette époque de 1639, une conversation entre le caïmakan ou vice-gérant du grand vizir, alors absent et l'ambassadeur de Venise, où l'on voit des lumières politiques qu'on ne trouverait pas chez les Turcs d'aujourd'hui. L'ambassadeur, qui cherchait à accommoder un différend de sa République avec l'empire ottoman, laissait entrevoir à ce ministre qu'au besoin elle serait puissamment secourue par les princes chrétiens : « Vous me faites rire, lui dit le caïmakan, lorsque vous tâchez de m'effrayer des forces de la chrétienté. C'est une chimère qui n'a rien de terrible que le nom. Je sais que l'Empereur n'a point d'argent, qu'il a en même temps sur les bras les Français et les Suédois, auxquels il peut à peine faire tête ; que la France ne se déclarera jamais contre nous, si elle ne veut agir contre ses véritables intérêts ; que les Espagnols sont si pressés par les Français et ont tant d'affaires chez eux qu'ils n'ont pas le temps de songer à celles de leurs voisins ; à l'égard du Pape et des autres princes d'Italie, ils voudraient bien nous faire du mal, mais ils n'en ont pas la force ; pour les Anglais et les Hollandais, ils seront bien aises que vous nous déclariez la guerre, parce qu'il feront votre commerce. »

On ne peut nier que ce tableau de l'Europe, à cette époque, ne soit parfaitement bien vu. Les Vénitiens le sentirent et arrangèrent leurs affaires en donnant au Sultan 250,000 sequins.

M. de la Haye arrivait à peine à Constantinople que Murad IV mourut. Ce Sultan a été le seul descendant de Soliman, digne à quelques égards de ce grand prince. C'est le dernier Empereur guerrier qu'aient eu les Turcs, et sa mémoire est encore parmi eux en vénération à cet égard ; mais c'était un barbare : dans le cours de son règne, il fit périr Mustapha, son oncle, deux de ses frères et la plupart de ses ministres et de ses généraux. Il osa mettre à mort un Khan des Tartares et un muphti, dont les personnes ont toujours été réputées inviolables. Dans un empire sans lois fondamentales, le despotisme sous un prince irritable et entreprenant n'a point de frein, comme aussi dans les mains d'un prince faible, il est sans énergie.

La mort de Louis XIII, en 1643, avait suivi de près celle de Richelieu; mais le système de ce dernier fut adopté par Mazarin, principal ministre pendant la minorité de Louis XIV. Ce cardinal confirma les ordres qu'avait reçus M. de la Haye de tâcher de faire agir contre l'Empereur le prince de Transylvanie Ragotzki. Celui-ci déterminé par les avantages qu'on lui offrait, demanda à la Porte, en 1644, la permission d'attaquer la Hongrie et l'obtint. Le ministère ottoman donna même des ordres au Pacha de Bude d'envoyer au besoin un secours de six mille hommes à Ragotzki. Ce prince passa le Tibisque, s'empara de Cassovie, s'avança à Presbourg, et ayant pris ensuite une bonne position auprès de Vienne, il conclut à son très-grand avantage et sans s'occuper de ses alliés un accommodement avec l'Empereur.

Cette même année vit commencer une guerre

qui dura vingt-cinq ans entre la Porte et la République de Venise. Les galères de Malte prirent alors dans les eaux de Candie un gros bâtiment turc allant de Constantinople en Égypte, où était embarqué le Kizlar Aga (chef des eunuques noirs du sérail) et plusieurs autres grands officiers avec des effets précieux. Ibrahim qui ne s'entendait pas mieux à la politique qu'au droit des gens, força les ambassadeurs de France, d'Angleterre, de Venise et des États généraux, c'est-à-dire tous les ministres étrangers qui résidaient alors à la Porte, de comparaître devant le Kadilesker de Natolie ou grand juge d'Asie, lequel leur témoigna l'indignation qu'éprouvait Sa Hautesse de la prise du galion. Il les requit de l'informer qui avait averti les galères de Malte du départ de ce bâtiment. M. de la Haye, sans répondre à cette interrogation qui n'était qu'une imputation indirecte, se contenta d'observer au Kadilesker que Malte était un État indépendant où le Roi n'avait point d'ordre à donner. Cette démarche ridicule n'eut point d'autres suites ; mais le Sultan voulait porter ses armes contre cette île. On le fit revenir au projet de s'emparer de Candie, la clef de l'Archipel, sous prétexte que le vaisseau avait été pris dans ces parages. La flotte ottomane partit de Constantinople le 30 avril 1645,

battit, chemin faisant, l'armée vénitienne et alla
mettre le siége devant la Canée, qui fut emportée
en deux mois. Les Vénitiens, consternés, s'adressèrent à la Reine régente pour obtenir la paix
par son entremise à la Porte. Il était dans l'intérêt de la France d'arrêter une guerre qui empêchait toute diversion des forces ottomanes contre
les deux branches autrichiennes. Mazarin expédia à Constantinople le sieur de Varennes pour
appuyer l'offre que faisait la République d'une
forte somme d'argent en indemnité du vaisseau
enlevé, à condition que les Turcs évacuassent
Candie ; mais le ministère ottoman tint ferme à
exiger cession de l'île, en tout ou en partie ; on
insinua même à MM. de Varennes et de la Haye
que leur insistance en faveur des Vénitiens
déplaisait au Sultan.

La vigueur de la première campagne des
Turcs en Candie ne s'y soutint point dans les suivantes. La discorde intestine ôtait toute énergie
aux opérations militaires. En 1648, la révolte
générale des milices précipita Ibrahim du trône.
Ce prince fut étranglé dix jours après. L'aîné de
ses enfants, qui le remplaça sous le nom de Méhémet IV, n'avait que sept ans. Cette minorité,
sans exemple jusqu'alors, et depuis, dans la monarchie ottomane, entraîna une administration

d'un nouveau genre, dans laquelle la Sultane Kieu-
cem, mère d'Ibrahim, eut d'abord la prépondérance. Mais une conspiration ôta la vie à cette
femme intrigante. L'autorité demeura entre les
mains des grands de l'État comme une proie qu'ils
s'arrachaient tour à tour. Les affaires de la guerre
s'en ressentirent. On entama à la vérité le siége
de la ville de Candie, capitale de l'île, mais comme
on ne pouvait y envoyer des renforts sans combattre la flotte vénitienne en croisière aux Dardanelles et maîtresse de la mer, le siége ne faisait pas de progrès. L'escadre ottomane ayant été,
peu après, battue à plate couture par celle de la
République, la conquête de l'île de Lemnos et
de Ténèdos fut le fruit de cette victoire.

Heureusement pour les Turcs la fortune
plaça au poste de grand vizir le vieux Méhémet
Kupruly. Loin d'être abattu par ces revers, il mit
en mer une nouvelle flotte, reprit les deux îles
et fit continuer le siége de Candie. Le Sénat,
découragé, offrit alors, par le canal de M. de la
Haye, de céder la moitié de l'île à la Porte; mais
elle ne s'en contenta plus. Le Vénitien Nani, qui
a écrit l'histoire de ce temps, accuse l'ambassadeur
de France d'avoir amusé le Sénat par de vaines
espérances. C'était mal payer M. de la Haye de
ses peines et des affronts sanglants qu'il éprouva

6

des Turcs à cette occasion, comme on le rapporte ailleurs. Kupruly se crut dans le cas d'entrer, à cet égard, en justification vis-à-vis de Louis XIV auquel il écrivit; mais, cette démarche ne satisfit point le Roi, dont on peut dire que le ressentiment régla quelque temps la politique. Ne doit-on pas en effet qualifier ainsi les secours que ce monarque donna dans les années qui suivirent aux Vénitiens en Candie, et à l'Empereur en Hongrie? Ceux qu'en reçut cette République ne lui profitèrent guère. Dès 1660, le prince Alméric d'Este, commandant une escadre française ayant à bord quatre mille hommes de débarquement, joignit à Cérigo l'armée vénitienne pour tenter l'escalade de la Canée, entreprise qui échoua avec quelques pertes, par la précipitation des troupes.

Les troubles de Transylvanie renouvelèrent la guerre entre la Porte et la cour de Vienne à la mort de Rakoczy; l'une et l'autre puissance prétendirent au droit de lui nommer un successeur. Méhémet Kupruly, qui entama cette affaire, fut remplacé à son décès par son fils aîné Ahmed, lequel attaqua en personne la ville de Neuhæusel, qu'il prit. Ses progrès effrayèrent l'Empereur Léopold, qui eut recours à Louis XIV, sous prétexte du danger que courait la chrétienté. Le

monarque envoya à l'armée impériale en Hongrie
un secours de six mille hommes commandés par
le comte de Coligny, lequel ne put se trouver en
personne à la bataille de Saint-Gothard, gagnée
par le comte de Montecuculli sur les Turcs, le
1er août 1664. Les Français, sous les ordres de la
Feuillade, s'y distinguèrent. L'Empereur profita
de cet avantage pour conclure le 17 septembre
suivant une trêve de vingt ans. Cet intervalle de
repos fut occupé tout entier par la cour de
Vienne en intrigues ou en guerres contre la
France; c'est tout le prix que celle-ci retira de
la part qu'elle avait prise au succès des troupes
impériales.

La même année, Louis XIV, ayant résolu de
punir les Algériens des violences qu'ils commet-
taient sur le pavillon français, donna le premier
essor à sa marine, qu'il venait de créer : il
fit attaquer par ses forces navales commandées par le duc de Beaufort, son amiral, la place
de Gigeri, en Afrique; elle se rendit, mais les
Maures la reprirent quelque temps après.

Ce monarque, revenant au véritable système
de son État, tenta de renouer avec la Porte. Il
écrivit au Sultan pour justifier les secours qu'il
avait donnés à la cour impériale, l'année précé-
cédente, sur l'obligation où il était, comme

Prince de l'Empire, d'en aider le chef. Il en venait ensuite à la juste vengeance qu'il avait été forcé de prendre de la régence d'Alger par le siége de Gigeri, et il annonçait l'intention de conserver cette place pour la sûreté du commerce de ses sujets. Enfin, il finissait par prévenir qu'il nommait son ambassadeur à la Porte le sieur de la Haye fils, dans le cas où le vizir promettrait de réparer dans la personne de ce ministre les outrages qu'avait éprouvés son père en Turquie.

Ahmed Kupruly répondit que l'ambassadeur serait le bienvenu et qu'on concerterait avec lui les mesures nécessaires pour réprimer les régences, mais que la Porte ne consentirait jamais à ce que la France possédât un pouce de terre sur la côte de Barbarie. Il ne manqua pas d'observer que le Roi ne s'était occupé depuis trois ans qu'à fournir des secours contre l'empire ottoman : « Les Français, dit-il, sont nos amis, mais je les trouve toujours avec nos ennemis. »

La réponse du grand vizir, sans être satisfaisante, décida Louis XIV à faire partir M. de la Haye Vantelec. Ses instructions sont datées du 22 août 1665 : on n'y voit rien qui ait trait à la politique générale de l'Europe. Le Roi tenait à son projet de faire agréer à la Porte qu'il conservât une place forte sur la côte d'Afrique où le duc de Beaufort avait battu, cette même année, deux fois les Algériens. Louis ne considérait alors la Turquie qu'au point de vue du commerce que le ministre Colbert commençait à faire fleurir dans le royaume. C'est ce motif qui fit prescrire à M. de la Haye de barrer les démarches que la république de Gênes faisait alors à la Porte, avec l'appui des bons offices de l'empereur, pour conclure avec l'Empire ottoman un traité d'amitié et de commerce. On craignait en France d'avoir, à cet égard, les Génois pour concurrents dans le Levant.

Chardin rapporte que le résident de Gênes, ayant fait part à Louis XIV de l'envoi du marquis de Durazzo à Constantinople : « Je souhaite bon voyage, dit le Roi, à l'ambassadeur de la République en Turquie, mais je ne sais ce que le nôtre aura fait à ce sujet. »

Ce fut inutilement que M. de la Haye représenta au grand vizir l'admission des Génois comme une nouvelle brèche au privilége du pavillon français sous lequel toutes les autres nations devaient naviguer dans le Levant; en vain menaça-t-il de se retirer s'ils étaient reçus; Kupruly n'en tint compte et répondit que la Porte était ouverte pour y entrer comme pour en sortir, et que le Roi ne pouvait empêcher le Grand Seigneur d'admettre chez lui qui lui plairait. Durazzo

arriva à Constantinople sur un vaisseau de guerre
génois ; il y fit une entrée publique, et en partant,
il y laissa un résident de la République.

Le grand vizir, tranquille du côté de la Hongrie, prit alors son parti d'attaquer sérieusement
Candie ; il s'embarqua pour cette île à la fin de
1666 avec un transport considérable de troupes
et de munitions. Ce ministre passa l'hiver à la
Canée et, le 22 mai, il ouvrit le siége devant la
capitale de l'île, entreprise qui fixa l'attention de
l'Europe, alors en paix de tous côtés. Louis XIV,
sollicité par les Vénitiens, ne put se défendre
d'armer, pour le secours de la place, une escadre
sous les ordres du duc de Beaufort, ayant à bord
un corps de troupes commandé par le duc de
Noailles. Cependant, afin de ménager la Porte,
on prit l'expédient d'arborer sur le vaisseau
amiral le pavillon de Sa Sainteté. Ce renfort
arriva à Candie le 24 juin 1669. Dès le lendemain, le duc de Beaufort fit une sortie qui ne
réussit pas et où il disparut. Noailles, découragé
par ce début, voulut absolument se rembarquer,
quelque représentation qu'on pût lui faire. Le
président Hénault dit que les Français retar-
dèrent plus de trois mois la prise de la ville, mais
d'autres auteurs prétendent qu'ils ne servirent
qu'à la précipiter. Elle se rendit le 5 septembre

suivant après une guerre de vingt-quatre ans.

Chardin rapporte que le grand vizir ayant demandé au chevalier Molino, plénipotentiaire vénitien qui négocia avec ce ministre la capitulation de la place, pourquoi Candie avait résisté si longtemps, celui-ci répondit que c'était à l'instigation du Roi de France qui avait promis à la République de déclarer la guerre aux Turcs. Il est certain du moins que Louis XIV prit le parti de retirer de Constantinople M. de la Haye. Son rappel qu'on lui annonçait fut motivé sur l'envoi des troupes françaises en Candie. Kupruly, à qui cette démarche fit prévoir la possibilité d'une rupture avec la France, expédia en Espagne un renégat portugais pour faire à cette cour des ouvertures d'alliance, et celle-ci, de son côté, envoya à Constantinople pour le même objet, un prêtre portugais nommé Allegretti; mais Nani, qui rapporte ce fait, ajoute que l'ambassadeur de France, lequel n'était point parti malgré l'ordre du Roi, se démena de manière à faire congédier Allegretti sans conclure. Il est probable que Kupruly, couvert de gloire par la prise de Candie, ne s'occupa plus à suivre son premier projet; mais cette retenue n'éteignit pas la rancune du vizir qui saisit, peu après, l'occasion de la manifester.

M. de Nointel, successeur de M. de la Haye, eut pour instructions de travailler au renouvellement des capitulations entre la France et l'Empire ottoman. Le Roi exigeait de nouvelles prérogatives; mais Kupruly tint ferme et n'en accorda aucune, offrant seulement le renouvellement des anciens priviléges. La négociation traîna, et l'on ne sait quelle en eût été l'issue, si, d'un côté, le brillant début de la guerre que Louis XIV entreprit en 1672 contre les États généraux, et de l'autre les succès divers qu'éprouvèrent les armes ottomanes contre la Pologne n'eussent pas ramené ce vizir à des ménagements envers la France. Le traité fut signé l'année suivante.

La guerre de Pologne se termina par la cession qu'elle fit à l'empire ottoman de Kaminiec, regardée comme la clef de ce royaume. Le système personnel d'Ahmed Kupruly était de se rendre nécessaire à son maître, et il songea dès lors à rompre la trêve subsistant entre la Porte et la cour impériale. Il chargea M. de Nointel de transmettre à Louis XIV une proposition d'alliance par laquelle le Roi promettrait de ne pas faire la paix avec l'Empereur sans en prévenir Sa Hautesse qui occuperait ce prince par une diversion. Rien n'aurait convenu davantage aux intérêts de la France; mais la paix se négociait alors dans un congrès assemblé à Nimègue, et le Roi craignit de prendre des engagements qui pourraient en retarder la conclusion. La guerre dura encore trois ans; mais les armes de la France étaient si triomphantes partout, qu'on ne crut pas avoir besoin de faire agir les Turcs. Ahmed Kupruly, affaissé par la débauche, était mort en 1677, et avec lui finit tout l'éclat du règne de Méhémet IV.

Les instructions de M. de Guilleragues, successeur de M. de Nointel à l'ambassade de Turquie, en date du 10 juin 1679, disent que, « depuis la paix de Nimègue, Sa Majesté ne peut prendre que peu d'intérêt à ce qui se passe à la Porte relativement aux affaires générales de l'Europe. » Il est prescrit à l'ambassadeur de se borner à assurer les députés des Hongrois révoltés, que le Roi leur conserve toujours de l'affection. Quant à la guerre dans laquelle l'empire ottoman était entré avec la Russie depuis deux ans, le Roi n'y voyait d'intérêt pour lui, qu'au cas où la Pologne ferait mine de se joindre à cette dernière puissance, ce qui contrarierait l'intention où il était de faire agir la République en faveur de la Suède, dont l'accommodement avec le Danemark et l'électeur de Brandebourg n'était pas encore conclu, mais le fut trois mois après.

Cette guerre des Russes avec les Turcs finit en 1682 par une trêve. Il est à remarquer que le czar Alexis ne la conclut que sur le refus de l'Empereur Léopold d'entrer avec lui dans une ligue offensive et défensive contre l'empire ottoman. Montecuculli pressa vainement son maître d'accepter cette proposition si convenable au moment où la trêve de vingt ans était expirée. Ce prince risqua peu après de payer cher cette imprévoyance.

A cette époque, la plus brillante du règne de Louis XIV, et peut-être de la monarchie française depuis Charlemagne, tout se ressentait de l'énergie du gouvernement.

Les corsaires tripolins ayant exercé quelques violences sur la navigation française, on résolut de leur donner la chasse et de les poursuivre jusque dans les ports du Grand Seigneur, qui ne se mettait point en peine de les réprimer; M. de Guilleragues eut ordre de prévenir la Porte. L'effet suivit de près la menace. Duquesne, commandant une escadre française, ayant rencontré cinq armements tripolins les rencogna dans le port de Scio, et sur le refus du gouverneur de les livrer, il mit ces bâtiments en pièces par le feu de son

artillerie, non sans quelques dommages à la ville
et aux habitants.

La nouvelle de cet événement fit grand bruit
à Constantinople et mit le ministère ottoman
dans une grande perplexité. La signification faite
par l'ambassadeur de France que les vaisseaux
du Roi poursuivraient les Tripolins jusque dans
les ports ottomans n'avait été regardée que
comme purement comminatoire, et il est dans le
génie des Turcs d'attendre les événements. Le
grand vizir, dans l'embarras du moment, chercha
à gagner du temps. Il prétendit qu'il fallait avant
tout prendre une information exacte de la chose
et il fit passer à Scio, pour cet effet, le pacha de
Smyrne, en même temps qu'il donna ordre au
Capitan Pacha de préparer en hâte une escadre
de galères pour s'y transporter. M. Duquesne,
qui bloquait le port, força le premier de venir à
son bord et lui déclara qu'il coulerait à fond les
galères turques si elles osaient prendre à la
remorque les carcasses des vaisseaux tripolins.
Lorsque le Capitan Pacha parut avec son escadre,
le général français lui fit la même intimation, avec
addition de la menace de se rendre ensuite aux
Dardanelles. L'amiral turc n'eut garde de se
compromettre, d'après ce qu'il vit de la force et
de la contenance des vaisseaux de M. Duquesne;

il écrivit au vizir qu'il n'y avait pas d'autre parti à prendre que de tâcher d'arranger cette affaire vis-à-vis de l'ambassadeur. Celui-ci avait fait demander une audience au Kiahia Bey pour se plaindre de ce que le château de Scio avait tiré sur l'escadre française en protégeant des pirates qui ne méritaient aucun asile. Le ministre turc, sans répondre sur ce grief, dit à M. de Guilleragues que le vizir avait bien de la peine à arrêter les premiers effets de la colère du Grand Seigneur, qui voulait tirer une vengeance terrible du sang musulman répandu, des mosquées dégradées, de la forteresse et de plusieurs maisons de la ville endommagées; qu'il lui conseillait, en ami, d'offrir une grande somme pour réparer le mal, afin d'essayer de sauver sa vie et celle de tous les Français du Levant.

L'ambassadeur n'en prit pas l'alarme, assurant qu'il croyait ne courir aucun danger à Constantinople, le Grand Seigneur étant juste, le vizir prudent et la puissance du Roi, son maître, trop formidable pour qu'on osât l'offenser; qu'au reste, s'il y avait des dommages à payer à Scio, cela regardait les Tripolins.

Cependant M. Duquesne continuait de bloquer l'île, et cette situation inquiétait beaucoup Cara-Mustapha. Il voulut tenter lui-même d'intimider M. de Guilleragues et il l'invita à une audience à la Porte. Ce ministre turc, ayant débuté de la même manière que le Kiahia Bey, reçut de l'ambassadeur la même réponse, ce qui le mit en fureur. Il maltraita de paroles M. de Guilleragues et le menaça des Sept-Tours; puis il le mit aux arrêts dans une chambre voisine, et cette détention dura trois jours, intervalle qui fut employé à négocier. Enfin il lui arracha la promesse d'un présent, sur la valeur duquel on se débattit longtemps. L'ambassadeur finit par le promettre d'environ 200,000 livres, et Louis XIV l'approuva par égard pour le commerce de ses sujets. M. de Bonac, qui l'écrit, y applaudit sur le motif que Louis XIV demeurait libre d'avouer ou non son ambassadeur; au lieu qu'engagé par la résistance de ce ministre, ce monarque n'aurait pu reculer. Tirer vengeance n'eût pas été bien difficile. M. Duquesne qui était piqué au jeu, ne demandait que dix vaisseaux de ligne pour forcer les Dardanelles et faire avoir à M. de Guilleragues pleine et entière satisfaction. Il est d'ailleurs très-probable que Cara Mustapha n'aurait osé commettre des violences qui auraient justifié les voies de fait auxquelles M. Duquesne pouvait se porter contre les sujets ottomans, et que la fermeté de l'ambassadeur aurait triomphé de la férocité du vizir.

Ce premier ministre avait appris d'Ahmed Kupruli, son prédécesseur, la maxime de faire succéder une guerre à une autre.

La trêve de vingt ans conclue après la bataille de Saint-Gothard allait finir, et la cour de Vienne demandait à la renouveler ; mais le vizir s'y refusa. Il ne voulut pas même en attendre l'expiration, et il commença à l'enfreindre en fournissant un corps de six mille hommes au comte de Tékéli, chef des rebelles de Hongrie. L'année suivante, 1683, jetant tout à fait le masque, il marcha lui-même à Belgrade à la tête d'une armée de deux cent mille hommes.

L'Empereur Léopold ne s'était pas attendu à cette brusque rupture et il fut pris au dépourvu. Le duc de Lorraine, son général, rassembla quelques troupes à la hâte, se bornant, à la tête d'un corps volant à observer et à retarder l'ennemi devant lequel il recula jusqu'à Vienne, où le vizir mit enfin le siége.

On convient généralement que cette capitale de l'Autriche aurait succombé, si les attaques avaient été poussées vivement ; leur mollesse occasionna dans l'armée musulmane des murmures dont Cara Mustapha ne s'émut pas. Cantémir prétend que ce ministre ambitieux, aveuglé par la bonne fortune, avait formé l'extravagant projet de se réserver la souveraineté de l'Allemagne, dont il ne croyait pas la conquête douteuse, et qu'il voulut ménager Vienne comme destinée à sa résidence. Quoi qu'il en soit, le Roi de Pologne Jean Sobieski eut le temps d'arriver avec une armée au secours de la place assiégée, et il eut la gloire de la délivrer, après avoir battu les Turcs à plate couture. Cette défaite fut pour eux le commencement de seize ans de désastres.

La levée du siége de Vienne décida la République de Venise à se liguer avec Léopold qui la sollicitait d'entrer dans sa querelle; elle accéda, en 1684, à l'alliance des cours de Vienne et de Varsovie.

Louis XIV regardait la continuation de la guerre de Turquie comme le fondement le plus sûr de la trêve de vingt ans qu'il venait de conclure avec l'Empereur et le Roi d'Espagne ; aussi voit-on dans les instructions qu'il donna à M. de Girardin, successeur de M. de Guilleragues à Constantinople, en date du 22 juillet 1685, qu'il ne songeait qu'à les amuser pour les empêcher de précipiter leur paix. Il ne voulait même pas accepter le rôle de médiateur dans cette querelle que dans le cas où cela aurait pu arrêter la pacification; mais il aurait souhaité voir diminué le nombre des ennemis de la Porte et l'engager

à un accord avec les Polonais; la cession de
Kaminiec devait en être le prix; mais elle ne se
trouva pas disposée à ce sacrifice en faveur d'un
ennemi qui n'occupait qu'une bien petite partie
de ses forces.

Il n'en était pas de même en Hongrie, où le
duc de Lorraine venait de gagner la bataille de
Gran : la prise de Neuhæusel, avait été le fruit
de la victoire. D'un autre côté, les Vénitiens,
sous la conduite de Morosini, entamèrent la Morée dont la conquête valut à ce général le titre
de *Péloponésiaque.*

La triple alliance s'accrut d'une nouvelle
puissance, en 1686, par l'accession de la Russie.
Elle fit marcher une armée en Crimée; mais ses
mesures pour les subsistances furent si mal prises
qu'il fallut rebrousser chemin avant d'avoir atteint
la presqu'île. Cet échec encouragea les Tartares
qui firent, l'année suivante, une incursion en
Ukraine; à la vérité ils y furent battus, et cette
province se trouva préservée de leurs ravages.

L'armée se mutina au camp de Belgrade et se
dirigea sur Constantinople. Cantémir prétend que
le Sultan, dans l'espoir de se maintenir par l'extinction de tous les rejetons de la maison ottomane, voulait sacrifier ses frères et ses enfants, et
que le Kizlar Agassi en avertit le muphti, qui empê-

cha ce forfait. Il fut détrôné et remplacé par son frère Soliman, second du nom. Ce prince avait vécu étroitement renfermé, pendant quarante ans qu'avait duré le règne de son aîné, et c'était trop tard pour apprendre à gouverner. Sous un tel règne la chute de l'empire ottoman semblait inévitable, lorsque la guerre éclata en Europe par la ligue d'Augsbourg, conclue contre la France, l'année précédente.

Le comte Tékéli, seigneur hongrois, avait épousé la veuve de Rakoczy, lequel était mort prince de Transylvanie. Ce comte, luthérien de religion, vexé par le gouvernement intolérant de l'Empereur Léopold, s'était mis à la tête de ceux de ses compatriotes qui s'étaient armés pour la même cause. On a vu que la Porte l'avait secouru d'un corps de troupes, en 1682. Depuis lors il avait suivi le sort des armes ottomanes, tantôt favorisé des vizirs, tantôt opprimé par eux, au point d'être mis aux fers. Il soutenait son parti au travers de ces vicissitudes. Louis XIV crut avoir en lui l'instrument d'une diversion qui occuperait la cour de Vienne, et il lui fit passer à divers temps des secours pécuniaires. Ricaut, écrivain contemporain, prétend qu'un marquis de Persan, Français, commandait un corps de six mille hommes de sa nation au service de

7

Tékéli. Ce fait n'est confirmé par aucun docu-
ment de ce temps ; en supposant l'existence de ce
corps, Louis XIV en supportait sans doute les
frais ; bientôt ce prince n'eut plus de mesure à
garder, et Tékéli fut plus ouvertement assisté.
M. de Girardin reçut en même temps l'ordre de
représenter vivement au ministre ottoman tout
l'avantage qu'il pourrait retirer de la diversion de
la France, s'il faisait contre l'ennemi commun
des efforts de courage et d'activité. Mais le vizir
abattu par la victoire que le prince Louis de Bade
venait de remporter sur un corps de quinze mille
Turcs, était bien loin d'avoir l'énergie nécessaire
à sa position. On lit dans une dépêche de l'ambassadeur, du 28 août 1688, que ce ministre ottoman ne lui dissimula pas qu'il profiterait de la
circonstance pour tâcher d'obtenir la paix. Il fit
partir en effet deux plénipotentiaires pour aller
la demander à Vienne. Ils traversèrent le camp
de l'Électeur de Bavière, qui venait d'emporter
Belgrade l'épée à la main et avec lequel ils voulurent entrer en matière. « Adressez-vous, leur
dit-il, aux ministres de l'Empereur dont je suis
le général. »

Les instructions de Louis XIV à M. de Châteauneuf, successeur de M. de Girardin, en date
du 20 mai 1689, offrent le tableau des dispositions

militaires de la France. L'ambassadeur avait ordre de l'exposer à la Porte et d'y démontrer que les Impériaux seraient trop occupés par les armées françaises pour employer de grandes forces en Hongrie, où les généraux turcs pourraient aisément secourir Temeswar, Canise et Varadin, et reconquérir une partie des places qu'ils avaient perdues dans le royaume. M. de Châteauneuf devait aussi présenter la convenance d'un accommodement séparé entre la Porte et la Pologne, ainsi que la nécessité d'encourager le comte Tékéli, ce dont la circonstance de la mort d'Apafy, prince de Transylvanie, offrait le moyen, en élevant le comte à cette dignité.

Dans le cas où le grand vizir promettrait de suspendre la négociation de la paix, à la condition que la France prendrait l'engagement de continuer la guerre, l'ambassadeur était autorisé à assurer que le Roi ne s'accommoderait point avec ses ennemis, sans donner le temps à la Porte de le faire de son côté avec avantage.

Jacques II, Roi d'Angleterre, venait d'être détrôné par le prince d'Orange, son gendre, élevé à cette couronne, sous le nom de Guillaume III. Louis XIV qui soutenait Jacques prescrivit à M. de Châteauneuf de détourner la Porte de reconnaître son rival. Elle balança quelque temps, mais suivit le torrent lorsqu'elle vit Guillaume solidement assis.

Les défaites des Turcs se suivaient rapidement : l'armée ottomane fut battue près de Nissa, pendant la campagne de 1689, et M. de Châteauneuf qui arrivait pour prendre audience du grand vizir, le trouva qui reculait sur Sofia. Les troupes étaient si effarouchées, que ce ministre fit recommander aux interprètes de l'ambassadeur de ne parler qu'en turc dans le camp, de peur d'y porter l'effroi, si leur langage étranger les y faisait prendre pour des Impériaux. Heureusement ceux-ci s'arrêtèrent d'eux-mêmes et ne poussèrent pas plus loin leurs progrès cette année-là. Il est certain qu'ils n'avaient qu'à marcher en avant pour faire des conquêtes.

Malgré la diversion de la France, l'empire ottoman semblait toucher à sa fin, lorsque Mustapha Kupruly, frère d'Ahmed et fils de Méhémet du même nom, fut élevé au vizirat. C'était un homme ferme, animé, peut-être même fanatique, mais dont l'énergie ou si l'on veut l'enthousiasme, pouvait seul sauver son pays. Tout changea sous ce nouveau guide ; il releva le courage abattu de la milice et employa en préparatifs de guerre ce qu'il fit rentrer dans le trésor de l'État des extorsions de ses prédécesseurs. En même temps il rappela de Vienne les plénipotentiaires turcs qui y sollicitaient la paix, taxant hautement cette démarche de lâcheté et de trahison. Il commença la campagne de 1690 avec une armée puissante et pleine, pour son chef, d'une confiance qu'il justifia en prenant d'emblée plusieurs places en Servie et en remportant une victoire sur le général Heusler, qui fut fait prisonnier. Le vizir profita de cet avantage pour nommer et établir Tékéli prince de Transylvanie. On a vu que c'était le vœu de Louis XIV ; dès qu'il fut informé de cette disposition, il fit partir M. de Ferriol, pour résider auprès du nouveau souverain. Mais son règne fut de courte durée. Le prince de Bade marcha contre lui et le chassa de la province.

Malgré cet échec, les trophées de la campagne furent pour les Turcs, en Hongrie, ainsi qu'en Pologne. Les Vénitiens reperdirent Janina et la Valone en Albanie; mais ils se soutinrent en Morée, et ils eurent l'avantage dans une action navale.

Soliman II mourut au commencement de 1691. On voit dans Cantémir combien peu les principes sur la succession au trône ottoman sont fixés. Selon cet auteur contemporain, le plus grand nombre des gens en place désiraient le rétablissement de Méhémet IV, ou l'élévation de son fils aîné ; mais Kupruly qui avait pris part au détrônement de Méhémet, ne voulait ni de luini de son fils, et il porta au trône Ahmed, frère cadet de Soliman.

La campagne de 1691 annonçait autant de succès que la précédente pour les Turcs ; Kupruly avait pris Belgrade, et ayant donné bataille le 19 août, à Slankamen, il paraissait sûr de la victoire, lorsqu'un coup de fusil l'atteignit à la tempe et le tua roide. Sa mort découragea les troupes et leur arracha la palme des mains. On peut dire de ce vizir qu'il est le dernier des Turcs, comme Brutus le fut des Romains.

L'impression que sa bonne conduite avait donnée des ressources de l'empire ottoman lui survécut. L'Empereur Léopold, inquiet des succès de la France contre les alliés, chercha à se débarrasser de la guerre de Turquie pour porter toutes ses forces contre Louis XIV. Cet Empereur fit passer pour cet objet à Constantinople, le comte de Marsigli, lequel offrit à la Porte de la part de son maître de renoncer à la Transylvanie et d'abandonner les Vénitiens. M. de Châteauneuf en faisant ce rapport ajoute que le muphti et l'aga des Janissaires, qu'il avait gagnés, firent refuser cette proposition avantageuse. Elle

montre, dirent-ils, l'embarras de la cour de
Vienne et c'est le cas de faire contre elle de
nouveaux efforts. Au lieu de cela, le successeur
de Kupruly se tint en repos pendant la campagne
de 1692, qui fut inactive, l'Empereur n'ayant
adopté qu'un plan de défensive de ce côté.

L'Angleterre et les États généraux ses alliés
le confirmèrent dans cette disposition par l'offre
qu'ils firent à la Porte, l'année suivante, de leur
médiation entre elle et la cour de Vienne à des
conditions modérées. On en attribua en Europe
le refus aux intrigues de M. de Châteauneuf, et,
dans le mémoire qu'il remit au Roi quelques
années après, il prétend en effet avoir réussi à
intéresser l'orgueil ottoman, à rejeter les propositions susdites.

Il est tout simple que Louis XIV prît pour la
continuation de la guerre turque, les mêmes soins
que les alliés pour la terminer. Malgré le peu
d'effet des armes ottomanes, elles ne laissaient
pas de retenir en Hongrie une partie des forces
de l'Empereur, et c'était autant de moins en
Flandre, sur le Rhin et en Italie.

Le parti de continuer la guerre ayant ainsi
prévalu, le grand vizir Mustapha Pacha qui commanda l'armée ottomane en Hongrie pendant la
campagne de 1694, força les Impériaux à lever

le siége de Belgrade ; c'est tout ce qui s'y passa de considérable: La mort du Sultan Ahmed II, en 1695, plaça sur le trône, Mustapha II, fils aîné de Méhémet IV, mort réçemment dans sa prison.

La conduite du nouveau Sultan dans l'âge de la vigueur parut d'abord annoncer qu'il en avait dans le caractère. Il déclara qu'il commanderait lui-même son armée, et cette résolution contribua à la rendre plus nombreuse et plus animée; mais soit impéritie, soit fond de mollesse que Mustapha ne développa que trop dans la suite, il n'entreprit rien d'important en 1695 et en 1696, se contentant de quelques légers avantages que les Impériaux ne lui disputèrent guère. Ils avaient adopté un système de guerre défensive en Hongrie et ils ne s'en écartaient que malgré eux.

Le grand effort des Vénitiens en 1696, s'exécuta par mer. Ils firent un armement considérable et attaquèrent l'île de Scio, dont ils s'emparèrent. Après ce succès, leur amiral se présenta devant Smyrne, d'où les représentations des consuls des nations européennes, et surtout de celui de France, parvinrent à l'éloigner en lui montrant le danger et le dommage que les Francs éprouveraient dans cette ville s'il en faisait l'attaque, et ils lui signifièrent qu'il en répondrait à qui de droit. Le général vénitien céda, sans trop savoir

pourquoi, à ces remontrances, et ramena sa flotte
à Corfou. Trois mois après les Turcs reprirent
Scio, mais ils perdirent la ville d'Azof, conquise
par Pierre le Grand. Cette même année, mourut
le Roi de Pologne, Jean Sobieski, dont la mort
ouvrit la lice à la concurrence des candidats à sa
couronne. Louis XIV avait dessein de la procurer
au prince de Conti et M. de Châteauneuf eut
ordre de demander pour lui des secours à la
Porte. Cet ambassadeur prétend dans son mémoire que le ministre ottoman lui offrit vingt
mille Tartares. Ce n'était pas assez pour contre-
balancer les moyens d'Auguste, Électeur de
Saxe. Le plus grand nombre des voix et le Primat
furent, à la vérité, pour le prince français qu'on
proclama le 16 juin 1697, mais deux heures
après l'Électeur fut aussi proclamé par son parti
que présidait l'évêque de Cujavie. Des courriers
furent expédiés aux deux élus. Auguste, qui était
le plus près, arriva le premier, signa les *Pacta
conventa* et se fit couronner à Cracovie le 15 septembre. Le prince de Conti ne parut que le 26 du
même mois sur la rade de Dantzick, et voyant
que son parti s'affaiblissait, il revint en France
six semaines après.

Mustapha II, qui n'avait presque pas vu
d'ennemis pendant ces deux premières cam-

pagnes, en devint plus hardi la troisième. Malheureusement pour lui la paix qui se traitait à
Ryswick fit employer en Hongrie le prince
Eugène pour y commander l'armée impériale.
C'est ce général que le Sultan eut en tête à la
bataille de Zenta, le 11 septembre 1697. L'armée
ottomane voulut repasser la rivière devant
l'ennemi, qui l'attaqua lorsque le mouvement fut
fait à demi. La partie de l'armée qui demeurait
exposée, se souleva contre ses chefs et massacra
tous les pachas, à commencer par le grand vizir.
Les Impériaux eurent bon marché des soldats
dont la plus grande partie fut tuée, noyée ou
prise. Mustapha abandonna le reste de l'armée
qui n'avait pas combattu et alla à toute bride se
réfugier à Temeswar. Les troupes ottomanes se
replièrent en désordre sur cette place et ne
furent pas poursuivies.

Le Sultan, las de cette guerre désastreuse,
donna le sceau de l'empire à Hussein Kupruly,
fils du vizir de ce nom, conquérant de Candie.
Hussein n'avait pas hérité de l'énergie de son
père, et il ne s'occupa que du rétablissement de la
paix. C'était le temps d'y songer; en effet, la
France ayant fait la sienne, ce que le vizir
regarda comme une défection. M. de Châteauneuf écrivit à Louis XIV qu'il trouva Kupruly

persuadé que la France avait un engagement
avec la Porte de ne point finir la guerre avant elle
et qu'elle l'avait violé.

Les raisons qui avaient engagé les puissances
maritimes à se rendre médiatrices entre l'empire
ottoman et ses ennemis, subsistaient malgré la
pacification de Ryswick, parce qu'on prévoyait
que le décès prochain du roi d'Espagne, Charles II,
ferait bientôt reprendre les armes qu'on venait
de quitter. Les alliés, et surtout l'Empereur,
voulaient être libres d'autres soins lors de cet
événement. Cantémir a écrit que l'ambassadeur
de France fit de vains efforts pour croiser la
négociation de paix que mylord Paget, ambassadeur de la Grande-Bretagne, et le comte Collier,
ministre des États généraux, terminèrent heureusement à Carlowitz, au commencement de
1699. La Porte y obtint des conditions tolérables
pour sa situation, malgré le sacrifice qu'elle dut
faire aux Polonais, de Kaminiec avec la Podolie;
aux Russes, d'Azof; aux Vénitiens, de la Morée
et aux Impériaux, de la Transylvanie. Pierre Ier
voulut avoir le port de Kerch en Crimée, sur le
détroit de Taman, entre la mer Noire et les
Palus Méotides, mais les Turcs tinrent ferme à
refuser cette cession. Cette demande dut dès lors
leur faire pressentir ce qu'ils auraient à craindre

en lui donnant pied sur la mer Noire. Ce prince avait préparé, à Voronety, l'établissement d'une marine militaire ; une frégate de trente-huit canons partit d'Azof, en 1699, pour conduire à Constantinople un envoyé de Russie. La Porte, prévenue de cette expédition, envoya une escadre de quatre vaisseaux au détroit de Taman pour y attendre la frégate. Le commandant turc proposa au ministre de le prendre à son bord, mais il s'en excusa sur l'ordre qu'il avait de son maître de poursuivre sa route sur le bâtiment où il était embarqué. Le commandant turc prit alors le parti de le suivre à vue jusqu'au canal de Constantinople. La mer de Zabache avait alors, sans doute, plus de profondeur qu'aujourd'hui, puisqu'une frégate de trente-huit canons pouvait y naviguer. Les sondes ne donnent à présent au détroit de Taman que quatorze pieds de fond et dix près de Taganrock avant d'être à Azof : ce qui n'est pas suffisant pour un navire de cette force.

Charles II mourut en 1700 et appela à sa succession le duc d'Anjou, qui prit le nom de Philippe V. On sait que l'Empereur Léopold la prétendit pour ses enfants, du chef de sa mère, sœur du feu Roi d'Espagne, en vertu de la renonciation de Louis XIV en épousant l'infante aînée ;

mais ce qu'on ignore et qu'on ne trouve que dans les dépêches de M. de Châteauneuf, c'est que le Roi de Maroc se mit aussi sur les rangs et demanda au Grand Seigneur des vaisseaux et des troupes pour l'aider à s'emparer de l'Espagne. C'était sans doute à titre d'héritier des princes maures qui y avaient régné jadis. On juge bien que la Porte n'y fit aucune attention. La guerre recommença entre la France et les alliés qui venaient de poser les armes à Ryswick : le Roi de Portugal se joignit bientôt à eux. M. de Ferriol, successeur de M. de Châteauneuf, eut ordre alors d'exciter les Turcs à rompre avec la cour de Vienne en portant leurs armes en Hongrie ; mais le Sultan était dégoûté de la guerre dont il avait fait un fâcheux essai. D'ailleurs, une rébellion le précipita du trône au mois de septembre 1702, événement rapporté, mal à propos, par le président Hénault à l'année 1703.

Mustapha eut pour successeur son frère Ahmed, troisième du nom. Le commencement de ce règne ne fut occupé qu'à punir les rebelles qui avaient détrôné le précédent Sultan : politique constante des princes ottomans, qui sert à rendre les séditions très-rares en effrayant d'un sort funeste ceux qui les entreprennent, quel qu'en soit le succès.

Le grand vizir Tchorly Ali Pacha était cruel sans être belliqueux; il évita soigneusement la guerre pendant les cinq années que dura son ministère, et les insinuations de la France furent constamment inutiles.

On lit dans une lettre de M. de Ferriol à Louis XIV, que cet ambassadeur s'était efforcé de démontrer au grand vizir que les progrès des alliés contre la maison de Bourbon méritaient toute son attention : que l'Empereur tomberait sur l'empire ottoman dès qu'il serait débarrassé de ses ennemis, et qu'il serait prudent à la Porte de le prévenir, ou du moins de donner des secours secrets au prince Rakoczy pour soutenir le parti qu'il avait en Hongrie; mais qu'Ali-Pacha, se parant d'une exactitude à l'observation des traités, que les ministres turcs adoptent ou méconnaissent selon qu'il convient à l'intérêt du moment, se défendit de toute démarche, même indirecte, qui porterait atteinte à la paix de Carlowitz. On voit dans une belle et sage réponse de Louis XIV à M. de Ferriol, comment cet ambassadeur avait combattu la prétendue délicatesse du ministre.

« Quoique vous connaissiez, écrit le monarque, l'utilité de cette diversion et ce qu'elle pourrait pour le bien de mon service, vous devez prendre garde aux maximes que vous employez pour engager les Turcs à recommencer la guerre. Il ne convient guère que les infidèles soutiennent que leur loi ne permet point de manquer à leurs engagements sans une cause légitime, et que mon ambassadeur dise que les prétextes suffisent et qu'il faut être homme avant de remplir les obligations de la loi. Outre l'avantage que l'on donne par de tels principes à une nation barbare, on ne persuade guère des gens qui se piquent d'exactitude dans l'observation de leur parole et qui d'ailleurs sont bien aises d'avoir un prétexte pour excuser le désir qu'ils ont de rester en repos. »

Le refus de la Porte d'aider Rakoczy n'empêcha pas le Roi de faire quelques efforts pour le soutenir. M. de Ferriol prétend qu'on s'y prit mal et que le prince lui-même se dirigea sur un mauvais plan. Il aurait dû, écrit cet ambassadeur, commencer par offrir à la Porte la suzeraineté de la Transylvanie et le même tribut que lui aurait payé Apafy : « Les hommes, ajoute-t-il, ne manquent pas à Rakoczy; il en eut jusqu'à quatre-vingt mille sous ses drapeaux; mais ils n'étaient pas soldats, et ayant demandé au Roi un officier général, M. le comte Des Alleurs fut choisi pour cette commission. Au lieu de flatter les Hongrois et de les laisser combattre à leur manière, selon l'ancien usage de leurs pères, il s'obstina à les réduire à une discipline dont ils n'étaient pas capables. Ce n'était pas connaître les intérêts du Roi et du prince Rakoczy. J'ai vu avec douleur tomber le parti qu'on avait formé et soutenu avec tant de dépenses, dans le temps qu'on devait en retirer le plus d'avantages. »

Les armées de France et d'Espagne étant battues partout, on devait s'attendre que les Hongrois mécontents seraient écrasés : l'Empereur ayant de quoi y employer des forces suffisantes. Mais la Porte, en bonne politique, aurait dû entretenir ce levain, et le grand Soliman n'y aurait probablement pas manqué en pareil cas. Il était au-dessus de sa nation, et il se trouve peu d'hommes en Turquie qui surmontent les préjugés fanatiques qui font regarder tous les chrétiens comme ennemis.

Un événement inattendu vint enfin déranger le système pacifique d'Ali Pacha. Charles XII, Roi de Suède, après la bataille de Pultawa en 1709, où Pierre le Grand demeura vainqueur, vint chercher un asile en Turquie. On crut d'abord que ce prince ne ferait qu'y passer pour se rendre ensuite dans ses États, et M. de Ferriol eut ordre de lui offrir un million comptant et une escadre de six vaisseaux de ligne pour le transporter en France. Charles, quoique pressé d'argent et en tirant des Turcs tant qu'il pouvait, n'accepta point cette offre généreuse et écrivit en réponse à l'ambassadeur, le 7 janvier 1711, « d'assurer Sa Majesté très-chrétienne de la parfaite estime et amitié qu'il lui porte et du désir qu'il a de pouvoir lui en donner des preuves certaines. »

Le but du Roi de Suède était d'armer l'empire ottoman contre celui de la Russie et d'aller à la tête des Turcs combattre son ennemi ; projet auquel le vizir était fort contraire. Dans l'embarras où le mettait ce prince, on assure qu'il tenta de le faire empoisonner. Les agents suédois l'accusèrent hautement de s'être laissé corrompre par Tolstoy, ambassadeur de Russie, et ces clameurs secondées par les ennemis nombreux et puissants d'Ali Pacha eurent assez d'effet pour provoquer sa destitution.

Nouman Kupruly, cinquième de ce nom dans le vizirat, lui succéda, mais pour soixante jours seulement, et le sceau de l'Empire passa pour la seconde fois à Baltadgi Méhémet Pacha. Le nouveau vizir débuta par déclarer la guerre à la Russie. Il savait que c'était l'intention de son maître et que Nouman n'avait perdu sa place que pour s'y être refusé. Les agents de la Cour de Suède avaient fait mouvoir plus de ressorts à la Cour ottomane que ce théâtre n'en semble susceptible, sans cependant que l'or fût de la partie; car ils en manquaient, et l'ambassadeur du Czar, dit-on, ne l'épargnait pas.

Comme ni l'un ni l'autre de ces princes n'était entré dans la grande querelle de la succession d'Espagne qui agitait encore l'Europe, on ne voit pas distinctement quels motifs avait Louis XIV de s'intéresser au monarque suédois. Il est cependant certain que M. de Ferriol agit en sa faveur à la Porte et que le comte Des Alleurs, son successeur, venant de Pologne à Constantinople, se détourna pour aller visiter Charles XII à Bender. Le mémoire de M. de Bonac dit que M. Des Alleurs, séduit par l'affabilité de ce prince, devint son zélé partisan; mais les affections d'un ambassadeur ne régissent pas ses démarches, et il faut conclure de celles de M. Des Alleurs qu'il suivait ses instructions.

Theils, interprète de l'ambassade des États-Généraux à la Porte, qui a écrit les mémoires de ce temps, prétend avoir eu entre ses mains la copie d'un traité d'alliance conclu à Bender en 1710, entre Charles XII et Louis XIV, confirmé depuis en 1712. Il attribue à l'effet des intrigues

de l'ambassadeur de France la première rupture
qui survint en 1711 entre l'empire ottoman et la
Russie, et celle qui suivit en 1713. Mais il n'est
pas croyable que ce traité, s'il avait existé, eût été
inconnu au marquis de Bonac, qui n'en fait aucune
mention, et on n'en trouve le texte nulle part.

Lorsque l'armée ottomane partit pour la campagne de 1711, un drogman de France, nommé
La Périère, accompagna le grand vizir. On voit
aux archives de Constantinople, dans la correspondance de cet officier, un plan de l'affaire du
Pruth avec des détails intéressants qui ont
échappé à M. de Voltaire. Mais rien n'indique
que Baltadgi Méhémet Pacha ait été gagné par
les dons du Czar. Ce prince n'obtint la paix que
parce qu'un grand vizir est toujours pressé de
finir la guerre, lorsqu'il le peut avec avantage :
sa fortune et sa vie dépendent constamment des
événements militaires. La cession d'Azof à la
Porte lui parut assurer l'un et l'autre. Il est vrai
qu'il s'y méprit et que, d'un côté le retard de la
remise de cette place, de l'autre les intrigues des
Suédois, causèrent bientôt sa déposition. Elles
occasionnèrent encore celle des deux vizirs qui
le suivirent. Cependant Charles XII ne réussit pas
à renouveler la guerre entre les deux Empires.
Sans son obstination à refuser de se trouver en

lieu tiers avec le grand vizir Ismaïl Pacha bien intentionné pour sa cause, et duquel il exigeait de venir à Démotica, où il gardait le lit par pure simagrée, peut-être serait-il parvenu à son but. Le comte Des Alleurs s'y rendit pour engager le monarque à se désister de cette vaine prétention, mais sans aucun succès. M. de Bonac dit que cet ambassadeur en fut assez piqué pour se détacher des intérêts du Roi de Suède, qui ne tarda pas de partir incognito pour retourner dans ses États. La France par les traités d'Utrecht et de Rastadt se trouvait alors en paix avec toute l'Europe.

On trouve dans les mémoires du marquis de Saint-Philippe une anecdote de ce temps assez singulière. Lorsque l'Empereur Charles VI eut abandonné les Catalans révoltés, et qu'ils se virent près d'être forcés à rentrer sous l'obéissance de Philippe V, ils offrirent au Grand Seigneur la suzeraineté de leur province pour être maintenue sous sa protection en forme de République : idée chimérique qui sûrement ne fixa pas l'attention du ministre ottoman, mais qui prouve l'obstination de ce peuple rebelle.

La Porte s'occupait alors de reprendre la Morée aux Vénitiens. M. de Châteauneuf avait écrit dans son mémoire au Roi que tôt ou tard les Turcs reviendraient contre la cession de cette pro-

vince dont la perte leur tenait à cœur, tant pour
l'injustice de l'invasion qui en avait été faite par la
République, en 1684, que parce qu'elle est un
point central entre l'Archipel, l'Albanie et la
Macédoine. L'exemple de cette infraction au
traité de Carlowitz sert de preuve à ce qu'on a
dit plus haut contre la prétendue fidélité des
Turcs à leurs engagements.

Lorsque la rupture éclata, l'humanité du
comte Des Alleurs l'intéressa au sort du Baile de
Venise, mis en prison aux Sept-Tours, et à celui
de quelques nobles Vénitiens faits esclaves en
Morée. Ses offres en leur faveur lui attirèrent
du vizir des reproches de partialité pour les
ennemis de la Porte. « Quelle apparence, répondit cet ambassadeur au sieur Brué, son drogman,
qui suivait le camp ottoman, que j'aie de pareils
sentiments pour une République brouillée avec
nous depuis quinze ans. »

En effet, sa neutralité dans l'affaire de la succession avait perdu les affaires des deux couronnes en Italie.

L'alliance de 1684 l'avait dévouée à l'Empereur; c'est en exécution de cet engagement que
ce prince, ayant tenté vainement de ménager un
accommodement, déclara la guerre à la Porte.
Le prince Eugène battit sous Peteryaradin, en

1716, le grand vizir Ali Pacha, qui y fut tué. Dans le même temps une autre armée turque échoua au siége de Corfou, défendue par le général Schulembourg. L'année suivante, le nouveau vizir fut défait sous Belgrade qu'il venait secourir et qui succomba. Tant de désastres ramenèrent la paix qui se fit en 1718, à Passarowitz, par la médiation de l'ambassadeur de la Grande-Bretagne et de l'ambassadeur des États-Généraux. Il en coûta à la Porte le banat de Temeswar et une partie de la Servie et de la Valachie, mais elle conserva la Morée.

Les instructions du marquis de Bonac, successeur du comte Des Alleurs, en 1716, lui prescrivaient de tendre à la continuation de la guerre entre la Porte et l'Empereur, de crainte, disent-elles, que le retour de la paix ne mît ce prince à même de troubler le repos de la France.

Le grand vizir Ibrahim Pacha répondit à cette insinuation par la proposition d'un concert de mesures entre la Porte et la France ; mais l'ambassadeur objecta que les embarras de la minorité de Louis XV ne permettaient pas de se livrer à des entreprises hors de l'État.

Pendant le cours de la négociation de Passarowitz, le cardinal Albéroni, devenu premier ministre de la Cour d'Espagne, avait formé le projet de réunir à cette couronne tout ce qu'elle avait cédé en Italie par le traité d'Utrecht. En même temps qu'il fit attaquer les îles de Sardaigne et de Sicile, il chercha à causer de l'embarras à l'Empereur en Hongrie en y relevant le parti de Rakoczy.

Ce dernier avait assuré la Cour de Madrid que la Porte lui donnerait trente mille hommes pour son rétablissement dans la principauté de Transylvanie. On ne sait si les promesses du grand vizir en attirant à Constantinople Rakoczy, réfugié en France, avaient été réellement jusque-là. Quoi qu'il en soit, Albéroni le crut, et expédia le sieur de Boissimène, colonel au service d'Espagne, que le prince hongrois présenta au grand vizir. Cet officier lui dit être autorisé à faire à la Porte l'offre de la médiation de sa Cour, pour une paix séparée entre la République de Venise et l'empire ottoman, ainsi qu'à proposer un concert de mesures pour le secours des mécontents de Hongrie, à qui l'Espagne s'engageait à faire passer des armes et de l'argent.

Ibrahim Pacha répliqua sommairement qu'il ne refusait point une réconciliation avec les Vénitiens sur un pied raisonnable; quant aux Hongrois, qu'il s'en expliquerait dans la réponse qu'il ferait à la Cour de Madrid; Boissimène la reçut

et partit. La paix s'étant faite peu après à Passarowitz, cette ouverture n'eut aucune suite et
Rakoczy, abandonné par la Porte, en obtint seulement de quoi subsister jusqu'à sa mort, arrivée
en 1735. Le marquis de Bonac, qui s'en tenait à
ses instructions et qui, pendant le ministère du
cardinal Dubois, ne recevait presque jamais
réponse à ses lettres, paraît n'avoir pas saisi ce
que la mission de Boissimène avait alors de contraire aux vues de la France, qui entra l'année
d'après en guerre avec l'Espagne.

Cet ambassadeur dit, dans ses mémoires, avoir
longtemps, avant son ambassade de Turquie,
conçu l'idée de l'utilité d'une étroite alliance
entre la France et la Russie; mais il ajoute qu'il
y trouva de la répugnance dans le ministère de
Louis XV, qui suivait les errements de son prédécesseur en faveur de la Suède, et que le duc
d'Orléans lui prescrivit, en cas de conflit d'intérêt
entre ces deux puissances, de s'attacher de préférence à ceux de cette dernière auprès des
Turcs. Mais la conduite de Charles XII, chez
eux, leur avait laissé une opinion désavantageuse
de ce prince, et le vizir regardait avec tant d'in-
différence politique la continuation de la guerre
des Suédois et des Russes, qu'il aurait proposé
d'en rendre médiateur le Sultan, si le marquis de

Bonac ne lui eût observé combien il était dangereux que Pierre Iᵉʳ, débarrassé de Charles XII, ne
revînt sur l'empire ottoman. « Ce ne fut, dit
M. de Bonac, que par une espèce de complaisance qu'on me permit en France de m'occuper
de notre réunion avec la Russie. » Cet ambassadeur en trouva bientôt l'occasion. La révolte des
Agwans contre la Perse ayant été suivie de la
subversion de cette monarchie, le czar voulut en
profiter pour s'approprier les provinces persanes
le plus à sa convenance. Il entra pour cet effet
dans celles de Chirvan et de Guilan, où il fit plusieurs conquêtes.

On fit grand bruit à Constantinople de cette
usurpation sur une puissance musulmane, et le
grand vizir se vit obligé par le cri public de
s'opposer aux progrès ultérieurs de la Russie
dans cette partie de l'Asie. Il y fit marcher des
troupes qui agirent de leur côté en Perse et se
saisirent de quelques villes. Ibrahim Pacha répandit même le bruit qu'elles avaient eu de l'avantage contre les Russes.

Pierre le Grand, au premier avis de la fermentation que sa levée de boucliers avait excitée à
Constantinople, craignit que son résident n'eût
été envoyé aux Sept-Tours. Il remit ses dépêches
pour ce ministre à M. de Campredon, envoyé de

France à Pétersbourg, qui les adressa au marquis de Bonac. Cet ambassadeur profita de l'occasion pour s'ingérer dans cette affaire de Perse, et en portant paroles aux deux parties tour à tour, il parvint à établir une négociation dont il se rendit le médiateur. Ce qu'il y eut de plus singulier, c'est qu'il exerça cette fonction sans pleins pouvoirs de sa Cour et qu'on ne lui en demanda jamais l'exhibition. On sait comment le cardinal Dubois, alors premier ministre, répondait aux lettres qu'il recevait. Le marquis de Bonac n'eut de réponse que lorsque la convention était prête à être signée ; il fut enfin autorisé à négocier, ainsi qu'à prendre la qualité de médiateur.

Cet acte consacrait l'agrandissement proportionnel de deux puissances, aux dépens des parties de la Perse, les plus à leur bienséance respective, et il fut dûment ratifié, mais il n'eut pas son exécution complète. La mort de Pierre Iᵉʳ, qui survint, dérangea tout et chacun garda ce dont il s'était emparé. Catherine Iʳᵉ, qui succéda à son époux, était plus occupée de faire restituer par le Danemark le Sleswig au duc d'Holstein, son gendre, que de suivre les projets de Pierre ; sur les représentations qu'on lui fit, sur l'insalubrité des provinces nouvellement acquises, où une grande partie des troupes qui les occupaient périrent, elle se décida à les abandonner.

Le vicomte d'Andrezel, successeur du marquis de Bonac, qui avait eu ordre de continuer l'office de médiateur jusqu'à ce que le partage de la Perse eût eu son entier effet, reçut bientôt celui, non-seulement de retirer ses bons offices, mais encore d'apporter tout ce qu'il pourrait d'obstacles à son exécution. Ce fut l'effet de l'adhésion de la cour de Pétersbourg au traité de Vienne, en opposition duquel s'était formée, entre la France et l'Angleterre, l'alliance de Hanovre.

Malgré l'autorité du marquis de Bonac en faveur d'une étroite union entre la France et la Russie, on ne peut se dissimuler que l'opposition des vues des deux puissances relativement aux Turcs, à l'affaiblissement desquels la seconde tend constamment, pendant que la première regarde leur conservation comme un de ses intérêts essentiels, rend impraticable le maintien constant de l'harmonie entre elles. Cet ambassadeur avait tout à cœur de la fixer, et elle n'a jamais existé que par moments. S'il y a des alliances naturelles, nulle ne l'est davantage pour la Russie que celle de la cour de Vienne et *vice versâ;* les deux États se trouvant séparés l'un de l'autre par des voisins puissants.

La Porte n'était pas aussi indifférente que les Russes sur ses acquisitions en Perse. Elle aurait bien voulu conserver Ardebil, Tauriz, Hamadan, et d'autres places moins considérables dont elle s'était emparée. C'est ce qu'elle obtint aisément de Mir Echref, chef des Agwans, en lui promettant des secours pour achever la conquête de la Perse. C'était le successeur de Mir-Mahmoud, usurpateur du trône des Sophis et destructeur de leur dynastie. Il s'en était cependant sauvé un rejeton dans la personne de Châh Thamasp, fils de Châh Hussein, dernier roi de cette famille. Le parti de ce jeune prince prenait de la consistance par les talents de Tahmas Kouli Khan, son général, et inquiétait Mir Echref ; il en vint à une action où Châh Thamasp prit tout à fait le dessus dans son royaume. Il ne tarda guère d'envoyer un ambassadeur à Constantinople y réclamer de sa part ce qu'elle retenait à la Perse ; s'étant en même temps approché de Hamadan, les habitants de la ville chassèrent la garnison turque. Celle de Tauriz évacua la place d'elle-même : les Persans, qui la poursuivirent, en passèrent une partie au fil de l'épée et renvoyèrent le reste des soldats, après leur avoir coupé le nez et les oreilles. La vue de ces malheureux, qui reparurent en cet état à Constantinople, excita des murmures contre la négligence du gouvernement à envoyer des secours de ce côté. Pour les apaiser, le grand vizir crut devoir faire des dispositions militaires. Il forma un camp en Asie vis-à-vis de la capitale et y conduisit le Grand Seigneur. En leur absence, un soldat de marine, nommé Patrona, excita un soulèvement qui s'accrut en peu d'heures, au point de forcer le Sultan à livrer ses ministres aux rebelles et ensuite à descendre du trône où fût placé son neveu Sultan Mahmoud, fils aîné de Mustapha II. Cet événement survint en 1730.

Le nouveau souverain avait besoin de la paix pour étouffer la révolte qui lui avait donné le sceptre et qui continua après qu'il fut entre ses mains. Il fit faire à Châh Thamasp des propositions d'accommodement; mais Tahmas Kouli Khan ne voulait pas une pacification qui aurait diminué son influence sur son maître. Il méditait dès lors de le renverser du trône et de se mettre à sa place. La guerre continua. Les Turcs, sous les ordres de Topal Osman Pacha, remportèrent d'abord une grande victoire contre les Persans, mais dans un second combat, ce général fut défait et tué. Peu après ce succès, Tahmas Kouli Khan, jetant le masque, s'assit sur le trône sous le nom de Nadir Châh. Une de ses premières démarches

fut de redemander à la Russie les provinces
persanes. Il obtint cette remise sans difficulté;
cependant elle ne s'exécuta que deux ans après,
ce prince ayant préféré ce délai qui lui évitait de
diviser ses forces dont il se servit pour agir avec
plus d'efficacité contre les Turcs. Il assiégea
Ardebil, et le géneral Levirschert lui fournit des
ingénieurs. Cet officier russe employa ensuite
ses bons offices pour obtenir une capitulation à
la garnison ottomane, ce qui lui valut des remer-
cîments des deux côtés.

Nadir Châh ayant chassé les Turcs de la
Perse voulut les attaquer dans leur propre pays
et mit le siége devant Bagdad, en 1732. La Porte
y envoya des secours et, entre autres, un corps
tartare qui prit son chemin au travers des provinces persanes, occupées par les Russes. Le
prince de Hesse-Hombourg, qui y commandait,
fit dire aux Tartares qui n'avaient point demandé
la liberté de passage, d'éviter le district de son
gouvernement, à défaut de quoi il leur barrerait
le chemin. Manstein accuse le Sultan, leur chef,
d'avoir tâché, mais en vain, de faire soulever
plusieurs hordes de la même nation, soumises à
la Russie, qui se trouvaient sur sa route.

Il s'agissait de passer deux défilés où les
Russes attendaient l'ennemi. Ce prince ne put

les entamer, et après avoir tenté une attaque, où il perdit mille hommes, il se vit forcé de rebrousser chemin et de prendre une autre route pour parvenir à Bagdad qui fut délivrée. Cette violation du territoire par les Tartares servit peu après de prétexte à une déclaration de guerre de la Russie contre la Porte.

On aurait peine à suivre la marche politique de la France pendant les dernières années du règne d'Ahmed III et les deux premières de celui de Sultan Mahmoud. On voit seulement la Porte se ressentir en 1729 vis-à-vis du marquis de Villeneuve, successeur du comte d'Andrezel, du bombardement de Tripoli de Barbarie par une escadre française. Cet ambassadeur y répondit par l'exposé des griefs de sa Cour contre les Barbaresques et de la nécessité où on s'était trouvé d'en tirer raison, la Porte s'étant si souvent déclarée impuissante à les réprimer. Elle offrit alors de procurer le redressement des griefs, mais dans l'intervalle les Tripolins avaient demandé et obtenu la paix.

La mort du Roi de Pologne, au mois de février 1733, mit toute l'Europe en fermentation pour l'élection de son successeur. Louis XV tâcha de faire tomber le choix de la nation polonaise sur son beau-père, Stanislas Leczinski, déjà élevé à ce trône par Charles XII, qui en avait chassé Auguste II, lequel y remonta sans grandes difficultés après la défaite du roi de Suède à Pultawa. On regarda en France, comme important à cet objet, que la Porte donnât une déclaration pour garantir à la Diète de Pologne la liberté de choisir un prince, liberté qui devait tourner au profit de Stanislas. Le parti français était déjà parvenu dans la diète de convocation à y faire prononcer l'exclusion de tout candidat étranger; on avait eu spécialement en vue l'Électeur de Saxe, fils du roi défunt.

Le marquis de Villeneuve fit les offices les plus pressants pour porter les Turcs à cette démarche; il insinua en même temps qu'il conviendrait de l'appuyer d'un corps de Tartares qui s'avancerait en même temps en Pologne, afin d'arrêter les troupes russes qui se préparaient à s'y introduire pour soutenir le parti de l'Électeur au mépris manifeste du traité du Pruth. La cour de Pétersbourg s'était engagée par ce traité à ne plus se mêler des affaires de la République. Mais cet ambassadeur trouva le ministère prévenu par le comte de Bonneval, qui avait pris le turban depuis quelques années. Il avait suggéré au grand vizir Ali Pacha Hekim Ouglou un plan d'alliance entre la France, la Suède et la Porte,

selon lequel la première devait s'engager à ne
point faire la paix avec la Cour de Vienne sans
exiger de celle-ci de ne donner aucun secours à
la Russie, contre laquelle la Suède et la Porte
agiraient directement. Le ministère de Versailles
se refusa à ce concert, et les Turcs laissèrent
faire les Cours impériales en Pologne sans vouloir
s'en mêler. Il en résulta que malgré la légitimité
de l'élection de Stanislas, il fut obligé de céder la
place à l'Électeur de Saxe qui prit le nom
d'Auguste III.

Sur les indices qu'eut la Cour de Pétersbourg
de ce projet de ligue, elle crut devoir prévenir
les intentions hostiles de la Porte. Dès que les
troubles de Pologne furent apaisés, elle traita
d'une alliance avec Nadir Châh. Les deux puissances s'engagèrent à n'entrer dans aucun accord
avec l'empire ottoman sans y comprendre réciproquement leurs intérêts respectifs. Mais le
Persan, peu scrupuleux sur ses promesses, ayant
remporté l'année suivante, en Géorgie, une
victoire contre les Turcs, il profita de ce succès
pour conclure avec eux une paix avantageuse,
sans égard pour son allié.

La Russie n'en commença pas moins la
guerre en 1735. A la vérité, ses premières hostilités ne parurent regarder que les Tartares. Le

9

général Leontiew, chargé de faire une incursion en Crimée, partit d'Ukraine au commencement d'octobre à la tête de trente mille hommes. La saison trop avancée l'empêcha de parvenir jusqu'aux lignes de Pérécop, et il en était encore à dix marches lorsque la fatigue et les maladies, qui lui avaient fait perdre le tiers de ses troupes, l'obligèrent de rebrousser chemin. Ce désastre ne changea rien au parti pris par l'Impératrice Anne, qui régnait alors en Russie, de rompre avec la Porte. Les puissances maritimes firent de vains efforts pour l'en dissuader. Elle résista à leurs représentations et à celles de ses plus éclairés ministres. Le comte Ostermann, contre son propre avis, reçut ordre d'écrire au grand vizir une lettre pour tenir lieu de manifeste. Il y fit la déduction des infractions aux traités, commises par les Turcs et les Tartares, ajoutant que sa souveraine s'était vue forcée à prendre les armes pour la sûreté de ses sujets et pour leur procurer une paix solide, mais, si la Porte était dans des dispositions pacifiques, elle n'avait qu'à envoyer des ministres sur les frontières, avec plein pouvoir d'entrer sans délai en négociations. Le grand vizir, informé, lorsque la lettre du comte d'Ostermann lui parvint, qu'Azof était déjà investi, fit pour toute réponse publier une déclaration de guerre contre la Russie. Le maréchal, comte de Münich, commanda les troupes russes pendant la campagne de 1736 et laissa le général Lascy chargé du siége d'Azof; il y ouvrit la tranchée le 17 mai, et le 4 juillet la place se rendit. Münich, de son côté, entra en Crimée et parcourut la presqu'île, où rien ne lui résista. Le manque de vivres l'obligea ensuite de ramener son armée en Ukraine.

L'alliance des deux Cours impériales, contractée entre Charles VI et Catherine Ire, portait pour clause expresse que dans le cas où l'une des deux se verrait obligée de rompre avec la Porte, elle serait assistée de trente mille hommes par l'autre puissance, qui déclarerait même la guerre, si la situation le permettait. Le *casus fœderis* étant clair et réclamé, l'Empereur s'occupa de préparatifs militaires. Au préalable, il tenta de ménager un accommodement entre la Porte et la Russie. On tint un congrès pour cet effet à Niemirow, mais il fut reconnu impossible de rapprocher les parties, et Charles VI, en conséquence de ses engagements, fit sa déclaration de guerre contre les Turcs pendant le cours de l'année 1737.

On a vu que les puissances maritimes avaient tâché de détourner l'Impératrice Anne d'entrer en guerre. Elles agirent dans le même esprit auprès de la Porte qui, effrayée du début des hostilités, ne demandait pas mieux que d'y mettre fin. La Russie parut s'y prêter de son côté, et l'ambassadeur de la Grande-Bretagne avec celui des États généraux furent admis à la médiation qu'une mésintelligence qui survint entre ces deux ministres les empêcha d'exercer.

Dix mille Russes avaient marché sur le Rhin, en 1735, comme auxiliaires de l'armée autrichienne contre la France. Celle-ci, en revanche, attisa le feu entre les Cours impériales et les Turcs, mais la pacification de Vienne ayant raccommodé Louis XV et Charles VI, le marquis de Villeneuve eut ordre de tendre à la paix de Turquie et à s'en attirer la médiation.

Le sieur de Tott fut envoyé pour cet objet par cet ambassadeur au camp ottoman. Lorsqu'il développa sa commission, le grand vizir affecta d'être surpris du changement subit de langage de la France qui, disait-il, depuis deux ou trois ans, n'avait cessé d'exciter la Porte aux hostilités. Le sieur de Tott répondit que, lorsque les armes ottomanes pouvaient avoir l'avantage, sa Cour s'intéressait à la guerre pour leur gloire, mais que l'Empereur étant libre, désormais, d'employer toutes ses forces contre l'Empire ottoman, les choses avaient changé de face et demandaient de nouvelles combinaisons. Cette semence germa, et le vizir réexpédia le sieur de Tott avec une lettre pour le cardinal de Fleury, en date du 17 juillet 1737, portant la réquisition formelle de la médiation de la France entre la Porte et les Cours impériales. Le marquis de Villeneuve reçut en réponse, le 1ᵉʳ décembre, un courrier qui lui apporta des lettres du Roi pour le Grand Seigneur et du cardinal pour le grand vizir, avec de nouvelles créances pour n'en faire usage que lorsque la médiation du Roi aurait été admise par la Cour de Pétersbourg. En même temps une lettre du comte de Sinzendorf lui apporta l'acceptation qu'en avait faite la Cour de Vienne et son ultimatum pour la paix.

Pendant la campagne de 1738, le maréchal de Münich s'était emparé d'Oczakow, que les Turcs tentèrent en vain de reprendre à la fin de la même année. Lascy, avec une autre armée, entra en Crimée et en ressortit comme avait fait Münich. En Servie, les Autrichiens avaient pris Nissa et manqué Widdin.

Telle était la situation des affaires des puissances en guerre, lorsque le marquis de Villeneuve entama sa négociation. Il avait ordre, en même temps, d'appuyer celle que la Suède avait entamée avec la Porte. Cette dernière affaire aboutit, la même année, à un traité de commerce et d'amitié entre la Cour de Stockholm et l'empire ottoman, ainsi qu'à un arrangement pour l'extinction des dettes de Charles XII envers le Grand Seigneur. Sa Hautesse se contenta, pour tout payement, du don d'un vaisseau de guerre de 70 canons, qui périt ensuite en chemin, et d'une certaine quantité d'armes de Suède.

L'ambassadeur avait à remplir une tâche bien difficile. Suspect, comme il l'était, aux deux Cours impériales, qui soupçonnaient la France de désirer la continuation de la guerre et de préférer les avantages de la Porte aux leurs, il ne trouvait pas plus dans celle-ci la confiance que méritaient ses conseils. Elle venait d'attirer à Constantinople, sur l'insinuation du comte de Bonneval, le fils du feu prince Rakoczy pour l'employer à exciter des troubles en Hongrie et en Transylvanie.

Le marquis de Villeneuve fit observer au grand vizir qu'il conviendrait d'abord de faire sonder les dispositions de ses prétendus adhérents, mais on alla en avant sans ce préalable, et le 25 janvier 1738 Rakoczy fut reconnu, en forme publique, prince de Transylvanie et chef des Hongrois. Il n'en fut guère plus avancé. On

l'envoya avec Bonneval sur la frontière autrichienne où personne ne remua en sa faveur, et
ce jeune prince devenait fort embarrassant,
lorsqu'une maladie aiguë l'emporta très à propos.

Le nouveau grand vizir, Yeghen Pacha ne
désirait point la paix; il n'avait voulu qu'amuser
par une vaine négociation. Le cardinal de Fleury,
qui le pressentit, lui écrivit le 10 avril 1738,
pour lui inspirer des intentions plus conciliantes.
Quoique la lettre contînt l'offre de la garantie
de la France pour le traité à conclure, elle fit
peu d'impression; le ministre turc voulait courir
le sort des événements, et ils le justifièrent.

La campagne des Russes sur le Dniester n'eut
aucun effet. Le maréchal Lascy entra une seconde
fois en Crimée et en ressortit de même. La peste
fit un tel ravage dans les garnisons russes d'Oczakow et de Kinburn, que le parti fut pris et
exécuté de les évacuer. De son côté le vizir en
personne prit Orsova et reprit Nissa; Semendria
et Ieni Palanka se rendirent, et les Turcs n'avaient
plus devant eux, jusqu'à la Save, entre les mains
de l'ennemi, que la seule place de Belgrade lorsque
finit l'année 1738.

Au retour du grand vizir à Constantinople
pour y passer l'hiver, la négociation du marquis
de Villeneuve recommença, mais Yeghen Pacha,

enflé des succès de la précédente campagne, voulut en faire une 'seconde. Ses envieux ne lui en donnèrent pas le temps; il fut déposé le 22 mai 1739.

Aïvaz Méhémet Pacha, son successeur, entra dans le ministère avec des vues plus pacifiques. Il appela à l'armée le marquis de Villeneuve, qui la joignit devant Belgrade peu après l'avantage que les Turcs avaient remporté sur les Impériaux à Krozka et la défaite du prince de Hildburghausen à Bagnalouca. Belgrade était en état de faire une longue défense. On voit par les mémoires du général Schmettau, qui commanda quelque temps dans la place, que le vizir s'y prenait si mal pour l'attaquer qu'il aurait dû bientôt être forcé d'en lever le siége. Mais cet auteur nous apprend, en même temps, que la plupart des généraux impériaux étaient saisis d'une espèce de terreur panique qui les faisait désespérer de tenir devant les Turcs. Le prince Eugène n'était plus et n'avait pas été remplacé. Seckendorf, Wallis et Neipperg étaient des généraux faibles de talents et d'énergie, et l'Empereur eut lieu alors de regretter le comte de Bonneval qui était meilleur militaire qu'eux, mais dont les Turcs ne se servaient jamais à la guerre.

On a dit que le marquis de Villeneuve avait à lutter contre la défiance des deux Cours impériales ; outre qu'il lui était aisé de s'en apercevoir, il en reçut de France l'avertissement du ministre. L'Empereur cherchait à négocier sans sa participation. 'Le colonel Gross, d'abord, et ensuite le comte de Neipperg, plénipotentiaire impérial, se rendirent pour cet effet au camp ottoman ; mais ils reconnurent bientôt que le vizir tenait fortement à la garantie de la France, qui ne devait avoir lieu qu'à la faveur de sa médiation. Il fallut donc passer par son ambassadeur, lequel arrangea et signa les préliminaires le 1er septembre 1739. La Valachie autrichienne et la Servie y compris Belgrade, réduite à ses anciennes fortifications, furent cédées à la Porte. Dix-sept jours après, on convint des préliminaires entre elle et la Russie, qui restitua la Moldavie, dont le maréchal de Münich, après avoir gagné une bataille contre les Turcs près de Kottin, s'était emparé. Azof, démoli, demeura à la Russie ; le titre Impérial fut reconnu à sa souveraine ; tout le reste fut remis dans le même état qu'avant la rupture.

Ainsi finit cette guerre qui pouvait et devait ruiner de fond en comble l'empire ottoman, si elle eût été bien conduite par les Cours impériales. Quoique Münich eût remporté bien des trophées pendant trois campagnes, il n'était parvenu qu'à la dernière à passer le Dniester et à venir au Danube, ce qu'il aurait pu faire dès la première. En ce cas, l'empire ottoman aurait couru grand risque. Quant aux généraux autrichiens, leur conduite fut toujours pitoyable.

A considérer, au premier coup d'œil, le rôle que joua la France dans cette affaire, il semble qu'en aidant au rétablissement de la paix, elle avait, pour la frivole gloire de la médiation, sacrifié le solide intérêt politique que lui offrait la continuation d'une guerre désastreuse pour la maison d'Autriche et propre à l'affaiblir. Mais, par un examen plus attentif, on trouvera, dans la paix de Belgrade, le chef-d'œuvre de la politique française. Saisissant le hasard d'un triomphe remporté par le vizir à Krozka, et de la frayeur des généraux autrichiens, le marquis de Villeneuve préserva les Turcs, dont l'intérêt occupait sa Cour de préférence, du danger imminent d'échouer devant Belgrade et d'être ramenés par l'ennemi bien avant dans leur propre pays. Il faut encore y ajouter que la gloire de ce traité a fait illusion à l'Europe, pendant trente ans, sur le véritable état de l'empire ottoman, dès lors en décadence, et dont la faiblesse n'a été que trop manifestée depuis. Par là s'est maintenue pendant ce long intervalle la considération de cette puissance, dont l'existence importait beaucoup à la politique de la France, vu le contre-poids qu'elle formait à l'union des deux Cours impériales. On a éprouvé depuis, par une funeste expérience, combien il eût été à désirer que la Porte eût continué d'être en état de leur en imposer.

Le marquis de Villeneuve profita du crédit que la médiation de Belgrade lui avait acquis pour renouveler les capitulations de la France, qui ne l'avaient pas été depuis 1673. Il obtint l'addition de plusieurs articles importants, comme on le rapportera ailleurs.

Cet ambassadeur avait fait quelque temps auparavant des insinuations à la Porte pour un traité de paix et d'amitié entre elle et la Cour des Deux-Siciles. Il semblait être le canal naturel de cette négociation; mais, soit par une suite de la vieille opinion qu'on a à Naples et en Espagne que la France cherche à éloigner du Levant les autres puissances chrétiennes, soit par les intrigues du comte de Bonneval, ce fut à lui que fut adressé le comte Finochetti, choisi à Naples pour cette affaire, qu'il termina par un traité signé le 16 avril 1740.

Il se négociait depuis plusieurs années, à Constantinople, une autre affaire dont la conclusion eut des effets plus importants. On a dit plus haut que la Suède avait fait avec l'empire ottoman, en 1737, un traité d'amitié et de commerce, lequel n'était à la vérité qu'une introduction, aux vues de la Cour de Stockholm, pour se lier avec la Porte d'une manière plus étroite. La position des deux États, séparés par une grande distance, mais ayant l'un et l'autre, cependant, la Russie pour limitrophe, offrait la convenance d'une alliance entre eux. Pendant que le comte de Bonneval suivait cet objet avec sa vivacité accoutumée, le marquis de Villeneuve, déjà avancé dans sa médiation, craignit que l'introduction d'un nouvel interlocuteur tel que la Suède sur la scène guerrière n'arrêtât sa négociation. Il détourna alors le grand vizir des avances de cette couronne, et ce fut à cette occasion que Bonneval fut exilé. La cour de Pétersbourg, à en croire les Mémoires de Manstein, aurait été bien embarrassée si celle de Stockholm se fût déclarée contre elle, en 1738, pendant que l'armée russe était occupée avec les Turcs. Elle le craignit au point de vouloir être informée à tout prix des mesures que tramaient ces deux puissances. Pour y parvenir, elle fit guetter le major Sinclair, gentilhomme suédois, qui partait de Constantinople et que l'on savait chargé de dépêches. Il fut atteint en Silésie par des officiers russes qui l'assassinèrent lâchement et lui prirent ses paquets ; mais, ainsi que dans l'assassinat du capitaine Rinçon sous François Ier, les papiers essentiels avaient été expédiés par une autre voie, et cette atrocité ne remplit pas le but qui l'avait fait commettre.

Le parti français avait acquis la supériorité en Suède depuis la mort de la Reine Ulrique-Éléonore, en 1739. Le Roi Frédéric de Hesse, son époux, était demeuré seul sur le trône. Ses partisans, qu'on nommait *les Bonnets,* répugnaient à la guerre contre la Russie que l'autre parti, dit *des Chapeaux,* voulait à toute force. La France, sans incliner pour une rupture entre les deux puissances, se borna à tâcher de procurer à la Suède l'appui de la Porte. En conséquence, le marquis de Villeneuve reçut ordre de seconder les ministres de cette cour à Constantinople, ce qu'il fit avec efficacité. Le 19 juillet 1740 fut signé un traité de confédération et d'alliance défensive entre la Suède et l'empire ottoman. C'est le seul que cette puissance ait avec les puissances chrétiennes.

On voit dans les Mémoires de Manstein qu'en

ce temps, Louis XV offrit sa médiation pour
accommoder les différents survenus entre les
Cours de Stockholm et de Pétersbourg. « Mais,
dit le même auteur, l'animosité des Suédois ne
put être apaisée; ils voulaient la guerre à toute
force, sans prendre néanmoins les mesures convenables pour la faire. » Elle fut déclarée, à
Stockholm, le 1ᵉʳ août 1741, et eut le succès qu'on
pouvait en attendre. Les Suédois furent bien
battus dès la première campagne.

Le changement de souverain en Russie, par
la déposition de l'empereur Ivan et l'intronisation
d'Élisabeth, semblait un événement propice au
rétablissement de la paix, en s'appuyant sur
l'influence que le marquis de la Chétardie,
ambassadeur de France, avait acquise sur
l'esprit de cette Impératrice, à l'élévation de
laquelle il avait eu grande part. Il obtint, en
effet, pour les Suédois une trêve; mais ils élé-
vèrent de si grandes prétentions dans la négociation qui suivit que la guerre ne tarda pas à
recommencer.

Le marquis de la Chétardie faisait ombrage au
chancelier de Bestucheff, qui profita d'un voyage
que cet ambassadeur fit en France pour ruiner
le crédit de sa Cour dans l'esprit d'Élisabeth, et
y faire prévaloir celle de Vienne, avec laquelle la

France était entrée en guerre à l'occasion de la succession de l'empereur Charles VI. Une lettre de M. Amelot au comte de Castellane, successeur du marquis de Villeneuve en Turquie, fut interceptée à Vienne et communiquée à Saint-Pétersbourg.˙ Dans cette lettre, ce secrétaire d'État prescrivait à l'ambassadeur de continuer ses bons offices aux˙ envoyés de Suède à la Porte; elle contribua beaucoup à un refroidissement sans que les démarches de M. de Castellane pussent opérer l'effet désiré. Au lieu d'une déclaration conforme au *Casus fœderis* du traité de 1740, il ne put obtenir du ministère ottoman, en faveur de la Suède, qu'une somme de cinq cent mille piastres, laquelle fut remise entre ses mains. Sa Cour, qui voulait encore garder des ménagements vis-à-vis de la Russie, le blâma de s'en être chargé. Au reste, ce mince secours ne pouvait tirer les Suédois du mauvais pas où ils s'étaient mis. La paix d'Abo, qu'Élisabeth voulait bien leur accorder, en 1743, en faveur de l'élection à la couronne du duc d'Holstein auquel elle s'intéressait pour régner après le roi Frédéric, mit fin à cette guerre.

L'année précédente, le Grand Seigneur avait envoyé un ambassadeur en France remercier le Roi de la médiation qu'il avait exercée à Bel-

grade. Cette mission n'avait aucun objet politique, non plus que celle de 1722, dont on
n'a fait, pour cette raison, aucune mention. Les
Turcs ne donnent ordinairement aucune confiance à leurs ministres au dehors. Ces commissions ne sont, à proprement parler, qu'une
aubaine qui s'accorde à la faveur et dont les
présents à recevoir font l'objet.

L'Électeur de Bavière avait été élu Empereur,
sous le nom de Charles VII, par l'appui que lui
donna la France. Elle prescrivit à son ambassadeur à la Porte d'obtenir d'elle de reconnaître ce
prince en sa qualité impériale. Les insinuations
des autres puissances engagèrent d'autant plus
aisément le ministère ottoman à suspendre cette
démarche que le nouvel empereur n'intéressait
guère la politique des Turcs, ses prédécesseurs
n'ayant eu de rapports avec la Porte qu'à raison
de leurs domaines de Hongrie et de Transylvanie, où Charles VII ne possédait rien. Le
reconnaître était prendre parti dans la querelle
des Cours chrétiennes, et la Porte voulait réserver ses forces contre Nadir Châh, qui la menaçait
et lui déclara effectivement la guerre en 1744.

Cet événement ne pouvait venir plus mal à
propos pour le but qu'avait la France d'engager les Turcs à faire une diversion dans les

États de Marie-Thérèse, alors reine de Hongrie, héritière de son père Charles VI et bientôt après Impératrice par l'élection du duc de Lorraine, son mari, à la couronne impériale après la mort de Charles VII. Le ministère de Versailles s'occupa alors à lever l'obstacle de la guerre de Perse, en travaillant à cette pacification. Elle chargea de ce soin le comte de Bonneval. Il plut à cet homme romanesque de substituer à cette vue si simple le projet de l'entremise du roi pour ménager une alliance entre la Porte et le Grand-Mogol contre le roi de Perse ; mais d'un côté le Mogol déjà anéanti par l'invasion précédente des Persans, dont la plaie était encore fraîche, ne pouvait leur faire tête, et de l'autre il s'agissait spécialement de ne laisser aucune affaire aux Turcs de ce côté, afin qu'ils demeurassent libres d'agir en Hongrie. Au reste, cette paix entre la Perse et la Porte se conclut peu après une victoire que remporta Nadir Châh. Le règne de ce prince finit avec sa vie en 1747. Il fut assassiné par son neveu et par le capitaine de ses gardes.

Loin d'être en mesure de donner de la consistance à son projet, le comte de Bonneval ne put pas seulement arrêter la Porte sur la reconnaissance du nouvel Empereur. Elle avait redouté son élection au point que le grand vizir en écrivit au ministre de France, lui rappelant la gloire qu'avait eue Louis XV de donner un Empereur à l'Allemagne, et l'exhortant à donner encore ses soins pour le même objet. Mais ce compliment n'était accompagné d'aucune offre de concert, et le grand-duc de Toscane n'eut pas été plus tôt élu que la Porte changea de langage au point d'admettre les États d'Italie de ce prince à participer à la trève existant avec la maison d'Autriche, qui reçut alors une prolongation non définie par un acte échangé entre les deux puissances, en date du 17 mars 1747. Ainsi la trève de Belgrade ayant changé de nature sans la participation de la France, celle-ci demeura déchargée de sa garantie.

Le ministère ottoman, honteux, en quelque sorte, de la conduite versatile qu'il avait tenue en cette occasion, crut la couvrir en offrant sa médiation aux puissances chrétiennes belligérantes. C'était encore une suggestion de Bonneval, qui voulait, à la vérité, qu'on y ajoutât l'envoi d'un corps de troupes sur la frontière de Hongrie pour appuyer l'offre de la médiation. Il se flattait probablement que l'indiscipline ordinaire aux Turcs amènerait quelque querelle, et ensuite des hostilités de ce côté; mais cette seconde partie de son plan ne fut pas agréée, et la simple proposition d'entremise fut acheminée. La France seule l'accepta sous condition qu'elle serait acceptée des puissances ses ennemies. Celles-ci ne daignèrent pas répondre.

Le comte Des Alleurs, fils de celui qui avait déjà rempli la place d'ambassadeur à Constantinople, ayant succédé au comte de Castellane, on lui recommanda d'exciter les Turcs à agir contre les cours de Vienne et de Pétersbourg à la fois, afin d'arrêter un corps de trente mille hommes que cette dernière puissance faisait passer à travers la Pologne pour aller rejoindre les Autrichiens sur le Rhin. L'ambassadeur devait tendre en même temps à renouveler, entre la Porte et la France, un traité d'amitié auquel accéderait la cour de Stockholm; elle voyait la Finlande envahie par les troupes de la Russie, pour le soutien du parti que cette puissance avait en Suède, en opposition au parti français. Sur les instances du comte Des Alleurs, la Porte se détermina à requérir la cour de Pétersbourg par son résident à Constantinople, de faire évacuer la Finlande par ses troupes, lui signifiant, en cas de refus, qu'elle prendrait fait et cause pour la Suède. Le ministère russe reçut cet office *ad referendum* et, quelque temps après, il eut ordre de répondre par l'assurance des intentions pacifiques de sa cour envers les Suédois, pourvu qu'ils maintinssent la forme de leur gouvernement, proposant à la Porte d'agir avec elle de concert pour leur en faire prendre l'engagement. Cette affaire traîna jusqu'à la mort du roi Frédéric en 1750. Le nouveau monarque, son successeur, ayant donné une déclaration conforme à la demande de la cour de Pétersbourg, celle-ci rappela ses troupes. La négociation du traité d'amitié dont on a parlé plus haut ne prit pas faveur, et la France ne s'en mit guère en peine.

La paix d'Aix-la-Chapelle, conclue en 1748, dispensa le comte Des Alleurs d'inviter les Turcs à rompre avec les deux cours impériales. Ses premières démarches à cet égard n'avaient eu aucun succès auprès de la Porte, qui s'était défendue sur son cheval de bataille ordinaire : sa fidélité aux traités. Selon lui, le traité du Pruth n'ayant pas été rappelé dans la trêve de Belgrade, la stipulation par laquelle il avait été interdit à la Russie de faire entrer ses troupes en Pologne était annulée, comme si, pour s'opposer à l'injuste violation du territoire d'une puissance voisine, il ne suffisait pas du droit naturel.

Il restait au comte Des Alleurs de donner ses soins à préparer la Porte en faveur de l'élection du prince de Conti à la couronne de Pologne, lorsqu'elle viendrait à vaquer. Ce plan n'avait pas été communiqué par Louis XV à son ministère. Son ambassadeur à Constantinople reçut à ce sujet une instruction secrète et l'ordre de rendre compte directement au prince de Conti du progrès de ses démarches. On craignait que les deux cours impériales n'eussent en vue de procurer ce trône au prince Charles de Lorraine, ce que M. Des Alleurs fit envisager à la Porte comme un plan d'entourer de tous côté l'empire ottoman ; mais les ministres turcs, imprévoyants par paresse autant que par ignorance, répondirent que l'âge et la santé du roi de Pologne devaient lui faire espérer une longue vie ; qu'il était prématuré de s'occuper de son successeur ; qu'au reste il y avait plus d'apparence que la cour de Pétersbourg préférait l'Électeur de Saxe, en cas de vacance, afin de ne pas donner trop d'influence en Pologne à celle de Vienne.

Un objet plus direct occupait de temps à autre la Porte ottomane ; le traité de Belgrade avait fixé les frontières de la Russie à la rive droite du Borysthène, d'après les limites tracées en 1705. Il était resté, entre la rivière Jugal et le fleuve Bug, un espace vacant qui devait demeurer désert sans appartenir à l'une ou à l'autre puissance. La cour de Pétersbourg s'appropria successivement plusieurs parties de ce pays, auquel elle donna le nom de Nouvelle-Servie. Elle y fit construire des forts et établir des colonies. Les Tartares, qui s'en trouvaient gênés pour le pâturage de leurs troupeaux et leurs communications au travers du Borysthène, en firent de fréquentes plaintes à Constantinople. On s'en prenait au résident de Russie; celui-ci niait les faits et proposait l'envoi sur les lieux de commissaires qui, gagnés par sa cour, rapportaient ce qu'on leur avait dicté. Cette puissance, de son côté, récriminait, se plaignant d'excès commis par les Tartares contre les Cosaques.

Sultan Mahmoud fit voir pendant tout son règne qu'il craignait la guerre; mais la terreur qu'il en avait augmenta lorsque sa santé vint à s'affaiblir, et tous les griefs étaient dissimulés; il mourut à la fin de 1754 et eut pour successeur son frère cadet Osman.

Le comte de Vergennes, qui remplaça en Turquie le comte Des Alleurs, mort dans ce même temps, reçut en partant les mêmes instructions que son prédécesseur relativement à la vacance du trône de Pologne. Il eut aussi l'ordre d'exciter la vigilance de la Porte sur les deux cours impériales.

Cet ambassadeur arriva en 1755 au commencement de la guerre pour les limites de l'Acadie entre la France et l'Angleterre. Cette dernière puissance, cherchant à tout prix d'occuper les forces de la première sur le continent, conclut avec la cour de Pétersbourg un traité, qui l'engageait à fournir soixante mille hommes à la Grande-Bretagne sur sa réquisition, au moyen d'un subside convenu. La France n'y fut pas nommée, mais il était clair que ces troupes étaient destinées contre elle. Son ambassadeur à la Porte eut ordre de faire tous ses efforts pour engager les Turcs à s'opposer au passage des Russes au travers de la Pologne ; il fut autorisé à répandre un million, s'il le fallait, pour parvenir à son but. Mais les dépêches de M. de Vergennes sont un nouveau témoignage de ce qui a été dit plus haut, que les affaires importantes ne réussissent pas toujours en Turquie avec de l'argent, comme on veut bien le croire.

Le comte de Bonneval, peu avant sa mort, avait formé le projet d'une alliance entre le roi de Prusse et l'empire ottoman. Il avait été autorisé par la Porte à en faire l'ouverture au comte de Podewitz, ministre de Sa Majesté prussienne. Le décès de Bonneval prévint la réponse de la cour de Berlin. Elle n'embrassa pas moins ce plan approuvé par la France, et le comte Des Alleurs fut autorisé, en 1748, à faire usage d'un plein pouvoir, que lui adressa le roi de Prusse, pour négocier sur cet objet avec la Porte; mais le Sultan Mahmoud, et ensuite son fils Osman, ou plutôt leurs ministres, s'éloignaient de tout ce qui pouvait les tirer de leur apathie léthargique.

Bientôt après, toute la politique de l'Europe changea de face par le parti que prit le roi de Prusse de conclure avec le roi d'Angleterre un traité portant garantie respective de leurs États d'Allemagne; sur cette défection de la cour de Berlin, celle de Versailles changea la direction de sa politique. Le prince de Kaunitz, devenu ministre principal de Marie-Thérèse, avait conçu depuis longtemps le plan d'une alliance entre la France et la maison d'Autriche. L'ouverture en fut faite dans ces circonstances, et le traité se conclut à Versailles, le 1er mai 1756; la Russie y accéda peu après.

Le comte de Vergennes reçut ordre d'en faire part à la Porte. Elle fut très-étonnée d'un renversement de système qui lui ôtait pour l'avenir tout espoir de diversion de la part de la France contre la cour de Vienne; mais ce qui choqua véritablement les Turcs fut de n'avoir pas été exceptés des cas de l'alliance; omission reprochable, en effet, et qui fut d'autant plus sentie à Constantinople qu'elle n'avait pas été faite dans le traité précédent de la Grande-Bretagne avec la Russie. On fit ce qu'on put pour la réparer en déclarant à Vienne qu'on ne reconnaissait pas le *casus fœderis* dans une rupture entre la Porte et la maison d'Autriche. La même déclaration fut remise à Constantinople et servit à y apaiser les esprits. On eut soin dans l'acte d'accession de la cour de Saint-Pétersbourg à l'alliance de Versailles, que l'empire ottoman y fût excepté.

Ainsi fut ébranlée, au bout de deux cent vingt ans d'immobilité, la base de l'union intime de la France avec la Porte, cimentée par leur jalousie réciproque contre la maison d'Autriche, événement qui a dérouté entièrement la politique des Turcs. On peut regarder l'inaction dans laquelle ils sont restés pendant la guerre qui a agité l'Europe, depuis 1755 jusqu'en 1763, comme le premier effet de leur étourdissement. Sultan Osman était bien peu propre à créer un nouveau système pour son empire. D'ailleurs son règne fut court et finit avec sa vie au mois d'octobre 1757. Il eut pour successeur son cousin Mustapha III, l'aîné des fils qui restaient d'Ahmed III.

Le nouveau Sultan annonçait plus d'énergie que son prédécesseur. Il avait joui de sa liberté jusqu'à l'âge de 14 ans : il en fut privé lors de la déposition de son père. Au moyen de cet essor de ses premières années, ses facultés morales étaient moins engourdies que celles de ses deux prédécesseurs. Il trouva dans Raghib Pacha, son vizir, l'homme le plus éclairé de l'empire, spécialement pour les affaires étrangères. Ce ministre avait été longtemps Reïs Effendi, et il avait rempli les fonctions de plénipotentiaire au congrès de Niemirow, ainsi qu'à celui de Belgrade.

Il était embarrassant pour le comte de Vergennes d'avoir à tranquilliser la Porte sur l'entrée et la demeure en Pologne des armées russes, auxiliaires des Autrichiens. C'était le sujet constant des réclamations de ses prédécesseurs. Heureusement le ministère ottoman ne prit aucun parti dans les affaires de l'Europe, malgré les instances du roi de Prusse en guerre avec les deux cours impériales. Sa Majesté prussienne ne put obtenir qu'un traité d'amitié et de commerce, lequel n'eut ni plus de suite, ni plus d'efficacité que celui qu'avait fait le Danemark avec l'empire ottoman, deux ans auparavant.

S'il est vrai que la guerre est un mal nécessaire aux États pour les préserver du danger de

tomber dans l'inertie, la Porte avait inconstesta-
blement un besoin urgent de ce remède violent.
La nation turque était étonnamment déchue
depuis la mort de Mustapha Kupruly, tué à
Slankamen. Le règne d'Ahmed III avait énervé
les courages, et son successeur, pour punir la
rébellion de 1730, avait fait une boucherie de
tout ce qui restait de militaires des règnes précédents. Il s'en était peu formé pendant la
guerre de 1736, et la longue paix qui suivit avait
donné à ce petit nombre le temps de s'éteindre.
Le moment où les deux cours impériales étaient
occupées par le roi de Prusse, était beau à saisir,
et la Porte aurait pu profiter, dans son alliance
avec ce prince, des savantes leçons militaires
qu'il donnait alors à toute l'Europe. La neutralité à laquelle Mustapha se fixa, lors de cette
époque, est le premier coup que l'alliance de
Versailles a porté à l'empire ottoman. Le grand
vizir, Raghib Pacha, ne pouvait en entendre parler.
Ce vizir donna au comte de Vergennes, en 1761,
une marque assez sensible de sa mauvaise
humeur. Plusieurs esclaves chrétiens, à bord
d'un vaisseau de guerre ottoman, se révoltèrent
pendant l'absence d'une partie de l'équipage et
se rendirent maîtres des Turcs demeurés à bord
qu'ils conduisirent à Malte avec le navire.

Raghib Pacha, informé de cet événement, envoya le drogman de la Porte chez le comte de Vergennes le sommer de procurer la restitution de ce bâtiment, menaçant en cas de refus de renvoyer en France l'ambassadeur et tous ses nationaux. Ce procédé violent parvint à la connaissance de la cour, lorsqu'elle était le plus occupée à sa guerre d'Allemagne et qu'elle craignait davantage que les Turcs n'attaquassent la Hongrie : cette considération la força à dissimuler. Elle fit acheter le vaisseau à Malte et le renvoya à Constantinople. On l'y reçut avec plus de hauteur que de reconnaissance.

M. de Vergennes n'en fut pas quitte pour ne changer qu'une fois de langage. A la mort de l'impératrice de Russie Élisabeth, on vit Pierre III, son successeur, abandonner l'alliance autrichienne pour se livrer en fanatique à celle du roi de Prusse. L'ambassadeur eut ordre alors d'exciter la Porte à se défier de la cour de Pétersbourg, dont l'envoyé de Prusse faisait valoir, de son côté, au ministère ottoman, la réunion à son maître pour montrer aux Turcs qu'en se liant avec lui, ils n'auraient qu'un ennemi à combattre. Sa Majesté prussienne leur offrit même, au nom de son nouvel allié, une satisfaction complète relativement à tous les

griefs de la Porte sur les colonies et les fortifications de la Nouvelle-Servie. La déposition de
Pierre III et sa mort, en 1762, arrêtèrent la
négociation, et la paix d'Hubertsbourg, qui suivit
de près, suspendit alors tout l'intérêt de ce projet d'alliance.

Catherine II, qui succéda à son époux Pierre III,
ne tarda pas à déployer son caractère entreprenant, malgré l'illégalité de son titre au trône. Elle
saisit l'occasion du décès d'Auguste III, roi de
Pologne, pour exercer sur cette république, dans
l'élection du nouveau roi, une prépondérance
encore plus grande que ne l'avaient fait, en
pareil cas, ses prédécesseurs. Louis XV avait
renoncé depuis de longues années au projet de
procurer cette couronne au prince de Conti,
lequel avait encouru sa disgrâce. L'intérêt de la
maison de Saxe, inspiré par la dauphine, sa
belle-fille, s'y était substitué tout naturellement,
et c'était pour un des frères de cette princesse
qu'il aurait voté. En conséquence, le comte de
Vergennes eut ordre de remettre un office à la
Porte pour lui proposer d'agir de concert relativement à l'élection d'un roi de Pologne, y ajoutant l'insinuation que la France verrait avec plaisir cette couronne conservée dans la maison de
Saxe. La cour de Vienne prescrivit à son rési-

dent à Constantinople de concourir au même but. Elle avait, de son coté, abandonné sa première idée en faveur du prince Charles de Lorraine. Le roi de Prusse entra dans le projet que l'impératrice de Russie avait conçu de placer sur le trône Stanislas Poniatowski, son ancien favori, non sans doute, comme la suite l'a fait voir, par l'effet de la continuation de ses premiers sentiments pour lui, mais pour établir l'influence absolue que l'élection de ce gentilhomme, sans autre appui que le sien, lui conservait en Pologne. Les ministres des cours de Berlin et de Pétersbourg à la Porte, agirent vivement pour qu'elle favorisât le choix d'un Piast. Telle était alors la brillante position de cette puissance, recherchée par les plus grandes cours de l'Europe. L'occasion d'établir son importance était belle, mais elle ne sut pas la saisir.

On a vu, lors de l'élection du duc d'Anjou à la couronne de Pologne, que le système ottoman était de préférer un candidat Piast sans aucune adhérence étrangère. Cela pouvait être alors bien vu; mais cette république, dont l'anarchie avait détruit depuis tous les ressorts, n'était plus redoutable au dehors et avait besoin d'appui. La politique turque ne saisit guère les variations de cette espèce; elle voit comme elle a toujours vu, et sa marche, s'il en est une, ne varie point. De plus, tant que la Porte put croire que ce débat se concentrerait entre les Polonais, elle s'en occupa peu; mais l'entrée des Russes en Pologne, commença à l'inquiéter. Le comte de Vergennes la sollicitait de signifier, par une déclaration, qu'elle regardait comme une violation des libertés publiques toute introduction de troupes dans son territoire. Avant de s'y décider, le grand vizir voulut savoir sur quoi il pouvait compter de la part de la cour de Versailles et de celle de Vienne, en cas de rupture avec celle de Pétersbourg. Le ministère autrichien, qui ne se prêtait aux démarches que la France l'engageait à faire à la Porte que par une sorte de complaisance, n'avait muni l'internonce impérial d'aucune instruction à cet égard. Le comte de Vergennes, demeuré seul dans la lice, déclina toute explication sur la demande du vizir. Celui-ci prit le tempérament d'écrire au grand général de Pologne pour l'exhorter à soutenir les droits de sa nation et à ne pas élever à cette couronne Stanislas Poniatowski qu'il en disait indigne. Cette mesure fut appuyée de la marche de quelques troupes turques sur le Dniester, mais elles n'allèrent pas plus avant. Les forces russes n'en disposèrent pas moins du trône, et Stanislas II fut élu en 1764.

Ce fut le triomphe de Catherine II et la honte de la Porte, qui avait exclu le candidat. La chose faite, il fallait prendre un parti sur cette élection. M. de Vergennes fut invité à une conférence avec le Reïs Effendi pour traiter la matière. Le ministre ottoman fit ce qu'il put pour amener l'ambassadeur à conseiller des partis violents, à le mettre au pied du mur, pour le requérir d'une coopération avec la Porte; mais n'étant pas autorisé à aller si loin, il sut se défendre du piége et se concentrer dans un cercle de simples réflexions. La France, récemment sortie d'une guerre désastreuse, évitait tout ce qui pouvait la plonger dans de nouveaux embarras. Aussi, malgré l'irrégularité de l'élection de Stanislas Auguste à la couronne de Pologne, et une insulte faite à l'ambassadeur de France à Varsovie pendant l'interrègne, par le primat, Louis XV acquiesçait-il à reconnaître le prince élu, sous trois conditions : la première, que le primat lui écrirait une lettre d'excuse; la seconde, qu'on satisferait aux prétentions de la maison de Saxe; la troisième enfin, qu'il y aurait amnistie pour tous les magnats du parti contraire à Stanislas.

Le comte de Vergennes eut ordre de faire part à la Porte de ces dispositions de la France et d'offrir d'agir de concert avec elle relativement à la reconnaissance du Roi élu.

Ce plan ne fut pas du goût du ministère ottoman; il craignit de s'engager dans les demandes de la France qui ne l'intéressaient point du tout : il n'était affecté que du séjour des troupes russes en Pologne, par la crainte que leurs déportements ne finissent par l'embarquer dans une guerre. Leur sortie des terres de la République était tout ce que la Porte désirait des cours de Varsovie et de Pétersbourg, et elle en faisait de fréquentes réquisitions au résident de Russie auprès d'elle. Mais Catherine II voyait son protégé trop mal affermi pour l'abandonner à lui-même, et d'ailleurs ses projets sur la Pologne ne se bornaient pas à lui donner un Roi. Elle prescrivit à son résident de prétexter la prolongation du séjour des troupes russes sur le besoin d'empêcher les troubles intérieurs dans le pays, et elle l'autorisa à s'engager, par écrit, que leur nombre ne dépasserait point sept mille hommes, sans artillerie. La mollesse du gouvernement ottoman ne lui permit point d'exiger davantage ; ses ministres ne demandaient qu'à pouvoir s'aveugler sur l'avenir.

Lorsqu'on vit en France la manière de procéder de la Porte en cette affaire, le Roi prit le parti d'ouvrir une négociation séparée avec la cour de Varsovie. Celle-ci accorda les satisfactions préalables, exigées par Louis XV qui, de son coté, reconnut à Stanislas le titre de Roi. On ne tarda guère à suivre cet exemple à Constantinople, en y admettant un ministre polonais pour faire la notification à Sa Hautesse de l'élection du nouveau roi.

Le duc de Choiseul rentra au mois d'avril 1766 dans le département des Affaires étrangères de France dont se démit le duc de Praslin. Cette époque est remarquable en ce qu'on peut dire qu'elle prépara la rupture qui éclata deux ans après entre la Russie et l'empire ottoman. Ce ministre, dès son début, expédia un courrier à Constantinople avec une lettre de sa main pour le comte de Vergennes où, sans articuler, comme le cardinal de Richelieu, « le Conseil a changé de maximes, » il le montrait en effet.

La dépêche commence par le tableau de l'Europe et représente les puissances du Nord attachées au char de Catherine II. La Suède, par les succès des cabales fomentées par cette princesse dans l'intérieur de son gouvernement; le Danemark, par le leurre de la cession du Sleswig qu'elle lui faisait espérer ; la cour de Berlin, par l'intérêt de diviser les deux cours:

celle de Londres, enfin, par système d'opposition aux vues de la France et par l'espoir de se ménager dans l'avenir des moyens de lui susciter une guerre de terre. « Il faut tout tenter, écrivait le duc de Choiseul, pour rompre cette chaîne dont la Russie tient le bout, et pour renverser le colosse de considération, acquis et maintenu par Catherine II, à la faveur de mille circonstances impossibles et qui pourraient en outre lui coûter son trône usurpé. L'empire ottoman, seul à portée d'opérer cet effet, est en même temps le plus intéressé à l'entreprendre. A la vérité, la dégénération des Turcs en tous genres, peut leur rendre funeste cet essai de leurs forces ; peu nous importerait, ajoute M. de Choiseul, pourvu que l'objet d'une explosion immédiate fut rempli. »

C'est à la procurer que le comte de Vergennes reçut ordre de tendre tous ses moyens. Il était autorisé à y encourager la Porte par l'offre de la cour de lui garantir la neutralité de la cour de Vienne, en cas de guerre de l'empire ottoman avec la Russie, et comme celle-ci, ainsi qu'on le supposait, corromprait les ministres ottomans par ses dons, l'ambassadeur avait carte blanche pour employer au même usage tout l'argent qu'il jugerait nécessaire; mais, outre qu'il n'est pas certain que la cour de Pétersbourg eût mis en usage ce moyen, il y a une grande différence de facilité à séduire les Turcs pour le repos qu'ils chérissent, ou à les exciter à l'activité qu'ils redoutent; ils reçoivent volontiers des présents lorsqu'on leur propose le chemin qu'ils prendraient, sans cela, d'eux-mêmes.

On a de la peine à refuser de l'admiration à la vivacité, à la vérité, et au tranchant du tableau politique du duc de Choiseul, mais le dernier trait en est trop prononcé. L'événement a prouvé que les échecs des Turcs n'étaient pas indifférents à la politique de la France et que, leur dégénération mise en fait, il ne convenait pas de les compromettre vis-à-vis d'une puissance qui, depuis cent ans, avait presque toujours eu les armes à la main. Le même ministre dans une dépêche suivante avance que le hasard fait seul le bonheur ou le malheur des armes, et que, des deux côtés est une chance égale : mais c'est un trait échappé à sa plume; il savait mieux que personne qu'à la guerre, il y a toujours beaucoup à parier pour les habiles.

Au lieu de faire agir les Turcs il fallait, en conservant le secret de leur faiblesse, les garder comme un épouvantail. Ils jouissaient d'une considération, mal fondée, à la vérité, mais qui pou-

vait durer encore longtemps, et cette masse
inerte, à l'orient de l'Europe, contenait ses voisins et assurait par là le repos de cette partie du
monde.

Il était difficile, sans doute, de prévoir alors
le progrès rapide qu'a fait depuis la décadence
ottomane, et le duc de Choiseul ne pouvait l'apercevoir. Ses yeux étaient tournés sur la situation
critique de la Pologne, que la cour de Russie,
par une marche insidieuse et violente, envelop-
pait successivement de brassières qui se resser-
raient toujours davantage. Elle avait fait espérer
aux patriotes polonais que le roi Piast qu'elle
leur donnait relèverait la force et la dignité de
leur gouvernement. Pour rendre ce leurre plus
efficace, elle attaqua le *Liberum veto,* source de
l'anarchie qui désolait depuis tant d'années la
Pologne, et par son influence, elle fit statuer dans
la diète de convocation que la pluralité des voix
déciderait à l'avenir dans les votations; mais
l'élection faite, cette puissance s'étant aperçue
que la République, à la faveur de cette disposition
pourrait remonter à un état de vigueur qui la
rendrait indépendante, donna ordre à son ambassadeur à Varsovie de s'occuper à former une
confédération générale. Elle produisit une diète
où le *Liberum veto* fut rétabli dans les points

essentiels des finances et du militaire, et où la garantie du nouveau régime fut déférée à la cour de Pétersbourg. Elle exigea de plus qu'on établît une commission pour tracer entre les deux États une nouvelle démarcation de limites, prenant pour base un traité de Moscou, négocié en 1686, et que la Pologne n'avait jamais ratifié; enfin l'Impératrice recevant sous sa protection les prétentions des dissidents de la religion dominante, requit la diète de leur accorder tous les effets civils dont ils étaient privés par de précédentes lois.

M. de Vergennes eut ordre de mettre sous les yeux de la Porte, le tableau de la conduite russe en Pologne, et les fatales conséquences qui devaient en résulter. Il devait démontrer que la nouvelle démarcation qui rendrait la Russie maîtresse de la rive droite du Boristhène au-dessous de Kiew, lui donnerait une facilité de plus pour attaquer l'empire ottoman et de s'approcher de la mer Noire dont elle avait envie de partager la domination avec la Porte. Ces considérations, présentées sous cet aspect, avaient pour objet d'engager celle-ci à des mesures préventives.

L'ambassadeur ne négligea rien pour rendre son exposé énergique et persuasif, et cette pièce fut rédigée de main de maître; mais le ministre ottoman craignait la guerre et tout ce qui pouvait y conduire. « Nous ne voyons dans toutes ces querelles de Pologne, répondit sur ce sujet le Reïs Effendi, que des disputes de religion entre les catholiques et les dissidents, dont il ne nous convient pas de nous mêler. » Toutefois sans qu'il voulût en convenir, l'affaire de la démarcation avait fait de l'impression à la Porte. Sur l'insinuation de M. de Vergennes, elle requit l'envoyé que le Roi de Pologne avait alors à Constantinople d'obvier à ce qu'il n'y fût pas procédé sans l'assistance des commissaires turcs qu'on enverrait sur les lieux, comme s'agissant d'un objet intéressant pour les frontières ottomanes. La réponse du ministre de Varsovie fut qu'il n'était pas question de cette opération et la démarche de la Porte en occasionna la suspension.

Le duc de Choiseul que la mollesse du ministère turc impatientait beaucoup voulut essayer de l'entraîner par l'influence du khan des Tartares Arslan Gueraï, prince actif et entreprenant qui venait d'être rétabli dans cette dignité. L'usage était que l'ambassadeur du Roi à la Porte envoyât résider auprès des khans, un de ses interprètes sous le titre de consul de Crimée. Le sieur For-

netti, qui remplissait cette commission, ayant
demandé son rappel, le duc de Choiseul saisit
ce joint pour expédier à Arslan Gueraï le baron
de Tott, fils de celui dont il a été mention dans
la négociation de Belgrade. Afin de donner à sa
mission plus de consistance, on lui remit une
lettre du Roi pour le prince tartare. Le baron
eut ordre de passer à Varsovie sans y manifester
sa commission, et de s'y mettre bien au fait de
l'état des choses, pour en tracer ensuite au khan
une esquisse aussi vraie qu'énergique.

Ce plan de voyage s'accomplit; mais en arrivant en Crimée, le baron trouva Arslan Gueraï,
mort et remplacé par Macsoud Gueraï, prince
d'un caractère aussi pacifique et mesuré que
son prédécesseur était animé et entreprenant.
Le nouveau consul fit usage auprès de lui de ses
instructions dont le but était, non-seulement
d'engager le khan à faire à Constantinople des
rapports propres à échauffer les esprits contre la
conduite des Russes en Pologne, mais encore
d'ameuter les chefs des hordes tartares à y concourir avec leur souverain.

M. de Tott se permit d'aller plus loin; il y
ajouta l'insinuation de rassembler et de porter
des troupes vers la frontière de la Pologne; mais
M. de Choiseul n'approuva pas cette exagération

de zèle « ne convenant pas, écrit-il à ce baron, à une puissance aussi amie de la Porte que l'est la France, de soulever un prince feudataire contre l'autorité du Grand Seigneur. »

Mais ce que la ferveur du consul, l'éloquence du comte de Vergennes et l'activité ministérielle du duc de Choiseul ne pouvaient effectuer, la violence russe l'opéra. Le prince Repnin, ambassadeur de cette nation fit enlever et conduire en Russie quatre magnats, opposants aux intentions de sa cour dans la diète. Dès lors cette assemblée ne fut plus qu'un vain fantôme dont il disposa à son gré. Elle ratifia sans examen ce que des commissaires vendus à la Russie déterminèrent et, après cet acte de servitude, on se sépara. Il fut aisé de sentir combien la Pologne entière dut être révoltée d'une telle tyrannie. Vainement, pour adoucir la nation, le prince Repnin promit publiquement l'évacuation des troupes russes, personne n'y prit confiance.

Le 29 janvier 1768, une confédération se forma dans la ville de Bar, en Podolie, pour s'opposer à tous les actes de la dernière diète. On prévit en France que cette association réclamerait l'assistance des Tartares, et comme on se défiait de la légèreté polonaise, il fut prescrit à M. de Tott, à cet égard, beaucoup de circonspection; cependant comme ce recours était salutaire, le duc de Choiseul expédia le sieur de Taulès auprès des nouveaux confédérés, pour juger de leur consistance et leur inspirer, s'il y avait lieu, de s'adresser à la Porte et au khan. Cet émissaire était chargé et autorisé à marquer aux chefs l'intérêt que prenait le Roi à leurs succès, et même à leur donner quelques secours pécuniaires dont il avait la libre disposition. Le sieur de Taulès, muni de ces ordres, parvint jusqu'au foyer de la confédération, mais dégoûté de son inconsistance, ou peut-être effrayé de l'approche des troupes russes, qui marchaient pour la dissiper, il jugea à propos de faire retraite et revint en France après s'être abouché avec l'évêque de Kaminiec, frère du chef des confédérés, et leur fauteur.

Ce prélat expédia en Crimée le sieur Makowitski, trésorier de la ville de Cewgorod, avec une lettre pour le khan dont il réclamait la protection et il le fit bientôt suivre par un courrier portant à cet émissaire polonais des lettres de créance de la confédération avec ordre, dans le cas où il ne trouverait pas le sieur Makowitski en Crimée, de les remettre au baron de Tott. Celui-ci prévenu par le duc de Choiseul ne voulut pas prendre couleur dans la commission du sieur Makowitski, lequel eut audience du khan et fut congédié avec une réponse amicale mais peu concluante.

Enfin le moment de l'explosion arriva ; il était marqué dans l'ordre des destinées, qu'une échauffourée entre un détachement russe et des confédérés polonais, amènerait une rupture entre la Porte et la Russie, et à la suite, les plus grands événements. Quelques confédérés, poursuivis par des Cosaques, se réfugièrent à Balta, ville double dont l'une appartient à la Pologne et l'autre à la province tartare du Yedzan. Le nommé Yacoub Aga, pratiqué depuis longtemps par le baron de Tott, commandait dans ce poste et y donna asile aux fuyards. Les Cosaques le sommèrent de les leur livrer sous le terme de trois jours avec menace, en cas de refus, de mettre tout à feu et à sang. Yacoub Aga, hors d'état de se défendre, fit passer les confédérés en Moldavie et se disposa à la retraite en cas d'attaque. Le canon tira à l'expiration des trois jours. La ville fut saccagée et les Cosaques se répandirent dans le pays, faisant main basse sur tout ce qu'ils rencontraient dans ce désert.

Yacoub Aga manda sur-le-champ au seraskier du Yedzan ce qui venait de s'y passer, et celui-ci en rendit compte au khan, lequel à son tour expédia à Constantinople, pour en donner part à la Porte. La nouvelle mit tout le monde en mouvement. Le Grand Seigneur fit tenir une assemblée générale dès ministres, des gens de loi et des chefs des milices. Le fait de Balta y fut décidé une infraction formelle de la paix dont il y avait lieu de se faire raison par la voie des armes.

Les ordres furent immédiatement donnés aux troupes de se mettre en marche. Le grand vizir Muhsin-Oglou, soupçonné d'être trop enclin à la tranquillité publique, fut déposé et remplacé par Hamzah Pacha, précédemment silihdar de Sa Hautesse et d'un caractère à ne garder aucun ménagement. Il fut prescrit au khan de se tenir en mesure de secourir la Moldavie, où l'on craignait que la retraite des confédérés de Bar n'attirât les Russes. Les premiers avaient été battus et forcés de se retirer sous Chotin.

Pour procéder avec une sorte de méthode, Macsoud Gueraï eut ordre de demander au gouverneur de la frontière russe, satisfaction de l'insulte de Balta; celui-ci la promit sans difficulté, ne demandant que le temps de reconnaître les coupables. La Porte de son côté fit une sommation ministérielle au résident de Russie de procurer une juste réparation de ce qui venait de se passer et d'écrire à sa cour d'opter entre l'évacuation de ses troupes de la Pologne, ou la guerre.

Le comte de Vergennes ne manqua pas de profiter de cette première effervescence pour animer les ministres ottomans. Afin de les embarquer de plus en plus, il leur suggéra de donner aux cours de l'Europe une notification des griefs de la Porte contre la cour de Pétersbourg. Cet ambassadeur, jugeant que rien n'était plus fait pour encourager les Turcs à une rupture avec la Russie, que la certitude que la maison d'Autriche n'entrerait pas dans cette querelle, insinua de requérir celle-ci d'une explication amicale sur ce sujet, soit directement, soit par l'organe d'un tiers : cette commission ne pouvait regarder que lui; mais l'espoir de l'évacuation des troupes russes de la Pologne fit encore suspendre cette mesure.

L'époque à laquelle avait été fixée l'attente des réponses de la Russie étant arrivée au commencement d'octobre, un *Muchaveré* nombreux fut assemblé le 3 dudit mois pour régler la conduite du grand vizir. Le 6, ce premier ministre fit appeler à son audience le résident de Russie qui, débutant, suivant l'usage, avec un compliment, fut interrompu par le vizir et apostrophé d'épithètes assez grossières. Sans se démonter, le ministre russe se borna à protester du désir de sa cour d'entretenir la paix avec la Porte, propos sur lequel il fut sommé durement de donner une assurance par écrit, garantie par les ministres des cours alliées de la sienne (ce qui ne pouvait s'entendre que de celles de Londres et de Berlin), que les troupes de sa nation sortiraient de Pologne sur l'avis qu'il leur en ferait parvenir. On lui produisit à cette occasion l'engagement par écrit qu'il avait remis quelques années auparavant et dont il a été fait mention. Le résident répondit que ses pouvoirs n'allaient pas jusque-là ; sur quoi le vizir d'un ton furieux lui déclara que la cour de Pétersbourg, rompant les liens d'amitié et des traités, allait être responsable du sang qui serait répandu dans le cours de la guerre qu'il lui dénonçait. Il fit ensuite retirer le ministre russe dans une pièce voisine, et peu après, on le conduisit à la prison des Sept Tours.

Ce fut le signal de la rupture ; et cette démarche fut suivie d'un mémoire communiqué à tous les ministres étrangers contenant l'exposé des motifs de la Porte. Le grand vizir revint alors à l'insinuation que lui avait faite peu auparavant le comte de Vergennes, sur la convenance de faire sonder les dispositions de la cour de Vienne, et cet ambassadeur, ainsi qu'il s'y attendait, fut requis de cet office.

L'internonce impérial, qu'il interpella sur ce sujet, le mit en état d'assurer la Porte que la cour de Vienne n'avait rien de plus à cœur que d'entretenir inviolablement la paix avec l'empire ottoman sur le fondement des traités existants; déclaration qu'il donna ensuite par écrit et qui fut changée avec une reversale des Turcs.

Hamzah Pacha ne conserva sa place que quatre semaines. Sa santé devint si mauvaise qu'il fallut le déposer, et le sceau de l'empire fut donné à Emin Méhémet Pacha, gendre de Sa Hautesse. Il avait été dans sa jeunesse occupé au commerce des Indes et il y avait passé quelque temps. Il s'était rendu ensuite à Constantinople en continuant la même profession. Il y trouva le moyen de s'introduire dans les bureaux et il devint en peu d'année Reïs Effendi, place qui le conduisit au premier ministère. C'était un homme d'esprit, mais sans autre acquit des affaires publiques qu'une sorte de routine. Il les conduisit avec une prétendue finesse qui rarement réussit en grand. C'était bien une autre difficulté que d'avoir à commander une armée sans avoir les moindres éléments de l'art militaire ; mais les

Turcs soupçonnent à peine qu'il y en ait un. Par
le fatalisme, ils attendent tout de la Providence,
et ils ne s'occupent que par manière d'acquit des
moyens qu'on emploie ordinairement pour le
succès. L'abondance de troupes et de munitions
ne manque guère aux armées turques, mais on
ne prête pas attention à la bonne qualité, le reste
va au hasard.

Il est bon d'observer que la déclaration de
guerre s'étant faite au mois d'octobre, on donna
aux Russes trois mois pour se préparer aux hostilités. A la vérité il n'en fallait pas moins pour
rassembler les milices turques éparses sur le
vaste empire.

Le Grand Seigneur s'attacha de préférence à
une levée de volontaires pour le seul motif que
la réforme de cette sorte de troupes suivait
immédiatement la paix. Le trésor public ne
demeurait pas chargé de payes surnuméraires
comme il serait arrivé en augmentant les vieux
corps ; mais aussi ne ramassa-t-on que des vagabonds, et ces prétendus gens de guerre n'étaient
pas plutôt rendus à l'armée qu'ils désertaient
impunément.

L'Europe, à cette époque, jouissait d'une paix
générale. La Pologne était seule déchirée par des
dissensions intestines, fomentées par les cours de

Pétersbourg et de Berlin. Les maisons de Bourbon et d'Autriche, fermes dans l'alliance qui les unissait, tenaient en respect l'Angleterre, trop occupée, d'ailleurs, vis-à-vis des colonies pour prendre une part active aux affaires du dehors.

Le comte de Saint-Priest, nommé depuis quelques mois successeur du comte de Vergennes à l'ambassade de Constantinople, était déjà entré en Turquie par la voie de Hongrie; il arriva à Constantinople le 13 novembre 1768; c'est à cette date que finit le précis politique qu'il a entrepris; la suite se trouve dans le mémoire où il rend compte au Roi de son ambassade.

LISTE

DES

AMBASSADEURS, MINISTRES

ET

AGENTS POLITIQUES DES ROIS DE FRANCE

A LA PORTE OTTOMANE,

DEPUIS FRANÇOIS Ier JUSQU'A LOUIS XVI

JEAN FRANGIPANI.

La *Nouvelle Histoire de France* rapporte qu'à l'occasion de la guerre que soutint François Ier contre Charles-Quint, ce Roi pressé par les armes de l'Empereur, écrivit au Sultan Soliman pour entrer en liaison avec lui, une lettre dont Jean Frangipani fut porteur; l'histoire ne dit rien sur sa personne. Il se trouvait en Hongrie auprès de ce prince ottoman lors de la funeste journée de Pavie en 1525, comme on le voit dans la réponse de Soliman qui fait mention au Roi de sa prison. François, revenu dans ses États, répliqua au Sultan par un autre messager qui n'est pas nommé.

ANTOINE DE RINCON.

Il est appelé le capitaine Rincon dans les
dépêches de Baïf, ambassadeur de France à
Venise, recueillies par Nicolas Camusat. Né
sujet de Charles-Quint, il était entré au service
de François Ier, et il prenait la qualité de gentilhomme de la chambre. Le Roi l'expédia à Soliman, auprès duquel il ne demeura que huit jours,
ce qui est établi par l'instruction donnée par
François Ier aux cardinaux de Tournon et de
Grammont, que rapporte le même Camusat, sous
la date du 13 novembre 1532. Hassan Beyzadé,
auteur turc de réputation, dit que Soliman,
allant en Hongrie, reçut à Belgrade, au mois de
juillet 1532, un ambasseur du roi de France,
auquel il rendit de grands honneurs; l'Empereur,
dit Baïf, dans une de ses lettres, tâcha de faire
enlever Rincon, à son retour par Venise, mais
il sut éviter les embûches qu'on lui avait tendues.
On verra plus bas qu'il n'eut pas toujours le
même bonheur.

JEAN DE LA FOREST,

Chevalier de Saint-Jean de Jérusalem.

C'est le premier ambassadeur de France de résidence à la Porte. Son instruction, dont la copie existe au dépôt des Affaires étrangères, est datée du 11 février 1534. Il conclut un traité d'amitié entre François Ier et Soliman, au mois de février de l'année suivante, 1535; cet acte s'est trouvé à la Bibliothèque du Roi dans un journal sur l'ambassade de D'Aramon. De Thou dit, dans son *Histoire*, que la Forest mourut à Constantinople en 1537.

JEAN DE MONTLUC.

On doit d'autant plus balancer à le nommer ambassadeur que sa commission eut lieu pendant l'ambassade de la Forest, en 1536. Comme on le voit dans la *Nouvelle Histoire de France,* où il est nommé protonotaire Montluc, il s'en retourna après l'avoir remplie. Montluc fit encore un voyage à Constantinople, en 1545, pour y accompagner un plénipotentiaire de Charles-Quint, auquel François Ier voulait alors ménager une trève avec les Turcs.

L'évêque d'Acqs cite ce protonotaire, depuis évêque de Valence, comme ayant servi la France avec beaucoup de distinction en Turquie; il acquit encore plus d'éclat par l'élection de Henri III au trône de Pologne, qu'il sut procurer par ses intrigues en ce royaume, où il était le premier des trois ambassadeurs de France assistant à la diète. Cet évêque mourut suspect de calvinisme. Un bâtard qu'il laissa témoigne contre ses mœurs. Il se nommait Balagny, et par une destinée singulière, cet homme sans naissance et sans talents distingués devint maréchal de France et pendant quelque temps prince souverain de Cambrai.

MARILLAC.

M. de Thou, en rapportant la mort de la Forest, dit que Marillac, son cousin, qui l'avait suivi à Constantinople, y fut, à l'occasion de ce décès, chargé par intérim des affaires de l'ambassade et qu'il s'en acquitta avec honneur. De retour en France, il devint archevêque de Vienne, et il jouit d'une grande réputation dans le clergé. Il mourut le 3 novembre 1560, peu après avoir prononcé un admirable discours à l'assemblée de

Fontainebleau, sous le règne de François II. Le capitaine Rincon le releva en 1538.

CÉSAR CANTELMO.

C'était un seigneur napolitain banni de son pays pour avoir suivi le parti de la France. Le Roi l'expédia en poste à la Porte, en 1539, dans l'objet de ménager un accommodement entre elle et les Vénitiens, ce qui lui fit faire une course, aller et venir, à Venise. C'est probablement lui qui demanda pour l'exercice de la religion catholique à Soliman et qui obtint de ce prince, en 1540, l'église de Saint-Benoît de Galata, destinée à être convertie en mosquée. On ne voit pas comment finit la mission de Cantelmo. Rincon, parti pour la France, revenait à Constantinople par l'Italie, en 1542, lorsqu'il fut assassiné, sur le Pô, avec Frégose, autre envoyé du Roi, par ordre du marquis du Guast, gouverneur du Milanais.

ANTOINE POLIN, Baron de la Garde.

On le nomma le capitaine Polin, puis le baron de la Garde, du nom du village, où il était né paysan; il prit de bonne heure le parti des armes et il s'y distingua. A la nouvelle de l'assassinat de Rincon, François Ier lui substitua Polin qui prit par Venise, traversa la mer Adriatique sur ses propres galères, et débarqua en Albanie, d'où il se rendit par terre à Constantinople. Il revint, en 1543, sur la côte de Provence avec une armée navale ottomane, commandée par Barberousse. Après le siége de Nice, la Garde, pour lequel on créa la charge de général des galères de France, en prit cinq avec lesquelles il reconduisit la flotte turque jusqu'à Lépante, d'où il rebroussa chemin. Ce baron eut encore l'occasion de faire un voyage à Constantinople, en 1552, après avoir été déchargé de l'accusation intentée contre lui pour le massacre de Cabrières et de Mérindol.

Brantôme qui a écrit la vie du baron de la Garde parmi les hommes illustres, dit que ce baron mena avec ses galères le duc d'Alençon à Londres, lorsqu'il s'agissait du mariage de ce prince avec la reine Élisabeth, et il ajoute que la Garde les arma avec une grande magnificence. Il mourut ensuite, peu riche, ayant dépassé l'âge de quatre-vingts ans.

GABRIEL D'ARAMON.

On a trouvé à la Bibliothèque du Roi un journal de son ambassade à la Porte composé par un sieur Chesneau, son maître d'hôtel. François Iᵉʳ fit partir cet ambassadeur pour la Turquie, en 1547. A peine arrivé à Constantinople, il y apprit la mort du Roi. Son successeur, Henri II, dépêcha consécutivement à D'Aramon le secrétaire Valenciennes et les sieurs de Fumet et Luscon avec de nouvelles lettres de créance et des instructions. D'Aramon les ayant reçues prit ses premières audiences de Soliman auquel il baisa la main, suivant l'usage de ce temps, qu'on voit continuer sous plusieurs de ses successeurs. Cet ambassadeur suivit le Sultan en Perse et il fut rejoint, à moitié chemin, par un valet de chambre du Roi, nommé Codignac, qui lui apporta des dépêches dont le rédacteur du journal ne connut pas l'objet. Soliman profita, au siége de Van, des conseils de D'Aramon, lequel à son retour de Perse, visita les Saints Lieux et l'Égypte. Il ne fut de retour à Constantinople qu'en 1550. Les affaires de France y étaient restées entre les mains d'un sieur de Cambrai, chanoine de Saint-Étienne de Bourges, dont l'évêque d'Acqs fait

l'éloge. Lorsque Soliman engagea D'Aramon à
passer en France, en 1551, il laissa, pour l'intérim, son maître d'hôtel Chesneau; disposition
qui paraîtrait singulière partout ailleurs, mais
qui ne le serait pas, aujourd'hui même, à l'égard
des Turcs. Le voyage de l'ambassadeur dura
huit mois. En revenant à son poste, il se trouva
dans le cas de mouiller à Malte, et le grand
maître nommé d'Omédès, Espagnol de nation,
l'engagea à se rendre à Tripoli défendu par les
chevaliers de cet ordre et attaqué par les Turcs,
dans l'espoir qu'il les déterminerait à lever le
siége. En arrivant, il fut témoin de la reddition
de la place et il obtint du général ottoman, sous
promesse d'échange, la liberté des chevaliers qui
s'étaient rendus prisonniers de guerre. Le prix
de ce service fut que d'Omédès refusa de lui
remettre les esclaves turcs en compensation et
lui imputa hautement la perte de Tripoli; mais
le Roi força dans la suite le grand maître à ré-
tracter cette calomnie de laquelle le brave chevalier de Villegagnon défendit vivement l'ambassadeur. D'Aramon de retour à Constantinople y
vit arriver, en 1552, le chevalier de Sèvres qui
lui apporta des instructions dans le but de fixer
avec les Turcs un concert d'opérations pour la
campagne suivante. La jonction des flottes fran-

çaise et ottomane eut lieu en effet en 1553. Ce fut la dernière année de l'ambassade de D'Aramon, il revint en France avec ses trois galères qui étaient entretenues par le Roi; à cette époque, les forces navales de la France étaient entre les mains de différents particuliers.

CHESNEAU.

Il fut pour la seconde fois chargé des affaires de France au départ de son maître, et il revint après l'arrivée du successeur de D'Aramon. Le journal dit que Chesneau entra depuis au service de la duchesse de Ferrare.

CODIGNAC.

Codignac, le même valet de chambre du Roi dont on a déjà parlé succéda à D'Aramon en 1554. Soliman était alors en Asie, où le nouvel ambassadeur alla le joindre pour prendre ses premières audiences et traiter de la jonction des forces respectives; quelque temps après le Roi expédia en Turquie le sieur de Ville-Monte, le même, selon toute apparence, que Brantôme nomme Villecuin, chargé de proposer au Sultan un plan d'opérations qui fut admis. Codignac s'embarqua sur la

flotte turque pour la campagne de 1555 et revint
avec elle à Constantinople. C'est la dernière fois
que les forces des deux puissances aient agi de
concert. On ne voit pas à quelle époque la conduite de cet ambassadeur devint suspecte à
Henri II qui le rappela. Codignac loin d'obéir,
entra au service de Philippe II qui venait de
monter sur le trône d'Espagne. Il servit son nouveau maître à la Porte en exagérant auprès
d'elle la détresse où se trouva la France à la fin
du règne de Henri II. Busbecq, alors ambassadeur de l'empereur Ferdinand en Turquie, dit
que le drogman de la Porte était à la dévotion
de Codignac. Celui-ci avait épousé une demoi-
selle grecque, propriétaire de deux îles de l'Archipel; on ne sait comment il finit.

LA VIGNE.

Il est probable que le sieur de La Vigne, successeur de Codignac, est le personnage du même
nom qui, selon Paruta, fut expédié à Constantinople, en 1543, par François Iᵉʳ. Il eut à y combattre les menées de son prédécesseur Codignac
contre la France : il parvint à faire déposer
son ami, le drogman de la Porte, qui fut ensuite
rétabli dans ses fonctions par le crédit de Busbecq.

Ce dernier parle dans ses lettres de la rudesse du caractère de La Vigne avec lequel, dit-il, le fameux Rustem Pacha évitait de se commettre; mais, un jour, provoqué par l'ambassadeur qui lui soutenait en face que toute l'importance de la puissance ottomane ne consistait que dans la division des princes chrétiens, le vizir apostropha La Vigne, en le défiant de les réunir tous contre son maître qui en viendrait aisément à bout. La paix de Câteau-Cambrésis remit La Vigne en si bonne intelligence avec Busbecq, que la délivrance de quelques prisonniers italiens et allemands ayant été refusée à ce dernier, l'ambassadeur de France, à son audience de congé, obtint de Soliman leur liberté. La mort de Henri II décida le retour de La Vigne dans sa patrie. Brantôme dit de lui qu'il mourut en chemin, riche de plus de 60,000 écus, outre de très-beaux meubles, et qu'il fit la duchesse de Savoie, qui avait été la cause de sa fortune, sa seule héritière au détriment de ses parents. Il laissa chargé des affaires de France à la Porte, un sieur Pétremol. Celui-ci eut bientôt à les remettre à un nommé Dolu, expédié par François II à Constantinople. Cet agent y mourut au mois de juillet 1561.

PÉTREMOL.

Pétremol reprit par ordre du Roi l'intérim de
l'ambassade à la mort de Dolu; c'est ce qu'il
écrit dans une lettre qu'on a de lui au dépôt des
Affaires étrangères, en date du 8 décembre 1563.
On lit dans la liste des ambassadeurs de France,
qui se trouve à la bibliothèque du Roi, que
La Vigne à son départ de Constantinople, y
laissa le soin des affaires, avec qualité de lieutenant de l'ambassade et trois écus par jour d'appointements, au nommé Vincent Giustiniani:
mais il paraît, par une autre lettre de l'an 1564,
existant au dépôt des Affaires étrangères, que
Catherine de Médicis écrit à cet agent, qualifié
de conseiller et maître d'hôtel du Roi, son fils,
qu'il avait été envoyé à Constantinople pour solliciter de Soliman la liberté du vicomte de Cicala;
cela se confirme par une lettre de Pétremol où
on lit : « Il y a cinq mois que le sieur Vincent
Giustiniani est ici dans l'attente de la liberté
du vicomte de Cicala. » Catherine avait précédemment expédié en Turquie un nommé Salviati
pour demander la délivrance de Don Alvarès
de Sande, général espagnol pris à l'affaire de
Gerbe. Busbecq obtint son élargissement. On

ne sait pas à quelle époque prit fin la mission
de Pétremol.

DU BOURG.

CLAUDE DU BOURG, seigneur de Guérines.

Le compte que Pétremol rendait en France
des reproches de la Porte au Roi sur ce qu'il ne
lui envoyait pas d'ambassadeur, décida enfin
Charles IX à nommer à cet emploi en Turquie
Claude Du Bourg, trésorier de France. Peu après
son arrivée à Constantinople, il conclut le renouvellement du traité d'amitié de 1535 entre la
France et l'empire ottoman. Cet acte en 18 articles
(octobre 1569), s'est retrouvé avec le journal
de D'Aramon. Ce qu'on sait de la conduite ultérieure de Du Bourg répond mal au début de son
ambassade. L'évêque d'Acqs, son successeur, le
taxe de fripon dans ses lettres et l'accuse d'être
l'espion de la maison d'Autriche. Le prélat fait
même entendre que cet ambassadeur finit par
s'évader de Constantinople. Charles IX étant
mort, Du Bourg s'attacha au duc d'Alençon à la
Porte ottomane et entra dans les troubles qu'occasionna ce prince. Lorsqu'il se raccommoda
avec le Roi, Du Bourg s'enfuit avec l'intention
de se rendre à Constantinople par Venise, où il

eut l'audace de prendre le titre d'ambassadeur
du duc d'Alençon à la Porte ottomane. On écrivit
à Venise pour que le sénat le livrât, ce qu'il fit.
A Constantinople le bruit se répandit que la
République avait fait arrêter un ambassadeur du
Roi allant auprès du Grand Seigneur, ce qui mit
ce prince dans une grande colère.

Henri III prit soin de justifier la République
par le sieur Jugé, agent de France.

GRANDCHAMP.

Du Bourg laissa les affaires de France en
Turquie au sieur de Grandchamp, qui y était
depuis quelques années et peut-être y avait-il été
amené par le précédent ambassadeur. L'évêque
d'Acqs accuse Grandchamp d'avoir été le complice
de Du Bourg dans un vol de cinquante mille écus
fait à des marchands marseillais. Cet homme,
dans le but de se faire nommer ambassadeur,
intrigua pour avoir du grand vizir la commission
d'aller en France solliciter l'intervention du Roi,
à Venise, pour la délivrance d'un chiaoux, expédié à Charles IX, et qui avait été arrêté dans
cette ville, chemin faisant. Grandchamp dans cette
course, sut si bien se faire valoir auprès de ce
prince qu'il le déclara son ambassadeur à la

Porte en révoquant le sieur du Sausai, déjà choisi pour cette commission. Profitant du moment, il partit après avoir reçu 12,000 livres pour une année d'appointements. Mais les Vénitiens ayant alors réclamé l'entremise du Roi auprès de la Porte, avec laquelle ils étaient en guerre, et l'ayant obtenue, leur ambassadeur fit observer qu'il convenait de confier cette médiation à un tout autre personnage que Grandchamp. On courut après lui ; il fut ramené, et sa lettre de créance retirée : mais il trouva moyen de garder l'argent.

LA TRIQUERIE.

C'est le nommé La Triquerie que l'évêque d'Acqs trouva à Constantinople, chargé des affaires du Roi. Il en partit après les premières audiences du prélat.

FRANÇOIS DE NOAILLES,

Évêque d'Acqs.

L'évêque d'Acqs avait eu, ainsi que Montluc, le titre de protonotaire. Il avait servi en Angleterre avec beaucoup de réputation, conjointement avec son frère, Antoine de Noailles, qui y était ambassadeur de France. Ce prélat avait rempli lui-même en chef et avec gloire d'importantes ambassades en Italie. C'est pour ce motif qu'on jeta les yeux sur lui pour l'envoyer à la Porte dans la circonstance d'une médiation à exercer. Il prit par Turin, Venise et Raguse, où on lui donna séance au sénat. Ce prélat arriva à Constantinople le 13 mars 1572. Sa correspondance la plus suivie se trouve à la bibliothèque du Roi et à celle de l'hôtel de Noailles, où sont, en outre, les lettres particulières de cet ambassadeur. C'est par elles qu'on voit qu'il avait reçu en partant trente mille francs pour appointements d'une année et qu'il en demanda dans une de ses lettres la continuation, alléguant que ceux de ses prédécesseurs étaient de douze mille francs, outre six mille francs pour leur secrétaire, et l'allocation des frais extraordinaires qui dépassaient vingt mille francs. Il paraît cependant par la mention qu'il fait dans une dépêche subséquente, d'une assignation de 12,500 francs, comme moitié de son traitement annuel, qu'il fut réduit à 25,000 francs. Le Grand Seigneur lui donnait d'abord un taïn de huit écus par jour qui fut ensuite diminué de moitié. On lui fournissait en outre, chaque année, trois cents charges de bois, deux cent trente kilès d'orge

et cent quatorze charretées de foin. Il faisait part
de ces provisions à ses drogmans, dont le premier, Domenico Olivieri, avait trois cents écus de
cinquante aspres d'appointements annuels, vingt
écus pour les frais de bateaux, deux robes d'écar-
late et deux de soie. On a cru devoir rapporter
ces détails que leur ancienneté rend curieux en
les comparant au temps présent. L'évêque d'Acqs
écrit qu'à la première audience, qu'il reçut de
Sa Hautesse il se débarrassa des capigi bachis
qui, selon l'usage, le soutenaient sous les bras et
il s'approcha seul du Sultan pour baiser, suivant
la coutume, d'abord sa robe, puis sa main. Cet
ambassadeur, à l'occasion de ce rapport, se
récriait sur les insolences qu'enduraient les
ambassadeurs de l'Empereur, de Venise et de
Pologne. Il était lui-même très-mécontent en
Turquie, et il sollicitait instamment M. de Sauves,
alors secrétaire d'État, de lui obtenir son rappel.
Une des lettres de ce prélat en date du 10 juin
1572 finissait ainsi : « La coutume de la cour est
de ne rien faire que pour ceux qui sont présents,
pressants et importuns. Le roi d'Espagne en use
autrement, et j'espère que le nôtre en fera de
même un jour; mais, mon temps sera passé. »
Le dégoût de son ambassade joint à la crainte de
quelque violence de la part des Turcs, si l'armée

de la ligue chrétienne remportait quelque avantage signalé, ou si la France faisait quelque entreprise sur Alger, comme on en avait eu l'idée, déterminèrent l'évêque d'Acqs à partir de Constantinople sans en avoir la permission du Roi. Mais à peine était-il à Raguse, qu'un courrier lui apporta l'ordre de travailler à obtenir le concours de la Porte pour l'élection de Monsieur (depuis Henri III) au trône de Pologne. L'ambassadeur retourna à la hâte à Constantinople, malgré la rigueur de la saison. S'il ne put déterminer les Turcs à des démarches bien significatives pour Monsieur, il eut au moins la satisfaction de voir conclure par ses bons offices la paix entre la Porte et la République de Venise, ce qui avait été l'objet primitif de sa mission en Turquie. Il en partit définitivement en 1574, et se retira dans son évêché. Il mourut à Bayonne, en 1585, âgé de 66 ans.

GILLES DE NOAILLES, Abbé de l'Isle.

Avant de songer à l'évêque d'Acqs pour l'ambassade de Constantinople, il avait été question d'y nommer son frère, Gilles de Noailles, abbé de l'Isle, qui lui succéda, après avoir été l'un des trois ambassadeurs de France à la diète de Pologne, où le duc d'Anjou, depuis Roi de France sous le nom de Henri III, fut élu. L'abbé de l'Isle y vécut en mauvaise intelligence avec ses confrères, comme on le voit par une lettre de l'évêque d'Acqs. Gilles de Noailles reçut de nouvelles créances et instructions de Henri III à son avénement à la couronne de France et les présenta au nouveau Sultan, Murad III. On ne sait aucune particularité concernant cet ambassadeur qui revint dans sa patrie en 1577. Il eut l'évêché d'Acqs à la mort de son frère, et il mourut en 1606. Le président Hénault le place au rang des savants illustres de ce temps.

JUGÉ.

On lit dans un discours joint au journal de l'ambassade de D'Aramon, ainsi que dans le continuateur de Chalcondile, qu'en 1578, un nommé Jugé remplissait l'intérim de l'ambassade de France à la Porte. C'était, selon les apparences, un secrétaire que l'abbé de l'Isle y avait laissé en partant.

GERMIGNY, Baron de Germoles.

Dans ses instructions, en date du 15 décembre 1579, qu'on a au dépôt des Affaires étrangères,

Germigny est qualifié de chevalier maître d'hôtel
ordinaire du Roi. L'historien de Thou le ravale
sur son peu de naissance et sur ce qu'il avait été
domestique du cardinal de Bourbon. Il est probable que c'est le même dont l'évêque d'Acqs
fait souvent mention, et qu'il croyait incapable
d'être son successeur par le manque de fermeté
dans le caractère. Rien ne prouve que Germigny
en ait manqué. Il renouvela les traités entre la
France et la Porte en juillet 1581. Cet acte joint
au journal de l'ambassade de D'Aramon est en
vingt-trois articles. Sainte-Foix, dans son histoire
de l'ordre du Saint-Esprit, rapporte à l'article du
comte de Torcy, que Murad III avait expédié
un envoyé au Roi pour le convier d'assister par
un ambassadeur à une fête que ce Sultan devait
donner à l'occasion de la circoncision de son fils;
mais de Thou dit que Germigny s'en dispensa
parce que les ambassadeurs d'Étienne Bathori,
roi de Pologne, que Henri III n'avait jamais voulu
reconnaître pour tel, y avaient été invités et s'y
trouvèrent. C'est par Germigny que les jésuites
furent établis dans l'église de Saint-Benoît de
Galata. La copie de l'acte existe, datée des Vignes
de Péra, le 25 août 1584. On est étonné d'y voir
figurer avec l'ambassadeur de France le bayle de
Venise au même titre de donataire. L'ambassade

de Germigny finit peu après, et il n'est fait de lui aucune mention ultérieure; son traitement était de huit mille quatre cents écus par an.

BERTHIER.

C'est dans les instructions du sieur de Lancosme qu'on voit qu'il trouva à Constantinople les affaires du Roi à la Porte, entre les mains du nommé Berthier que probablement Germigny en avait laissé chargé à son départ.

JACQUES SAVARI, Seigneur de Lancosme.

Ses instructions datées du 23 septembre 1585 sont au dépôt des Affaires Étrangères; elles débutent ainsi : « Le ministre lui recommande : d'être bien avisé, secret et pénétrant le plus qu'il pourra, véritable et de bon exemple dans ses mœurs; car la vertu ne perd jamais de son lustre, en quelque lieu qu'elle soit exercée. Les ministres bien conditionnés en leur personne facilitent et avancent les affaires de leurs maîtres plus que les autres. » Il semble que le personnage qui a besoin d'une pareille leçon n'est pas celui qu'il faut choisir pour un tel emploi. Busbecq alors ambassadeur de l'empereur Maximilien en

France, écrit sur la nomination de Lancosme à l'ambassade de la Porte, que c'était un homme d'ancienne naissance ; il débuta à Constantinople par refuser de voir l'ambassadeur d'Angleterre, les traités de la France stipulant que toutes les nations de l'Europe ne pouvaient paraître en Levant que sous pavillon français. Lancosme prétendait ne devoir reconnaître le représentant d'aucune autre puissance. Il devint partisan de la ligue qui déchirait encore la France. Aussi fut-il révoqué, lorsque Henri IV parvint au trône. Dans une note datée de 1592, Lancosme parle ainsi de lui-même :

« Jacques Savari, seigneur de Lancosme qui, pour servir la foi et la religion catholique, et fidèlement la couronne de France de laquelle il a été sept ans ambassadeur au Levant, est tombé au pouvoir des ennemis de l'État et a supporté toutes sortes de peines et d'indignités. »

Ces mots ont rapport sans doute au traitement que lui fit éprouver, de la part des Turcs, son successeur. Les sept ans iraient à l'année 1592, et cependant de Brèves s'installa en 1589 ; mais Lancosme s'en tenait à l'illégallité prétendue de sa révocation par Henri IV qu'il ne voulait pas reconnaître.

FRANÇOIS SAVARI, Seigneur de Brèves.

De Brèves était cousin de son prédécesseur qui, probablement l'avait amené en Turquie ; cela n'empêcha pas que le choix de Henri IV ne tombât sur lui. Il eut grand'peine à déposséder son parent, et il fallut avoir recours au gouvernement turc qui fit saisir et enfermer Lancosme aux Sept-Tours. De Thou dit que de Brèves se chargea des meubles et effets du prisonnier, et qu'il fit de son mieux pour éviter, s'il était possible en cette occasion, l'inculpation de jalousie ou d'avarice. L'ambassade de de Brèves dut commencer, en l'année 1589. Dans un discours imprimé qu'on a de lui, il dit qu'en 1590, peu de temps après avoir été établi ambassadeur, il prit à l'audience du grand vizir préséance sur ceux de l'Empereur. L'évêque d'Acqs avait fait de même, prétendant que ce prince n'était considéré à la Porte que comme roi de Hongrie. On verra à l'article de M. de Girardin cette conduite désapprouvée par la Cour. De Brèves suivit le Sultan Méhémet III à la guerre. L'historien Sagredo raconte qu'à la bataille d'Agria, les ambassadeurs qui accompagnaient le Sultan s'enfuirent comme lui à toute bride. Celui d'Angleterre se nommait

Richard. Un auteur turc contemporain, parlant de cette campagne, écrit que l'ambassadeur de France était d'une naissance distinguée et s'exprimait bien dans la langue du pays ; c'est ce que de Brèves dit de lui-même à cet égard. La fuite de Méhémet n'empêcha pas les Turcs de gagner la bataille. Le Sultan s'en prévalut pour faire à son retour dans sa capitale une entrée de vainqueur. On voit que de Brèves en prit occasion pour le féliciter sur ses lauriers. Il fut admis à l'audience avec une suite de vingt-cinq personnes, et il reçut de grandes distinctions. Cet ambassadeur renouvela les traités d'amitié entre la France et la Porte en 1597. Méhémet III offrit alors, dit-on, des secours à Henri IV contre la ligue. L'abbé de Saint-Réal, dans son premier discours sur l'usage de l'histoire, prétend que de Brèves manda au Roi que le motif principal qui avait poussé le Sultan à cette offre, est qu'il avait pris le mot de ligue en aversion. Il est difficile de croire que cet ambassadeur ait écrit telle chose, Méhémet ne savait certainement pas le français, et si l'idée du mot ligue dans la traduction l'avait frappé, ce n'était pas merveille qu'un despote l'eût en horreur. Méhémet III étant mort en 1604, les capitulations furent encore renouvelées cette même année, sous le règne d'Ahmed Ier, fils

aîné de Méhémet, qui lui succéda. Selon Mézerai, de Brèves acheta pour les ambassadeurs de
France le palais qu'ils habitent à Péra; ils en
occupaient donc un autre du temps de Germigny.
Tournefort dit que de Brèves le fit bâtir; en ce
cas, il fut reconstruit par le comte de Marcheville. De Brèves fut rappelé en 1606. En retournant en France il visita les Lieux saints, passa
en Égypte, à Tunis, à Alger, et n'arriva dans sa
patrie qu'après dix mois de voyage. En 1607, il fut
nommé ambassadeur à Rome, d'où il revint, en
1615, pour être gouverneur de Gaston, frère de
Louis XIII, alors régnant. Deux ans après, il fut
privé de cette charge et il mourut en 1629.
Henri IV, dans la pénurie de ses finances, lui
avait accordé pour son entretien en Levant un
droit de 2 °/₀ sur tout le commerce de France en
Turquie, mais cela fut ensuite supprimé. On
voit au dépôt des Affaires étrangères, en 1615,
un brevet de consul général de la nation française en Égypte pour le sieur de Brèves, qualifié
de ci-devant ambassadeur à la Porte; il faisait
sans doute exercer cette place à son profit par
un substitut. Il était chevalier des ordres du Roi
et premier écuyer de la Reine mère.

FRANÇOIS DE GONTAUT BIRON,
Baron de Salignac.

Il arriva à Constantinople en 1607. Cet ambassadeur, dont le nom indique la haute naissance, était du nombre des parents de l'infortuné maréchal de Biron qui se jetèrent aux pieds de Henri IV pour solliciter sa grâce ; le refus qu'ils éprouvèrent n'empêcha pas Salignac d'avoir pour ce prince un vif attachement. Il fut frappé de sa mort funeste au point qu'on croit que ses jours en furent abrégés. S'étant transporté à l'église de Saint-Benoît de Galata, il y passa deux jours pour assister à la pompe funèbre de ce grand roi. De retour chez lui, la fièvre le prit et le conduisit au tombeau. Son épitaphe dans l'église des Jésuites se trouvant effacée par le temps, le comte de Saint-Priest, l'un des successeurs de Salignac, la fit rétablir en 1772. Il ne faut pas omettre que dans un acte de 1609 pour la restitution de la même église aux jésuites, qui en avaient été chassés, on voit la signature de Dominique Fornetti, premier drogman de France. Cette famille a constamment fourni depuis de bons interprètes au service de la France en Levant.

ACHILLE DE HARLAY SANCY,
Baron de la Môle.

Mézerai, dans son histoire des Turcs, dit que
le baron de la Môle était fils de Sancy, ministre
de Henri IV, et que ce fut à la considération de
son père, ainsi qu'à son mérite prématuré qu'il
dut d'être nommé à une charge si importante et
si difficile, à l'âge de 25 ans. Cet ambassadeur
arriva à Constantinople en 1611. On lit dans le
même auteur le récit de sa première audience du
Sultan dont il baisa la robe; il dîna avec le vizir.
On mangeait alors, au Divan, assis par terre sur le
plancher couvert d'un tapis. Cet ambassadeur et
sa suite étaient vêtus à la turque d'une longue
robe de drap d'or, fourrée de martres zibelines.
M. de Bonac prétend dans son mémoire que
l'ambassade du baron de la Môle fut tranquille.
Il eut cependant en 1616 une assez vive alerte
pour sauver les jésuites qu'on avait rendus sus-
pects à la Porte. Un cordelier, vicaire patriarchal
de Constantinople, fut pendu à cette occasion.
En outre, sous le premier règne de Mustapha
qui succéda à son frère Ahmed Ier, mort en 1617,
le baron de la Môle éprouva une violence personnelle, jusqu'alors sans exemple envers ses

prédécesseurs. Un manuscrit de ce temps, trouvé
aux Jésuites de Galata, dit qu'un nommé Martin,
secrétaire de l'ambassadeur, prit de l'amour pour
une Polonaise qu'il racheta de l'esclavage sur la
parole qu'elle lui donna de l'épouser. De retour
en Pologne elle ne voulut pas la tenir. Un prisonnier polonais, nommé Coreski, enfermé aux
Sept-Tours, persuada Martin qui avait la permission de le voir que, s'il devenait libre, il forcerait sa
compatriote à accomplir la promesse qu'elle avait
faite. Martin trouva le moyen de faire tenir des
cordes à Coreski dans un pâté, et celui-ci s'en
servit pour s'évader. Malheureusement, il laissa
sur une table de sa prison la lettre de ce secrétaire. On découvrit ainsi la part qu'il avait à la
chose. La Porte somma le baron de la Môle de
représenter le Polonais fugitif. Le manuscrit
ajoute qu'à cette occasion l'ambassadeur fut
outragé en sa personne et en celle de ses gens
et qu'il lui en coûta vingt mille piastres. Mézerai
observe que le vizir l'envoya chercher par des
chiaoux et le donna en garde au chiaoux bachi,
lequel lui annonça qu'on allait lui donner la question dans l'après-midi. Le secrétaire qui avait
remplacé Martin la souffrit et le cuisinier reçut
cent coups de bâton pour avoir fait le pâté.
Sagredo fait mettre aussi le baron aux arrêts,

chez le chiaoux bachi et, selon lui, le bayle de
Venise obtint que le baron de la Môle fût rela-
ché. Le Roi informé de cette aventure expédia le
sieur Denant et un secrétaire nommé Angussa à
Constantinople pour s'en plaindre ; mais ils trouvèrent le baron de la Môle mis en liberté dès
l'avénement du jeune Osman, neveu de Mustapha, qui fut déposé au mois d'avril 1618. Un
chiaoux fut envoyé en France porter les excuses
du Sultan. Ce Turc y demeura deux ans environ et revint avec le successeur du baron de la
Môle qui revint en France en 1620. Il embrassa
l'état ecclésiastique et devint par la suite évêque
de Saint-Malo.

PHILIPPE DE HARLAY, Comte de Cézy.

Le comte de Cézy arriva à Constantinople au
mois de février 1620. Le mémoire historique de
M. de Bonac, qui ne dit rien sur la personnalité
des prédécesseurs de cet ambassadeur, s'est
étendu sur son compte et sur celui de ses successeurs. On se borne à y puiser les anecdotes personnelles les plus intéressantes pour ne pas trop
surcharger cette liste historique déjà augmentée
de personnages et de faits inconnus au marquis
de Bonac. La plupart des accidents arrivés au

comte de Cézy, pendant son ambassade à la Porte, eurent pour cause sa prodigalité qui l'exposa à rechercher des ressources d'argent : ses revenus et ses appointements ne suffisaient pas à sa dépense. Il paraît, à la vérité, par ses dépêches, que la ville de Marseille était en arrière vis-à-vis de lui. Il avait sans doute, fait des avances, car la pension de seize mille livres qu'elle payait alors à l'ambassadeur du Roi pour compenser les droits de consulat à Constantinople, auxquels il avait renoncé, ne pouvait jamais former des arrérages approchant de la somme que le comte de Cézy réclamait de cette chambre. La suspension de payement le mit dans le plus grand embarras ; il s'était malheureusement, pour la ferme de la douane d'Alep, rendu caution d'un juif nommé Meleby. Cet homme ayant fait banqueroute, on revint sur l'ambassadeur que cette affaire mit aux abois. « Je suis si accablé de misères et d'importunités pour l'affaire d'Alep, écrivait-il, que je souhaiterais tous les jours cent fois la mort, si je n'avais ici ma femme et mon fils qui ne sont déjà que trop exposés à la violence des Turcs. Je suis réduit à une si grande extrémité que j'engageai ces jours derniers une tapisserie pour envoyer un homme au dehors pour le service du Roi. » On peut observer que c'est la première mention qui a été faite d'une ambassadrice de France en Turquie. Le comte de Cézy reçut de très-mauvais offices du sieur Deshayes de Cormenin, venu en 1626 à Constantinople pour passer en Perse. Il rendit compte à la cour des insultes journalières que les dettes de l'ambassadeur lui attiraient de la part des gens du pays, des exactions qu'il exerçait sur les effets des sujets du Roi pour se procurer de l'argent, et de la misère où étaient réduits ses interprètes, privés de leurs appointements. L'ambassadeur, de son côté, se plaignit des procédés de Deshayes auquel il n'épargnait pas les invectives, et qu'il soupçonnait vouloir le supplanter. Il prétendit même que lorsque le comte de Marcheville fut nommé à l'ambassade de la Porte, Deshayes avait cherché à mettre les Turcs en défiance de ce comte, sous prétexte qu'il était né sujet du duc de Lorraine, et comme tel étranger à la France. Ce qui maintint M. de Cézy encore quelques années, fut la déclaration que fit la Porte qu'elle ne le laisserait partir que si ses dettes étaient payées. Il fallut envoyer de France pour cet objet un commissaire, nommé la Picardière, qui les régla à 248,238 piastres payables en 14 ans par une imposition de 3 °/₀ sur le commerce de France en Levant.

Le comte de Marcheville n'arriva à Constantinople qu'en 1631. On verra plus bas le sort qu'eut son ambassade. Après son départ, la Porte remit le comte de Cézy en activité, et Louis XIII l'y maintint. Ce fut contre l'avis du comte de Marcheville qui, dans le mémoire qu'il donna à la cour à son retour de Turquie, nomme parmi les instigateurs de sa disgrâce, le comte de Cézy. On le voit, dans une ordonnance de 1800 francs pour un semestre de ses appointements datée de 1635, nommé « ci-devant ambassadeur, faisant à présent les affaires de ladite ambassade. » Il eut, au rapport de Sagredo, à l'occasion des réjouissances qu'il célébrait en 1638 pour la naissance de Louis XIV, le désagrément d'être obligé de courir nu-tête hors de son palais pour se faire rendre, avec grand'peine, son fils que le Bostandji bachi menait en prison, sur le motif que ce jeune homme avait répondu avec hauteur aux interrogations que cet officier turc, passant devant le palais, lui fit sur la cause du bruit qu'il entendait.

Le premier arrangement pour le payement des dettes du comte de Cézy ne fut pas exécuté : il se vit forcé d'en ajouter de nouvelles aux anciennes. Enfin M. de la Haye, son successeur à l'ambassade, reçut un ordre positif de les acquitter jusqu'à la concurrence de 330,000 piastres, valeur en draps de France qui furent fournis par un négociant nommé Luquet. La cour se défiait de l'obéissance du comte de Cézy, relativement à son retour en France qui lui était formellement prescrit. Son successeur eut ordre de l'y engager par de bonnes manières, et même de l'y forcer, s'il le fallait, en s'adressant aux ministres turcs pour lesquels on lui donna des lettres *ad hoc*. Cette précaution paraît avoir donné lieu à la méprise de M. de Bonac qui dit que le comte de Cézy avait été enlevé dans son lit et conduit à bord des vaisseaux du Roi, avant que son successeur mît pied à terre. Un journal tenu par les capucins de Péra place positivement à la date du 13 juillet 1640, le départ du comte de Cézy pour la France ; or M. de la Haye était arrivé à Constantinople dès le mois d'octobre 1639. L'arrangement des dettes de son prédécesseur exigea, sans doute, pendant quelques mois la présence de ce dernier.

HENRI DE GOURNAY, Comte de Marcheville

On a déjà dit dans l'article précédent que le comte de Marcheville était arrivé par mer à Constantinople à la fin de 1639. A son passage

devant Scio, l'escadre des galères du Grand
Seigneur commandée par le Capitan Pacha s'y
trouvait au mouillage. Cet amiral envoya à bord
du vaisseau de l'ambassadeur pour faire baisser
le pavillon français et pour percevoir un droit
qu'il prenait de tout bâtiment franc qu'il trouvait
à la mer ; il exigea même que l'ambassadeur lui
fît visite et, après quelque résistance, il fallut en
passer par là. Marcheville, à son arrivée à Constantinople, en porta des plaintes à la Porte ; mais
comme cet amiral était alors en grand crédit, il
n'en résulta qu'une grande inimitié entre eux, et
l'ambassadeur ne tarda pas à en ressentir les
effets. La fuite d'un esclave à bord d'un bâtiment
français, où le fils de l'ambassadeur, partant
pour la France, s'était embarqué, y donna lieu.
Cette évasion lui fut imputée. Il fut mis en prison et il n'en sortit, selon Ricaut, que parce que
les ambassadeurs d'Angleterre et de Venise uni-
rent en sa faveur leurs démarches à celles du
comte de Marcheville qu'ils accompagnèrent chez
les ministres de la Porte. La réédification du
palais de France occasionna peu après un autre
incident : « A mon arrivée, écrit M. de Marcheville, le logis de l'ambassadeur était si infâme,
qu'on ne se pouvait imaginer qu'un ambassadeur
effectif pût y demeurer. » Il jugea à propos

d'ajouter dans le nouveau bâtiment, deux chapelles, l'une publique, l'autre intérieure. Le Capitan Pacha, en étant informé, profita du temps d'une conférence qu'il tint à l'arsenal, le 24 janvier 1634, avec les ambassadeurs de France, d'Angleterre, de Venise et le résident de Hollande pour envoyer démolir la chapelle publique, sous.prétexte qu'elle avait vue sur le sérail. Des domestiques qui s'échappèrent de cette bagarre vinrent en avertir Marcheville au moment de la sortie de la conférence. Il rentra chez le Capitan Pacha, faisant de vives plaintes sur cette violence à laquelle l'amiral nia effrontément d'avoir pris part. Il fit accompagner l'ambassadeur par un officier de l'arsenal qui arrêta la démolition. Ce répit vint à propos pour donner le temps d'abattre pendant la nuit, la chapelle intérieure, car, dès le lendemain, le Grand Seigneur envoya reconnaître, si elle existait encore. Le journal des jésuites dit que les scellés furent mis alors sur toutes les églises; il ajoute qu'on enleva les armes qui se trouvaient dans les maisons des étrangers, sans excepter celles des ambassadeurs, qu'en outre, il fut imposé sur les Francs une avanie générale de quarante mille écus d'Espagne, et que trois d'entre eux furent saisis comme otages pour répondre du payement total

au péril de leur vie. Les habitants de Galata
réclamèrent, à cette occasion, auprès de la Porte,
les priviléges de la capitulation qu'avaient faite
leurs ancêtres, lorsqu'ils rendirent ce faubourg à
Mahomet II. Cette démarche secondée d'un présent de 4,000 piastres calma la persécution, et
les églises furent rouvertes ; ce fut la fin de cette
étrange scène. Le comte de Marcheville éprouva
un nouvel accident à l'occasion des démarches
pressantes qu'il fit à la Porte, conformément aux
ordres que le père Joseph du Tremblay lui faisait envoyer de la cour pour solliciter la délivrance
du bagne de cinq capucins que le Capitan Pacha
y avait amenés de Saïda, où ils avaient commis
quelques désordres. Cet amiral, plus que jamais
en faveur, à cause d'une victoire qu'il avait rem-
portée contre les Druzes, se voyant inculpé par
le comte de Marcheville sur la détention des
capucins, s'en prit au drogman de l'ambassadeur,
nommé Balthazar Motto, de nation arménienne.
Il le dénonça au Grand Seigneur comme un intri-
gant et un brouillon et il manœuvra de telle sorte
que le Sultan fit pendre cet interprète, ayant sur
la tête son bonnet de velours rouge qui était alors
la coiffure distinctive de ces officiers. L'amiral
turc ne borna pas là sa rancune ; ayant fait prévenir, le 2 mai 1634, le comte de Marcheville

de se rendre à l'arsenal, il lui fut signifié que le
Grand Seigneur, alors à Andrinople, avait envoyé
un commandement pour le faire sortir de sa
capitale et de son empire. Sans vouloir lui
communiquer cette pièce, on le fit monter
sur-le-champ dans une galère, n'ayant d'autre
suite que trois de ses pages, et il fut conduit
à bord d'un bâtiment français que la galère
remorqua hors du port. Ses gens eurent trois
jours pour évacuer le palais, avec défense sous
peine de la vie de rester à Constantinople. Le
Grand Seigneur écrivit au Roi, sur le renvoi du
comte de Marcheville, disant qu'il avait été
nécessité par les plaintes que les voisins du
palais, lésés lors de sa réédification, avaient
faites contre cet ambassadeur.

JEAN DE LA HAYE, Seigneur de Vantelet.

M. de la Haye est le premier homme de
robe qui ait été ambassadeur à Constantinople.
Il termina, ainsi qu'il lui était prescrit, l'affaire
des dettes de son prédécesseur. Les premières
années de son ambassade furent tranquilles, mais
l'enlèvement d'un vaisseau turc par les galères
de Malte, en 1644, ayant occasionné la guerre
de Candie, sous prétexte que la prise y avait été

d'abord conduite, l'intérêt que le Roi prit pour la République de Venise, et les différents secours qu'il lui fit passer dans cette guerre, mirent M. de la Haye d'autant plus dans le cas de se compromettre vis-à-vis de la Porte que, dans le même temps, il suivait avec elle une négociation presque continuelle pour le rétablissement de la paix. C'est pour cela que le sieur de Vantelec son fils, et le sieur de Varennes lui furent, à divers temps, expédiés par la cour avec des propositions d'accommodement.

Ces démarches avaient nécessairement mis l'ambassadeur dans une correspondance courante avec la République. Le chevalier de Gremonville, amiral de Venise, profitant de l'occasion d'un Français, nommé Vertamon, qui allait à Constantinople lui confia une lettre pour M. de la Haye.

Vertamon crut faire sa fortune en la remettant au grand vizir et en prenant le turban. C'était le fameux Méhémet Pacha, le premier des Kupruly. Il en voulait, dit-on, à M. de la Haye parce qu'il avait négligé de lui faire, à son avénement au vizirat, les présents alors en usage. Kupruly trouvant que la lettre était chiffrée, fit chercher le secrétaire de l'ambassadeur qui avait ses tables. Cet homme se cacha et le secrétaire d'ambassade

fut, à son défaut, amené au Caïmakan auquel il
déclara que M. de la Haye le fils pouvait seul
suppléer au fugitif. En conséquence, ce jeune
homme fut conduit de force à Andrinople où
était le Sultan. Kupruly lui demanda le déchif-
frement de la lettre, mais il en reçut une réponse
si peu mesurée, qu'elle lui valut quelques gour-
mades et la prison. Le père, qui sortait d'une
attaque de goutte, partit à la hâte pour venir au
secours de son fils. Lorsque cet ambassadeur
parut devant le vizir il fut apostrophé de l'épi-
thète de traître et mis aux arrêts dans sa maison.
La détention de M. de la Haye dura pendant
toute la campagne que le grand vizir alla faire en
Hongrie. A son retour lorsqu'on lui parla d'eux,
Ah! ces messieurs sont encore ici! dit-il d'un ton
ironique, et il les fit relâcher. Il voulait absolument les renvoyer droit en France par la Hongrie,
et ce ne fut pas sans peine qu'ils obtinrent de
retourner à Constantinople où le Caïmakan leur
signifia de s'apprêter au départ, et chargea un
chiaoux d'y veiller. Les négociants français
allèrent en corps déclarer au Caïmakan qu'ils
désiraient suivre en France l'ambassadeur ; mais
il leur fut enjoint de continuer leur négoce et de
proposer quelque bonne tête parmi eux pour solliciter à la Porte ce qui concernerait les affaires

de leur commerce. Il y a lieu de croire que le
grand vizir ne voulait plus du secrétaire de
M. de la Haye, nommé la Forest, que cet ambassadeur pendant sa détention à Andrinople avait
chargé des affaires de l'ambassade. Sur ces entrefaites arriva le sieur Blondel, maréchal de camp,
envoyé de Louis XIV auprès de l'électeur de
Brandebourg, et expédié en poste par ce monarque sur la nouvelle des arrêts de M. de la
Haye.

Le vizir revenu à Constantinople donna audience au sieur Blondel qu'il reçut bien et pressa,
dans l'envie de se débarrasser tout à fait de l'ambassadeur, d'en prendre le caractère. Sa résistance irrita Kupruly qui, changeant de ton à son
égard, l'empêcha d'avoir du Grand Seigneur l'audience qu'il demandait pour remettre à Sa Hautesse une lettre du Roi. Blondel ne put pas même
obtenir des chevaux de poste pour son départ.
Il fallut qu'il s'en retournât par mer, non sans
éprouver encore de ce côté des difficultés pour
son embarquement. Peu après M. de la Haye
qui différait toujours pour avoir le temps de recevoir son rappel du Roi, fut pris à partie par le
grand vizir pour le payement de 36,000 piastres de
marchandises d'Égypte, destinées au sérail, et
que les capitaines des bâtiments français qui les

avaient chargées à Alexandrie, avaient été vendre
en Italie. L'ambassadeur, faute d'y satisfaire sur-
le-champ, fut conduit aux Sept-Tours par le
Chiaoux bachi le 19 octobre 1660, après avoir
consenti au choix que fit la nation française d'un
négociant, nommé Roboly, pour suivre à la Porte
les affaires courantes. La prison de M. de la
Haye dura trois mois; il en sortit lorsque la
somme eut été payée avec des fonds qu'on fit
venir de Smyrne. Enfin, ayant reçu son rappel de
la Cour, il s'embarqua avec son fils le 21 juillet,
sans prendre d'audience de congé, et il mourut
peu de temps après à son arrivée à Paris.

JEAN FRANÇOIS ROBOLY.

On a vu que le sieur Roboly, négociant, avait
été choisi par ses confrères de l'aveu de M. de
la Haye, pour son substitut. Il eut audience du
grand vizir le 24 octobre 1660, cinq jours après
l'emprisonnement de l'ambassadeur et le départ.
Il reçut, pendant son intérim, deux lettres du
Roi dont l'adresse le qualifiait de résident.
Kupruly avait écrit à Louis XIV pour se justifier du renvoi de M. de la Haye, demandant
au Roi un nouvel ambassadeur. Deux courriers
de cabinet, nommés Fontaine et Dupressoir,

apportèrent une réponse du Roi au vizir; et
les lettres furent présentés par le résident Roboly.
La correspondance se serait probablement rétablie dès lors, sans la mort de Kupruly qui suivit
de près. Son fils lui ayant succédé, le Roi lui
expédia, en 1664, le même Fontaine qui fut pris
à son retour par les Barbaresques. Enfin en 1665,
Dupressoir vint annoncer à la Porte que le sieur
de la Haye le fils, avait été nommé à l'ambassade
de son père. Il était temps de relever Roboly.
Les Français se plaignaient, au sujet de leur commerce, qu'il ne manquait de sacrifier leurs intérêts quand il y trouvait la convenance des siens
propres. On cite aussi que la justice turque se
vit une fois dans le cas de forcer ses magasins,
probablement pour affaire de contrebande. Enfin,
il y eut des accusations contre lui, et faute de
pouvoir les signifier dans la chancellerie de
France, celle d'Angleterre en reçut les actes.
Tout cela était fort indécent et servit à hâter
l'arrivée du nouvel ambassadeur. Roboly sortit
du palais selon l'ordre qu'il en avait reçu du Roi,
et il continua son commerce en Levant avec peu
de bonheur. Sa postérité y existe encore en plusieurs branches, toutes dans la pauvreté. C'est
au temps de cette agence que le marquis de Bonac rapporte l'incendie de la chancellerie du

palais de France et la perte de tous les papiers qui s'y trouvaient.

DENIS DE LA HAYE, sieur de Vantelet.

M. de Vantelet arriva à Constantinople sur le vaisseau du Roi, le César, le 1ᵉʳ décembre 1665. Il dut cette ambassade à l'idée, mal fondée, qu'il sut faire inspirer à Louis XIV que sa gloire était intéressée à ce que les affronts que Messieurs de la Haye père et fils avaient éprouvés en Turquie, y fussent réparés dans la personne de ce dernier ; les circonstances n'y étaient guère favorables. Ahmed Kupruly avait été battu l'année précédente à la bataille de Saint-Gotthard par le comte de Montecuculli, commandant l'armée impériale fortifiée d'un corps auxiliaire de Français. Ce secours avait ulcéré les Turcs contre la France, sans inspirer grande reconnaissance à l'Empereur. Le comte de Lesly, que ce prince avait envoyé en ambassade à la Porte après la trève qui s'était conclue, ne marqua à l'ambassadeur du Roi aucune sorte d'égards, et il partit sans le voir. M. de Vantelec fut accueilli assez froidement par le grand vizir. A la première audience qui lui fut accordée, il ne fut pas question d'affaires. Mais dans une seconde qui eut lieu peu de jours après, l'ambassadeur ayant entamé la demande d'une réparation des outrages faits à son père et à lui-même : « Je sais, répondit brutalement le vizir, comment on doit agir avec les infidèles. » M. de Vantelec se contint et reprit, qu'envoyé par un grand prince, il ne venait pas mendier l'amitié de la Porte, mais affermir celle qui unissait depuis longtemps les deux empires. Voyant que le vizir gardait le silence, il ajouta que si ses avances n'étaient pas correspondues, il avait ordre de remettre à la Porte les instruments des traités entre les deux puissances et de s'en retourner. En conséquence, il tira les papiers de sa poche, les jeta sur le sopha et sortit. Kupruly irrité ordonna au Chiaoux bachi de retenir l'ambassadeur qu'on conduisit dans une chambre voisine, où il passa trois jours, ayant la liberté de faire venir du palais de France tout ce dont il avait besoin. Ce temps fut employé à négocier entre le vizir et M. de Vantelec par l'entremise du Capitan Pacha. La supposition que le paquet de papiers jeté sur le sopha avait rebondi jusqu'à son estomac fut un grief que le vizir mit en avant. Il déclara, au reste, qu'il n'avait pas prétendu apostropher l'ambassadeur, mais seulement ses interprètes ; enfin, que M. de Vantelec n'avait jamais dû se regarder comme détenu, la maison du grand-vizir n'étant pas une prison. Il fut convenu que le passé serait regardé comme non avenu et que l'ambassadeur prendrait une autre audience sur nouveaux frais, ce qui s'exécuta peu de jours après. Kupruly le vit d'abord en particulier et le traita à merveille ; ensuite il le reçut en public avec des distinctions plus qu'ordinaires, et il le congédia en l'assurant qu'il pouvait s'adresser à lui en tous temps, désirant prouver par des effets combien il faisait cas de l'amitié du Roi. La puissance de Louis XIV s'élevait alors et avait fait faire des réflexions au grand vizir, et modéré sa fierté naturelle. Sans lui, M. d'Apremont, commandant le vaisseau du Roi, eût été la victime de la curiosité qu'il avait eue de s'approcher dans sa felouque du bateau du Grand Seigneur qui traversait le port, afin de le voir de près, ce que ce prince regarda comme un manque de respect. Cet officier, saisi par ordre de Sa Hautesse, courait risque de perdre la vie sur l'heure, si le Bostandji bachi n'eût proposé et obtenu de l'envoyer au grand vizir. Kupruly prit la chose comme il convenait et remit M. d'Apremont à l'ambassadeur avec intimation de le châtier; ce qu'on juge bien qui n'eut pas lieu.

Madame de Vantelec avait suivi son mari en Turquie. Cette dame eut la fantaisie de voir les cérémonies de l'Église grecque à la patriarchale; mais au *pax lecum,* les dames grecques venant l'une après l'autre lui donner l'accolade, elle s'enfuit à la moitié de cette cérémonie sans assister à une belle collation que le patriarche lui avait fait préparer.

Louis XIV avait spécialement ordonné à M. de Vantelec de tâcher d'empêcher l'admission d'un ministre génois à la Porte. Cette république ayant fait part au Roi de l'envoi qu'elle faisait en Turquie de M. Durazzo : « Je souhaite bon voyage, répondit ce monarque à l'ambassadeur de la République, mais je ne sais ce que le nôtre aura fait à son sujet. » Le vizir n'eut aucun égard aux représentations de M. de Vantelec sur cet objet; il lui en marqua encore moins dans une affaire qui survint en 1667. Des corsaires maltais pillèrent en Levant un navire français chargé d'effets turcs; l'ambassadeur sommé d'en acquitter sous trois jours, la valeur montant à 10,000 piastres, jugea à propos d'en conférer avec les négociants de sa nation. Il fut délibéré de payer et de se remplir de la somme aux dépens du premier navire qui arriverait de France. On s'y décida; M. de Vantelec craignait sans doute d'être traité comme l'avait été son père, en pareil cas, quelques années auparavant. Il fut lui-même remettre cet

argent au Caïmakan, et l'engagea à signer la
relation de cette audience qui fut envoyée au
Roi.

Cette avanie piqua Louis XIV, que l'ambassadeur, de son côté, excita à mettre de la vigueur
en cette occasion. Quatre vaisseaux de guerre
furent expédiés à Constantinople pour en ramener M. de Vantelec auquel Louis XIV écrivit
qu'il ne le rappelait pas pour cause de mécontentement, mais que ce parti était nécessaire,
vu le secours d'un corps de troupes qu'il envoyait
en Candie en faveur des Vénitiens. L'escadre
arriva à Constantinople le 2 janvier 1669. Chardin prétend que les Turcs, auxquels elle fit
quelque impression de crainte, ne se rassurèrent
que sur la demande que le commandant fit à la
Porte de l'approvisionner de biscuit, voyant par
ce besoin-là qu'ils pouvaient l'affamer. Le Grand
Seigneur était alors à Larissa, en Thessalie, et
le vizir au siége de Candie. Ce fut au Caïmakan
de Constantinople que l'ambassadeur signifia son
rappel. Comme il n'était pas remplacé, le ministre
turc déclara qu'il ne pouvait laisser embarquer
M. de Vantelec avant d'en avoir rendu compte
au Sultan. La réponse de Sa Hautesse fut que
l'ambassadeur vînt le trouver à Larissa; il partit,
bien décidé, disait-il, à persister sur la liberté de

son départ; mais Chardin et M. de Bonac dou-
tent de sa sincérité à cet égard. Comme on cherchait à l'amuser, on remit sur le tapis, lorsqu'il
fut à Larissa, une négociation pour le renouvellement des capitulations que M. de Vantelec sollicitait vainement depuis son arrivée. Le projet en
fut communiqué au grand vizir; mais il répondit
qu'il n'y avait pas de fond à faire sur un ambassadeur rappelé par son maître et qu'il fallait,
avant tout, envoyer en France savoir les vraies
intentions du Roi. M. de Vantelec se prêta à cet
expédient et fit embarquer à sa place sur les
vaisseaux du Roi un muteferrica nommé Suleiman Aga, désigné par Kupruly pour cette commission. Après son départ l'ambassadeur retourna
à Constantinople.

M. de Vantelec avait donné ce Turc à sa cour
comme ministre public. On n'en fut désabusé
qu'à l'audience qu'il eut du Roi. Ce prince remit
la lettre de Sa Hautesse au chevalier d'Arvieux,
qui faisait fonctions d'interprète, et qui ne trouva
pas que Suleiman y fût qualifié du mot *Eltchi* ou
ambassadeur; les frais de sa réception étaient
faits, et M. de Lionne, alors secrétaire d'État
des affaires étrangères, avait affecté toutes les
formes des vizirs. Le Turc le prit pour tel; mais
Lionne se mit en devoir de le désabuser. « Je

ne suis pas venu ici, répliqua Suleiman, pour apprendre le degré d'autorité que le Roi vous confie; il me suffit de savoir que je dois m'adresser à vous. » La résolution de rappeler M. de Vantelec fut confirmée. Louis XIV penchait à ne le remplacer que par un simple agent; le chevalier d'Arvieux fut désigné pour remplir cet emploi; mais MM. de Louvois et Colbert, désirant cette ambassade pour M. de Nointel qui avait été à Constantinople du temps de M. de la Haye le père, firent valoir le vœu des Marseillais pour l'envoi d'un ministre du premier rang, et ils décidèrent en faveur de leur protégé le choix du Roi. M. de Vantelec repartit en décembre 1670 sur les vaisseaux qui avaient amené son successeur. Il devint, dans la suite, ambassadeur de France à Venise.

CHARLES FRANÇOIS OLIER DE NOINTEL.

Le chevalier d'Arvieux raconte avec beaucoup de détails, dans ses mémoires, ce qui a rapport au début de M. de Nointel : cet auteur dit que M. de Lionne ayant présenté à Suleiman Aga le nouvel ambassadeur, revêtu de sa robe de conseiller au Parlement, ce Turc le prit pour un prêtre; l'habit des Popes grecs y ayant assez de rapport. M. de Nointel ne tarda pas à se rendre à Marseille avec Suleiman Aga dans un équipage pompeux. Ils s'embarquèrent sur une escadre de quatre vaisseaux de guerre, commandée par M. d'Apremont, qui arriva devant Constantinople le 22 octobre 1670. Ce commandant ne salua pas le sérail, n'ayant pu obtenir préalablement promesse de restitution du salut qu'il exigeait et qu'on n'était pas dans l'usage de rendre. M. de Nointel vint immédiatement au palais et y demeura quelques jours pour les préparatifs de son entrée, cérémonie qui n'a pas été pratiquée depuis par aucun autre de ses successeurs, excepté par le marquis de Villeneuve, à son retour de Belgrade. La description de cette entrée que donne d'Arvieux manque à certains égards d'exactitude. Il est à observer que MM. de Nointel et de Vantelec marchaient à cheval sur la même ligne, le dernier ayant la droite, et qu'ils étaient précédés par le Chiaoux bachi et le voïvode de Galata. Le Grand Seigneur se trouvant à Andrinople, le nouvel ambassadeur s'y rendit. Il avait ordre, ainsi que c'était alors le ton en France, de faire grand étalage de la puissance du Roi, à quoi il ne manqua pas à la première audience que lui donna le grand vizir. Ce ministre, selon Chardin, en fut impatienté. « Votre maître, reprit-il, est un puissant prince, mais son épée est encore neuve. » Kupruly fut encore plus aigri par la mention que fit l'ambassadeur de l'amitié sincère de la France pour l'Empire ottoman. « Les Français, répliqua le ministre turc, sont nos amis sans doute, mais je les ai trouvés partout avec nos ennemis. » Cela n'offrait pas de favorables dispositions au renouvellement des traités, d'autant plus que M. de Nointel avait à proposer une addition d'articles importants; il crut bien faire d'en parler à l'audience qu'il eut de Sa Hautesse, mais elle le renvoya au grand vizir qui ne voulut entendre à rien innover dans l'ancien texte. Ce ministre partit pour l'armée en fixant à M. de Nointel le terme de six mois dans lequel le Roi aurait à s'expliquer par oui ou par non, ce dont il rendit compte à sa cour. Le chevalier d'Arvieux auquel on donna dans son passe-port la qualité d'envoyé extraordinaire, fut expédié à cette occasion à Constantinople et conduit par un vaisseau du Roi, commandé par M. de Reuilly. Kupruly, qui partait pour porter la guerre en Pologne, ne tint pas grand compte de l'insistance du Roi sur ses demandes et ne voulut pas démordre de son premier mot, quoique M. de Nointel lui eût signifié, qu'en cas de refus, il avait l'ordre précis de s'embarquer. Cet ambassadeur prit

si mauvais, qu'il rappela sur-le-champ son ambassadeur, et il cessa de lui écrire pendant plus d'un an que M. de Guilleragues tarda à se rendre à Constantinople. Le mécontentement du Roi fut au point d'ordonner qu'à son retour M. de Nointel ne fût pas traité en ambassadeur sur le vaisseau qui devait le ramener. Son successeur, imbu de cette disposition défavorable du Roi, en usa fort durement à Constantinople avec M. de Nointel qui se plaignit qu'on le laissait manquer de pain. Ses dettes furent acquittées en draps défectueux, dont il fallut que ses créanciers se contentassent. Il était menacé à son retour en France d'être mis en prison, mais on l'en tint quitte pour un exil sans doute assez court, puisqu'on lit dans la vie de Job Ludolf, que ce savant, passant à Paris en 1683, y vit M. de Nointel qui mourut l'année suivante.

GABRIEL JOSEPH DE LA VERGNE
DE GUILLERAGUES.

Il fut connu de Louis XIV par un projet de comédie de l'exécution de laquelle le Roi l'avait chargé, et qui n'eut pas lieu. M. de Guilleragues passait sa vie à Paris dans la bonne compagnie et

avec les gens de lettres. Boileau lui adressant sa
septième épître commence ainsi :

« Esprit né pour la cour et maître en l'art de plaire,
« Guilleragues, etc. »

Il avait été d'abord premier président à la
cour des aides de Bordeaux, puis secrétaire du
prince de Conti, enfin secrétaire du cabinet du
Roi, qui imagina de l'envoyer à Constantinople
pour que sa fortune dérangée pût s'y rétablir.
« Je compte, lui dit Louis XIV lorsqu'il en prit
congé, que vous vous conduirez mieux en Turquie que votre prédécesseur. » — « Sire, répondit
Guilleragues, j'espère que Votre Majesté n'en
dira pas autant à mon successeur. » On prescrivit à cet ambassadeur, comme une affaire essentielle, le rétablissement de l'ancien cérémonial
du sopha, mais Cara Mustapha n'était pas
homme à céder. Son obstination mit M. de
Guilleragues dans l'impossibilité de prendre ses
premières audiences, ce qui n'empêcha pas les
affaires de l'ambassade d'avoir leur cours ordinaire. Deux ans après, la France étant entrée en
guerre avec les Tripolins, M. Duquesne, lieutenant général des armées navales, eut ordre
de les attaquer jusque dans les ports du Grand
Seigneur. Cinq de leurs bâtiments s'étant réfu-

giés à Scio, M. Duquesne requit le gouverneur de l'extradition des vaisseaux tripolins, et, sur son refus, il les canonna dans le port même et les mit en pièces; ce qui causa du dégât dans la ville et coûta la vie à plusieurs habitants. Au premier avis qu'en reçut le grand vizir, il fit partir pour Scio une escadre de galères, commandée par le Capitan pacha, avec ordre de rendre compte des faits. M. Duquesne le laissa passer, mais le menaça de ramener ses vaisseaux à Constantinople. L'amiral turc, qui en connaissait la possibilité, écrivit au vizir d'accommoder à tout prix cette affaire avec l'ambassadeur. Au lieu d'attendre qu'on l'interpellât, celui-ci fit demander une entrevue au Kiahia bey et lui porta plainte de l'asile donné aux Tripolins. Le ministre turc, sans daigner y répondre, chercha à effrayer l'ambassadeur de la vengeance de Sa Hautesse, s'il ne parvenait à l'apaiser par l'offre d'une grande somme. Il n'en tint compte et assura qu'il ne donnerait pas un sou; dans l'espoir de faire plus d'impression, Cara Mustapha fit avertir M. de Guilleragues de se rendre chez lui. On ne peut comprendre pourquoi il n'y mit pas pour condition que le cérémonial du sopha serait rétabli sur l'ancien pied; il s'en tint au ridicule expédient de haranguer debout le vizir en lui présentant la lettre du Roi; gaucherie qui encouragea Cara Mustapha à renchérir sur les menaces que le Kiahia bey avaient faites à l'embassadeur de l'envoyer aux Sept-Tours s'il ne promettait un don de sept cent cinquante bourses à Sa Hautesse. M. de Guilleragues ayant répliqué que le Roi saurait venger avec des torrents de sang l'injure qui lui serait faite, le vizir observa froidement que M. de la Haye avait été mis dans cette prison sans que le Roi s'en ressentît. M. de Guilleragues soutint assez bien le ton de la fermeté : sous prétexte de suivre la négociation, on le retint la nuit chez le vizir et le lendemain, il eut la faiblesse de promettre un présent. Cara Mustapha, qui ne demandait qu'à sortir d'embarras, accepta l'offre. M. Duquesne proposa au Roi de conduire son escadre à Constantinople et de s'y faire rendre raison de tous les griefs de la France, ne demandant, pour cette entreprise, que dix vaisseaux de guerre; projet qui n'eût pas manqué de lui réussir.

M. de Bonac, qui excuse la conduite de M. de Guilleragues, dit qu'elle eut l'approbation du Roi. Tout au plus méritait-elle de l'indulgence.

Cara Mustapha paya de sa tête la levée du siége de Vienne et les revers qui suivirent. Son successeur, qui craignait que la France n'accédât à la ligue presque générale que les puissances chrétiennes firent alors contre la Porte, crut qu'il était prudent de donner satisfaction à Louis XIV sur l'article du sopha. Au mois de septembre 1684, M. de Guilleragues, sur l'invitation de ce ministre, et avec la promesse du rétablissement entier de l'ancien cérémonial, se rendit à Andrinople, où on lui tint parole. Le président Hénault dit, dans son *Abrégé de l'Histoire de France,* que M. de Nointel obtint les honneurs du sopha en 1682, c'est-à-dire plus de deux ans après la fin de son ambassade. Cet auteur avance avec aussi peu de fondement que les intrigues et l'argent des puissances maritimes suscitèrent cette querelle. Il suffisait bien de l'orgueil de Cara Mustapha pour la faire naître. Le sopha ou l'estrade de la chambre d'audience du vizir ayant été depuis lors fort allongée, il serait aujourd'hui impossible qu'on pût s'entendre à la distance qui se trouvait entre le bas du sopha où serait le tabouret de l'ambassadeur et le coin de la salle où s'assoit le grand vizir. M. de Guilleragues venait à peine de remporter cette frivole victoire, qu'il eut, à son retour à Constantinople, une attaque d'apoplexie dont il mourut le 7 mars 1685.

JEAN-BAPTISTE FABRE.

Le sieur Noguez, chancelier de l'ambassade, voulut s'emparer de la gestion des affaires après la mort de l'ambassadeur précédent; mais madame de Guilleragues l'en fit exclure et embarquer de force, ce que M. de Bonac dit que la Cour approuva. Peu après M. de Seignelay chargea un nommé Fabre de réclamer à la Porte un bâtiment français saisi par les Tripolins dans un port ottoman. Il sut se prévaloir de l'occasion pour prendre en l'absence du Grand Seigneur et du vizir, sous le titre d'agent, une audience publique du Caïmakan et il s'empara au grand déplaisir de madame de Guilleragues de l'intérieur de l'ambassade. On lit en effet dans les instructions de M. de Girardin : « que Sa Majesté a commis Fabre depuis la mort de M. de Guilleragues pour, en qualité d'agent, faire auprès du grand vizir et autres ministres de la Porte tout ce qu'il croira le plus convenable au service de Sa Majesté et à l'avantage du commerce de ses sujets. » Si l'on en croit M. de Bonac, il conserva le titre d'agent du commerce à l'arrivée de M. de Castagnères, qui l'en dépouilla, en 1692, et l'envoya à la suite du grand vizir à l'armée turque. Quelques années après le Roi lui donna une mission en Perse, et il mourut en chemin.

PIERRE DE GIRARDIN.

Cet ambassadeur, qui avait été lieutenant civil au Châtelet de Paris, avait voyagé en Turquie dans sa jeunesse, et il en avait appris la langue, ce qui servit principalement à fixer sur lui le choix de Louis XIV. M. de Bonac, dans son mémoire, fait là-dessus une observation qui n'est pas digne de sa justesse ordinaire. Il prétend, d'après un chevalier Fulton, ambassadeur d'Angleterre, qu'il est avantageux pour un ministre étranger à la Porte d'ignorer la langue du pays parce que les Turcs usent d'ordinaire envers les chrétiens de termes de mépris, que les interprètes adoucissent; comme s'il ne valait pas mieux qu'un ambassadeur pût les comprendre et s'en ressentir, que de paraître satisfait d'être vilipendé aux yeux d'une nombreuse audience qui n'entend pas l'interprétation et la croit exacte. D'ailleurs que d'avantages n'a-t-on pas de posséder la langue employée dans les affaires qu'on traite! M. de Vauvré, frère de M. de Girardin, était intendant de la marine à Toulon. Ils avaient compté lier ensemble un commerce lucratif, mais cette ten-

tative n'aboutit qu'à occasionner à l'ambassadeur
beaucoup de tracasseries avec les négociants de
Marseille. Il fut conduit à Constantinople par
deux vaisseaux du Roi, et il y arriva le 11 janvier 1686. L'un des deux était destiné pour
M. d'Ortières, chargé d'inspecter les Échelles du
Levant. On lit dans l'instruction de M. de Girardin que MM. de Brèves et de Marcheville, qui
avaient disputé le pas à l'ambassadeur de l'Empereur, sous couleur que ce prince ne devait
être regardé à la Porte que comme roi de Hongrie, n'avaient pas été approuvés. Le Roi autorise
M. de Girardin à se désister de cette prétention,
si elle se présente; mais il lui est prescrit d'éviter
les occasions de préséance, ajoutant même que
s'il pouvait la prendre, le Roi ne le trouverait pas
mauvais.

L'ambassadeur ne fut pas dans cet embarras,
la guerre entre la Porte et la Cour de Vienne
ayant existé pendant toute sa mission. Dans le
rapport qu'il fit à la Cour de l'audience que le
Grand Seigneur lui donna à Andrinople, il fit
observer l'indécence du cérémonial d'usage et
notamment de ce que, après avoir vu Sa Hautesse, il fallait attendre à cheval contre le mur de
la première cour du sérail que le grand vizir et
son cortége fussent passés. M. de Girardin s'y

refusa comme à un retard aussi inutile qu'indécent. On voit dans la correspondance de M. de
Ferriol qu'il pensait de même à cet égard; ce
qui n'a pas empêché leurs successeurs de suivre
la vieille routine. M. de Girardin se prévalant des
circonstances, ne se prêtait pas à l'insolence des
formes turques envers les ministres étrangers.
Le Caïmakan chez lequel il s'était rendu, tardant
trop à paraître, l'ambassadeur prenait le parti de
s'en retourner, et ce ne fut que sur les instances
que lui fit faire ce ministre par les principaux
officiers, qu'il revint sur ses pas, et il trouva le
Caïmakan qui venait lui-même au-devant de lui.
La correspondance de M. de Girardin fournit un
détail curieux sur l'état de maison de Sultan Méhémet IV. Il avait dix-huit cent quarante-quatre
femmes, cinq cents eunuques, quinze cents pages
ou officiers de l'intérieur, quinze cents chevaux
d'écurie et des domestiques inférieurs en proportion de tout cela. Cet ambassadeur a laissé
aussi un mémoire fort exact sur l'état d'alors des
milices ottomanes. La maison de M. de Girardin consistait en un intendant, deux secrétaires,
deux écuyers, deux pages, quatre valets de
chambre, vingt-quatre laquais et des gens de
cuisine, d'office et d'écurie à l'avenant. Ses
appointements étaient de 36,000 francs, et il en

recevait seize de la chambre de commerce. Le Roi lui donna quarante-cinq mille livres pour son ameublement et les présents à faire avec dix-huit mille livres de gratification.

Le temps de l'ambassade de M. de Girardin fut pour la Porte un tissu de désastres. La capitale parut menacée, et l'ambassadeur crut devoir demander au Roi s'il accompagnerait en Asie le Grand Seigneur en cas que Sa Hautesse eût à s'y réfugier, ou s'il passerait à Smyrne ou dans l'Archipel. La réponse fut de suivre le Sultan.

La conduite de M. de Girardin plut à Louis XIV, qui aurait accordé à cet ambassadeur une place de conseiller d'État, qu'il désirait, mais sa mort prévint cette grâce, le 15 janvier 1689.

L'ABBÉ DE GIRARDIN.

Il était frère de l'ambassadeur de ce nom, et il se chargea de l'ambassade dont madame de Girardin refusa le soin ; cette dame repartit avec son beau-frère à l'arrivée du nouvel ambassadeur.

PIERRE ANTOINE DE CASTAGNÈRES DE CHATEAUNEUF.

Né sujet du duc de Savoie, il s'était établi en France avec son frère, l'abbé de Châteauneuf.

Les liaisons que l'esprit aimable de cet abbé lui fit former avec des personnes en crédit, procurèrent à son frère, alors conseiller au parlement, l'ambassade de Constantinople. On voit au dépôt des Affaires étrangères, dans la minute de son instruction le nom de M. de Castagnères substitué au nom raturé d'un sieur Leblanc, maître des requêtes, probablement celui qui devint ensuite ministre de la guerre, en 1716. M. de Castagnères arriva à Constantinople dans l'automne de 1689. Il se rendit pour prendre audience du vizir à l'armée turque qu'il trouva sous Nissa, venant d'essuyer un échec considérable, et si effarouchée, que le grand vizir fit recommander aux drogmans de l'ambassadeur de ne parler que turc par la peur que le peu de troupes ottomanes qui restaient ne s'effrayassent, en les prenant pour des Impériaux. M. de Castagnères trouva au camp ottoman un sieur Varner qui avait la confiance de M. de Girardin et lui servait de correspondant à l'armée ottomane. Cet homme, peu après, se croyant devenu suspect à M. de Castagnères, se tua.　　·

Mustapha Kupruly succéda à ce vizir timide et rétablit les affaires de la Porte par son courage. M. de Castagnères paraît s'être un peu prévalu de l'occasion pour se donner auprès du

Roi, le mérite de l'énergie de Kupruly, qu'il fut
blâmé de n'avoir pas accompagné en Hongrie.
L'année suivante, le Roi fit partir par une tartane
M. de Ferriol, colonel de dragons, pour suivre le
camp ottoman. Ce dernier trouva l'ambassadeur à
Andrinople, et il fit le plus grand éloge à Louis XIV
de sa personne et de son crédit à la Porte, obser-
vant que des Turcs de considération venaient
familièrement lui demander à dîner. M. de Bonac
ajoute dans son mémoire que M. de Castagnères
allait lui-même fréquemment manger chez le
Muphti : ce qui paraît à peine croyable aujour-
d'hui.

Dans l'embarras où la guerre avec la cour de
Vienne mettait M. de Castagnères pour transmettre en France ses dépêches, il imagina d'établir un consul à Gabella, près de Castelnuovo,
place des Vénitiens sur l'Adriatique, d'où un
brigantin portait les paquets à Venise. Il fallut
renoncer dans la suite à cet établissement sur
les plaintes que cette République en fit à la cour.
On le transporta à Durazzo, où un consul de
France, nommé Conte, entretenait sur ses
appointements deux felouques, l'une pour Brin-
disi, l'autre pour Ancône. Cela existait encore
sous l'ambassade suivante et dura jusqu'à la paix
d'Utrecht. M. de Ferriol continua de suivre

l'armée turque, et fut suppléé en 1694, qu'il fit un voyage en France, par le père Brilly, et celle d'après par M. Pellerin, l'un et l'autre secrétaires de l'ambassadeur. Il avait demandé, sans pouvoir l'obtenir, d'accompagner lui-même à la guerre Sultan Mustapha II à sa première campagne. Deux ans après, il fut plus heureux. Il s'était mis en chemin, lorsqu'il reçut du Roi l'ordre de rétrograder. M. de Ferriol revint pour la campagne de 1696, et M. de Castagnères, qui lui donna pour drogman le sieur Fonton, se plaignit que ce dernier le trahissait. Cet ambassadeur eut encore plus à se plaindre de son chancelier, nommé Beauquesne, qui envoya un mémoire contre lui à M. de Croissy; ce ministre le communiqua à M. de Chateauneuf, et son frère y répondit. L'une et l'autre pièce existent aux archives de Constantinople. Quoique le sentiment de M. de Bonac soit favorable à la défense que fit M. de Chateauneuf, il semble qu'elle est plus faible que l'attaque. La machination d'antidates dont est accusé cet ambassadeur pour se donner le mérite des événements, est trop subtile pour être purement imaginée par Beauquesne. Il y a lieu de croire qu'on le sentit à la cour, mais que le besoin et l'utilité des services de M. de Chateauneuf firent passer là-dessus. Quoi qu'il en soit, il suffit de connaître la Porte ottomane, pour juger que des intrigues n'y peuvent être menées de suite par des ministres étrangers : s'il y a quelques exemples contraires, ils sont isolés, et ne présentent pas l'effet d'un système suivi.

Au reste, Beauquesne ne fut pas puni comme l'aurait été un calomniateur, et, dans la suite, le comte des Alleurs le mena avec lui à sa commission de Berlin. M. de Bonac dit que le drogman Fonton, que M. de Castagnères avait maltraité, obtint un congé de la Cour, et qu'il aida M. de Ferriol dans les mauvais offices qu'il rendit à M. de Castagnères. On le noircit auprès de Louis XIV pour avoir pris l'habit levantin, chose assurément sans inconvénient, et qui pouvait même lui être utile à Andrinople, pour contracter, avec les ministres ottomans, une plus grande intimité. M. de Castagnères eut certainement auprès d'eux plus d'accès et de crédit que ses prédécesseurs. Sa réputation se soutenait encore à Constantinople du temps de M. de Bonac, qui fait avec grande raison l'éloge du mémoire par lequel M. de Castagnères, à son retour, rendit compte au Roi de son ambassade à la Porte ; cependant il est plus remarquable par le style de l'auteur et le compte qu'il rend de sa conduite que par les vues ultérieures qu'il propose.

M. de Castagnères fut rappelé en 1699 et partit le 7 février 1700 sur les vaisseaux qui amenèrent son successeur. Il eut depuis une commission en Espagne, une autre en Portugal; il fut ambassadeur à Turin, ensuite en Hollande où il signa en 1717, avec l'ambassadeur de Pierre le Grand, un traité entre la France et la Russie. Enfin, devenu conseiller d'État et prévôt des marchands de Paris, il mourut dans cette ville le 14 mars 1728.

CHARLES DE FERRIOL, Baron d'Argental.

Il arriva à Constantinople le 11 novembre 1699. On trouve dans sa correspondance le détail qu'il fait au Roi de ses services, en ces termes : « J'entrai dans les mousquetaires en 1669, pour aller en Candie, où je reçus deux blessures; en 1672, Votre Majesté me donna une compagnie de cavalerie et, en 1675, elle m'envoya en Hongrie commander un régiment de Tartares et de dragons. J'avais en même temps l'honneur de rendre compte à Votre Majesté des affaires de Hongrie; enfin, j'ai fait sept campagnes avec les grands vizirs ou les Sultans avant d'être ambassadeur. » On voit qu'il omit ce que M. de Bonac dit de la nécessité où M. de Ferriol fut de prendre asile en Pologne à la suite d'une aventure galante et de sa querelle avec un magnat pour laquelle M. de Béthune, ambassadeur de France à cette cour, se décida à faire passer M. de Ferriol en Hongrie. Sa nomination à l'ambassade est attribuée, par M. de Bonac, au crédit que cet ambassadeur et madame de Ferriol, belle-sœur de ce dernier, avaient sur M. de Torcy et à celui de M. Blondel, alors premier commis des Affaires étrangères, avec lequel madame de Ferriol avait des rapports de parenté. M. de Castagnères avait mandé au Roi, lorsqu'il eut ses premières audiences, qu'on l'avait admis avec son épée chez le Sultan, ce qui était contre l'usage constant. Cet ambassadeur en portait sans doute une fort courte qui avait échappé à l'attention des Turcs. M. de Ferriol avait ordre de maintenir le précédent. Sa longue épée militaire n'échappa pas à la vue des capidgi bachis qui le prévinrent de la quitter. Il s'y refusa avec beaucoup de fermeté. Il ne résista pas moins vivement à l'essai qu'ils firent de la lui enlever par surprise, et il sortit du sérail sans paraître devant le Sultan. Ce début disposa mal pour lui les ministres ottomans. Il éprouva d'étranges scènes pendant onze ans que dura son

ambassade. On peut dire à la vérité que le caractère vain et emporté de M. de Ferriol en fournit
presque toujours le canevas. Il lui prit fantaisie
d'avoir un tendelet à son bateau, ce qui est
réservé au Sultan et au grand vizir. Le bostandji
bachi, qui a l'intendance de la mer, l'ayant su,
fit donner une rude bastonnade aux bateliers de
l'ambassadeur pour avoir osé le mener avec ce
tendelet, et il ne put en trouver d'autres. De dépit,
M. de Ferriol renvoya son bateau à Smyrne et
ne traversa plus le port, aimant mieux, par une
puérile affectation, en faire le tour par terre lorsqu'il allait à Constantinople. Démétrius Cantémir
écrit qu'étant persécuté par ses ennemis, il se
réfugia chez M. de Ferriol, et que le grand vizir
ayant réclamé de cet ambassadeur l'extradition,
celui-ci répondit en niant que ce Grec fût au palais
de France, mais ajoutant que s'il y eût été, on ne
l'aurait pas remis, ce que la Porte ne releva pas.

A la naissance du duc de Bretagne, l'ambassadeur avait fait prévenir le grand vizir de son
intention d'illuminer le palais de France; mais
ce ministre fut déposé le soir même. Son successeur, ignorant le motif d'une aussi grande
clarté à Péra, envoya voir ce que c'était, et sur
le rapport qu'il en reçut, il ordonna de l'éteindre.
M. de Ferriol s'y refusa et arma ce qu'il avait de

monde chez lui pour repousser, au besoin, la force par la force. Dans le cours des pourparlers l'illumination s'éteignit en partie d'elle-même ou fut éteinte par les gens du palais à l'insu de l'ambassadeur, ce qui finit la querelle sans voies de fait. Il n'en fut pas de même d'une tracasserie qu'eut M. de Ferriol avec le comte d'Octinguen, ambassadeur de l'Empereur. Deux Français, déserteurs des troupes impériales, réfugiés au palais de France, eurent l'insolence de se présenter chez le comte d'Octinguen. Il les fit détenir dans l'intention de les ramener avec lui à Vienne pour être punis. M. de Ferriol les réclama comme sujets du Roi et, sur le refus de les rendre, il fit arrêter dans la rue et conduire chez lui deux officiers allemands qui passaient devant sa porte. L'ambassadeur menaçait de venir les y réclamer à main armée; mais celui de Hollande s'étant entremis, les prisonniers furent échangés chez lui, et l'affaire terminée.

La Porte envoyait en exil le patriarche arménien Avedik. La crainte que ce dangereux ennemi des catholiques ne rentrât en place, engagea les Jésuites à proposer en France de l'enlever en chemin. La chose s'exécuta avec succès, et le prélat fut conduit à la Bastille, où il mourut. Le grand vizir le réclama en vain à plusieurs reprises. L'enlèvement n'avait pas laissé de traces et le peu d'intérêt des Turcs pour ces chefs d'Églises chrétiennes fit que la chose tomba dans la suite. Cependant le Capitan pacha fit passer en France un Turc nommé Bekir Aga pour porter à la cour des plaintes contre M. de Ferriol, dans le but de le faire rappeler. M. de Pontchartrain reçut fort bien l'envoyé turc, et l'ambassadeur eût probablement succombé, si M. de Torcy ne l'avait soutenu ; par la faveur de ce ministre, la justification de M. de Ferriol fut admise. « J'avouerai, disait-il au Roi en la terminant, que j'ai un grand défaut par devers moi ; je n'ai jamais pu plaire à un des ministres de Votre Majesté (M. de Pontchartrain), quoi que j'aie fait pour y parvenir. J'en tairai les raisons par respect. »

La véhémence de M. de Ferriol était causée sans doute par un principe de maladie. Sa tête finit par s'altérer. La Mottraye, qui passait à Constantinople au commencement de 1709, rapporte un trait de folie de cet ambassadeur. Il fut pris d'une fièvre chaude au mois de mai suivant et, à la suite de son délire, ses gens le lièrent et le gardèrent à vue dans sa chambre. Le sieur Belin, chancelier, ayant assemblé la nation, sur une consultation des médecins d'après laquelle l'état de démence fut constaté, on dépêcha en France le sieur Brue, drogman, pour en donner la nouvelle. Sur cet avis, le Roi envoya ordre à M. de Fontenu, consul de Smyrne, de se rendre promptement à Constantinople pour y prendre la conduite des affaires de l'ambassade; mais il répondit qu'il s'en dispensait ayant des preuves certaines du bon état de santé de M. de Ferriol depuis le 9 août. En effet, sa tête était revenue, quoiqu'il restât toujours lié par la malice des gens de sa maison. Au bout d'un mois, le fauteuil sur lequel il était attaché ayant été approché de la fenêtre, il aperçut l'ambassadeur de Hollande à la sienne et il lui demanda du secours; ému de ses cris, celui-ci força la porte, et il fit tant qu'on délia M. de Ferriol, qui reprit le soin des affaires, mais avec assez de marques de rancune contre les officiers de l'ambassade pour qu'on crût à la cour son rétablissement imparfait. Le comte des Alleurs, alors en Hongrie, fut nommé pour lui succéder; il se rendit directement à Constantinople avant que ses lettres de créance y arrivassent, et il demeura longtemps à les attendre, vivant en très-mauvaise intelligence avec son prédécesseur. Si l'on en croit une lettre de Mme des Alleurs, alors à Paris, adressée à M. de Torcy, M. de Ferriol en

vint au point d'appeler son mari en duel, ce qui
ne doit pas étonner de la part de cet ambassadeur qui, dans un moment de fureur, avait un
jour chargé Fornetti, son drogman, de présenter
un cartel au grand vizir Ali Pacha. Enfin les
lettres de créance de M. des Alleurs arrivèrent,
et M. de Ferriol s'embarqua le 4 avril 1711. La
Mottraye et Tournefort vantent la magnificence
du train de M. de Ferriol. Il avait une table fort
bien servie, une vaisselle superbe, trente-six
valets de pied et d'autres domestiques à l'avenant, et des musiciens à ses gages. On représen-
tait chez lui des spectacles français et italiens.
M. de Ferriol avait vivement sollicité une place
de conseiller d'épée qu'il n'obtint pas. Il conserva toujours, à en croire M. de Bonac, le désir
de revenir ambassadeur à Constantinople, ce qu'il
disait nécessaire pour se laver de l'imputation de
folie qui l'avait fait rappeler. Il mourut en 1722.

PIERRE PUCHOT, seigneur de Clinchamp,
comte des Alleurs.

On voit dans le mémoire de M. de Bonac que
M. des Alleurs, qui avait été page de Mlle de
Montpensier, entra dans le régiment des gardes,
y devint capitaine et maréchal de camp. Il vendit

sa compagnie et en perdit le prix par l'infidélité
d'un de ses amis. Ensuite il obtint la commission
d'envoyé extraordinaire à la cour de Berlin : mais
l'Électeur ayant pris le titre de roi, Louis XIV
refusa de le reconnaître, et retira son ministre
qu'il employa auprès de l'Électeur de Cologne et
ensuite dans ses armées. En 1704, M. des
Alleurs passa à Durazzo avec deux frégates du
Roi qui l'y débarquèrent pour joindre en Hongrie
le prince Ragoczy qui y avait un puissant parti.
Mais ce dernier, après s'être soutenu pendant
quatre campagnes, fut obligé finalement de s'en-
fuir en Pologne où M. des Alleurs le suivit.
Il y apprit sa nomination à l'ambassade de la
Porte. On voit dans ses instructions que Louis XIV
l'autorisa à se relâcher sur la prétention de garder
son épée à l'audience du Grand Seigneur, ce qui
le mit en état de la recevoir. M. des Alleurs
s'était fort affectionné à Charles XII, roi de
Suède, qu'il avait vu en passant à Bender. Il le
servit de son mieux à la Porte et chargea le sieur
de la Perière, qui suivit à l'armée le grand vizir
Baltadgi Méhémed Pacha de veiller aux intérêts
de Sa Majesté suédoise. On a des lettres de ce
drogman à M. des Alleurs où l'affaire du Pruth
est rapportée en grand détail. Après que
Charles XII eut été arrêté à Bender et conduit à

Démotica, M. des Alleurs alla le voir pour l'engager à s'aboucher en lieu tiers avec le grand vizir, qui le proposait. Mais ce monarque refusa l'ambassadeur avec tant d'opiniâtreté que celui-ci abandonna la partie. L'humanité qu'il montra pour les Vénitiens ne lui réussit pas mieux. La Porte leur avait déclaré inopinément la guerre par l'attaque de la Morée. Le bayle André Memmo fut mis aux Sept-Tours. M. des Alleurs retira chez lui tout ce qu'il put de ses effets et de ses papiers, et s'employa vivement pour sa délivrance qu'il obtint au bout de huit mois. Il fit aussi racheter plusieurs nobles Vénitiens pris en Morée. Ces rançons ne furent remboursées que plusieurs années après. Par surcroît, cet ambassadeur fut accusé injustement de n'avoir pas fait restitution entière des papiers. Le dérangement de sa santé et sa vieillesse le dégoûtèrent du Levant. Il demanda son rappel et le marquis de Bonac fut nommé, dès 1713, pour le remplacer, mais il n'arriva qu'au mois d'août 1716, après la mort de Louis XIV, sur deux vaisseaux du Roi qui ramenèrent son prédécesseur. M. des Alleurs vécut jusqu'en 1725, étant parvenu au grade de lieutenant général des armées du Roi, et à la décoration de la grand'-croix de l'ordre de Saint-Louis. Il ordonna que son cœur fût rapporté aux Capucins de Saint Louis à Péra, ce qui a été exécuté. On lui a élevé un mausolée dans leur église.

JEAN LOUIS D'USSON, MARQUIS DE BONAC,
Brigadier des armées du Roi.

Le marquis de Bonac termine ses mémoires à son ambassade ; mais il a laissé à la chancellerie de Constantinople un assez grand nombre d'écrits pour pouvoir y recueillir les faits qui y appartiennent. Louis XIV l'avait employé auprès des ducs de Wolfenbutel, des rois de Suède, de Pologne et d'Espagne. Il resta peu à la cour de Madrid, où les mémoires de Noailles disent qu'il réussit, ce qui était fort difficile alors. M. de Bonac avait épousé Mademoiselle de Biron, fille du marquis de Biron, depuis maréchal de France et premier gentilhomme du duc d'Orléans, régent. Cette dame suivit son mari en Levant. Milady Montague parle avec éloge dans ses lettres de madame de Bonac. Elle lui reproche cependant de trop tenir à son cérémonial. Ces dames vécurent ensemble à Andrinople, où était alors Sa Hautesse. Pendant le séjour du marquis de Bonac en cette ville, le Mimar aga, ou intendant des bâtiments de la capitale, s'émancipa au point d'entrer dans le palais de France, où on faisait des réparations et de les suspendre. L'ambassadeur demanda et obtint satisfaction. Cette habitation, qu'on croit avoir été bâtie du temps de Henri IV, accrue ensuite par messieurs de Marcheville et de Nointel était devenue si dégradée que M. de Bonac demanda un architecte du Roi pour la visiter et prononcer sur l'état où elle se trouvait. Un sieur de Vigny, envoyé à cet effet, décida qu'elle ne pouvait guère passer trois ans. Elle en a duré cinquante encore, au moyen de quelques réparations qu'on y a faites. M. de Bonac avait de fréquents entretiens avec le grand vizir Ibrahim Pacha duquel il obtint le rétablissement de la voûte du Saint Sépulcre à Jérusalem, faveur sollicitée en vain depuis soixante ans et dont le vizir fit tant d'état, qu'il en prit occasion d'envoyer un ambassadeur en France dans l'espoir que la reconnaissance et la générosité du Roi lui procureraient de riches présents. M. de Bonac prévit l'embarras que donnerait cette mission turque, et il écrivit à sa Cour sur ce sujet pour en savoir les intentions. Les réponses n'arrivèrent qu'après le départ de Méhémet Effendi pour Toulon. On sait que le cardinal Dubois, qui gouvernait sous la régence, se mettait quelquefois au courant de ses correspondances en jetant au feu les lettres qu'il avait sur son bureau. M. de Bonac fut une fois dix-huit mois sans réponse de la Cour. L'ambassadeur turc a fait une relation intéressante de sa commission qui se trouve aux archives de l'ambassade. Il recevait du Roi 750 livres par jour. Dans ce même temps, le comte de Berchini, seigneur hongrois, partisan du prince Ragoczy, obtint en France l'agrément de former parmi les Hongrois réfugiés en Turquie un régiment de hussards dont il fut nommé colonel. M. de Bonac facilita la levée à laquelle les Turcs se prêtèrent volontiers pour se débarrasser des payes qu'ils donnaient à ces réfugiés. Cet ambassadeur eut quelques désagréments au sujet de sa maison de campagne de Saint-Stéphano, mais il s'en tira à son honneur mêlant la prudence à la fermeté. Il demanda son rappel en 1722 et il fut relevé, deux ans après, par M. le vicomte d'Andrezel avec lequel il eut des démêlés assez désagréables pour tous deux et où le premier paraît avoir eu le plus de torts. Pierre Ier envoya à M. de Bonac à Constantinople, avant son départ, l'ordre de Saint-André en reconnaissance de la médiation qu'il avait exercée au nom du Roi entre la Porte et la Russie pour le partage des provinces de Perse. M. de Bonac s'embarqua le 26 février 1725, il obtint, en 1727, une place de conseiller d'État

17

d'épée. Il fut ensuite ambassadeur du Roi en
Suisse où il mourut en 1736. L'impératrice de
Russie, alors régnante, conféra le cordon de Saint-
André de M. de Bonac à l'aîné de ses enfants.

JEAN-BAPTISTE LOUIS PICON,

VICOMTE D'ANDREZEL.

Il avait été secrétaire des commandements de
Monseigneur, puis intendant du Roussillon et de
l'armée au siége de Fontarabie, en 1719. Sa
femme ne l'accompagna pas à Constantinople
où il conduisit ses deux fils. Il s'embarqua à
Toulon, le 17 avril 1724, et fut chargé de visiter
en passant les régences de Barbarie, notamment
celle de Tunis, où il avait la commission secrète
de contrarier sous apparence de bons offices, la
négociation qu'y suivaient alors les États généraux. M. d'Andrezel y réussit au point qu'elle fut
rompue et que la République fit remercier le
Roi, des démarches de son ambassadeur. M. Daillon, neveu du marquis de Bonac, était resté à
Constantinople en qualité de commissaire pour
les limites de la Perse. Le caractère inquiet et
ambitieux de ce jeune homme donna bien des
tracas à M. d'Andrezel, et contribua peut-être à
abréger ses jours. Cet ambassadeur, la seconde

année de son ambassade, fut atteint d'une attaque de paralysie dont il ne put se rétablir. Dans cet état il proposa à la Cour de le faire suppléer par M. de Fontenu, consul de France à Smyrne qui avait déjà été destiné à pareille commission pendant la maladie de M. de Ferriol. Ce consul, ami de l'ambassadeur, vint le voir à Constantinople, et l'approbation du Roi pour l'arrangement proposé arriva précisément la veille de la mort de M. d'Andrezel, survenue le 26 mars 1727; il laissa à peine de quoi payer ses dettes, et ses enfants ont vécu dans la pauvreté.

GASPARD DE FONTENU.

M. Daillon avait cabalé avant la mort de M. d'Andrezel pour être choisi par la nation de Constantinople, comme chargé des affaires de l'ambassade; mais l'ordre du Roi, que M. de Fontenu produisit en sa faveur, ferma la bouche à l'assemblée et il entra en exercice. Il était né gentilhomme et il aspirait à l'ambassade, tant par sa naissance que par ses services; on a soupçonné qu'il avait mendié une lettre de recommandation *ad hoc* du grand vizir Ibrahim Pacha à M. de Morville, alors secrétaire des affaires étrangères. Quoi qu'il en soit, on n'y eut aucun égard, et M. de Villeneuve, nommé à l'ambassade de Constantinople, y arriva avec deux vaisseaux du Roi, le 3 décembre 1728. M. de Fontenu attribue le refus qu'on lui fit de cette place à M. de Bonac qu'il soupçonna d'avoir agi contre lui. Après la venue du nouvel ambassadeur, ce consul se retira à Smyrne d'où il rentra en France; il y mourut.

LOUIS SAUVEUR DE VILLENEUVE.

Il avait été lieutenant civil de la ville de Marseille et député à Paris pour une affaire de son tribunal contre le parlement d'Aix. Il acquit dans ce voyage la bienveillance du chancelier d'Aguesseau, et c'est à lui qu'il dut sa nomination à l'ambassade de France à la Porte.

Les commencements de sa mission furent aussi désagréables que la fin en fut brillante. Le grand vizir Ibrahim Pacha, enorgueilli d'un long ministère, se permit un ton très-altier vis-à-vis de M. de Villeneuve relativement au bombardement de Tripoli de Barbarie par une escadre française; peu après, ayant reçu des plaintes contre un consul de France à l'île de Milo, nommé Castanier, il le fit enlever et mettre au bagne de Constantinople; ce ne fut qu'à force d'argent et en intriguant auprès d'une sœur du Grand Seigneur qu'on obtint la liberté de ce consul, le 29 juin 1729. Le fameux comte de Bonneval écrivit à M. de Villeneuve pour lui faire part de son arrivée en Turquie et de ses projets de vengeance contre la cour impériale. Le drogman de la Porte fut chargé de demander à l'ambassadeur s'il serait agréable à la France que ce comte vînt à Constantinople. M. de Villeneuve répondit qu'il demanderait des ordres, et il témoigna désirer qu'on retînt Bonneval en Bosnie jusqu'à la réponse de sa Cour. Elle fut que le Roi ne voulait plus entendre parler du comte de Bonneval : qu'il ne fallait avoir avec lui aucune communication, mais sans chercher à lui nuire; qu'au reste, Sa Majesté ne serait pas fâchée qu'il résidât à Constantinople et qu'il y acquît la confiance des Turcs. Cette lettre du 15 octobre 1729 est la clef de la conduite de M. de Villeneuve avec le comte de Bonneval, lequel s'est plaint alors de cet ambassadeur qu'il regardait comme étant cause de son apostasie pour ne l'avoir pas réclamé lorsque le résident de l'Empereur demanda à la Porte son extradition. Ce ne fut que sous le vizir Topal Osman que Bonneval depuis, Ahmed Pacha, vint à Constantinople. Il fut fait pacha à deux queues et chef des bombardiers:

mais il ne fut guère employé le reste de sa vie que dans les affaires politiques de la Porte.

Le Capitan Pacha, Djanum Hodja, qui joua un si grand rôle pour éteindre la rébellion de 1730, était fort lié avec M. de Villeneuve. Cet amiral vint un jour au palais de France rendre visite à l'ambassadrice, il passa par la petite porte et M. de Villeneuve qui avait été le recevoir d'un autre côté, le trouva avec sa femme.

« Je n'ai pas oublié mon ancien métier de corsaire, dit Djanum, en riant, j'arrive où l'on ne m'attend pas. » L'histoire imprimée du traité de Belgrade a informé suffisamment le public de ce qui concerne cet ambassadeur dans le cours de cette négociation. Il devint conseiller d'État de robe et ce fut le ridicule motif qu'allégua le cardinal de Fleury pour décider que M. de Villeneuve, comme magistrat, ne pouvait recevoir l'ordre de Saint-André de Russie que l'impératrice Anne lui envoya. Il faut observer qu'il n'est pas nécessaire en Russie d'être militaire pour avoir cette décoration. M. de Villeneuve eut le mérite de procurer à la Porte une paix glorieuse et de jeter sur sa faiblesse intérieure un voile qui s'est soutenu trente ans, en faisant illusion à toute l'Europe. A son retour de Belgrade, il fit une entrée publique à Constantinople, et il y jouit d'une grande considération. Peu après, il demanda son rappel, l'obtint, et partit le 9 mars 1741. Louis XV après le renvoi de M. Amelot, secrétaire d'État des affaires étrangères, nomma M. de Villeneuve à sa place, mais il la refusa. On assure qu'il dit alors qu'il aurait accepté le département de la marine, quoiqu'il ne soit pas aisé de comprendre sur quel fondement il s'y croyait plus propre qu'à celui de la politique : il se retira à Marseille, sa patrie, où il mourut en 1747.

MICHEL ANGE, COMTE DE CASTELLANE.

Il s'embarqua sur les vaisseaux du Roi, qui ramenèrent son prédécesseur. En passant à Malte, il refusa, à l'exemple de MM. de Ferriol et de Bonac, qui ne suivirent pas celui de M. de Girardin, de voir le grand maître de l'ordre, à moins de prendre la droite sur lui, ce qui ne fut pas accordé à cet ambassadeur. Le cardinal de Fleury, auquel M. de Castellane en rendit compte, lui répondit qu'étant sans instructions à cet égard, il avait bien fait d'imiter ses prédécesseurs ; mais cette Éminence, observa sur ce sujet que « du temps de Louis XIV, on mettait

quelquefois en avant des prétentions sans trop
savoir sur quoi les fonder. » M. de Castellane
appartenait par alliance à ce premier ministre.
La fortune originaire du comte était médiocre
et on lui donna l'ambassade de Constantinople
comme un moyen de l'augmenter ; il y réussit
par une économie peut-être outrée ; au moins en
fut-il accusé. D'ailleurs, il avait vendu en partant
de France son emploi dans les mousquetaires, et
il en plaça les fonds à Constantinople : il les
accrut en peu de temps à un point singulier.
La protection du cardinal faisait espérer à
M. de Castellane d'obtenir le cordon bleu lorsque
la Porte envoya un ambassadeur en France
pour remercier le Roi de la médiation de Belgrade. Le drogman Laria, qui accompagnait
Saïd Pacha, fit pour cela des démarches qui ne
réussirent pas. Le taïn de cet ambassadeur
turc fut double de celui qu'avait eu son père ;
il fut ramené en Turquie par deux vaisseaux
du Roi aux ordres du chevalier de Caylus dont
la conduite envers M. de Castellane fut très-
désagréable à ce dernier ; il eut aussi pour
ennemi secret le comte de Bonneval qui écrivait
contre lui à M. d'Argenson, ministre des affaires
étrangères de France. Bonneval voulait l'ambassade de Constantinople pour son neveu qui ne se

trouva pas y être propre. Le rappel du comte
de Castellane ne fut pas moins résolu, et il ne
l'apprit que par le pacha de Chotin qui donna
avis à la Porte que le nouvel ambassadeur était
déjà à Varsovie. M. de Castellane sortit du
palais à l'arrivée de son successeur. Il passa
l'hiver chez le chevalier Demais, ministre des
Deux-Siciles, aux dépens duquel il vécut jusqu'à
son départ. Ce comte partit au printemps de
1748 pour retourner en France par la voie de
Spalatro et de Venise; il n'est mort qu'en 1782,
âgé de plus de quatre-vingts ans.

ROLDAND PUCHOT, COMTE DES ALLEURS.

Il était fils de l'ambassadeur de ce nom, et,
comme lui, il avait servi dans le régiment des
gardes, qu'il quitta pour suivre la carrière des
négociations. Il fut d'abord envoyé extraordinaire
de France à Dresde, où il épousa une princesse
Lubormiska, ce qui lui procura la protection de
madame la Dauphine, princesse de Saxe, mère
de Louis XVI; sa fortune pécuniaire était en
assez mauvais ordre, et comme le comte de Castellane passait pour s'être enrichi à Constantinople, on donna cette ambassade à M. des
Alleurs pour s'y refaire. La guerre qui subsistait

entre la France et la cour de Vienne, l'obligea à prendre son chemin par la Pologne, d'où il se rendit à Chotin, sur le Dniester. Son père avait pris à peu près la même route. C'est à la première audience du comte des Alleurs que fut constaté le cérémonial relatif au chiaoux bachi qui avait toujours prétendu, lors des premières audiences, la droite sur l'ambassadeur qu'il était chargé d'accompagner. Il fut décidé que l'officier qui avait amené M. des Alleurs de la frontière marcherait à sa gauche, ce qui mettait l'ambassadeur au milieu. Depuis lors, on a toujours nommé un officier turc pour cette fonction. Cet expédient, aussi honorable qu'avantageux, fut cependant désapprouvé par le marquis de Puysieux, ministre des affaires étrangères, auquel d'ailleurs M. des Alleurs ne plaisait pas. C'est au moins ce que donne lieu de penser une dépêche de ce ministre à l'ambassadeur, où il lui signifie d'être plus concis dans ses rapports. M. Des Alleurs faisait une dépense au-dessus de ses moyens, voulant, disait-il, faire oublier la lésinerie de son prédécesseur. L'argent du Roi n'était pas plus épargné. On l'employait à se ménager de prétendues intelligences chez les gens en place. C'est par ce moyen que l'ambassadrice parvint à s'introduire chez la femme du grand vizir où elle dîna. Cette dame turque la reçut du haut de sa grandeur et la renvoya fort mécontente. Les dettes de l'ambassadeur augmentant, ses créanciers lui devinrent fort importuns : le chagrin le mina et il eut, dans l'automne de l'année 1754 une attaque d'apoplexie à la suite de laquelle il mourut le 21 novembre suivant, laissant plus de cent mille écus de dettes. Le Roi les paya en faisant perdre cependant aux créanciers environ trente pour cent. Le sieur Perote, chancelier de l'ambassade, demeura chargé des affaires jusqu'à ce que la Cour eût fait passer à Constantinople, pour l'intérim, le sieur de Peyssonnel, consul de France à Smyrne, et connu pour la part qu'il a eue dans la négociation de Belgrade, où il était secrétaire d'ambassade de M. de Villeneuve.

CHARLES GRAVIER, comte de Vergennes.

Il était ministre de France auprès de l'Électeur de Trèves, et il avait été formé à la carrière des négociations par M. de Chairgny, oncle de sa belle-sœur. Ce dernier était ambassadeur en Suisse : se trouvant à Paris à la nouvelle de la mort du comte des Alleurs; il profita de l'embarras relativement aux papiers d'une correspondance secrète de Louis XV avec M. des Alleurs, correspondance dirigée par M. le prince de Conti, et dont les papiers se trouvèrent à l'ambassade, pour proposer au Roi M. de Vergennes qui fut accepté. On l'envoya en diligence à Constantinople sur un vaisseau marchand, et il y arriva au mois de mai 1755 ; il lui avait été laissé la liberté de développer le caractère d'envoyé extraordinaire ou celui du ministre plénipotentiaire. La Porte admit le second. Un an après, M. de Vergennes eut le caractère d'ambassadeur. Il fut rappelé en 1768 et nommé, deux ans après, ambassadeur en Suède, et enfin secrétaire d'État des affaires étrangères à l'avénement de Louis XVI. La personnalité de ce ministre illustre est connue et dès lors elle n'entre pas dans l'objet de cet ouvrage. La frégate du Roi envoyée pour le ramener de Constantinople, mit à la voile le 7 janvier 1769. Le comte de Saint-Priest, son successeur à l'ambassade de la Porte, était arrivé par la route de Hongrie deux mois auparavant.

MÉMOIRE

SUR LE COMMERCE

ET

LA NAVIGATION DE LA FRANCE

EN LEVANT

Si l'ambassade de France à la Porte ottomane est intéressante relativement à la politique, on doit convenir que son activité à cet égard n'est pas continue. Les Turcs n'entrent guère dans les mesures qui occupent les cabinets de l'Europe que lorsqu'ils y sont directement intéressés. Mais l'objet du commerce de la France en Levant ne laisse point de relâche à l'ambassadeur du Roi sur la vigilance constante qu'il doit y apporter.

On ne se propose pas dans ce mémoire d'embrasser les détails de ce négoce et ses variations relativement à la France; la matière, quoique intéressante, est trop étendue pour entrer dans le plan qu'on s'est formé. On s'attachera davantage à l'histoire de son origine et de ses progrès, et à rendre compte des traités existants entre la Porte ottomane et la France, dont les stipulations ont le commerce pour objet.

M. Huet, dans son *Histoire du commerce et de la navigation des anciens*, nous apprend que, du temps de César, époque à laquelle les Européens ne trafiquaient guère que dans la Méditerranée, celui des Gaules se faisait essentiellement à Marseille. Cette ville fondée par les Phocéens, peuple de l'Asie mineure, vers les commencements de Rome et du temps de ses rois, conserva longtemps les mœurs grecques et en donna le goût aux Gaulois, nation, comme on l'a observé dans tous les temps, avide de nouveautés. Marseille qui fit des lois maritimes, établit par la navigation la communication des Gaules avec le Levant, et un échange de denrées qui n'a jamais cessé depuis et se perpétuera probablement dans l'avenir par la convenance mutuelle.

Marius donna aux Marseillais le canal qu'il avait fait creuser pour diviser les eaux du Rhône. Pompée, et César, lui-même, qui prit leur ville, en agrandirent considérablement le territoire; elle devint aussi maîtresse des ports jusqu'à l'Italie, et toute la côte maritime se couvrit de ses colonies. Les villes d'Arles et de Narbonne

prirent bientôt part au négoce et à la navigation
du Levant; des petits bâtiments plats remon-
taient par l'embouchure des rivières i'Aude et
du Rhône qui n'étaient pas aussi ensablées
qu'aujourd'hui. La plus ancienne anecdote
qu'offre sur ce commerce l'histoire de France est
du vie siècle, sous le règne de Dagobert Ier.
« Saint Éloi, dit le président Hénault, fit lui-
même pour le monarque, un siége d'or mas-
sif. » Ces richesses provenaient du commerce
du Levant. On voit, sous la seconde race de nos
rois, Charlemagne occupé de faire creuser un
canal pour joindre le Rhin au Danube; outre le
but de faciliter ses expéditions militaires contre
les Hongrois, ce vaste génie avait eu en vue la
communication du commerce de ses États du
Rhin avec le Levant par la mer Noire; mais ce
projet n'a pas eu son accomplissement.

Le déchirement de la monarchie française
sous les successeurs de ce héros fit décliner
considérablement le commerce des provinces
méridionales de la France. Il faut lire sur cette
matière le savant mémoire, lu en 1768, à l'Académie des belles-lettres par M. Guignes, sur
l'état du commerce du Levant avant les croisades et sur l'influence réciproque que le commerce eut sur les croisades et les croisades sur

le commerce. L'Italie, seule entre les États chrétiens, eut alors une marine militaire dans la Méditerra·ée. Louis VII, dit le jeune, sixième roi de la race régnante, revenant par mer de la Terre sainte, fut pris par des vaisseaux sarrasins et délivré de leurs mains par la flotte de Roger, roi de Sicile. Outre les Vénitiens qui devaient à la mer leur existence, Pise et Gênes devenues libres ainsi que les autres villes de Lombardie, sous Frédéric Barberousse, s'appliquèrent au commerce et à la navigation du Levant. C'est à Gênes que Philippe-Auguste, partant pour la troisième croisade, alla s'embarquer, pendant que Richard, roi d'Angleterre, fit voile de Marseille, qui s'était séparée de la monarchie française, en même temps qu'Arles. Aigues-Mortes était le seul port sur la Méditerranée dont nos rois fussent alors en possession immédiate. Saint Louis y rassembla une nombreuse flotte, composée en grande partie de vaisseaux génois et pisans, sur laquelle il partit pour l'Égypte et la Terre sainte. On lit dans les dépêches de l'évêque d'Acqs, ambassadeur de France à la Porte, en 1572, que ce monarque obtint des Soudans la liberté d'établir un consul à Alexandrie et un autre à Tripoli de Syrie pour le commerce des Français qui tiraient alors du Levant, dit ce prélat, des drogueries, des cotons, des cuirs, des tapis, de la porcelaine, et y apportaient des draps, du canevas, du vert-de-gris et du papier. Cet envoi de draps est remarquable, et montre l'ancienneté de cette branche de commerce de la France en Levant.

Le comté de Provence rentra dans la maison de France par le mariage de Charles d'Anjou, frère de saint Louis avec Béatrix, héritière de ce pays. Charles ne tarda pas à soumettre à sa domination la ville de Marseille qui s'était rendue indépendante, comme on l'a dit plus haut; il y établit l'arsenal de ses forces navales, et il en partit, en 1265, avec quatre-vingts vaisseaux ou galères, pour la conquête des Deux Siciles. Cette marine provençale se maintint sous ses successeurs. Philippe le Hardi, son neveu, revint de la cinquième et dernière croisade sur la flotte sicilienne, et il s'en servit ensuite contre le Roi d'Aragon. La charge d'amiral de France fut créée alors en faveur de Florent de Varennes.

Saint Louis promulgua dans son royaume des lois sur le commerce, et Philippe le Bel, son petit-fils, renchérit sur ces règlements. Il défendit la sortie des laines de France et fixa par des statuts la largeur, l'apprêt et la qualité des draps. Il eut soin d'augmenter le nombre des manufactures dans le Languedoc, qui venait d'être réuni à sa couronne par la mort, sans enfants, d'Alphonse, comte de Poitiers, et de sa femme, héritière du comté de Toulouse.

On ne peut suivre le progrès du commerce pendant les guerres qui commencèrent sous Philippe de Valois, entre la France et l'Angleterre, et ne finirent que sous le règne de son quatrième successeur. Il est certain que les princes de la première et de la seconde maison d'Anjou tirèrent constamment de Provence leurs forces navales, ce qui donne droit d'y supposer une navigation marchande considérable.

L'heureux Charles VII, après avoir chassé l'étranger de son royaume, le vit bientôt fleurir par le commerce; tels sont, en effet, sa merveilleuse situation et le naturel de ses habitants qu'il suffit de lever les obstacles qui s'opposent au négoce pour qu'il prenne en France un cours aussi brillant que rapide. Parmi ceux qui s'y distinguaient, le monarque choisit Jacques Cœur pour le mettre à la tête de ses finances; il s'était enrichi par le commerce maritime, ses vaisseaux portaient au Levant des draps, de la toile, du papier, et en rapportaient de la soie et des épiceries. Lorsque la calomnie parvint à perdre ce grand homme dans l'esprit de son maître, la sentence de son bannissement porta principalement sur ce qu'il avait fourni une armure complète au Soudan d'Égypte. Obligé de répondre sérieusement à cette accusation, il allégua pour sa défense qu'il en avait reçu l'agrément du Roi, et ce prince, qui permit qu'on l'interpellât sur ce chef, répondit ne pas s'en souvenir. Il était bien simple que Jacques Cœur, dont le commerce principal était en Égypte, eût tâché de se ménager la bienveillance du Soudan; mais la racine du préjugé des croisades était alors si profonde que la sentence contre cet infortuné porta sur le chef d'avoir fourni des armes aux infidèles. Il avait si bien su se ménager la bienveillance du Soudan qu'il en obtint une trève, en faveur des chevaliers de Rhodes, sous le magistère de Jean de Lastic. Trois cents facteurs faisaient les affaires de ce négociant dans les différents ports du Levant, et y remplissaient les fonctions de consuls de France. Ses navires couvraient les mers, et leur retour lui apportait d'immenses richesses. Son nom suffisait pour leur sûreté.

C'est dans l'île de Chypre que cet homme célèbre, banni de sa patrie et dépouillé de ses biens, alla se retirer. Soixante de ses commis, enrichis par son commerce, lui firent présent de mille écus chacun, et le mirent en état de reprendre son négoce avec succès. Il épousa une femme riche de l'île, et il y mourut laissant à chacune de ses deux filles une dot de cent cinquante mille écus. Sa mémoire fut honorablement réhabilitée sous le règne suivant. *La Nouvelle Histoire de France* révoque en doute la retraite de Jacques Cœur à Chypre : elle le fait se réfugier et mourir à Chio.

On s'est étendu sur l'histoire de ce fameux négociant parce qu'il paraît avoir le premier ranimé le commerce direct de la France dans le Levant.

La Provence faisant partie de la succession du comte du Maine, dernier rejeton de la branche d'Anjou, dont Louis XI hérita, l'intérêt du gouvernement de la France au commerce du Levant augmenta par la possession de cette province et par celle du port de Marseille, si propre à y négocier en droiture, et rempli de navigateurs et de commerçants. C'est pour les favoriser que Doriole, général des finances, et ensuite chancelier sous ce règne, écrivait à son maître, qu'à empêcher les Vénitiens de vendre en France des épiceries, le royaume gagnerait trois ou quatre cent mille écus par an. Sa représentation produisit une loi prohibitive de l'entrée des marchandises du Levant en France, autrement que

par les navires de la nation. Cette anecdote
montre que la réserve de ce commerce à la navigation française est d'ancienne date.

L'empire grec avait totalement succombé sous
les armes ottomanes, en 1453, par la prise de
Constantinople. On a parlé ailleurs du projet
fantasque qu'eut Charles VIII, d'en chasser les
Turcs. Il est aisé, par là, de juger que ce prince
ne s'occupa guère du commerce du Levant.
Louis XII, son successeur, entra dans une ligue
des princes chrétiens contre la Porte, et celle-ci,
de son côté, si on en croit les historiens, offrit à
la république de Venise des secours, qu'elle n'accepta pas, contre les princes de la ligue de
Cambrai. Les Turcs ne possédaient pas encore
l'Égypte et la Syrie ; l'une et l'autre étaient sous
la domination de Soudans mamelucks qui y faisaient jouir les Français de grands priviléges. Ce
fut au commencement du règne de François Ier
que Sélim Ier, en 1517, annexa ces riches possessions à l'empire ottoman ; sa mort arrivée, trois
ans après, en rendit maître le grand Soliman,
son fils et son successeur. Ce Sultan, à la requête
des marchands français et catalans, établis à
Alexandrie et ayant le même consul, leur accorda
par un privilége, en date de 1528, les prérogatives dont ils jouissaient sous la domination des

Soudans. La traduction française de cet acte s'est retrouvée à la bibliothèque du Roi dans un manuscrit intitulé : *Voyage en Levant de M. d'Aramon;* l'article dix-huit est relatif aux épiceries que la France tirait pour sa consommation par la voie de l'Égypte.

Quoique, dans la suite, les conquêtes des Portugais eussent détourné, en grande partie, ce genre de marchandises par la route du cap de Bonne-Espérance, les Français avaient encore longtemps à Suez, port de la mer Rouge, où abondaient les vaisseaux de l'Inde, des magasins d'entrepôt.

Des motifs politiques produisirent, en 1535, entre François Ier et Sultan Soliman, un traité de paix et d'alliance qui devrait plutôt être qualifié de traité de commerce. Il était, ainsi que les deux suivants, compris dans le manuscrit déjà cité et il n'existait ni aux archives de Constantinople ni au dépôt des Affaires étrangères. Cet instrument, en dix-neuf articles, contient à peu près le fond de tous les traités de commerce que la Porte a faits depuis avec les princes chrétiens.

Le *premier* article assure la paix entre les deux puissances contractantes pendant la vie des deux souverains et la liberté de commerce à leurs sujets respectifs.

Le *second* statue qu'on n'exigera, en France et en Turquie, aucuns nouveaux droits sur les ventes et achats de marchandises non prohibées.

Le *troisième* autorise le Roi à établir à Constantinople, Péra et autres lieux de l'empire ottoman, des bayles ou consuls pour juger les causes entre Français, sans que les tribunaux du pays puissent en connaître, et; en cas de besoin, promet main-forte au consul pour se faire obéir de ses dépendants.

Par le *quatrième,* tout procès entre un Français et un sujet du Grand Seigneur ne peut être écouté et jugé par le tribunal turc sans la présence d'un interprète et sans titre écrit.

Le *cinquième* prescrit l'évocation de ces causes à la Sublime Porte. Le *sixième* assure aux Français le libre exercice de leur religion.

Le *septième* défend de rendre aucun Français responsable d'un autre Français absent, le Roi promettant, si cet absent réfugié dans ses États, se trouvait coupable, d'en faire bonne justice.

Le *huitième* exempte de toutes corvées les Français et ce qui leur appartient.

Le *neuvième* assure leur libre retour en France et leur héritage en cas de mort aux parents.

Les *dixième* et *onzième*, sont relatifs à la délivrance des esclaves respectifs, à la délivrance des effets déprédés et à la punition des coupables de ces violences, établissant en faveur des plaignants français le recours, en Turquie, au grand vizir, et celui des plaignants turcs, en France, au grand maître de la maison du Roi.

Le *douzième* statue qu'en cas de rencontre de l'armée navale ottomane ou française, les navires marchands cargueront leurs voiles et hisseront pavillon, au moyen de quoi ils ne pourront être molestés, à peine à l'amiral de répondre des dommages.

Le *treizième* prescrit aux navires marchands des deux nations, lorsqu'ils se rencontreront, de mettre pavillon et de se saluer sans aucune violence.

Le *quatorzième* veut qu'il soit fourni des vivres et autres secours aux bâtiments français qui en auront besoin, et qu'après avoir été visités à Constantinople, à leur départ, il ne puissent plus l'être qu'aux Dardanelles.

Le *quinzième* ordonne que, survenant des naufrages, les personnes et effets seront soigneusement recueillis et restitués sans en rien exiger.

Le *seizième* défend qu'en cas de fuite d'un esclave, on prétende autre chose des Français que sa liberté et recherche dans les maisons ou navires; et si le fugitif s'y trouve, on attribue au bayle ou consul d'infliger une sévère punition au recéleur.

Le *dix-septième* affranchit d'impôts et corvées les Français qui n'auront pas résidé dix ans dans le pays.

Le *dix-huitième* admet au traité le Pape et les Rois d'Angleterre et d'Écosse, pourvu qu'ils envoient leur ratification dans le terme de huit mois.

Le *dix-neuvième* fixe à dix mois la ratification des deux contractants au traité et sa publication à Constantinople, Alexandrie, Marseille, Narbonne, et autres lieux principaux des deux États.

On voit dans cette dernière clause que le port de Narbonne était encore alors en activité de commerce et de navigation avec le Levant. Il paraît aussi, par la réciprocité mentionnée dans presque tous les articles, que les Turcs et leurs navires allaient dans les ports de France et y commerçaient habituellement.

Le huitième et le dix-septième sont dans une espèce de contradiction : le premier affranchissant les Français de toute corvée, et le second les y assujettissant au bout de dix ans.

A la faveur de ce traité, le commerce de la France ne tarda pas à s'étendre en Turquie dans les différentes *échelles*, expression traduite du mot turc Iskelè qui signifie *lieu du débarquement des marchandises*. Dès l'année 1557, on commença à établir des consuls français. Jean Reinier le devint à Alep, trois ans après. François Ier était mort en 1547, et le grand Soliman finit ses jours en 1566, ce qui, aux termes du premier article, mettait fin au traité.

On ne s'empressa pas de le renouveler, et il fallut une circonstance qui rendait la chose nécessaire pour qu'on vînt à s'en occuper.

Un juif, nommé Joseph Miques, se qualifiant seigneur de l'île de Naxie, se trouva être, on ne sait à quel titre, créancier du Roi.

Le dérangement des finances, pendant la minorité de Charles IX, ayant sans doute retardé le payement de cette dette, Miques, par ses intrigues à la Porte dont il était sujet, en obtint un commandement qui l'autorisa à faire sur les navires français qui se trouvaient à Alexandrie une saisie de marchandises jusqu'à concurrence de sa créance. Les propriétaires de ces effets jetèrent les hauts cris en France, et cela détermina l'envoi de Claude Du Bourg, seigneur de Guérines, trésorier du Roi, en ambassade à Constantinople auprès du Sultan Sélim II, successeur de son père Soliman.

Cet ambassadeur, outre ses instructions sur l'affaire de Miques, en reçut pour le renouvellement des traités entre les deux puissances, et il parvint, au mois d'octobre 1569, à en conclure un nouveau en dix-huit articles.

Le préambule rapporte la plainte de l'ambassadeur Claude Du Bourg sur la saisie de marchandises françaises à Alexandrie, où elles avaient été vendues au profit de Joseph Miques, en raison d'une dette du Roi, non liquidée ni reconnue; en quoi Sa Hautesse dit avoir été abusée. L'assertion lui ayant été faite que ce prince l'agréerait avec intention d'indemniser ensuite les marchands et navigateurs intéressés, mais que l'ambassadeur ayant affirmé qu'il n'en était rien, elle révoqua ce commandement et procura la restitution des effets. Une lettre de l'évêque d'Acqs à son frère, l'abbé de l'Isle, en date du 6 juin 1571, prouve que cet engagement ne fut pas accompli.

Le même préambule fait mention pour la première fois du privilége de la France d'accorder son pavillon en Levant aux navires des étrangers; les Génois, Siciliens et Anconitains sont cités. Ce droit a été longtemps exercé par la France avec vigilance et jalousie. Quelques années après l'époque dont il s'agit, les Ragusais en leur qualité de protégés immédiats de la Porte, ayant voulu se soustraire à l'usage de la bannière française, furent contraints de la reprendre sur la réquisition qu'en fit à la Porte l'ambassadeur de France.

Ce traité de 1569 n'est guère que la répétition de celui de 1535 avec quelque extension de ses stipulations. Cependant, on y trouve l'exemption de tout impôt en faveur des Français sans excepter ceux qui auraient dix ans de résidence en Turquie. Il est à remarquer que la loi musulmane soumet tous les étrangers à la capitation au bout d'un an de séjour dans le pays de sa domination; on ne borna plus la durée du traité à la vie des deux souverains, et il n'y est plus mention de l'accession d'autres princes comme dans le précédent.

La république de Venise avait fait sa paix avec les Turcs dans l'intervalle de ces deux traités, et elle avait obtenu quelques privilèges que l'article seize de celui de 1569 rend communs aux Français.

Claude Du Bourg, si on en croit l'évêque d'Acqs se conduisit en brigand. Les Marseillais firent contre lui les plaintes les plus graves, et ils obtinrent son rappel. Il paraît qu'elles portaient sur les extorsions qu'en avait éprouvées leur commerce en Levant. On a vu ailleurs le motif qui fit choisir l'évêque d'Acqs pour lui succéder. Ce prélat écrivait de Constantinople, en 1573, que le négoce de la France en Turquie était peu considérable; que la navigation apportait quelques profits; il est aisé de comprendre que les dissensions intestines du royaume et la part que la ville de Marseille prit à la ligue durent déranger le commerce de la France dans le Levant.

Gilles de Noailles, successeur de l'évêque d'Acqs, ayant obtenu son rappel de Turquie, cette ambassade demeura vacante quelque temps. La reine Élisabeth, dans cette occurrence, conclut avec l'empire ottoman un traité d'amitié et de commerce où l'admission du pavillon anglais dans le Levant fut stipulée. Dumont dit, dans son recueil diplomatique, que la Porte y mit la condition que l'Angleterre conserverait la paix avec la France, dont l'ambassadeur, selon cet auteur, contribua beaucoup à la conclusion de son traité; mais on a vu que l'ambassade était alors vacante et il n'est guère probable que dans un temps où l'Angleterre favorisait les réformés en France, Henri III s'occupât des intérêts de cette puissance en Levant. Il vaut mieux croire l'historien

Hume qui dit que la réputation d'Élisabeth engagea Murad III, alors régnant, et fils de Sélim II, à s'allier avec elle.

Henri III envoya peu après en ambassade à ce Sultan, Jacques de Germoles, baron de Germigny, pour renouveler les traités entre les deux nations. Cet ambassadeur en signa un nouveau en vingt-sept articles, au mois de juillet 1581.

On voit au *premier,* les Vénitiens, Génois, Anglais, Portugais, Catalans, Siciliens, Anconitains, Ragusais et autres, assujettis à naviguer en Levant sous la bannière française. Chose étrange après l'admission du pavillon anglais près la Porte deux ans auparavant.

Le *troisième* article assure aux ambassadeurs de France la préséance sur ceux de tous les Rois et princes chrétiens, citant à l'appui de ce privilége, l'amitié ancienne et spéciale des deux États et l'antique usage. Cette préséance n'avait pas cependant été statuée dans les deux traités précédents.

L'article *quatorze* exempte de tous impôts personnels les Français, ceux même mariés, ce qui est une autre dérogation à la loi musulmane qui assujettit à la capitation les étrangers mariés dans le pays.

Le reste du traité n'offre rien d'innové sur les deux précédents.

L'apparition d'un navire anglais en Levant fournit à Jacques de Lancosme, successeur de Germigny, l'occasion de s'en plaindre à la Porte comme d'une violation du privilége du pavillon français. Cet ambassadeur refusa de communiquer avec celui que l'Angleterre avait alors à Constantinople, prétendant, sans qu'on voie sur quel fondement il s'appuie, que la France seule pouvait conserver des ministres résidents en Turquie. S'il ne parvint pas à en exclure les navires anglais, au moins réussit-il à empêcher les autres nations commerçant en Levant d'y venir sous ce pavillon : il obtint à deux reprises la détention d'un nommé Paul Mariani, accusé de contravention à cet égard, et qui servait à Constantinople d'agent aux Florentins.

Quoique le traité de 1581 n'eût pas son terme au décès des Souverains contractants, Henri IV s'occupa de renouveler les traités de sa couronne avec l'empire ottoman dès que la France fut délivrée des troubles intestins par ses victoires. Le comte de Brèves, son ambassadeur auprès de Méhémet III, fils et successeur de Murad, conclut avec la Porte, au mois de février 1597, un nouveau traité de commerce, qualifié improprement de traité d'alliance, dans la copie qui en existe au dépôt des Affaires étrangères. Cet acte contient trente-deux paragraphes non numérotés.

Cette fois les Anglais et les Vénitiens sont exceptés de l'assujettissement à l'usage de la bannière française, mais il leur est interdit de donner la leur aux autres nations.

On y voit la liberté accordée aux Français d'exporter du Levant des cuirs cordouans et des cotons filés : marchandises dont l'exportation était précédemment interdite.

Un autre paragraphe défend à l'hôtel des monnaies de l'empire de forcer les Français à lui livrer des espèces venues du dehors, et à payer des droits sur cet objet.

Enfin le Sultan promet par une clause expresse, d'obliger les corsaires de Barbarie à restituer le fruit de leurs déprédations et à destituer les Beys qui les auraient permises.

Tout le reste n'est qu'une répétition des trois précédents traités.

La pénurie des finances au commencement du règne d'Henri IV, obligea ce prince d'imposer sur le commerce du Levant un droit de 2 % pour l'entretien de son ambassade et de ses consuls en Turquie, sur quoi ils étaient tenus de tous les frais du service. A ce droit fut substitué en 1620, un abonnement de la ville de Marseille, avec l'ambassadeur et ses successeurs, pour faire face à ces dépenses. Elle en a été soulagée en 1766, cette somme ayant été ajoutée aux appointements ordinaires de l'ambassade.

Quant aux consuls, ils jouirent longtemps encore de cette attribution. On voit, dans un mémoire d'un sieur Maillet, que ce fut sous le règne de Henri IV, que les secrétaires d'État commencèrent à disposer des consulats du Levant qui probablement étaient demeurés jusqu'alors à la nomination des ambassadeurs du Roi. Les nouveaux titulaires firent exercer leur emploi par des substituts. On a, au dépôt des Affaires étrangères, un brevet de consul d'Égypte daté de 1615, en faveur du comte de Brèves revenu de son ambassade en Turquie depuis plusieurs années. Louis XIII érigea les consulats en titre d'office en 1617, ce qui dura environ soixante ans. Louis XIV supprima ces charges et fit don des consulats du Levant, comme simples commissions, au marquis de Seignelai, lequel afferma quarante mille francs par an les droits consulaires qui y étaient attachés. On les attribua, en 1719, à la chambre de commerce, en la chargeant de

19

payer aux consuls et interprètes des échelles, des appointements réglés.

Méhémet III, qui mourut en 1604, eut pour successeur, son fils, Ahmed Ier. Le comte de Brèves s'occupa du renouvellement des capitulations sous le nouveau règne comme cela s'était pratiqué à l'avénement de chaque Sultan depuis Soliman. L'acte en fut redigé en quarante huit articles. On parlera ailleurs, de ceux qui regardent la religion catholique et le pèlerinage à Jérusalem dont il fut fait alors mention pour la première fois.

Le *dix-septième* défend d'exiger aucun droit des Français pour des marchandises qu'ils n'auraient pas vendues et qu'ils voudraient envoyer ailleurs.

Le *dix-huitième,* dit que les Français seront exempts de quatre sortes d'impôts : c'était probablement alors les seuls existants, mais cela n'a pu faire loi pour ceux qui ont été créés depuis.

Par le *vingtième,* le Sultan consent que, sans être censé rompre la bonne intelligence entre les deux puissances, le Roi châtie les corsaires barbaresques s'ils commettent des excès contre le pavillon français. Cette clause prouve que dès lors ces régences avaient, en partie, secoué le joug ottoman. Par l'article suivant, on accorde aux Français le droit de pêcher du poisson et du corail sur la côte d'Alger.

Le *vingt-huitième* porte franchise des droits pour les effets de l'ambassadeur de France, et le suivant étend ce privilége aux consuls. Il leur assure en même temps la préséance sur ceux des autres nations.

Ce traité de 1604 ne contient aucune autre innovation sur les précédents.

Le commerce de la France n'était pas florissant à cette époque. Le comte de Brèves a laissé des mémoires imprimés où il dit, que de son temps, les Français avaient cessé d'envoyer des draps en Turquie et qu'ils trouvaient mieux leur compte à y faire passer des espèces pour leurs achats de marchandises de Turquie et des Indes. On doit en conclure que les manufactures du royaume ne s'étaient pas encore alors relevées depuis les troubles de la ligue. Le même ambassadeur observe, en revanche, que la navigation française florissait au Levant, et que mille bâtiments des côtes de Provence étaient employés au cabotage, nombre qui paraît excessif, et n'a pu être égalé en aucun temps.

Malgré l'engagement pris dans le traité de 1604 d'empêcher l'usage du pavillon anglais en Levant, à d'autres nations, une lettre qu'on a d'Ahmed Ier à Henri IV, portant désaveu de cet abus, prouve qu'il avait subsisté. Cela n'empêcha pas ce Sultan de conclure en 1612, un traité d'amitié avec les États généraux des Provinces-Unies et d'admettre leur pavillon dans ses ports, ce qui forma une troisième exception au privilége exclusif de la France à cet égard.

Ce prince mourut en 1617, et sous les règnes de ses enfants Osman II, Murad IV et Ibrahim, ainsi que pendant les deux courts règnes de son frère Mustapha Ier, les capitulations précédentes furent confirmées sans aucune addition. Le commerce de la France ne s'était guère étendu jusqu'alors à Constantinople. Le comte de Cézy, qui y était ambassadeur de Louis XIII, écrivait, en 1626, qu'il n'y avait que deux négociants français en cette capitale, et qu'il n'y venait que peu de bâtiments de sa nation. Le fort de ce négoce devait alors être à Alep, puisqu'en 1630, dans un accord que firent entre eux les Français, les Anglais, les Hollandais et les Vénitiens pour y payer en commun les frais de l'échelle, les premiers en supportèrent les deux cinquièmes.

Les droits du Grand Seigneur, au mépris des capitulations, s'y exigeaient alors presque arbitrairement. Pour tâcher de les rendre moins onéreux, le comte de Cézy eut l'imprudence de se rendre caution d'un juif, nommé Meleby Ba-. diey, lequel avait affermé la douane d'Alep. Il fit banqueroute, on revint sur l'ambassadeur : il satisfit au payement par un emprunt pour l'intérêt et l'amortissement du capital duquel on imposa 3% sur tout l'argent monnayé que le commerce de France portait à Alep; cet impôt dura cinquante ans.

Le comte de Cézy avait fait d'autres dettes personnelles, et le Roi les paya, en 1639, par un envoi à Constantinople de draps fournis par un négociant nommé Lagau, pour la valeur de 100,000 écus. Il fallut que les créanciers s'en contentassent bon gré, mal gré. Ces draps n'étaient pas en faveur dans la capitale, où le commerce français était encore tel que l'avait laissé le comte de Brèves, trente ans auparavant. La longue ambassade de M. de la Haye, le père, ne lui fut pas plus favorable et elle finit par la détention de cet ambassadeur aux Sept-Tours pour avoir refusé de payer la valeur d'un chargement de marchandises turques, sur un navire français, que le capitaine avait été vendre en Italie. M. de la Haye ne sortit de prison qu'après y avoir satisfait.

M. de Vantelec, son fils et son successeur, trouva le commerce du Levant dans le même état qu'en 1663. Cette langueur était attribuée en

France à l'inexécution des capitulations, et l'ambassadeur eut ordre, dans ses instructions, de solliciter leur renouvellement. Les pachas exerçaient en effet beaucoup d'avanies. Chardin fait monter à deux cent mille francs, celle qui était en réclamation à l'époque où il écrivait; il ajoute que les Français payaient la douane sur le pied de 5 % pendant qu'on n'exigeait que 3 % des Anglais et des Hollandais. Cette différence, au désavantage de ses sujets, mortifiait Louis XIV qui voulait partout des préférences. Entre les motifs à alléguer à la Porte pour obtenir des conditions plus avantageuses, il fut recommandé à l'ambassadeur de faire valoir spécialement le profit des douanes turques sur les marchandises des Indes que les Français tiraient encore du Levant, pendant que les puissances en question les recevaient du Cap de Bonne-Espérance, sans profit pour la Porte. Colbert établissait alors en France la compagnie des Indes, dont les envois par cette route firent tomber en partie l'importation des marchandises de ce pays en France par l'Égypte et par le golfe Persique. Dans la suite, les navires français vinrent à Bassora, et le marquis de Villeneuve y obtint de la Porte, avec beaucoup de peine, en 1738, l'établissement d'un consul.

Les négociants français avaient introduit en Turquie une monnaie d'argent de la valeur de cinq sols, nommée *Témin;* elle est encore monnaie de Constantinople en certaines échelles, quoique devenue idéale. Dès qu'elle parut, son cours fut prodigieux. Ce succès en fit fabriquer en contrefaçon pour le Levant dans plusieurs pays de l'Europe et spécialement à Gênes, où on les altéra au point que les Turcs ayant ouvert les yeux sur leur bas aloi, l'introduction des témins en Turquie fut prohibée, l'an 1670, ce qui força les Français d'y substituer, pour les achats de leur commerce, des piastres espagnoles.

Des corsaires maltais ayant pris sur un navire français des marchandises appartenant à des Turcs, Louis XIV, à la réquisition de la Porte, en exigea la restitution; mais elle fut incomplète par la difficulté ou la négligence à rassembler ce qui avait été d'abord pillé. Le grand vizir Ahmed Kupruly n'entendit pas raison sur ce sujet, et il somma M. de la Haye de payer le déficit. L'exemple de son père mis aux Sept-Tours l'induisit à y satisfaire.

Colbert, devenu ministre des finances de Louis XIV, s'occupa de vivifier le commerce du Levant; convaincu de l'inconvénient qu'il y avait pour les Français à se servir de l'organe des juifs et autres interprètes du pays, ce ministre y fit passer avec M. de la Haye le fils, douze enfants français pour y apprendre les langues orientales et être ensuite employés à servir d'interprètes à leurs compatriotes ; ce qui s'exécuta dans la suite. C'est l'origine de nos drogmans nationaux.

En 1669, la ville de Marseille fut déclarée port franc dans le but spécial d'y attirer le concours des marchandises de tous les pays ét d'en faire l'entrepôt de celles du Levant, qui devaient repasser ensuite à l'étranger. Ce ministre forma deux ans après une compagnie pour le commerce de Turquie, dans laquelle il intéressa des riches financiers. Un sieur Bélimanie la présida sous le titre d'intendant général. Cette première association réussit mal ; elle avait tablé sur des profits dès le début des opérations, et elle n'avait pas fait de fonds pour les premiers frais. L'entretien des employés dévora en peu de temps une bonne partie du capital, il aurait fini par l'être en entier, si on n'eût pris le parti de dissoudre la compagnie.

Le chevalier d'Arvieux dit, dans ses mémoires imprimés, qu'à cette époque, les draps anglais et hollandais avaient en Levant toute la faveur du débit. Il ajoute que ces deux nations y fournis-

saient aussi le plomb, l'étain et les épiceries et
que les étoffes d'or, les soieries et le papier
venaient de Venise et de Gênes.

Cette dernière république avait, par les bons
offices de l'Empereur, obtenu, quelques années
auparavant, à son pavillon, l'accès du Levant.
M. de la Haye avait fait de vains efforts pour
y mettre obstacle. Le grand vizir ne voulut pas
reconnaître à la France le privilége d'exclure du
Levant les pavillons des autres nations, et le
Génois y fut admis. Le marquis Durazzo développa à Constantinople le caractère d'ambassadeur extraordinaire et retourna heureusement
dans son pays au bout de quelques mois, quoique
guetté sur la route par une escadre française
qui avait ordre de l'enlever. Louis XIV y avait
mis d'autant plus d'humeur que, quelques années
auparavant, ayant favorisé auprès de la Porte la
demande d'admission des Génois, il avait essuyé
un refus.

Le Roi, voyant que M. de la Haye ne pouvait parvenir au renouvellement des capitulations,
résolut de le retirer de Constantinople ; il envoya
une escadre pour le ramener. Le Grand Seigneur
se trouvait alors en Épire, ce qui força l'ambassadeur de s'y rendre pour prendre congé. Le
ministère ottoman, à qui la puissance de Louis XIV

commençait à imposer, voyant qu'il ne remplaçait pas son ambassadeur, chercha à retenir M. de la Haye et à l'amuser par l'ouverture de la négociation; ensuite, sous prétexte de connaître plus directement les intentions du Roi sur cet objet, le Grand Seigneur lui écrivit une lettre dont un officier turc, nommé Soliman Aga, fut le porteur. Comme elle était conçue en termes généraux, on ne la regarda que comme un leurre et on se décida à prendre un parti sur les affaires du Levant.

Le chevalier d'Arvieux dit avoir été consulté, et il rapporte le mémoire qu'il présenta sur ce sujet. Le *conclusum* était qu'il fallait suspendre la nomination d'un autre ambassadeur et se contenter d'accréditer à Constantinople un agent, qui rendît compte de l'état des choses et pût prévenir du moment où leur aspect pourrait devenir plus favorable aux vues du Roi. Les motifs de d'Arvieux furent trouvés solides, et il fut lui-même destiné à cette commission d'agent, mais il ajoute que MM. de Louvois et Colbert, qui songeaient à l'ambassade de Turquie pour M. de Nointel, représentèrent au Roi qu'il fallait consulter le commerce de Marseille; il ne leur fut pas difficile de le faire insister sur la nécessité de la présence d'un ambassadeur de

Sa Majesté à Constantinople, et en conséquence M. de Nointel fut nommé à cette place.

Chardin raconte que, dans la prévention où l'on était en France qu'Ahmed Kupruly ne pouvait souffrir les Français, il fut prescrit à M. de Nointel dans ses instructions de ne parler d'affaires à ce vizir qu'au divan et de s'adresser directement au Grand Seigneur. L'ambassadeur, en conformité de ces ordres, demanda audience au grand vizir ; mais ce ministre exigea préalablement par écrit une communication des points qu'il s'agissait de traiter. L'ambassadeur ne pouvant reculer, exposa dans un mémoire les additions que le Roi demandait aux anciennes capitulations. Elles parurent exorbitantes au grand vizir qui, pour gagner du temps, prétexta que ces objets auraient dû être mentionnés dans la lettre du Roi. Il fallut consentir à suspendre la négociation jusqu'aux réponses de France. A cette condition, l'ambassadeur obtint l'audience demandée et celle du Grand Seigneur pour la présentation de ses lettres de créance. Mais M. de Nointel y tenta, contre sa parole et l'usage reçu, d'entrer avec Sa Hautesse dans le détail des affaires, ce qui ne l'avança guère ; il n'eut d'autre réponse de ce prince que celle de s'adresser au grand vizir qui prit de l'humeur et refusa d'aller en avant.

Un propos que tint ce ministre montre la
manière dont les Turcs envisagent le commerce:
« Vous me vantez beaucoup la grandeur de votre
roi, dit-il, à M. de Nointel, comment un prince,
aussi puissant que vous le dites, pourrait-il
mettre tant de chaleur à de vils intérêts de marchands! »

M. de Nointel rendit compte de sa conduite
à Louis XIV, et l'on voit dans une dépêche de
ce prince, du 3 juin 1671, qu'il mit en délibération de rompre avec la Porte, et que ce fut l'avis
de tous les commerçants de Marseille qui furent
consultés encore cette fois; mais le parti de
temporiser prévalut; on fit partir pour Constantinople le chevalier d'Arvieux avec une lettre du
ministre du Roi pour le grand vizir. Elle disait
qu'il était inouï qu'on refusât créance à l'ambassadeur de Sa Majesté; qu'elle ne s'expliquerait
que par son propre organe et, qu'en cas de
refus, il n'avait qu'à lui donner congé pour s'en
retourner. Cela fit effet; M. de Nointel fut
mandé à Andrinople et produisit de nouveau les
conditions que le Roi exigeait dans le renouvellement des capitulations : il abandonna bientôt
celle de la liberté de navigation dans la mer
Rouge, sur laquelle le vizir fut inflexible, mais
ayant tenu ferme sur l'exclusion de tout pavil-

lon, dans le Levant, autre que celui de la France, exigence tout à fait déraisonnable depuis la conclusion de traités formels avec quatre autres nations, la négociation se rompit; elle se renoua en 1673, et le 17 août les nouvelles capitulations furent signées avec l'addition de 17 articles.

On n'y trouve d'essentiel relativement au commerce que la réduction de cinq à trois pour cent sur les douanes des marchandises.

M. de Nointel avait chargé un négociant nommé Bary de porter dans les échelles du Levant les nouvelles capitulations. Cet homme mourut en chemin, et l'ambassadeur s'y substitua en personne. Il passa en Syrie et notamment à Alep, où sa présence fut efficace pour l'abolition de plusieurs vexations onéreuses au commerce de la France : elles continuèrent encore longtemps en Égypte où l'autorité de la Porte manquait de ressort.

La dépense du voyage de M. de Nointel fut à la charge des échelles du Levant qui en payèrent les frais. Cet ambassadeur avait d'autres dettes et Louis XIV les fit acquitter lorsqu'il le rappela. Le marquis de Bonac observe que ce ne fut pas en argent, mais en draps défectueux. Les essais des manufactures de France, encouragés par Colbert, n'avaient pas encore atteint la perfection nécessaire au goût et à l'usage des Levantins.

Malgré l'insuccès de la première compagnie, le ministre en forma une seconde spécialement pour procurer le débit aux manufactures de Saptes et de Clermont en Languedoc ; cette province avait accordé un prêt de 60,000 francs à l'une et 10,000 francs à l'autre, avec une pistole de gratification pour chaque pièce de drap fabriquée. Le Roi y ajouta une autre pistole ; on eut soin de donner à ces draps la dénomination de Londrins seconds qui avaient le plus de faveur en Levant ; des mémoires de ce temps disent, en effet, que les Anglais en débitaient alors quarante mille pièces ; le débit des Hollandais était presque aussi florissant.

Il existe, aux archives de l'ambassade, un mémoire de l'an 1682, pendant l'ambassade de M. de Guilleragues, successeur de M. de Nointel, d'un sieur le Fèvre François, d'abord négociant à Constantinople, ensuite échevin à Marseille. Il y dit qu'à l'époque citée, il n'y avait en cette capitale que quatre maisons françaises ; que la masse de leur commerce n'excédait pas la valeur de 600,000 piastres et consistait en sucre, poivre, gingembre, cochenilles et quelques draps grossiers, dits de Paris, quoique fabriqués en Normandie, et d'autres nommés Pinchinas ; que les retours en cuirs, laines et camelots d'Angora n'allaient pas au tiers de cette somme, et qu'à peine y venait-il de France huit ou neuf navires par an.

Mais à Smyrne, à Alep, en Syrie et en Égypte, le commerce français l'emportait sur celui des autres nations étrangères. M. le marquis de Bonac dit quelque part, qu'en 1685 la totalité pour le Levant montait à la valeur de quatre millions. La même année, à la mort de M. de Guilleragues, à Constantinople, le Roi nomma consul pour cette capitale, pendant la vacance de l'ambassade, le sieur Jean-Baptiste Fabre, qui eut ensuite le titre d'agent du commerce et fut admis à la Porte en cette qualité : il la conserva jusqu'à l'arrivée de M. de Girardin, en 1685. Cet ambassadeur eut ordre dans ses instructions de faire tous ses efforts pour ouvrir au pavillon français l'entrée de la mer Rouge. Le consul de France en Égypte agit de son côté pour engager les Turcs à donner une réponse favorable, mais elle y fut très-contraire. L'opposition porta en apparence sur l'inconvénient qu'il y aurait d'admettre des chrétiens dans une mer si à portée du tombeau du prophète Mahomet. Dans la réalité, le pacha craignit de voir réduire les droits de douane sur les marchandises, de dix pour cent que lui payaient les sujets de la Porte à trois, qui était le taux fixé pour les Français. De leur côté, les marchands du Caire craignaient que les branches de ce commerce immense ne sortissent par là de leurs mains. Quant à l'introduction du pavillon français dans la mer Noire, le refus fut plus net. La Porte la regardait alors comme une propriété sacrée dont il ne fallait pas partager la jouissance. Elle eut la complaisance de permettre à M. de Girardin de charger pour Toulon deux navires de bois de construction coupés sur les côtes de cette mer, mais à condition d'en faire l'achat à Constantinople. Le gouvernement se prêta aussi à accorder des firmans à un commissaire français, nommé D'Ortières, qui fut envoyé avec deux vaisseaux de guerre pour inspecter les Français des échelles du Levant. Il était accompagné d'un commissaire turc porteur de l'ordre d'y mettre en vigueur les dernières capitulations. Ce fut l'époque où elles eurent pour la première fois leur exécution en Égypte.

Les malheurs des Turcs dans la guerre où ils étaient engagés contre les cours de Vienne et de Berlin, la Russie et la République de Venise, en même temps, furent pour le commerce et la navigation de la France une époque de prospérité. Le pavillon français suppléa celui des Vénitiens pour le cabotage turc et pour le transport du riz et du café d'Égypte dans la capitale et les autres ports de l'empire ottoman. Ce fut alors que l'échelle de Salonique, devenue aujourd'hui l'une des plus considérables du Levant, commença d'être fréquentée par les navires français. Ricaut rapporte que quatorze de ces bâtiments, arrivant à Constantinople en 1686, préservèrent cette ville d'une famine menaçante. Pour assurer cette navigation, Louis XIV signifia aux Vénitiens qu'il les forcerait à restituer tout effet de l'ennemi pris sous pavillon français, la poudre et le plomb exceptés. Ces progrès ne pouvaient qu'augmenter encore lorsque la guerre de 1689 entre la France et presque toute l'Europe commença. Pendant son cours, les corsaires des puissances maritimes firent beaucoup de mal à la caravane française dans l'Archipel, et les approvisionnements des Turcs en souffraient. Le capitan pacha, Mezzo-Morto, fameux par la reprise de Scio sur les Vénitiens, imagina alors de supposer une ligne entre la côte d'Afrique et l'île de Candie à l'est de laquelle les corsaires des puissances chrétiennes belligérantes ne pourraient

20

pénétrer, sous peine de punition et d'illégalité des prises. La démarcation fut signifiée aux cours européennes; mais les ennemis de la France n'en tinrent compte, et la Porte était trop accablée de ses revers pour mettre à cet objet de l'énergie; elle a renouvelé cette proposition dans presque toutes les guerres survenues depuis, et toujours avec aussi peu de succès.

On voit dans les instructions de M. de Castagnères de Châteauneuf, successeur de M. de Girardin, qu'à cette époque de 1689, la seconde compagnie de commerce subsistait encore sous le nom général de la Méditerranée; c'est pour son compte que l'ambassadeur eut ordre d'offrir à la Porte l'engagement de fournir à ses États toutes les marchandises dont ils auraient besoin, en draps et étoffes, en pelleteries et autres articles, ainsi qu'à exporter du Levant tous les objets qu'il offrait au commerce. M. de Châteauneuf a démenti à la marge de ses instructions l'assertion qu'elles contenaient que les draps de France pour le Levant étaient devenus meilleurs que ceux d'Angleterre et de Hollande. Il y est fait mention de nouveaux règlements dans les manufactures de draps en France, de l'ordre d'y renvoyer les pièces trop défectueuses et d'accorder des dédommagements aux consommateurs

levantins sur les tares moins considérables; on
défend aux navigateurs d'y vendre leurs pacotilles
autrement que par le canal des négociants français établis dans les Échelles, lesquels ne pouvaient plus y être admis que sur des certificats
de la chambre de commerce. Enfin, ces instructions montrent le but d'exclure du Levant tous
les pavillons des étrangers, non plus pour les
obliger à y arborer celui de France, mais pour
les forcer à se servir uniquement pour le commerce de navires français.

La compagnie de la Méditerranée ne put
résister aux pertes que les corsaires ennemis lui
firent essuyer en cette guerre. On prit, en 1697,
un milieu entre le privilége exclusif et la liberté
absolue : les armateurs qui destinaient des navires
pour le Levant devaient se faire inscrire à la
Chambre de commerce qui délivrait les expéditions suivant l'ordre de date et selon les besoins
des marchandises dans les Échelles. Déjà on
s'était aperçu que leur affluence y occasionnait
des méventes au grand dommage des commerçants et fabricants du royaume.

La paix de Ryswick, en 1697, donna un répit
favorable au commerce ; les espèces monnayées
étaient alors d'un si bon aloi en Turquie que
lorsque les articles d'exportation n'étaient pas à

un prix favorable, les Français faisaient leur
retour en piastres du pays qui se vendaient à
Marseille quatre francs : elles n'en valent guère
aujourd'hui que la moitié.

Malheureusement la guerre de la succession
d'Espagne commença en 1700. La France, dont
la marine ne se montra guère depuis le combat
de Malaga, en 1704, y fut accablée. La Chambre
de Marseille, sur laquelle fut rejeté le soin de
fournir des escortes aux vaisseaux marchands
pour le Levant, se trouva bientôt surchargée de
dettes, éprouvant à la fois la diminution de ses
droits et l'augmentation de ses dépenses. Le
commerce, presque abandonné à lui-même, s'en
ressentit au point que les négociants emprun-
taient à Constantinople au taux de 18 %. Le succès de quelques armateurs français qui inquié-
taient assez les Anglais pour les engager à
envoyer leurs draps en Levant par voie de
terre, ne dédommagèrent pas de tant de pertes
directes.

Louis XIV ne cessa point de s'occuper des
manufactures malgré les malheurs du temps. Une
ordonnance de 1708 porta de nouvelles règles
dans la fabrication, et elle en profita. Les draps
français prirent un appui là-dessus sur les draps
hollandais et les anglais de seconde qualité. Ceux

des premiers ayant toujours conservé la préférence auprès des Levantins, mais n'y servant, vu
leur cherté, qu'à l'usage des riches. Lorsque les
traités d'Utrecht et de Rástadt eurent établi le
calme dans l'Europe, le commerce de France en
Turquie reprit son cours, mais un édit de 1714
ayant ordonné de porter aux monnaies de France
l'argent monnayé et ouvré, la plupart des
Marseillais préférèrent employer leurs deniers
en marchandises qu'ils expédièrent dans les
Échelles, où il en arriva à la fois une immense
quantité qui demeura invendue en partie. Les
révolutions du système de Law pendant la minorité de Louis XV opérèrent un effet semblable.
On compta, en 1720, à Constantinople jusqu'à
huit cents ballots de drap et beaucoup plus à
Smyrne : ce qui était regardé alors comme une
immense accumulation. Les autres articles suivirent la même progression : celle des sucres fut
telle, que M. le marquis de Bonac obtint qu'il fût
défendu à Marseille d'en envoyer à Constantinople jusqu'à l'écoulement de ce qu'il y en avait
dans la capitale. Ce même ambassadeur engagea
les négociants à se liguer pour l'achat de marchandises de retour que leur concurrence faisait
monter précédemment à des prix excessifs. Malgré ces mesures, il fallut renvoyer beaucoup de

marchandises invendues et qui essuyèrent par là une perte de moitié dans leur valeur primitive.

Un mémoire qu'a laissé le marquis de Bonac évalue l'objet du commerce du Levant pour la France à douze millions de francs. Cet ambassadeur porte à quatre cents le nombre des bâtiments français occupés à la même époque dans le Levant, c'est trois cinquièmes de moins que n'en comptait le comte de Brèves du temps d'Henri IV, mais il faut croire que cet ambassadeur y comprenait des navires étrangers usant du pavillon français.

C'est à ce temps de la régence du duc d'Orléans qu'on destina aux enfants de langue les bourses précédemment fondées au collège de Louis-le-Grand à Paris pour des Grecs et Arméniens; il en a résulté que ces élèves interprètes ont mieux su le latin et beaucoup moins bien les langues orientales, qui sont cependant l'essentiel en l'état de drogman. Dans l'enfance, on les apprend presque sans peine pendant qu'il en faut beaucoup dans l'adolescence pour y réussir; il est vrai qu'il faudrait y destiner des Français natifs pour être bien assuré du patriotisme des interprètes, qu'affaiblit souvent la naissance en pays étranger; mais il serait juste aussi de prendre soin des enfants qui naissent en Levant des mariages de ces officiers, en leur donnant une autre destination.

Le marquis de Villeneuve, successeur de M. d'Andrezel qui ne fut ambassadeur à Constantinople que pendant deux ans, eut une mission brillante dans tous les genres. Le début en fut cependant orageux, ayant eu à lutter avec le ministère ottoman qui avait fait enlever et conduire au bagne de la capitale, le consul de France à l'île de Milo, nommé Castanier. Il fallut beaucoup de peine et de temps pour en obtenir la délivrance. Le marquis de Villeneuve était dans la crise de cette affaire lorsque le chevalier Sutton, ambassadeur d'Angleterre, lui proposa un plan dont le succès, selon lui, était infaillible pour mettre les Turcs à la raison. Il consistait à faire cesser à la fois tous les envois de draps de France, d'Angleterre et de Hollande en Turquie, et il se faisait fort d'y engager les États généraux. Malgré la gravité du personnage, il semble qu'on ne doit regarder ce projet que comme un propos en l'air et qu'il n'aurait été goûté, ni en Hollande, ni en Angleterre. Son effet n'eût servi qu'à faire prévaloir en Levant les draps d'Italie et d'Allemagne; l'habitude de cette consommation une fois prise, le consommateur n'aurait pas été aisément ramené à d'autres draps qu'il aurait perdus de vue pendant longtemps, et les fabriques qui auraient accumulé leurs produits sans débouchés se seraient absolument ruinées.

Le marquis de Villeneuve jugea plus sainement que le meilleur remède à appliquer au mal serait le renouvellement des capitulations qui ne l'avaient pas été depuis 1673. Il était d'autant plus important d'y parvenir que, depuis cette époque, le commerce de la France en Levant avait fait des progrès qui en avaient augmenté l'importance et les embarras. Cet ambassadeur travailla, en conséquence, à un projet d'articles à ajouter aux capitulations précédentes, et y comprit tous les points qui lui parurent à désirer pour l'avantage national. La révolution qui précipita du trône le sultan Ahmed, en 1730, et la guerre qui survint immédiatement avec les Persans, celle que la Porte eut ensuite à soutenir avec les cours impériales, l'empêchèrent pendant plusieurs années d'entamer la négociation dont il s'agit. Mais enfin, le marquis de Villeneuve ayant, par une glorieuse médiation, rendu en 1739, la paix à l'empire ottoman, il parvint, l'année suivante, à renouveler les capitulations avec addition de quarante-deux nouveaux articles.

C'est à cette occasion que le recueil des

traités de la France avec la Porte prit la forme actuelle. Le second article statue un privilége accordé aux Français par Sultan Sélim, second fils du grand Soliman. Les quatorze suivants sont extraits des quatre plus anciens traités de la France ou des concessions spéciales des anciens Sultans en faveur des Français. Il n'a été conservé que quinze articles du traité de 1604. Quoique de quarante-huit à sa conclusion, il n'en a été pris que onze de celui de 1673, le seul rappelé dans le préambule et qui en avait originairement cinquante-trois : réduction faite pour éviter les répétitions, sans cependant qu'on soit parvenu à les supprimer toutes. Il faut observer que dans l'original turc, les articles ne sont point numérotés, mais seulement indiqués par des étoiles d'or. Le sieur Deval, secrétaire interprète du Roi et premier drogman de l'ambassade de France à la Porte, depuis 1756 jusqu'en 1771, a fait une savante traduction française des capitulations, précédée d'une préface instructive et d'un index fort commode et bien divisé. On ne peut lui reprocher que d'avoir rendu le mot turc *Padichah* par celui d'empereur, il n'y avait qu'à ne pas le traduire. Pour plus de clarté, les paragraphes sont numérotés et même séparés par des alinéa lorsqu'il y a mélange de matières.

Cette traduction des capitulations, en quatre-vingt-cinq articles a été imprimée au Louvre en 1770.

Le *douzième* article du traité fait par le marquis de Villeneuve ou le *cinquante-cinquième* des capitulations continue l'exemption du droit de Mézeterie, mais avec le désavantage que le mot seulement qui l'accompagne est un préjugé contre l'exemption d'autres impositions. Le même défaut se trouve dans l'article *dixième*, au lieu que, si l'on avait exprimé que les 3 % de douane fixés par l'article *trente-septième* devaient tenir lieu de tous droits quelconques, cela fermerait la porte à toute exigence. On n'avait pas fait cette faute dans le traité de Passarowitz entre la cour de Vienne et la Porte ottomane.

Cet avantage de généraliser les objets se trouve dans l'article *treizième* du traité de M. de Villeneuve sur la liberté en faveur des Français d'exporter et d'importer des marchandises du Levant. Sa dernière disposition est faite pour obvier à ce que les corporations établies dans les villes turques n'empêchent les ventes des marchandises aux particuliers.

L'article *seizième* ou *cinquante-neuvième* qui permet aux Français le commerce par terre et par mer, au Danube et au Tanaïs [1] est bien aussi expressif que le *onzième* du traité de Belgrade, duquel les Autrichiens ont inféré depuis, en leur faveur, la liberté de navigation dans la mer Noire.

L'article *dix-septième* ou *soixantième* assure l'état des censaux employés au commerce des Français et la liberté de les choisir.

Le *vingt-septième* ou *soixante-dixième* défend aux gens de justice d'entrer dans les maisons des Français sans en prévenir l'ambassadeur ou les consuls, disposition de pure précaution pour éviter les malentendus et que quelques-uns prennent mal à propos pour inviolabilité de leur domicile.

L'article *quarantième* ou *quatre-vingt-troisième* assure aux Français en Turquie les priviléges des nations les plus favorisées, mais lorsqu'on les réclame, la Porte prétend qu'il n'exprime cette concession que pour ceux qui existaient alors.

Le total des articles que le marquis de Villeneuve a ajouté aux anciennes capitulations est

---

1. Il faut observer que le texte turc ne parle point de ce dernier fleuve dont la mention est une liberté que s'est donné le traducteur; il n'est mention que de la Russie.

de quarante-trois et la collection totale est portée à quatre-vingt-cinq. On pourrait la réduire
de quelques-uns qui se répètent et d'autres qui
se contredisent.

Telle est la loi que les Français ont droit
d'invoquer en Turquie et à l'exécution de laquelle
l'ambassadeur du Roi est chargé de tenir la main
autant du moins que le comporte la mauvaise
administration du pays.

Les juges turcs prétendent que tout ce qui
est dérogatoire aux préceptes de l'Alcoran et
à ses interprétations n'est pas légal et ne peut
servir de règle dans les procès de Français; la
théocratie, principe de ce gouvernement, n'admettant pas de modification dans son exertion.

Pour revenir à l'état du commerce de la
France en Levant, lorsque M. de Villeneuve y
arriva, on continuait à se plaindre de l'accumulation des marchandises de France dans les
Échelles. On compte qu'il y avait été envoyé en
1728 dix-huit cents balles de drap à deux ballots
chacune. Les négociants en expédiant les draps
en tiraient aussitôt la contre-valeur par lettres
de change, ce qui forçait les régisseurs du Levant
à vendre à tous prix pour faire honneur au
papier qu'on leur présentait. Il en résulta plus
d'une fois que les draps se donnèrent à Constan-

tinople à meilleur marché qu'ils n'avaient coûté
à Marseille.

Le marquis de Villeneuve, frappé de ces
inconvénients imagina, en 1731, une ligue entre
les négociants français des échelles de Constantinople, de Smyrne et de Salonique pour fixer le
taux auxquels les draps français devraient se
débiter, avec prohibition de les livrer à plus bas
prix; chacun vendait à son tour et au moyen
d'une prime : le bureau national garantissait la
solidité de l'acheteur du pays dont on mesurait le
crédit sur les notions qu'on se procurait de ses
facultés; à la fin de l'année, on faisait le compte
des primes et des pertes, et le reste était distri-
bué aux négociants nationaux. Un comité pris
entre eux veillait particulièrement à cette manu-
tention et s'occupait de vues et d'opérations ultérieures sur lesquelles l'assemblée générale pro-
nonçait selon le vœu de la pluralité. Il s'éleva des
murmures en Levant sur ce que ces arrangements
bornaient l'industrie française en ne permettant
pas aux spéculateurs de s'étendre à volonté. Pour
y remédier, on arrêta, en 1736, que les ventes
se feraient désormais sur le pied d'une réparti-
tion proportionnelle à ce que chacun aurait à
vendre : forme qui cependant avait l'inconvénient d'induire un négociant à une accumulation

dans les magasins, d'où résultait un gros fonds mort dans son commerce. Les autres échelles, relativement aux circonstances locales, prirent des mesures un peu différentes. Les manufactures se plaignirent de leur côté des arrangements du Levant qui ôtaient, disaient-elles, au travail de leurs fabriques l'écoulement nécessaire ; mais cet inconvénient ne naissait que de la surabondance de fabrication, et les envois multipliés nuisaient au bon prix en Levant; cela fit prendre, en 1740, le parti de réduire les fabrications annuelles du Languedoc pour la Turquie à la quantité estimée nécessaire à la consommation des Levantins. Il fut prescrit à la chambre de commerce d'en dresser des états et·de les envoyer à l'intendance de la province pour répartir ce travail entre les différentes manufactures. Les pièces de drap, une fois fabriquées, durent être inspectées en blanc à la fabrique et ensuite examinées à Montpellier et à Marseille. Toute contravention aux règlements occasionnait la coupe des draps en morceaux et la radiation du manufacturier de la liste du travail de l'année suivante.

Au moyen de ces mesures la quantité de drap fut à souhait. Les prix s'établirent en Levant à un taux convenable, et cette époque fut celle de la véritable prospérité du commerce des draps.

Mais le profit qu'y trouvaient les manufacturiers
et les négociants les excita à demander sans cesse
de plus forts contingents; par de faux exposés,
ils tâchaient de capter et de corrompre les secrétaires de l'intendance; bref, la fabrication augmenta successivement au point qu'en 1750, pendant l'ambassade du comte Des Alleurs fils,
lequel avait relevé le comte de Castellane, successeur du marquis de Villeneuve, il se trouvait
à Constantinople trois mille ballots de drap inven-
dus. Pour y mettre ordre à l'avenir, on rétablit
le contingent, c'est-à-dire que chaque négociant
ne put vendre qu'à égalité avec ses confrères,
ce qui ôtait tout intérêt aux accumulations des
draps. En même temps, on en réduisit en Languedoc la fabrication, en l'année 1751, à douze
cents ballots Londrins seconds et quinze cents
Londres larges.

Cette réduction fit jeter les hauts cris aux
partisans de l'absolue liberté dont le fameux
de Gournay, alors intendant du commerce, était
le chef; selon lui, chacun devait vendre et fabriquer à sa guise, à ses risques et périls. Le *Caveat
emptor* composait sa doctrine à l'égard des
acheteurs. Il est certain que le principe de
liberté est simple ainsi que fécond; mais il en est
peut-être de la liberté du commerce comme de

la liberté civile, qu'il convient quelquefois d'enchaîner pour le bien commun. Quoi qu'il en soit, tous les règlements en France et en Levant sur le commerce des draps furent, à la fois, abolis en 1756 au commencement de l'ambassade du comte de Vergennes. On s'applaudit du nouveau système, lorsqu'on reconnut, l'année ·suivante, que les envois de draps en Levant avaient doublé; mais ce succès ne fut qu'apparent et il devint en dernier résultat un vrai dommage. La concurrence des ventes en affaiblit le prix, et on perdit sur la valeur dans la plupart des Échelles.

Le comte de Vergennes fit de son mieux à Constantinople pour rallier les négociants divisés, mais il n'y réussit pleinement et par leur vœu unanime qu'en 1765. L'association imaginée par le marquis de Villeneuve s'y rétablit alors avec avantage, moins à la vérité que lorsque la fabrication en France était bornée et surveillée, mais cependant avec un profit réel sur les draps. Cet ambassadeur laissa les choses en cet état dans la capitale lorsqu'il fut rappelé en 1768.

L'autorité n'entrait plus dans les arrangements du Levant que pour y mettre en vigueur le vœu de la pluralité des négociants dans les Échelles: il tendit successivement à lier et rompre et l'on se lassa enfin de renouer pour trop peu de temps. Les négociants de Smyrne en particulier ne se désistèrent jamais de ce qu'on appelle « trocs anticipés » ; ce qui rend les arrangements impossibles dans cette Échelle et nuit infiniment à celle de Constantinople. Le troc anticipé est la livraison de la marchandise à un prix dont le vendeur convient avec l'acheteur qui s'engage à fournir des cotons en payement lors de la récolte, en proportion relative aux taux courants à cette époque. Le taux s'établit sur le résultat de trois marchés consécutifs. L'homme du pays ne manque pas de moyens de faire hausser le prix au détriment des troqueurs français ; de plus, celui qui se trouve avoir acquis des draps au-dessus de leur valeur, les vend dans le pays à meilleur marché qu'ils n'ont été payés à Marseille, ou il les transmet à Constantinople. Le négociant de cette capitale qui ne troque pas, se trouve par là forcé de livrer sa marchandise à perte pour ne pas la laisser vieillir dans ses magasins. Plusieurs autres Échelles ont adopté la pratique des trocs pour les divers genres qui s'en exportent. L'Égypte fournit les drogues ; la Syrie les cotons filés et les soies ; Candie et la Morée les huiles ; Salonique les cotons en laine. Partout où il y a eu à troquer, on l'a fait, parce que l'avidité des négociants et la concurrence entre eux ne manquent pas de faire disparaître tout empressement de la part des Levantins qui se voient recherchés et s'en prévalent pour faire la loi.

Il a fallu abandonner l'ordre des faits pour suivre sans interruption l'article du commerce des draps, sur lequel il reste à ajouter qu'il en fut expédié de France en Levant, en l'année 1767, au delà de neuf mille ballots.

Ce fut, en 1727, qu'on commença à introduire à Constantinople des soieries et des dorures de Lyon. Le premier envoi fut de la valeur de 5,400 livres. Cette branche de commerce s'y étendit malgré une manufacture de galons qui s'établit peu après dans la capitale. La beauté de ceux de Lyon les a fait préférer, quoique plus chers, par les consommateurs recherchés.

Le café des colonies françaises d'Amérique parut aussi dans ce temps au Levant. Son prix moindre que celui du café de Moka, le mit plus à la portée du commun des consommateurs qui s'en contentèrent malgré l'infériorité de la qualité. Le marquis de Villeneuve obtint la liberté d'en envoyer sur les côtes de la mer Noire et dans la Turquie d'Europe, où on s'y est si bien accoutumé, que le prix en est presque aussi haut

que celui du moka. Cette consommation est
devenue l'objet d'un débouché considérable.

Les sucres des îles françaises n'ont pour concurrents, en somme, que ceux d'Égypte dont la
quantité est si peu considérable et la qualité si
basse, qu'elle mérite peu d'attention.

Tel était l'état du commerce de la France en
Levant à la fin de l'ambassade du comte de Vergennes. Elle avait débuté par sept ans d'une
guerre malheureuse, entre la France et l'Angleterre, pendant laquelle cette puissance fut maîtresse de la mer Méditerranée et causa de grandes
pertes à la navigation marchande et au commerce
de la France. Mais l'invasion d'une liberté indé-
finie sur des arrangements sages et dictés par
des circonstances locales, fut plus nuisible
encore [1].

La paix de 1763 ayant ranimé l'industrie et
l'activité, le commerce de la France en Levant
se trouvait en 1768 dans une situation passable-
blement bonne. On verra dans le mémoire que

---

1. Un long intervalle de paix avait rendu la Porte plus altière
et plus épineuse qu'elle n'aurait dû l'être, et les priviléges des capitulations étaient quelquefois réclamés en vain. C'est ainsi que le
comte de Vergennes l'éprouva dans l'injuste détention au bagne
d'un drogman de France, nommé Roboly, qui, malgré les réclamations de l'ambassadeur, y mourut dans les fers.

le comte de Saint-Priest, successeur de M. de
Vergennes, présente au roi pour lui rendre compte
de son ambassade de seize années, quelles variations cet intervalle de temps a produites à cet
égard.

Le mémoire de M. le comte de Saint-Priest ne me paraît pas donner une idée précise du mouvement du commerce français, dans l'Empire ottoman, pendant une partie du dernier siècle. Cet ambassadeur s'étant attaché plus particulièrement à faire connaître les vicissitudes de notre négoce à Constantinople, j'ai cru qu'il serait utile de donner un aperçu des transactions qui se faisaient au XVIIIᵉ siècle dans les différentes Échelles du Levant.

Je joins donc ici, comme appendice au travail de M. de Saint-Priest, un tableau des relations commerciales de la France avec la Turquie. Ce morceau est extrait d'un mémoire manuscrit rédigé sur les documents officiels du bureau du commerce et portant pour titre : *Détails sur le commerce du Levant.*

TABLEAU GÉNÉRAL

DU

COMMERCE FRANÇAIS

DANS LE LEVANT

ET DE

L'EXPLOITATION GÉNÉRALE DE CE COMMERCE,

DANS CHAQUE ÉCHELLE.

Les draps de Languedoc forment l'article le plus considérable de notre commerce d'entrée en Levant. On les distingue en diverses qualités principales, savoir : les mahous premiers, les mahous seconds, les londres premiers, les londres seconds, les londres larges et les londres ordinaires. Suivant les états des différentes Échelles, il paraît que la totalité de la consommation annuelle monte à environ six mille trois cents ballots dont les deux tiers en londres seconds, près d'un quart en londres larges, et le restant en mahous, londres premiers et londres ordinaires [1].

---

1. Dans les mémoires donnés par les états de Languedoc, en 1769, ils portent à huit mille trois cent quarante neuf ballots, l'objet des exportations de draps pour le Levant.

L'importance de ces articles de notre commerce au Levant est sensible : il présente une valeur de plus de 9 millions de premier achat à Marseille, et il est aisé de se convaincre qu'il est encore susceptible d'une augmentation considérable, surtout si nous pouvons parvenir à partager d'abord et à nous emparer ensuite successivement de la consommation qui se fait en différentes Échelles, en draps hollandais supérieurs, en sayes de Venise, en nims et en londres anglais.

La lisière des sayes de Venise n'a pu encore être imitée en France : on n'a pas même bien attrapé cette fabrication, et peut-être le privilége exclusif qui a été accordé aux frères Martin de Clermont de Lodève, pour l'imitation de ces draps, a-t-il été un des principaux obstacles à nos progrès en ce genre. On attribue au bon marché des laines du pays en Angleterre et à la cherté des londres les obstacles que nous avons trouvés pour introduire nos londres en concurrence avec les londres anglais ; on a cru nécessaire de supprimer les nims que nous fabriquons à l'imitation des leurs. Cette fabrique était tombée en discrédit : elle prenait sur la consommation de nos londres seconds et de nos londres larges, sans prendre sur celle des nims anglais, et il sera peut-être assez facile de faire voir les causes des abus qui s'y étaient introduits, et de représenter la nécessité d'y remédier; mais il est plus difficile d'imaginer pourquoi nous n'avons pu parvenir, jusqu'à présent, à attaquer la consommation des draps hollandais supérieurs. Les Hollandais n'ont pas la matière première à meilleur marché que nous, la main-d'œuvre est plus chère chez eux, et l'exportation de leurs draps au Levant est plus difficile. On le sentit en 1749, et il fut convenu alors d'envoyer les échantillons de ces draps au sieur Gaza, inspecteur de Montpellier, pour en raisonner avec les meilleurs fabricants. Il convint avec eux qu'on pourrait réduire ces draps d'essai à quatre qualités dont ils présentèrent le plan de la fabrication, et le sieur Pascal, excellent fabricant, se proposait de travailler aux essais. Malheureusement, par la comparaison qu'on fit des qualités proposées avec celles permises par le règlement de 1708, on trouva qu'il y avait peu de différence de ces nouveaux draps aux mahous, londres premiers et londres seconds, et on craignit de tomber dans la confusion, si on admettait cette nouvelle fabrication. Il est fâcheux que cette seule crainte ait fait abandonner le projet, et on ne peut s'empêcher de le regretter beaucoup, surtout si on fait attention que les Hollandais, dont nous aurions pu espérer de partager par ce moyen la concurrence, débitent annuellement, dans la seule échelle de Smyrne, six cents ballots de ces draps, qu'on évalue à plus de 2 millions. Quoi qu'il en soit, dans l'état des choses, Constantinople consomme de dix-huit cents à deux mille ballots de nos draps, et Smyrne en consomme mille ; Salonique cinq cents ; la Morée quatre cents ; l'Égypte douze cents ; Alep sept à huit cents ; Seyde, Acre, Tripoly, la Canée, l'Albanie et la Barbarie environ six cents, ce qui forme comme on l'a déjà dit, une totalité de six mille trois cents ballots.

Après les draps, l'article d'envoi le plus intéressant est l'indigo. Il s'en débite annuellement pour environ 1,800,000 livres. C'est à Smyrne, à Alep, et surtout dans la première de ces deux Échelles que s'en fait la principale consommation. Il s'en consomme aussi à Constantinople, à Salonique, à Seyde et dans quelques autres Échelles. Ce commerce que nous devrions faire exclusivement aux autres nations paraît avoir essuyé de la diminution. Il y a eu des années où nos négociants à Smyrne en ont vendu pour 180,000 livres, et on voit avec surprise dans leurs mémoires, que, depuis plusieurs années les étrangers fournissent au moins le tiers de l'indigo qui se vend dans cette Échelle.

Le sucre en poudre et en pain forme le troisième article un peu important. C'est aujourd'hui un objet de 8 à 900,000 livres, et il deviendrait infiniment plus considérable, si on pouvait habituer peu à peu les Levantins à mettre du sucre dans leur café. Constantinople est le principal lieu de la consommation : en 1750, on en vendit dans cette Échelle pour près de 550,000 livres : les deux autres Échelles où on en consomma le plus dans la même année, furent celles de Smyrne et d'Alep.

La cochenille forme un objet à peu près pareil à celui du sucre, mais avec cette différence qu'il n'est pas susceptible de la même augmentation, d'autant plus que nous sommes en concurrence pour cet article avec les autres nations qui peuvent le donner à aussi bon marché, au moins, que nous. Les Échelles où il s'en vend davantage sont celles de Smyrne et d'Alep, les envois qui y furent faits en 1750 montent à plus de 550,000 livres. On en consomma aussi des parties considérables à Constantinople, Salonique, Tripoly et Seyde.

Le café des îles ne paraît être aujourd'hui,

suivant les états des Échelles, qu'un objet de
500,000 livres : la cherté de toutes les marchandises et denrées de l'Amérique, depuis la
guerre, en influant sur cet article, a sans doute
été cause qu'on en a diminué les envois en
Levant, et il y a lieu d'espérer que ces envois
augmenteront successivement, dès que le commerce de l'Amérique aura repris son niveau. On
a vu des années où la seule échelle de Smyrne a
consommé pour plus de 600,000 livres de café
de nos îles ; on en vendit aussi beaucoup à Constantinople, à Salonique et au Caire. Après les
articles dont on vient de parler, les deux plus
importants sont les bonnets, façon de Tunis, et
les étoffes de Lyon.

L'objet des bonnets est d'environ 500,000
livres. On en débite à Constantinople pour près
de 50,000 livres. On en débite aussi quelques
parties dans plusieurs autres Échelles ; mais
c'est dans celle de Smyrne qu'on en trouve le
principal débouché. Les envois qui y furent faits,
en 1750, excèdent 400,000 livres. Au surplus, on
ne peut regarder le commerce que nous avons
fait jusqu'à présent en bonnets, façon de Tunis,
que comme un simple essai. Celui des bonnets de
Tunis est immense. On prétend qu'il en faut
annuellement pour la consommation des princi-

pales villes de Turquie où nous commerçons, plus de vingt millions de différentes grandeurs et qualités. Peut-être parviendrons nous peu à peu à les remplacer. Les progrès de la manufacture établie en Béarn dans cet objet donnent d'autant plus lieu d'espérer que, si les Tunisiens peuvent avoir quelques avantages sur nous du côté de la main-d'œuvre, ils ont d'ailleurs plusieurs désavantages, étant obligés de tirer de nous les laines d'Espagne et les ingrédients nécessaires à la fabrication et à la teinture de ces bonnets.

Les dorures et les étoffes de Lyon ne forment pas pour le moment un objet plus considérable que les bonnets. Il ne s'en débite annuellement que pour environ 400,000 ou 450,000 livres, dont Constantinople en consomme près de 100,000 écus, et la Morée autour de 40,000 livres. Mais cet article peut devenir très-important, si nous parvenons à imiter les damasquettes et à les établir à un prix convenable. Les Vénitiens en vendent pour plus de 100,000 écus dans la seule échelle de Constantinople, et il n'est presque point d'Échelle où il ne s'en consomme des quantités considérables. Nous avons pour concurrents dans les autres étoffes ces mêmes Vénitiens, les Livournois, les Messinois et les Chiotes. Ceux-ci sont d'autant plus dangereux que, dans plusieurs Échelles, ils vendent en détail nos soieries et dorures, ainsi que celles des autres nations, et ils engagent tant qu'ils peuvent les consommateurs à donner la préférence à celles de leur pays.

Les autres articles un peu considérables de nos envois sont les bijoux, surtout pour Constantinople : on ne peut en fixer exactement la consommation annuelle; elle a excédé quelquefois 100,000 écus et peut beaucoup augmenter; les épiceries dont nous vendons, année commune, pour 250,000 livres; les papiers dont le principal débit se fait en Égypte, et dont il se vend en totalité pour 200,000 livres; enfin le plomb et l'étain en verge : chacun de ces deux articles peut monter à environ 100,000 livres. On ne voit pas qu'ils aient jamais été plus considérables; mais il n'en est pas de même des papiers; on en consommait autrefois beaucoup plus qu'aujourd'hui; l'échelle d'Alep n'en passe dans ses états que deux cent cinquante à trois cents ballots, elle en débitait plus de huit cents, en 1723 et en 1737. Constantinople et Smyrne en vendaient aussi dans ces mêmes temps plus du double de ce qu'elles en vendent à présent.

Telles sont les principales marchandises qui composent notre commerce d'entrée en Levant.

Nous y envoyons quantité d'autres articles, mais dont chacun en particulier est d'un très-petit objet et qui ne paraissent pas mériter d'observations particulières. On se contentera de les ranger ici par ordre alphabétique.

Acier.

Aiguilles.

Ambre gris.

Amandes.

Arquison.

Bois de teinture.

Camelots.

Camphre.

Céruse.

Cimbriant.

Confitures.

Cotonines.

Corail ouvré.

Écaille de tortue.

Fayence.

Feuilles de fer-blanc.

Fil de fer.

Fil de laiton.

Fleur d'aspic.

Grenailles.

Indiennes peintes à Marseille.

Liége.

Liqueurs.

Pelleteries.

Pierres à fusil.

Prunes.

Quinquina.

Salsepareille.

Serge impériale.

Sirop.

Soufre en canon.

Toileries.

Tutie.

Tartre rouge.

Verdet.

Vif-argent.

Le total de ce commerce d'entrée monte en marchandises à environ 18 à 19 millions dont les draps font plus de la moitié; passons à celui de sortie.

On peut ranger en quatre classes différentes les marchandises qui composent les retours provenant de notre commerce en Levant.

1° Les matières premières; 2° les denrées, 3° les drogues et drogueries; 4° les toiles et toileries et autres fabriques et manufactures du pays.

La première classe, la plus intéressante par son utilité pour nos manufactures et en même temps la plus considérable par son objet, consiste dans les matières premières que nous tirons du Levant et qui sont les cotons en laine, les cotons filés èt cotons teints en rouge, le fil et le poil de chèvre, la soie, la laine de chevron, la cire, les cuirs et peaux, les noix de galle et le safranon nécessaires pour la teinture, le lin et les huiles, cendres et bourde : tous ces articles réunis ont formé, en 1750, un objet de plus de 16,000,000. Il vint entre autres pour 6,500,000 livres de coton dont 4,400,000 livres en laine, 2,400,000 livres en soie, 1,200,000 livres en laine et 1,000,000 en laine de chevron.

On ne s'arrêtera point à faire sentir l'importance des retours de cette espèce et à détailler les différentes fabriques dans lesquelles on les emploie si avantageusement. On se contentera d'observer que les cotons et laines viennent principalement de Smyrne, de Salonique et d'Acre, et qu'on en tire aussi quelques parties d'Alep et de l'Archipel, que c'est de Seyde que l'on tire la plus grande partie des cotons filés, qu'il en vient aussi d'Égypte, de Smyrne, de Salonique et d'Alep, mais très-peu de ces trois dernières échelles, et qu'à l'égard du coton filé rouge, c'est à Constantinople et surtout à Smyrne qu'on en fait les chargements pour Marseille.

C'est aussi dans ces deux échelles et principalement dans la dernière qu'on charge les fils de chèvre : ce qui en vient quelquefois par Salonique ne fait pas un objet.

On tire des soies de presque toutes les échelles, mais surtout de Tripoli, de Chypre, de Smyrne, de la Morée et d'Alep; cette dernière échelle en fournit en très-grande quantité que les Anglais prennent en troc de leurs draps, et il est fâcheux que ces soies n'aient pu encore convenir à nos manufactures. Outre que ce serait pour elles un surcroît de matière première, nous y trouverions un second avantage plus intéressant encore dans le débouché considérable des draps que nous pourrions faire par ce moyen dans cette échelle, au préjudice des Anglais, qui y conservent de la supériorité sur nous.

22

La Canée nous fournit les huiles : il en vient aussi de la Morée, de l'Archipel et de la Barbarie, mais en beaucoup moindre quantité.

C'est de la Barbarie qu'on tire le plus de laine; Salonique est, de toutes les échelles du Levant, celle qui en fournit ensuite davantage. Constantinople envoie aussi presque toutes les pellades et partie des panormes de Panderma, Mealik, Balikesser, et des laines d'Andrinople. Partie de celles-ci, ainsi que celles des environs de Smyrne, sont chargées dans cette dernière échelle; il en vient enfin quelques chargements de Chypre, de Seyde et de l'Archipel.

C'est l'échelle de Smyrne qui fournit la plus grande partie des laines de chevron : on en tirerait beaucoup plus d'Alep sans les troubles de la Perse; mais, aujourd'hui, il n'en vient guère que pour 200 à 250,000 livres; il en vient aussi un peu de Salonique et de Constantinople.

C'est aussi de Smyrne que l'on tire le plus de cire, quoiqu'il en vienne de presque toutes les échelles. L'Égypte et la Barbarie, Constantinople et Smyrne fournissent les cuirs; mais ce qui vient de ces deux dernières échelles n'est rien en comparaison de ce qu'on tire des autres.

La plus grande partie des galles vient d'Alep ;
il en vient aussi de Smyrne et de Tripoli : c'est
un article d'environ cent mille écus.

Enfin, l'Égypte seule fournit le safranum
et le lin, Seyde les cendres et la Barbarie la
bourde.

On comprend sous la dénomination de denrées qui forment la seconde classe de nos
retours du Levant, les blés, riz, orges, fèves,
pois, cafés, fromages, raisins secs, etc.

Les blés et les riz sont les deux articles les
plus importants, et celui des blés peut devenir
très-considérable, si on vient à bout d'obtenir la
libre extraction moyennant un bédéat tel qu'il
était autrefois imposé. M. le comte Des Alleurs
a eu le crédit d'y parvenir pour des parties assez
considérables. Au surplus, les retraits en blé
montèrent en 1750 à près de 900,000 livres, et
ceux en riz à à peu près autant.

On tire les riz de Damiette, et les chargements de blés se font dans l'Archipel, en Morée,
dans le golfe de Salonique, à Volo, à Zeilum de
la dépendance de Négrepont, à Salonique même
et dans divers autres endroits.

Après ces deux articles, le plus considérable
est celui du café Moka qu'on tire du Caire.
En 1750 il en vint pour environ 400,000 livres ;

l'année précédente, il en était venu pour plus de 750,000 livres. Le privilége de la Compagnie des Indes a empêché les progrès de ce retrait. Les raisins secs qu'on tire de Morée et de Smyrne montent, année commune, à 90 ou 100,000 livres ; les autres articles sont peu considérables ; en tout, il vient annuellement en denrées pour 2,300,000 livres.

Les drogues et drogueries ne forment pas un si fort objet de retrait que les denrées et on ne peut guère les évaluer qu'à 7 ou 800,000 livres.

Le principal article est celui du séné. On le tire d'Égypte, et il en vint en 1750 pour près de 100,000 écus. Les autres articles de quelque considération sont l'encens, les gommes, le storax, la rhubarbe, la scammonée et le sel ammoniac. Le reste est de peu d'importance, et on croit d'autant plus inutile de détailler ici les différentes drogues et drogueries qui viennent du Levant, qu'elles sont presque toutes rappelées dans l'état estimatif des marchandises du Levant et de Barbarie qui est à la suite de l'arrêt du conseil du 22 décembre 1750. Elles viennent presque toutes d'Égypte, d'Alep et de Smyrne.

La quatrième et dernière classe de nos retraits consiste, comme on l'a dit, dans les toiles et toileries et autres manufactures et fabriques du Levant.

Les toiles et toileries en font l'objet principal. On tire d'Égypte celles de lin; suivant l'état de 1750, il en vint pour 40,000 écus; la plus grande partie de celles de coton vient d'Alep; on en tira dans la même année pour près de 1,350,000 livres. Les autres échelles dont on en tire, mais infiniment moins, sont celles de Seyde, de Smyrne et de Chypre. Les noms des toiles et des toileries se trouvent dans l'état particulier des marchandises dont l'entrée et la consommation ne sont permises qu'à Marseille, lequel état est pareillement à la suite de l'arrêt du conseil du 22 décembre 1750.

Les autres manufactures du Levant sont les abas et capots qui viennent de Salonique, les couvertures et tapis qu'on tire de Smyrne, les satins et kermassons qu'on envoie d'Alep, les bourres et mouchoirs de soie et quelques autres articles qu'on tire en partie de Constantinople, de Smyrne, d'Alep et de Chypre. Ces retraits sont peu importants; il n'y a de considérable que les toiles et toileries d'Alep et d'Égypte, et surtout de la première de ces échelles d'où on est forcé de les tirer, faute de trouver d'autres articles pour l'emploi des fonds d'entrée.

La totalité du produit de cette quatrième classe de retraits peut être évaluée annuellement à deux millions. On a vu que celui de la première excédait seize ; que celui de la seconde montait à environ 2,400,000 livres et que celui de la troisième allait à environ 7 à 800,000 livres. Ainsi, il paraît que notre commerce de sortie du Levant est un objet, année commune, de vingt et un millions. Celui d'entrée en marchandises ne montant qu'à dix-huit ou dix-neuf, il est sensible qu'il faut faire le solde d'une partie au moins de l'excédant de la sortie [1] en piastres et autres espèces. Il serait sans doute plus avantageux, à tous égards, d'y suppléer par des envois de marchandises, surtout de celles de nos manufactures, et nous pouvons espérer d'y parvenir ; mais, dans l'état des choses, il n'en est pas moins vrai de dire que notre commerce au Levant nous est extrêmement avantageux, puisque plus des trois quarts de celui d'entrée se fait, ou avec nos manufactures, ou avec les denrées de nos colonies, et que, si l'on en excepte les deux millions, ou environ, que nous en retirons en toileries, le reste du commerce de

---

1. Partie de cet excédant provient de la plus-value des retours du Levant à leur arrivée à Marseille, et n'a pas besoin, par conséquent, d'être soldée par des envois.

sortie est entièrement composé de marchandises, denrées et drogues presque toutes de première nécessité pour les besoins de la vie ou pour l'aliment de nos manufactures. Nous y trouvons d'ailleurs un très-grand avantage en ce que toute la navigation, tant d'entrée que de sortie, se fait en entier par nos bâtiments.

Ce commerce est sujet à des règles générales dont plusieurs sont très-anciennes. On ne peut faire les envois en Levant que par le seul port de Marseille, et ce n'est aussi que dans ce port qu'on en peut faire les retours. Ce n'est que sur les bâtiments français qu'on peut faire les chargements de draps; il est défendu expressément de prêter le nom aux étrangers et de faire aucunes adresses, directement ou indirectement, aux étrangers établis dans les échelles. Les marchandises du Levant qui ne viennent pas directement sont sujettes, à leur entrée en France, à un droit de 20 pour 100 sur une évaluation dont le dernier tarif est celui de 1750. La résidence des Français dans les échelles est fixée à dix ans, et le nombre des établissements ou maisons est déterminé dans chaque échelle. Outre ces derniers arrangements, il y a quantité de règlements de police auxquels sont sujets les négociants français résidant dans les échelles, et dont le détail serait ici inutile. Il y a enfin des règlements et arrangements particuliers qui concernent l'exploitation des diverses marchandises d'entrée et de sortie.

APPENDICE[1]

I.

CONFIRMATION PAR SOLIMAN II DU TRAITÉ FAIT
ANTÉRIEUREMENT SOUS LA DOMINATION DES
SULTANS MAMÉLUCKS D'ÉGYPTE, AVEC LES
CONSULS DE FRANCE A ALEXANDRIE[1].

Longtemps avant le Roy François premier, et mesme
du règne des Mamelucs Soldans d'Égypte, les marchans

---

1. Cet acte confirme purement et simplement les priviléges renouvelés
par Sultan Cansou Goury en faveur des Français et des Catalans établis
en Égypte. La paix entre la chrétienté et l'Egypte, rompue en 1510, avait
été rétablie à la suite de l'ambassade d'André Le Roy, secrétaire du roi
Louis XII.

Jehan Thenaud, gardien des frères mineurs d'Angoulême qui accompagnait André Le Roy, a écrit une relation du voyage de cet ambassadeur. Elle a été publiée à Paris chez la veuve de Jean Sainct-Denis, vers
1525 sous le titre suivant : *Le voyage et itinéraire de oultre-mer, faict
par Jehan Thenaud, maistre es ars, docteur en Théologie et gardien des
frères mineurs d'Angoulesme et premierément dudict lieu d'Angoulesme
iusques au Cayre.* Petit in-8, de 64 feuillets.

J. Lemaire de Belges a rendu compte d'une manière très-succincte de
l'ambassade d'André Le Roy et de la teneur du traité conclu au nom de
Louis XII dans un des derniers chapitres de son *Traictié de la différence
des scismes et des concilles de l'Église.* — Paris, Englebert et Jehan de
Marnef, 1517.

Ce chapitre est intitulé : *s'ensuit l'occasion et matière du recent et*

Françoys navigoient et trafficquoient seurement en Alexandrye, au Cayre et par tout ledit Égypte et y avoient ung consul pour eulx et les Cathelans. Despuys, Sultan Selim, père dudit Sultan Soliman, après avoir subjugué à soy toute l'Égypte, leur confirma ce privilége et seurté de trafficq audit pays, tout ainsin qu'ils avoient et usoient du temps des Soldans, avec ampliation d'articles concédés audit consul ainsin qu'il s'ensuit :

Le royal et très hault commandement de l'ordre libéral :

Le grand Dieu l'exalte et luy doint toute grâce et le passe à tous ceulx qui luy viendront au devant des cadis, emins[1], escrivains et parleurs et ministres et présidentz de l'ordre en Alexandrie, leur faisons sçavoir que l'honoré consul et de bonne créance, Jehan Benoist de Pierre Benoist, consul des Cathelans et Françoys, est comparu en nostre présence et nous a présenté ung commandement pour lesdits Françoys et Cathelans avec aucune condition et pactes qui s'observent, et nous a demandé ung commandement en confirmation d'icelles avec les articles et conditions qui sont contenues en icelluy, assavoir :

Que les Cathelans et Françoys et autres nations qui sont soubz leur consulat en Alexandrye, et qui arriveront

---

nouveau sauf-conduit donné de plain vouloir par le Souldan aux subjectz du Roy tres chrestien : tant pour aller en pelerinage au Sainct-Sepulcre : comme traffiquer marchandement en ses terres et seigneuries d'oultre-mer.

1. Directeurs et agents des douanes.

aux ports et plages, ou en Alexandrye ou ailleurs, qu'ilz soient seurs en toutes noz contrées, en terre et en mer, de tous noz ministres, comme il est bien convenable en temps de paix avec semblable sorte de gens et autres nations en noz terres, et voulons qu'ilz aillent et viennent et demeurent seurement de bon gré, tant qu'il leur plaira, sans qu'aucun leur donne ennuy ou empèchement. Si aulcun d'eulx vouloit achepter marchandises qui ne soient prohibées, qu'ilz les puyssent achetter et qu'aulcun soit si hardy de les en empècher.

Qu'ils puyssent descharger leurs navires à la coustume, sans aulcune difficulté : si à aulcun d'eulx avoit esté faict tort et leurs consuls voulussent qu'ilz montrassent comme l'affaire avoit passé, avec quelqu'un des siens et ses lettres, luy soit baillé compaignie d'officiers qui l'accompaigne à l'excelse Porte et le rameyne à son consul. Que, à toutes les robes qui seront chargées dans la barque soit faicte la garde d'un de la part de Cathelans et un de la douane, et luy seront aprestés les sommiers et les barques, quand se commencera à descharger quelque leur navire.

S'il se rompoit aucun vaysseau de Cathelans ou Françoys auprès Alexandrye ou ailleurs, noz présidens fassent assembler des hommes pour faire la garde aux marchandises qui estoient chargées audit vaysseau, et icelles ayent à tenir bien gardées en Alexandrye ou ailleurs.

Toutte navire qui sera gettée des vents au bort ou rive de la terre des Mores, soit saulve, et nul luy donne aucun travail. Et si la navire s'enfonsoit et toute la gent se noyat, hormis les robes desja chargées en icelles aux plages et rives de la mer, que la marchandise se doyve prendre et soit donnée au consul des Cathelans et Françoys : et, si le consul ne se trouve là où se rompit le navire, que les robes retrouvées soyent portées à l'eccelse Porte, et soit le tout conservé jusque à tant que comparoisse le commis du consul des Cathelans pour les recevoir.

Si aulcun des Cathelans acheptoit ou vendoit aucune sorte de marchandise, que le contract soit passé sellon que sera tesmoigné semblable tesmoignage, et que le Cathelan ou Françoys ne donne ou preygne sinon tant qu'il luy sera comode, et puyssent achepter de quel lieu que ce soit que bon leur semblera.

S'il survenoit quelque différant entre les Cathelans ou Françoys, le consul aye à le juger, exceptant toutesfoys s'il y intervenoit sang ; que en ce cas, noz présidens l'auront à juger ; et, si aulcun d'eulx estoit débiteur à la douane et partît sans avoir satisfaict, la douane ne doyve demander à aucun autre pour celluy-là.

Des marchandises qui se contractent et après se rompt le contract, pour ce, si aulcun acheptera marchandises, qu'il aye à les voir et revoir et descouvrir bien le tout suffizemment, affin qu'après n'y aye débat ny autres paroles contantieuses.

Que aulcun des Cathelans ou Françoys, ou qui s'appellera Cathelan ou Françoys, ne soit empeché avec demandes appartenans à aultres, et ne soit molesté ny touché, en terre ou en mer, si toutesfoys il n'estoit plaige, autrement ne soit molesté seulement pour conte de soy-mesme et propre personne.

Si aulcun des Cathelans ou Françoys passoit de ceste vie et fist son testament, soit faict de son bien sellon qu'il sera ordoné par ledit testament, et s'il mouroit *ab intestat,* que le consul ordonne de ses robes; et si le consul n'estoit présent ou aultre de ses Francs, que noz présidens envoyent les robes jusques au lieu où sera le consul.

Si les corsaires faisoient domaige aux Mores ou chrestiens, ou aultres diverses nations de terre ou de mer, qu'il ne soit donné fascherie à aulcun des Françoys ou Cathelans, ou en la personne ou en ses biens, si toutes-fois il n'estoit pleige ou respondent. Qui sera Cathelan ou Françoys ou dira estre des grandz d'entre les Cathe-lans ou Françoys, personne lui donne empechement avec demandes appartenantes à autres qu'à luy-mesmes, pourveu qu'il ne soit pleige; et ne soit tenu ou condemné aucun desdits Françoys ou Cathelans ou leur consul par commandement de Magarbigny[1] et ses nations, s'il n'es-toit pleige, et aulcun ne doyve rendre compte seullement de soy-mesme et non d'autres meschantes personnes de sa nation.

---

[1]. Maghraby. Les Moghrebins, musulmans des États barbaresques du Maroc et de l'Espagne, formaient au moyen âge, en Égypte et en Syrie, un corps de nation qui avait ses magistrats et ses règlements particu-liers. Les Français, en Égypte, ne pouvaient donc être condamnés par une sentence arbitraire rendue par les notables moghrebins.

Qu'ils puyssent racoustrer leurs esglises congneues en Alexandrie, sellon qu'il sera esclaircy en la justice, et que d'icelles soit confessé aultant qu'il est notoire à ladite justice, et ainsin des bains, pour entrer leurs personnes.

Qu'ils ayent à achepter et vendre leurs marchandises qui se tirent de la douane, avec le sceu du consul, dans le fondigo [1] des Françoys et y feront garder leurs marchandises quand elles se deschargeront des navires, et qu'ilz puyssent gabeller ce qui leur appartient des marchandises qu'ilz acheptent en la présence du sansal ou corretier, sellon la coustume.

S'ilz venoient aux portz ou plages des Mores, qu'ilz les acceptent et leur soient recommandés et leur aydent, et ne leur donnent travail en mer ny en terre, et que noz ministres y pregnent garde; et s'ilz vouloient venir au Cayre, leur soit permis sans leur estre donné empêchement aucun.

Ceux que fairont la cherche ne leur preignent aucune chose, et ne chargeront ni deschargeront de leurs marchandises, sinon à leur volonté, et ce que les bastasis [2] leur gasteront seront tenuz le leur payer.

S'il se conclurra marché en la présence de tesmoins, que les tesmoins soyent escritz le Franc avec le Franc,

1. Le bâtiment qui sert de demeure aux négociants et de lieu de dépôt pour leurs marchandises ; on l'appelle en Égypte *Ouekaleh* (Okel), en Syrie et en Turquie *Khan*, dans les États barbaresques *Foundouk.*
2. Bektchi, gardiens de la douane.

comme il s'escrit, et le More avec le More et avec le
Franc, et s'ilz voudront que les tesmoins se soubzcri-
vent, qu'ilz ne le puyssent refuser et ne leur soit empé-
ché comme aussi de la police de recevoir.

Si aulcuns des Cathelans ou Françoys acheptoit
espices ou aultre chose semblable et que le vendeur se
repentit, qu'on ne laisse en aucune sorte anuller ou
rompre la vente.

S'il venoit aux consuls choses à manger ou à boyre,
qu'il ne luy soit rien touché, ne luy soit ousté hors de
la coustume, et de mesme, s'il luy venoit choses pour
soy vestir, de drap ou de soye, ou aultre chose pour son
usaige.

Si le consul avoit besoin de deniers pour la despence
de sa mayson et de ses gens, et voulût vendre de la
marchandise au contant pour tel effect, qu'aucun ne luy
donne empechement.

Qu'il ne soit donné travail au consul et à ses marchans sans voye de justice, et ne soit demandé au père
pour le filz ne au filz pour le père, ne au frère pour le
frère, pourveu qu'il ne soit son pleige ou respondent, et
ne soit demandé à aulcun, sinon pour soy-mesme, et si
aulcun d'eulx vouloit partir pour son pays, qu'il le
puysse faire, n'estant toutesfois débiteur d'aulcuns par
voye de justice; et, s'ilz vouloient vendre aucune de
leurs marchandises en contant pour payer fraiz, qu'ilz
ne soient empechés et ne leur soit prins pour cella dace,
et cella s'entende jusques à la somme de cent ducatz
d'or pour chasque marchand comme est la coustume,

sellon qu'a esté vêu par ung commandement de Gauré Serisi[1] à eulx concédé.

Que leur marchandise ne soit point prinse sans leur volonté, et ne soient tenuz de prester aux daciers[2] contre leur gré, et que le salaire du consul luy soit payé ordinairement de la doane, moys par moys, et ne soit chargé en aucune chose, et les naves qui sont soubz son consulat ne soient prinses par force, comme veult le commandement serif[3] Gaurie qu'ilz ont en main.

Si le marchand franc avoit pour suspect le poyseur qui poyse sa marchandise, et la voulût faire repoyser une aultre fois, qu'il puysse prendre tel poyseur que luy plaira.

Si aulcun avoit quelque demande ou prétention contre le consul des Cathelans et Françoys, qu'il ne luy puisse estre rien demandé si n'est à l'eccelse Porte, et qu'il ne puisse estre restreint ne luy soit baillé garde pendant qu'il sera consul.

Qu'il ne leur soit vendu espiceries sans leur volonté, comme est l'antienne coustume, et ne soit faicte foule ne oppression aux marchands sans voye de justice.

Et en conclusion, en toutes leurs actions et négoces, qu'ilz ayent à procéder par la voye antienne sans innovation d'aucune chose, sellon le susdit commande-

---

1. Melik el Echref Sultan Cansou Goury, l'avant-dernier Sultan de la dynastie des Mamelouks circassiens (1501-1517).

2. Percepteurs.

3. Cherif. Emri Cherif, le noble commandement.

ment serif qu'ils ont en main du XIIII rabich leasher[1],
l'an 918. En conformité duquel nous commandons qu'il
soit concédé tout ce qui est cy dessus escrit, aux nations
des Françoys et des Cathelans, et autres nations soubz le
consulat de leur consul, et soit faicte la crie et procla-
mation de toute seurté et foy; et qu'ilz puyssent vendre
et achepter, prendre et recevoir sans opression et travail
aucun, et qu'ilz aillent et vienent avec seureté de leurs
personnes et biens, et qu'il ne leur soit faict desplaisir.
Et tel nostre commandement soit obéy en tout et partout, et mis à exécution de tous ceulx avant lesquels il
viendra.

De la résidence impériale, écrit le VI moharrem de
l'an 935 (21 septembre 1528).

II.

TRAITÉ CONCLU ENTRE SULTAN SULEYMAN ET FRANÇOIS Ier.

Au nom de Dieu tout puissant soit manifeste à un
chascun, comme en l'an de Jésus-Christ mil Vc trente
et cinq, au moys de Febvrier et de Mahomet neuf cens
quarante ung en la lune de[2]..... se retrouvant en l'in-
clite cité de Constantinople, le sieur Jehan de La Forest

---

1. Rebi' óulakhir. Le 14 de Rebi' óulakhir de l'an 918 de l'Hégire cor-
respond au 30 juin 1512.
2. Redjeb.

23

secrétaire et ambassadeur de très excellent et très puyssant prince Françoys, par la grâce de Dieu Roy de France très-chrestien, mandé au très–puissant et invinsible G. S. Soltan Soliman Empereur des Turcqs, et raysonant avec le puyssant et magnificque Seign[r] Ybrahim cherlesquier Soltan (c'est lieutenant général d'exercite) du grand Seigneur, des calamités et inconvénians qui adviennent de la guerre, et au contraire, du bien, repos et seureté qui procèdent de la paix, et par ce cognoissant combien l'un est de préférer à l'autre, se faist chacun d'eulx fort des susdits Seigneurs leurs supérieurs au nom et honneur desdits seign[rs], seureté des estats et bénifice de leurs subgets, ont traité et conclud les chapitres et acordz qui s'ensuyvent.

Premièrement : ont traitté, faict et conclud, traittent font et concluent, bonne et seure paix et sincère concorde au nom des susdits grand Seigneur et Roy de France, durant la vie de chascun d'eulx, et pour les royaulmes, seigneuries, provinces, chasteaulx, cités, portz, eschelles, mers, isles et tous les lieux qu'ils tiennent et possedent à présent et possederont à l'advenir, de manière que tous les subgetz et tributaires des dicts Seign[rs] qui voudront, puyssent librement et seurement, avec leurs robes et gens, naviguer avec navires armés et désarmés, chevaucher, venir, demourer, converser et retourner aux portz, citez et quelconques pays les ungs des autres, pour leur négoce, mesmement pour faict et compte de marchandise.

Item. Que lesdits subgets et tributaires desdits Seign[rs] pourront respectivement achepter, vendre, changer, conduyre et transporter par mer et par terre d'un pays à l'autre toutes sortes de marchandises non prohibées en payant les accoustumées et antiques daces et gabelles ordinaires seulement, assavoir : les Turcqs au pays du Roy comme payent les François, et lesdits François au pays du G. S. comme payent les Turcqs, sans qu'ils puyssent estre contraintz à payer aucun autre nouveau tribut, imposition ou angarie[1].

Item. Que toutes fois que le Roy mandera à Constantinople ou Péra et aultres lieux de cest empire ung baille, comme de présent il tient un consul en Alexandrie, que lesdits bailles et consuls soient acceptés et entretenuz en authorité convenante, en manière que chascun d'eulx en son lieu, et sellon leur foy et loy, sans qu'aucun juge caddi, sousbassy[2], ou autre en empêche, doibve et puysse ouyir, juger et terminer tant en civil qu'en criminel toutes les causes, procès et differants que naistront entre marchans et autres subgets du Roy. Seullement, et au cas que les ordonnances et sentences desdits bailles et consulz ne fussent obéyes, et que pour les faire exécuter ils requissent les sousbassy ou autres officiers du G. S., les dits sousbassy et autres requis devront donner leur ayde et main forte nécessaire, non que les caddis ou autres officiers du G. S. puyssent juger aulcuns différans desdicts marchans et subgets du Roy, encores que les dicts marchands le requissent, et si

1. Angarié, taxe arbitraire.
2. Soubachy, officier de police.

d'aventure les dicts caddis jugeoient, que leur sentence soit de nul effect.

Item. Que en cause civille contre les Turcqs, carrachiers[1] ou autres subgets du G. S. les marchans et subjectz du Roy ne puyssent estre demandez, molestez ne jugez si lesdicts Turcqs, carrachiers et subgetz du G. S. ne monstrent escritures de la main de l'adversaire ou coget (c'est instrument) du caddi, baille ou consul, hors de laquelle escriture ou coget, ne sera vallable ne receu aucun tesmoignage de Turcq, carrachiers ne autre en quelque part que ce soit de l'estat et seigneurie dudit G. S. et les caddi, sousbassy ne aultres ne pourront ouyir ne juger lesdicts subgetz du Roy sans la présence de leur dragoman.

Item. Que en causes criminelles, lesdits marchans et autres subgetz du Roy ne puyssent estre appellés des Turcqs, carrachiers ne autres devant les caddis ne autres officiers du G. S. et que lesdits caddis ne officiers ne les puyssent juger : ains sur l'heure, les doyvent mander à l'excelse Porte, et en l'absence d'icelle Porte, au principal lieutenant du grand Seignr, là où vaudra le tesmoignage du subget du Roy et du carrachier du G. S. l'un contre l'aultre.

Item. Quant à ce qui touche la religion, a esté expressément promis, accordé et conclud que lesdits marchantz, leurs agentz et serviteurs et tous aultres subgetz du Roy ne puyssent jamays estre molestez ne jugez

1. Sujets non musulmans du Grand Seigneur payant l'impôt du Kharadj.

par caddis, sangiacbeys[1], sousbassy ne autres que par
l'excelse Porte seulement, et qu'ilz ne puyssent estre
faictz ne tenuz pour Turcqs, si eulx-mêmes ne le veul-
lent et le confessent de bouche sans viollence, ains leur
soit licite observer leur religion.

Item. Que lesdicts marchantz, leurs agentz et serviteurs ne autres subgetz du Roy, ne leurs navires, barques
ne aultres armemens d'iceulx, ne aussi l'artillerie et
munition, ne leurs mariniers, ne puyssent estre prins,
contraintz ne miz en œuvre contre leur gré et volonté en
aucun service, ne engarie[2], soit de mer, soit de terre,
pour le G. S. ou pour autre.

Item. Si ung ou plusieurs subgetz du Roy ayant
faict contract avec quelque subget du G. S. prins de luy
marchandise ou faict debte, et puis sans avoir satisfaict,
s'absente de l'estat dudit Seig[r], que le dit baille, consul,
parens, facteurs ne autre personne subgete du Roy ne
puysse, pour telle cause, estre aucunement contraincte
ne molestée; ne semblablement le Roy ne soit tenu en
cella, mais seulement doyve sa Mg[é] faire administrer
bonne justice au demandeur sur la personne et biens
dudict débiteur, s'ils se retrouvent en son royaume ou
seigneurie.

Item. Tous marchantz et subgetz du Roy en toute
part de la seigneurie du G. S. puissent librement tester,
et mourant de mort naturelle ou violante, que toute leur
robe, tant en deniers comme en toute autre chose, soit

1. Gouverneur militaire.
2. Corvée.

distribuée selon le testement; et mourant ab intestat, ladite robe soit restituée à l'héritier ou à son commis par les mains ou auctorité dudit baille ou consul, au lieu où sera l'un ou l'autre, et là où il n'y aurait ne baille ny consul, soit ladite robe mise en sauveté par le cady du lieu, soubz l'aucthorité dudit G. S., faisant d'icelle premièrement inventaire en présence de tesmoins; mais où seront lesdits baille et consul, qu'aucun caddy, battelmagy[1] ne autre se puysse empescher de ladite robe, ains si elle estoit en mains d'aucuns d'eulx ou d'autre et que lesdits baille ou consul la requissent premier que ledit héritier ou son commis, qu'incontinant, et sans contradiction, elle soit entièrement consignée audit baille ou consul ou à leurs commis, pour puys après estre restituée à qui elle appartient.

Item. Que, à l'instant que le present traitté sera confermé par le dit G. S. et Roy, à l'heure soient hors de captivité et miz en pleine liberté toutes les persones et leurs subgetz qui se trouveront respectivement esclaves acheptés, prisonniers de guerre ou autrement détenuz, tant èz mains des susdits Seigneurs comme de tous leurs subgetz, en gallères, navires, et tous aultres lieux et pays de l'obéissance desdits deux Seign[rs] à la requeste et affirmation de l'ambassadeur, baille ou consul du Roy ou des leurs à ce commis; et si aucun desdits esclaves avoit changé de foy et de religion que ce néantmoins la personne soit libre; et espécialement, que d'icy en

---

1. Beitul Maldji, receveur du fisc.

avant, aucun desdits grand Seig^r et Roy ni des cappitaines, hommes de guerre ne d'autres subgetz tributaires
ne leurs mercenaires en aucune manière, ne doyvent, ne
puyssent, tant en mer comme en terre, prendre, achepter, vendre ny retenir pour esclave ne prisonnier de
guerre l'un l'autre; ains, si aucun corsaire ou autre
homme des pays de l'un des susdits Seigneurs attentoit
de faire prinse ou violence sur la robe ou les personnes
de l'obéyssance de l'autre Seig^r, puisse et soit tenu le Seig^r
du lieu où à l'instant sera trouvé le malfacteur, le punir
comme infracteur de paix, à l'exemple des autres, et
néantmoins restituer à l'offencé ce que en la puyssance
du malfacteur se trouvera luy avoir esté prins et ousté;
et, si ledict malfacteur eschapoit tellement qu'il ne fut
prins et puny à l'heure, soit et s'entende avec tous ses
complices, bany de son pays, et toute leur robe confis-
quée à son Seigneur souverain, lequel néantmoins faira
punir le malfacteur et ses compaignons, si jamays se
trouvent en son pouvoir, et de ladite confiscation sera
réparé le domaige de l'offencé, son recours (estant) pour
cest effect au protecteur de la présente paix, qui seront
lesdits charlesquier Soltan, de la part du G. S. et le
grand Maistre de France pour la part du Roy.

Item. Que, quand l'armée de mer de l'un desdits
G. S. et Roy rencontreront aucun navire des subgetz de
l'autre Seig^r, seront tenuz de baisser les voyles et lever
les banières de leurs Seig^rs, affins que estans par là
cognuz, ne soient prins, retenuz ne aucunement molestez
de ladite armée ne d'aucuns particuliers d'icelle, ains si

tort ou domaige leur fut faict que le seig^r de l'armée soit tenu soubdainement de le réparer, et si les navires particuliers des subgets desdits Seigneurs se rencontreront l'un l'autre, chascun doybve haulser la banière de son seigneur et se salluer d'un coup d'artilherie, et respondre au vray, s'ilz sont demandés qui ilz sont, sans toutesfois que despuys les parolles et recognoissance, l'un entre par force ne visite le navire de l'autre ny lui donne aucun empeschement soubz quelque coleur que ce soit.

Item. Que arrivant ez portz et bord de mer du G. S., aucun navire des subgetz du Roy, par fortune ou autrement, leur soit administré vivres et autres choses nécessaires en payant raisonablement sans les contraindre à descharger pour payer le comerce [1] : ains soient laissés aller où il leur plaira; et venant à Constantinople, quand sera pour s'en partir, ayant prins et payé le coget [2] de l'emin [3] et estant cherché et visité de la part dudict emin, qu'il ne doyve ny puysse estre visité en aucun lieu, sinon aux chasteaulx du desdroit de Gallipoly, sans pouvoir payer plus là ne ailleurs aucune chose pour la sortye au nom du G. S. ny de ses officiers.

Item. Que, si quelque navire des subgetz desdits Seig^{rs}, par fortune ou autrement, se rompoit ou fit naufrage aux lieux et juridiction de l'autre Seigneur, que les personnes qui échapperoient de tel péril restent libres et puyssent recueilir toute leur robe entièrement :

---

1. Droits de douane.
2. Certificat.
3. Directeur de la douane.

et estans tous mortz au naufrage, toute la robe qui se
sauvera soit consignée audit baille et consul, ou aux
leurs à ce commis, pour la rendre à qui elle appartiendra,
sans que le cappitaine général de la mer, sangiacbey,
sousbassy, ou caddy ne autres subgetz ne officiers desdits Seigneurs n'y puissent, sous peyne d'estre punis,
prendre ou prétendre part aucune, ains debvront donner
faveur et ayde à ceulx que touchera de recouvrer ladite
robe.

Item. Si quelque subget du G. S. avoit perdu ung
esclave qui luy fust fouy, tel subget, soubz prétexte de
dire que l'esclave eust parlé ou practiqué en la nave ou
la mayson d'ung subget du Roy, ne puisse contraindre
le subget du Roy à autre que à chercher au navire et en
sa maison, et si l'esclave y estoit trouvé, que le receleur
soit débitement puny par son baille ou consul, et l'esclave rendu à son maistre, et si l'esclave ne se trouvoit
au navire ny en la maison, lesdits subgetz du Roy ne
doyvent ny puyssent estre tenuz ne molestez pour cest
effect et conte.

Item. Qu'aucun des subgetz du Roy qui n'auroit
habité dix ans entiers et continuelz ès pays dudict G. S.
ne doyve ne puysse estre contraint à payer tribut, car-
rach, avanie, taxe, asaps[1], vogueurs, ne à faire garde aux
terres voisines, magasins du G. S., travailler à l'arsenal
ne à d'autre quelconque angarie[2], et que ès pays du Roy
soit faict le semblable et réciproque aux subgets du G. S.

1. Réquisition militaire pour la garde des portes d'une ville.
2. Corvée ou taxe arbitraire.

Item. Le Roy de France a nommé la sainteté du Pape, le Roy d'Angleterre son frère et perpétuel confédéré, et le Roy d'Escosse, ausquels se laisse en eulx d'entrer au présent traité de paix, si bon leur semble, avec condition que, y voulans entrer, soient tenuz dans huict moys envoyer au G. S. leur ratification et prendre la sienne.

Item. Que les grand Seigneur et Roy de France envoyeront l'un à l'autre, dans six moys, les confirmations du présent traitté en bonne et due forme de l'observer, et commandement à tous leurs lieutenens, juges, officiers et subgets de l'observer entièrement, et le faire observer sans fraude de point en point, et affin qu'aucun n'en prétende cause d'ignorence despuys que les confirmations auront esté données d'une part et d'autre, ceste paix sera publiée à Constantinople, Alexandrie, Marseille, Narbonne et aultres lieux principaulx, terrestres et maritimes, de la juridiction, royaulmes et estatz desdits Seigneurs.

III.

Articles accordez par le Grand Seigneur en faveur du Roy et de ses subjets, à Messire Claude du Bourg, Chevalier, sieur de Guerine, Conseiller du Roy et Trésorier de France : pour la liberté et seurté du traffiq, commerce et passage és pays et mers de Levant :

De par le Roy, cher et bien aymé, d'autant qu'il est besoin faire savoir et entendre en plusieurs endroicts de nostre Royaume, la capitulation puis n'agueres faicte par le sieur de Guerine entre nous et le Grand Seigneur concernant le traffiq et commerce de Levant et en faire plusieurs et diverses coppies : nous avons advisé que pour éviter aux fraiz et aussi à la longueur du temps qu'il conviendroit employer, vous commander par la présente signée de nostre main, que vous ayez au plus tôt qu'il vous sera possible à faire imprimer ladicte capitulation, selon la traduction cy en close, qui en a esté faicte d'icelle. Ce que nous vous mandons et ordonnons faire, et en sorte que ce que vous ferez imprimer pour la première fois, puisse suffire partout où l'on en aura besoin. Si gardez d'y faire faute : car tel est nostre plaisir. Donné à Argentan, le dix septiesme jour de juin, mil cinq cens soixante-dix.

Signé : CHARLES.

Et au dessoubz :

DE L'AUBESPINE.

Articles accordez par le Grand Seigneur en faveur du Roy et de ses subjets, à Messire Claude du Bourg, Chevalier, sieur de Guerine, Conseiller du Roy et Trésorier de France : pour la liberté et seurté du traffiq, commerce et passage és pays et mers de Levant[1] :

Sultan Selin, fils de Sultan Soliman, Roy.
Seing sacré, nom très-hault, habitation des Rois,

---

1. La traduction de ces capitulations est loin d'être exacte, surtout

seing beau des Rois du monde, et puis avec l'ayde de Dieu, ce commandement est tel qui s'ensuit.

Est à noter, qu'en l'original et au milieu du précédent et subsequent article, le seing du Grand Seigneur est faict et escrit en lettres d'or.

Je, qui suis Roy des Roys, seing du peuple et des Princes de la face de la terre, donateur des couronnes de la mer Blanche et Noire, des pays de la Grèce, Asie, Arabie et d'autres pays qui avec nostre trenchante et victorieuse espée sont conquis et renduz. Avec la grâce de Dieu, Empereur et Roy, Sultan Selin, filz de Soliman, Roy, la court de notre residence, qui est l'appuy des justes, et le tres grand ordre qui est soubz nos mains, lequel est lieu de seureté pour les Roys du monde et des autres peuples qui cheminent à l'entour d'iceluy.

Entre les tres grands Princes de la religion de Jesus le plus grand, et des plus grands princes chrestiens le majeur, l'Empereur de France, Charles, la fin duquel soit avec tout bien et prosperité, par l'un d'entre ses conseilliers et honorez Seigneurs qui est le Seigneur de Guerine, Trésorier de France et grand Seigneur de la nation de Nazaret, Claude Du Bourg, son homme, Nous a envoyé ses lettres, et par iceluy, entre autres

pour le préambule et la conclusion. L'original est rédigé en turc et non en arabe, comme le certifie Olivery.

Cette pièce a été imprimée à Paris le 27 novembre 1570; à Lyon, chez François Didier, à la fin de la même année. Enfin il en a paru une nouvelle édition en 1578 : Lyon, Melchior Arnouillet.

choses, nous a encores faict entendre que l'Empereur de
France son maistre trouvoit merveilleusement dur et
estrange, que contre les debvoirs d'amitié et au par-
dessus d'un commerce et trafficq franc et libre, institué
de temps en temps et de père en fils, soubz la bonne
foy, soubz la parolle, soubz les escrits, soubz la parfaite amitié et mutuelle intelligence de deux si grands
Empereurs, aurions faict prendre en nostre port et havre
d'Alexandrie, des subjects dudict Empereur de France
certaines marchandises et icelles faict illec vendre au
proffit du Seigneur de l'isle Naxie, nommé Joseph,
autrement dit Miques [1], pour raison d'une debte (non
liquide, ne recogneuë) qu'il prétendoit lui estre deuë
par ledict Empereur de France. Et pour que ceste
seulle occasion les grands galions et autres vaisseaux
dudict Empereur de France ont coustume venir par

[1]. Joseph Miquez, Portugais, était arrivé à Constantinople en 1547,
porteur de lettres de recommandation de M. de Lansac, ambassadeur
du Roi à Rome, pour M. d'Aramon.

Pendant son séjour à Constantinople, il embrassa la religion judaïque
pour épouser la fille d'une femme juive fort riche, Béatrix de Luna. Il
renonça à son nom de Jean pour prendre celui de Joseph. Il devint le
favori et le commensal de Sultan Selim II, qui lui promit, dans un
moment d'ivresse, le royaume de Chypre, dont Miquez lui avait représenté la conquête comme facile.

Le grand vizir Thavil Méhémed Pacha fit revenir le Sultan sur cette
promesse inconsidérée, et Miquez dut se contenter de la souveraineté
des îles de Naxos, Paros, Antiparos et Tinos.

Joseph Miquez mourut en 1578. On trouve quelques détails sur ce
personnage dans le *Voyage de M. d'Aramon,* publié par le marquis
d'Aubais, dans le Ier volume des *Pièces fugitives, pour servir à l'histoire de
France.* Paris, 1759, in-4°, et dans l'*Histoire nouvelle des anciens ducs et
autres souverains de l'Archipel* (par le P. Saulger). Paris, 1699, in-12.

deça, soubz son nom et bannière, comme Genevois, Siciliens, Anconnetois et autres. Sur quoy nous disons qu'il nous desplaist grandement que l'affaire ait ainsi passé, et que ledict Empereur de France et nous, ainsi que nous luy avons bien particulièrement escript et faict entendre, ayons esté en cela circonvenuz et abusez. Car, de nostre part, nous avons jusques icy tousjours creu et pensé que telle estoit son intention (comme à la verite l'on nous en avoit asseurez), voire que par apres il satisferoit les marchands interessez selon le priz et valeur des marchandises prinses et si des lors, nous eussions sceu que ledict Empereur de France n'eust eu aucune cognoissance de cecy et ne l'eust consenty, il est bien certain que pour chose de ce monde ne l'eussions jamais permis, ne en aucune manière eust esté faict ou donné ausdicts marchans et à leurs vaisseaux aucun empesche- ment ou fascherie. Et maintenant que ledict sieur de Guerine nous a asseurez que le Roy son maistre ne sçait rien de tout cecy et n'y a onques consenty, nous avons des aussitost revoqué ladicte concession et avec cela ont esté envoyez et mandez aux Seigneurs mes esclaves et aux Juges et Daissiers[1] qui sont en noz pays et citez et semblablement en touś noz ports et havres, noz trez hauts commandements, contenant que aux sub- jectz de France ne autres qui cheminent soubz son nom et bannière, qu'à nul soit donné aucune fascherie ou empeschement, requérant iceluy sieur de Guerine la

___
1. Agents des finances.

restitution desdictes marchandises prinses et par mesme moyen, que les tres hautes capitulations et commandemens tant vieux que nouveaux, qui auparavant et du temps de feu mon pere Sultan Soliman Roy, à qui Dieu pardonne, face miséricorde et colloque en paradis, ont esté concédez aux ambassadeurs des Empereurs de France, à leurs consuls, interpretes, marchans et autres personnes, soyent pour ceste cause observez. Et nous estant tout cela notifié en nostre tres heureux Siége et grandissime nostre Empire (comme chose à nous encores tres agréable) les avons acceptez : et, en oultre, concédé et accordé par ceste présente nostre capitulation prochaine de justice. Et si avons protesté et ordonné, que tant en Alger, comme en autres nos dictz pays et citez, que si quelque chose a été prinse des dictz marchands de France, soit pour le regard du dict Joseph, que pour autre occasion (reservé seulement la dicte premiere prinse) le tout soit restitué à leurs patrons et maistres. Et qui contreviendra à nostre dict commandement (estant du degré tres haut) certainement sera chastié. Et pour s'estre, lors de la prinse des dictes marchandises, le dict Joseph trouvé grandement débiteur en divers lieux, de ceste heure là, ses créditeurs se sont saisiz et emparez des dictes marchandises, au moyen de quoy ne nous a esté possible les faire rendre et restituer à leurs dicts maistres. Et sans cela n'y eust aucune dilation ny difficulté, mais en estoit la restitution tres certaine aux dictz marchands. Par ainsi peuvent venir en tout temps, en toute liberté et seureté, par tous nos pays et citez ports et havres, les dessus dictz galions et autres vaisseaux. Car tant et si longuement, que les pactes d'amitié ont esté par eux observez : de nostre part, encore leurs personnes deniers, vaisseaux, robbes et marchandises, qui pour raison dudict commerce, ou pour autre occasion envoyent en nos dictz pays et citez, n'ont esté empechez, ne molestez ny parvenuz en aucun dommage. Et tout de mesmes promectons que d'icy en hors et sans aucun doubte, ne seront-ils empeschez ne offensez.

I.

Si par adventure, la mer, la fortune leur apportoit quelque nécessité, ou aultrement en aultre besoing, voulons que ceulx qui se trouveront lors presens, comme gens de noz vaisseaux impériaux que aultres leurs donnent tout secours et ayde. Et que le chef et lieutenant desdicts galions soit pour cause de l'honneur de capitaine observé et honnoré, leur faisant avec leurs deniers administrer toutes provisions et choses nécessaires sans permettre ou laisser permettre que à aucun d'eux soit faict aulcun empeschement.

II.

Si la dicte mer boutait en terre leurs dicts vaisseaux, nos juges ordinaires et autres leur porteront tout aide : et les marchandises et deniers qui se sauveront leur seront justement renduz sans aulcun destourbier ne fascherie. Et que cela soit observé tant par mer que par terre en l'endroit des dicts François qui cheminent pour leurs affaires en nos dicts pays, se contenant pacifiquement en leurs termes.

III.

Par ainsi, les marchans et hommes de ce pays là, leurs interprètes, peuvent venir tant par mer que par terre en nos pays et citez pour vendre, achepter, faire traficq de marchandises : Et après avoir payé par eux tant à l'aller que venir les daces ordinaires, selon les coustumes d'entre nous, voulons que des capitaines et patrons qui cheminent en nos mers, ne aussi des autres peuples de nos armées, tant à eux, leurs hommes, robbes et deniers ne soient donné aucun trouble, ne fascherie.

IV.

Au cas que aucun des dicts François se trouve débiteur, ou en quelque autre sorte, feust coupable et s'enfuist, a esté accordé que la debte sera demandée au propre débiteur et que nul autre sera prins, ne demandé pour luy, ne pour le délinquant, prins autre innocent.

V.

Advenant le decès d'aucun d'eux, nul ne fera empeschement à ses biens et deniers, mais seront baillez à celui à qui ilz seront délaissez par testament. Et s'il mourroit sans tester, lesdicts biens et deniers, du consentement des consulz, seront baillez à un compagnon du décédé, estant du pays de France ou des lieux submis à la France.

VI.

Lesdicts consuls, interprètes et marchans faisant achapt ou vente de marchandises en nos dicts pays et citez, advenant qu'en cela soit question de seureté, pleige, recognaissance ou d'autre chose raisonnable, voulons que les dictes seuretez, promesses et recognaissances soient escriptes et enregistrées au registre du juge ordinaire du lieu, ou bien qui s'en prenne instance ou obligation. A ce que, quand il entreviendra quelque différend, l'on puisse auoir recours aux dicts registres ou instrumens, et que à cela soit distinctement cru et adjousté foy. Et ne se trouvant l'un ou l'autre de ces deux là, mais seulement une demande pour examiner tesmoings, a este arresté, que pour le temps qui ne se trouvera (comme disent) instrument passé par les juges ordinaires ou aucune chose enregistrée en leurs dicts registres, semblables causes ne seront escoutées, ne contre la raison permis faire faute.

VII.

Et par ce que bien souvent aucun font des cavillations ou faulses accusations contre les dictz marchans françois, disans qu'ils ont vitupéré les dictz, produisant faux tesmoings pour tirer seulement argent des ditz accusez, d'orenavant, les dictz accusateurs seront rebu-- tez et chassez sans permettre molester ny fascher les dictz François contre la noble raison.

VIII.

Advenant qu'il se trouve esclaues François ou qui se soyent submis à la France et que leurs consuls certifient estre François, voulons que semblables esclaves et leurs maistres ou du moins leurs procureurs, soyent incontinent mandez et envoyez à nostre tres haulte cour et suitte, à ce que en icelle leurs causes soyent vues et entendues.

IX.

De France et des lieux à elle submis, les hommes qui habiteront nos dits pays et citez, mariez ou non mariez, faisans traficz de marchandise ou autre exercice, de ceux-là ne sera demandé tribut.

X.

Es portz et havres d'Alexandrie, Tripoly de Sirie, Alger et autres lieux où sont establis leurs dicts consuls, advenant qu'ils les veuillent changer et mettre en leurs places personnes dignes de tels offices, nul y fera empeschement.

XI.

Et quand il s'intentera quelque proces ou débat avec les dicts François et que pour la décision d'iceluy, ils yront devant le juge ordinaire et que lors le propre interprete des dits François ne se trouvera present, iceluy juge n'escoutera les dicts differens. Mais estant le dict interprète et truchement en service d'importance, sera attendu jusques à son retour. Aussi ne faut-il qu'ils facent cavillation, disans ledit interprète n'estre présent et ne l'entretiendront, ains le prépareront.

XII.

Si les dicts François ont desbat et differend l'un auec l'autre, leurs ambassadeurs et consuls, selon leur conscience, decideront les differens sans que nul aye à les empescher.

XIII.

Si les fustes des coursaires font esclaves les dicts Français ou les portent vendre bien au loing, comme en la Grece ou Natolie, voulons que quand les dicts esclaves seront retrouvez, qu'avec toute instance se face diligence de sçavoir en quelle main ils sont, de qui l'on les a euz et qu'ils soient contraints de les trouver et représenter. Et tout de mesme, celuy qui les aura venduz. Et si c'est sous le nom de coursaire et que le dict coursaire est trouvé et prins, qu'il soit chastié au

cas que le dict esclave soit trouvé véritablement François. Et si ledict esclave s'est faict Turc, qu'il soit
libre, le laissant aller, et s'il est encore soubz sa
foy chrestienne, qu'il soit de nouveau consigné aux
François.

XIIII.

Les vaisseaux de France, selon la coustume et les
canons[1], après la recherche faicte à Constantinople, par-
tent et s'en vont au destroit des Chasteaux, et là, devant
iceux se fait une autre recherche, et cela faict, l'on leur
donne licence de partir. Mais maintenant qu'avons esté
advertis que, contre les dictes observances et anciens
canons, les dicts vaisseaux se recherchent encore en
Galipoly, partant, voulons que selon les dictes anciennes
coustumes lesdits vaisseaux soyent seulement recherchez
audict destroit des Chateaulx et que de là en hors, ilz
continuent leur voyage.

XV.

Quand nos armées, vaisseaux et galères qui
marchent sur la face de la mer en nos dictz pays
et citez, trouveront en mer les vaisseaux et navires
de France, voulons que les uns avec les autres fassent
caresses et amitié, et ne se facent aucun dommaige
ne offence.

1. Réglements.

XVI.

Voulons aussi que toutes les choses contenues et escriptes en la nostre tres haute Capitulation accordée et baillée aux Vénitiens, qu'elles soyent et demeurent encores certifiées en faveur des François. Et que contre nostre puissante raison et très haute Capitulation, nul ne l'empesche et donne moleste.

XVII.

Que les dessudicts galions et autres vaisseaux, des lors qu'ilz seront venuz en nos dicts pays et citez, soyent gardez et conservez, et s'en retournent avec toute liberté et seureté. Et advenant que leurs robbes ou deniers se trouvent depredez, soit faicte toute instance et diligence à ce que cela vienne en lumière et que les delinquans (quelz qu'ils puissent ou veuillent estre), soyent chastiez comme il se requiert.

XVIII.

Noz lieutenans généraux de noz provinces, gouverneurs, capitaines non esclaves, les juges ordinaires des lieux, dassiers, maistres et capitaines de noz vaisseaux imperiaux et d'autres vaisseaux voluntaires, croyront la presente nostre tres haute Capitulation, et au contraire d'icelle n'iront ne monstreront le visage. Et de nostre part, cependant que les dicts François auront le pied ferme à la droite voye et à nostre amitié, nous encores sur la promesse des choses cy dessus narrées acceptons la dicte amitié et jurons que par le vray Nutriteur et Créateur du ciel et de la terre, et par les âmes de mes anciens et grands ayeuls et de mondict père, que encores de ceste nostre part et contre nostre dicte promesse, ne sera faicte aucune chose. Et cecy saiche tout le monde. Et à ce très-grand et sacré Seing doibt prester foy et créance.

Escript en la ville et cité de Constantinople au commencement de la lune de Kuinàmayel (Rebi'ul evvel) l'an neuf cens soixante et dix–sept.

Et de Christ 1569 au mois d'octobre.

Traduction faicte à l'original estant en langue arabicque, signée dudict Grand Seigneur, par Dominico Olivery, soussigné, truchement et interprète du Roy en ladicte langue.

Ainsy signé.

Dominico Olivery.

IV.

LETTRE DU ROY AU GRAND SEIGNEUR

Du 6 janvier 1581. Receue le 10 de May par le Sr Berthier.

Tres hault, tres excellent, tres puissant, tres invincible et magnanime prince, le grand Empereur des

Monsulmans, Sultan Amurat, en qui tout honneur et vertu abondé, nostre tres cher et parfaict amy, Dieu veuille augmenter vostre grandeur et hautesse avec fin très heureuse.

Nous avons eu les lettres que nous a voulu escrire Vostre Hautesse, du 15 de juillet dernier passé, esquelles en nous faisant responce sur plusieurs des nostres que luy avions auparavant escrit, elle nous donne un excellent et remarquable tesmoignage de la continuation de son amitié parfaitte et sincere en ce qu'à la premiere requisition qui luy a esté faicte de nostre part sur le renouvellement des capitulations qui ont esté entre nostre couronne et vos prédecesseurs d'heureuse et louable mémoire, Vostre Hautesse a incontinent commandé qu'il y fût satisfaict, nous faisant en cela une claire ouverture de son entière affection, laquelle nous recevons à grand plaisir. Toutesfois, nous avons sceu par le sieur de Germigny nostre ambassadeur resident prez de Vostre Hautesse qu'il n'en est encores reussi aucun effect, quelque instance qu'il ayt faict un an en ça, et causant cela beaucoup de dommages et inconvénients pour le traffic de noz subjects, selon les plaintes que nous en recevons ordinairement. Nous sommes contraints de vous prier de vouloir faire efectuer le renouvellement des dictes capitulations lesquelles, à cette fin, il vous plaira commander estre recherchéez parmy les registres de Vostre Hautesse en cas que d'icelle ne s'en treuvast un original ès mains de nostre ambassadeur; cependant nous vous promettons que, suivant le contenu en icelles, et les commandements qu'avez par plusieurs fois accordez en faveur du seur et libre traffic de nosdits subjects, ils recevront tousjours de vostre grace Imperialle toute faveur, bon et honnorable traictement et seront garantis ès pays de vostre obeyssance d'injures et dommages, tant en leurs biens, marchandises qu'en leurs propres personnes : de quoy, derechef, nous vous prions autant affectueusement qu'il nous est possible, mesmement pour ceux qui pouvoient estre detenus esclaves, sur la délivrance desquels nous desvions intervenir vostre prompt commandement a ce que la renommée de la sincère observation de toutes choses qui conviennent à nostre commune et inviolable amitié soit tant plus espanduë par tout le monde et que vous soyez connu juste vengeur des torts et injures qui sont faictes à ceux qui appartiennent à vos alliez.

Nous ne pouvons aussi celer à Vostre Hautesse le grand contentement qu'elle nous a donné en la declaration qu'elle a faicte, selon son equitable justice, sur la précédence que nos ambassadeurs ont tousjours eue en toutes assemblées et congregations avant tous autres Roys chrestiens. Nous nous sentons semblablement fort obligez à elle de l'offre qu'elle nous fait de son aymable secours, en cas que nous en eussions besoing, desirans qu'elle nous veuille perpetuellement conserver ceste bonne volonté, veritablement digne d'un si haut et si magnanime courage que le vostre, avec asseurance que de nostre part, nous luy rendrons en toutes occasions une pareille et reciproque correspondance qui fera connoistre a ung chascun que nous ne défaillons en rien de l'amitié et bien-veuillance que nous devons à la vostre, mais que nous la meritons avec tous bons et louables offices, ausquels nous sommes bien deliberez de ne manquer en sorte du monde, y estant conviez, parce que nous voyons qu'en toutes les requisitions que nous faisons à Vostre Hautesse, elle se montre fort favorable, comme elle a faict recentemment au sauf conduit qu'elle nous a voulu envoyer pour le regard du prince de Vallaquie, afin de pouvoir soubs une protection, entrer en possession de la dicte province : de quoy nous vous prions autant affectueusement qu'il nous est possible par la présente, oultre ce que nous luy escrivons d'ailleurs et ne l'estendrons pas plus avant que pour la prier qu'elle veuille croire nostre dict ambassadeur de toutes aultres choses qu'il luy pourra dire de nostre part, et luy adjouster sa mesme foy qu'elle feroit à nostre propre personne. Ayant, oultre cela, à la supplier, comme nous faisons bien affectueusement qu'elle veuille, pour l'amour de nous honnorer, Aly Cheleby l'ung de voz escrivains, fort affectionné à nostre service, de la charge de Mustaferaga[1], avec quarante aspres le jour, lequel nous luy recommandons d'autant plus volontiers qu'il est trez fidel à l'entremise des affaires d'entre Vostre Hautesse et nous ausquelles il a esté deputé, et sur ce, nous supplierons le Créateur, tres hault, tres

---

1. Muteferrika, cavalier pourvu d'un fief. Les Muteferrika étaient souvent chargés de missions par le Sultan.

excellent, tres puissant, tres invincible et magnanime Prince nostre tres cher et parfaict amy, qu'il vous ayt en sa tres saincte et digne garde.

Escript à Bloys le 15e jour du mois de janvier 1581. Et au dessoubs : Vostre bon et parfaict amy.

HENRY.

Et plus bas :

DE NEUFVILLE.

V.

LETTRE DU ROY A SINAN BASSA, PREMIER VIZIR DE LA PORTE ; SUR LE RENOUVELLEMENT DES CAPITULATIONS ACCORDÉES ENTRE LES ROYS SES PRÉDÉCESSEURS, ET LE GRAND SEIGNEUR.

Très Illustre et Magnifique Seigneur, le Sieur de Germigny nostre Conseiller, et ambassadeur, résident prés du grand Empereur des Monsulmans, nostre très-cher et parfaict amy, nous a bien informé par plusieurs de ses lettres du grand lieu et rang que vous tenez près de Sa Hautesse, à cause de vos loüables vertus et mérites, qui est cause que, conjecturant par là que vous sçaurez mieux juger que nul autre, de combien il importe que l'amitié et bien-vüeillance qui a esté dés long-temps entre ses prédécesseurs et les nostres, soit conservée et maintenuë : Nous vous prierons que vous vous employez volontiers, selon que les occasions s'en pourront présenter, pour le renouvellement des anciennes Capitulations qui ont esté sur ce faites; à ce qu'au plûtost il se puisse effectuer, en quoy outre que vous ferez chose qui servira infiniment à la conservation de nostre dite amitié, nous le recevrons à singulier plaisir, et nous vous en sçaurons infiniment bon gré. Nous vous prierons aussi, qu'ayant jà Sa Hautesse eslargy sa grâce et bonté envers le Prince de la Grande Vallaquie en luy accordant sauf-conduit pour se transporter de delà, vous vueillez ayder qu'il l'accomplisse entier, et en le faisant mettre en la possession et joüyssance de la susdite Province; ainsi que de toutes ces choses, il vous sera plus amplement parlé de nostre part, par nostre dit ambassadeur, qu'il vous plaira de croire comme nous mesmes.

Priant Dieu, très illustre et magnifique seigneur qu'il vous ayt en sa très saincte et digne garde.

Escrit à Bloys.

HENRI.

Et plus bas :   BRULART.

VI.

Capitulations du Roy avec le Grand Seigneur, confirmées et renouvelées de
Monsieur de Germigny, Conseiller et
Ambassadeur, résident pour sa Majesté
a la Porte de sa Hautesse, du mois de
juillet 1581.

IDDIO SOLO.
DIEU SEUL.

Seing Sacré : Murad Sciah, Roy, Fils de Selim
Sciach Hhan, Empereur tousiours victorieux.

Par la grace et la divine Majesté, qui n'a commencement ny fin, et de ce miraculeux chef des Prophètes,
que le regard de Dieu soit sur luy et sa famille, les
miracles duquel sont infinis : Je, qui suis Sultan, Roy ou
Prince des Sultans, le premier et plus puissant de tous,
seing des princes, donnateur des couronnes aux princes
de la face de la terre; serviteur des deux très sacréz et
augustes lieux, lesquels sont les suprèmes lieux de
toutes les citez de l'Empire, assavoir, la Mecque et
Médine, Gardien et Ministre de Jérusalem saincte ; de la
Grèce, et Temisvar (Province en Hongrie); et du pays de
Bossena[1] et de Bude, et Seghituar (Seghet), du pays de

1. La Bosnie.

la Natolie, et Caramanie et de l'hoirie et succession d'Imadie[1] et Van; du pays d'Arabie et générallement de Curdistan, (Parthes) et de Cara[2], et la Georgianie[3], et Demir Coppi[4] et Tifflis; et partie du pays de Siruan[5], et Crim[6] et Deschti Cupeiac[7], pays nouvellement conquis avec nostre foudroyante espée pointée aux cœurs de toutes les susdites parties, et de Cypre, et du pays de Zulcader[8] et Cerezul[9], et de Arbechir[10] (Mesopotamie), et de Alep et Derum[11], et Cilder[12] et Arzerum et Sciam[13], et Damas, et Baydat[14] (Babiloine) et Chiofé[15], et Basra, et Pacha[16], et Seuahim[17], et Sanha[18] et Misir (Égypte et Caire), et Iemen et Habes[19], et Aden, et de tous ces pays; et de Tunis et la Goulette, et de Tripoly de Barbarie et d'autres pays estrangers; lesquels, avec l'ayde de

1. Amadiyè, dans la province de Van.
2. Cars, dans la province d'Erzroum.
3. La Géorgie.
4. Demir Capou. La province de Derbend.
5. Le Chirvan.
6. La Crimée.
7. Dechti Kiptchak.
8. La province de Zouldakir en Anatolie.
9. Chehirzor, province du Curdistan.
10. La province de Diar Bekr ou Diarbekir.
11. Daroum.
12. Tchildir, dans la province d'Erzroum.
13. Châm. La Syrie.
14. Bagdad.
15. Coufa.
16. Lahssa, port sur la mer Rouge, province du Nedjd.
17. Sawakin, sur la côte occidentale de la mer Rouge.
18. Sanaà, dans le Yemen.
19. Habech. L'Abyssinie.

Dieu, sont soubmis à la force de nostre vertu bellique :
De tous ces pays Chef et principal Ministre; Dominateur
de tous les Princes des Couronnes, et suprème Monarque
de la mer Blanche et de la mer Noire, et des autres
divers pays, isles et confins et passages, et casals et
d'infinis centenaires, de milliers d'exercices, victorieux,
conservateur, dominateur et Empereur suprème, Sultan
Murad Hhan, fils de Sultan Selim Hhan, fils de Sultan
Soleyman Hhan, fils de Sultan Selim Hhan, fils de
Sultan Bayazith Hhan, fils de Sultan Mehemet Hhan,
fils de Sultan Murad Hhan, qui ie suis par le
bénifice de ce grand Créateur, soubs lequel tous
sont, lequel est invisible, et divine Majesté, et donnateur à toutes les couronnes du monde, la grace
duquel est manifeste, et ses graces sont innombrables et
infinies. A nostre très fameuse et Imperialle heureuse
Porte, laquelle est appuyée des lignées et maisons
nobles des Princes : Le plus glorieux Seigneur des
grands Princes des Jesuins, eleu entre les plus puissans
des fidels du Messie; compositeur des différends de
l'universelle géneration des Nozariens; distillateur des
continuelles pluyes de majesté et gravité; possesseur des
preuves et marques de grandeur et gloire, Empereur
de France Henry, la fin duquel soit avec tout bien et
prospérité; de ses honorez et plus estimez de la géneration du Messie, Baron du chasteau de Germoles, Jacques
de Germigny, Conseiller et Ambassadeur, Nous avons
réceu une sienne lettre signée et escrite, pure et sincère,
laquelle est tres vraye et tres certaine lettre sienne : que

d'ancienneté iusques à présent, de nos tres gracieux devanciers, ayeuls et bisayeuls, que le Tout–Puissant Dieu fasse reluire les remarques de leurs preuves, ayant esté avec eux, et de la part des Empereurs de France, entre eux ancienne amitié colleguée et affectionnée de bonne intention et intelligence ; desirant de sa Majesté qu'icelle ait à continuer, et estre confirmée, comme par le passé, à ce que aux ambassadeurs de l'Empereur de France et aux consuls, truchements et marchands, et autres vos subjets, ne soit donne fasche-rie ne empeschement, et pour demeurer en repos sous l'ombre et iustice nostre : qu'en l'heureux temps de nostre père Sultan Selim Hhan, que Dieu luy doint paix à l'ame, ont esté donnez les haults et heureux articles du traitté, après la mort duquel, Dieu m'ayant octroyé le siège Imperial, a esté derechef requis qu'ils soient renouvellez selon la teneur d'iceux. Dont selon qu'ils avoient esté accordez du temps de l'heureuse mémoire de mon père, je les reconfirme aussi en la mesme manière, que cette Imperiale Capitulation jurée laquelle est irrévocable, et en cette façon se publie :

Que des Venitiens en hors, les Geneuois et Anglois, et Portugais et Espagnols, et marchands Catellans et Siciliens, et Anconitains, et Ragusois et entièrement tous ceux qui ont chemine soubs le nom et banniere de France d'ancienneté iusques à ce jourd'huy, et en la condition qu'ils ont chemine, que d'ici en avant, il ayent à y cheminer en la mesme maniere.

Que les gallions et leurs nefs venans et retournans,

cheminans en l'exercice de leurs affaires, toutefois et quand que, de leur part, ils ne feront demonstration contre l'amitié, que semblablement de nostre part, les pactions et articles iurez, selon qu'il a esté cy devant iusques à ce iourd'huy, ayent a estre honorez et maintenus.

Que pour le surnommé Empereur de France duquel toute la race et lignée est suprème et renommée sur tous les Princes du monde qui sont soubs la generation du Messie, et lequel est le plus ancien et la clef de tous les Princes du monde et, outre de ce, de nos très hauts predécesseurs pères et ayeuls de leurs temps iusques à ce iourd'huy, n'ayant esté le plus grand, ny plus ancien, en la haute et heureuse Imperialle nostre Porte, ny plus cordial et affectionné que luy, de ceux qui y ont fait amitié, laquelle, de ce temps en ça, n'a jamais esté violée ny est suivy aucun manquement, ny s'est veu contrarieté entre nos deux Majestez, ains, s'est tous-jours icelle monstrée tres affectionnement, et avec con-federation establie et confirmée en nostre heureuse Porte, en tout ce qui a esté traicté et convenu à nostre heureuse et Imperialle Porte et nid nostre, où les Ambassadeurs de France resident, et eux venans en nostre Imperial Divan (Conseil), et quand ils iront aux Serrails et Palais de nos grands et honorez Vizirs, que au dessus des Ambassadeurs d'Espagne et autres princes des chrestiens, selon qu'il a esté d'ancienneté, ainsi soit à tousjours, et que les susdicts ambassadeurs de France ayent la precedence.

Et les François avec toutes leurs facultez, et autres biens et marchandises qui viendront et retourneront avec leurs gallions et autres leurs nefs et vaisseaux en tout temps aux eschelles, ports, et autres lieux soubs mon Empire et Estat, cheminants sur la foy et asseurance promise, qu'ils puissent, suivant icelle, aller et retourner seurement. Et, si par accident, pour la fortune de mer, et autres semblables causes, ils se retrouvoient avoir besoing et necessité de quelques secours, et qu'aux contours et environs se trouvassent galleres eslevées du Seigneur ou gens, ou autres Gouverneurs de ces lieux là, qu'ils ayent à les favoriser, ayder et secourir; et le Chef ou General de leurs gallions, à sçavoir, de France, et Lieutenans des Capitaines, en cause de l'honneur, qu'aucun ne leur donne nulle fascherie et s'ils avoient besoin pour leurs deniers d'aucunes choses nécessaires pour eux, ils les feront accommoder diligemment de toutes choses.

Et si par accident et combat de vents, leurs vaisseaux et navires alloient à travers en terre, que les Seigneurs Sangiacz et Cadis et autres leur ayent à ayder et favoriser, et qu'ils ayent à leur rendre en leurs navires toute la faculté, marchandise et deniers qu'ils sauveront, ne leur donnant empeschement aucun, et en toutes autres choses et particularité, tant par terre comme par mer, les François cheminans sincerement à leurs affaires, qu'il ne leur soit donné aucune fascherie ny ennuy.

Et les marchands de ces pays de France et truchemens et autres étrangers qui sont en leur protection et à eux appartenans, tant par mer que par terre, venans et retournans en nos pays, acheptans, vendans, et traffi-quans, et payans les daces ordinaires, selon les usances et le droict du Consul, apres qu'ils auront payé, tant en l'aller qu'au retour, que des Capitaines, Reys des Galleres du Seigneur, coursaires et volontaires, patrons et autres, qui cheminent sur la mer, et des gens de nos heureux exercites, aucun ne leur ait à donner fascherie ny empeschement, tant à eux comme à leurs marchandises, facultez et deniers, et aux hommes et à leurs montures, qu'il ne leur soit donné aucun empeschement.

Et si un François estoit debiteur à quelqu'un, que l'on ait à demander la debte au propre débiteur et, n'étant son pleige, qu'aucun ne soit pris ni demandé pour iceluy. Et si un estoit mort, qu'aucun n'empesche ses biens et deniers, mais qu'il soit donné, à qui il les laissera par testament; et, si par accident il mouroit ab intestat et sans faire testament, qu'avec le consentement du Consul ils soient donnez à un de ceux de son pays, et que les Petelmagi[1] commis au recouvrement des biens de la Seigneurie, mourant un estranger sans héritiers, ne les ayent à empescher, tant aux Françoys comme à tous les lieux à eux soumis.

Les marchands, truchemens, et Consuls qui traitteront et feront trafic de marchandises ès terres de mon obéissance et pour cause de pleigerie et autres diverses qui pourront survenir, qu'ils ayent à aller d'un consentement au Cady, Juge, en ecrire le sigillet, et le

---

1. Beit ul maldji, agent du fisc.

registrer au registre d'iceluy Cady, ou bien en prendre hhoget, c'est à dire instrument, et s'il estoit ou advint quelque differend entre eux, et qu'ils ayent à regarder au sigillet, ou au registre du Cady, ou bien au hhoget et selon le contenu d'iceluy qu'il en soit jugé. Et s'il ne se treuve un de ces deux instruments et voulant produire des faux tesmoings et faire intenter quelques procez et garbuges contre la justice, toutesfois et quantes que ne se verront hhogets ou qu'il ne sera enregistré dans le registre du Cady, à semblables hommes vous ne leur laisserez faire fausseté et ne leurs presterez l'oreille contre la raison et justice.

Et si aucuns font certaines avanies, c'est à dire, faulses accusations, disans que ceux là ont blaspheme la foy, produisans faux témoins seulement pour avoir deniers : partant contre la noble raison et droict vous ne permettrez qu'ils soient molestez et les susdits seront rebouttez et dechassez.

Et si un d'eux faisoit debte et auroit fait quelques delicts, et s'enfuit, que pour ce, autres qui ne soient pleiges ou bien coupables ne soient pris pour luy.

Et tous les esclaves qui sont soumis à la France, les Ambassadeurs et les Consuls certifians et attestans comme ils sont François, les maistres ou bien les procureurs de semblables esclaves soient envoyés icy à mon heureuse Porte pour y estre veues et descidées leurs causes.

Et tous les François et autres soummis à eux, mariez et non mariez trafiquans, contractans et negotians que l'on n'ait à leur demander carasse [1] ne tribut, tant en Alexandrie comme en Trypoly de Sorie et à Alger; et en toutes les autres eschelles où sont deputez et confirmez les Consuls, quand ils seront changez, tous ceux qui viendront en leurs lieux dignes de tels grades et offices, qu'aucun ne les ait à empescher.

Et si quelqu'un auoit proces et different avec les François et qu'ils allassent au Cady, et ne se trouvast le propre truchement des François présent et en ordre, que le Cady n'ait à écouter ledit different. Et, si par accident, le truchement estoit en service d'importance, qu'ils ayent à l'attendre jusques à ce qu'il soit venu. Toutefois qu'eux aussi n'ayent à user de cautelles, disans que le truchement n'est present, et n'usent de dilations; mais, qu'ils ayent à preparer leurs truchements.

Et si les François avoient l'un avec l'autre quelque proces et different, que leurs Ambassadeurs et Consuls ayent à voir et decider selon leurs usances leurs proces et differents, et qu'aucun ne les ait à empêcher.

Et si les fustes des coursaires alloient par mer faisans les François esclaves et les portant vendre en Grece ou en Natolie, que l'on ait à faire diligemment recherche generalle pour tels esclaves avec grande instance, et en toutes mains où ils se trouveront que l'on leur fasse prouver de qui ils les auront eu; et ainsi, celuy qui les aura vendus s'il sera en nom de coursaire, et si ledit coursaire sera trouvé ou pris et tombé en

1. Kharadj, l'impôt prélevé sur les sujets non musulmans.

mains, et si l'esclave sera trouvé pour certain François, le coursaire soit chastié : et, si ledit esclaue se sera fait Turc, qu'il soit libre et laissé aller et s'il est encores sur sa foy et loy, qu'il soit de nouveau consigné aux François.

Et les nefs françoises, selon la coustume et les canons, après la recherche faite en Constantinople, et estant parties depuis pour s'en aller selon les anciens canons, quand elles seront aux Chasteaux du destroit, la recherche de nouveau faite, que l'on ait à leur donner la licence pour puis continuer leur voyage. A present, contre les anciens canons et usances, se faisoit encore la recherche en Galipoli; partant, d'icy en avant, que selon la coustume ancienne, ils soient seulement recherchez aux Chasteaux du destroit, et qu'ils s'en aillent leur voyage.

Et toutes les armées et galleres et nefs qui sortent hors en la mer de mon Estat et Empire, quand ils trouveront en mer les nefs et vaisseaux François, qu'ils se fassent amitié l'un avec l'autre, et ne se fassent dommages ny offences aucunes.

Et toutes les choses qui sont contenües et escrites aux hauts et heureux Chapitres donnez aux Vénitiens, quelles soient encore certifiées en faveur des François et qu'aucun ne les empesche, ny fasse aucun ennuy contre la sévère justice et la puissante raison et nostre haute Capitulation.

Les susdits gallions et autres vaisseaux venans, et quand ils seront venus en mon pays et Estat, qu'ils soient conservez et gardez et que librement, saufs et

avec seureté, ils s'en aillent; et si leurs facultez, marchandises ou deniers seront trouvez depredez, que
pour cette cause il soit fait toute instance et diligence,
à ce que lesdites marchandises, et deniers, et vaisseaux, et hommes qui seront depredez, viennent en
lumiere et soient recouverts, et les delinquans, qui-
conques ils soient, ayent à estre chastiez à bon droict
et comme il est requis. Et les beglierbeys et capitaines
et sangiaczbeys (gouverneurs de provinces,) mes esclaves,
et les cadys (juges) et emins (daciers) et les heureux
Reys (capitaines des galleres) et coursaires et capitaines,
et patrons volontaires de fustes, que voyant ces miennes
hautes et heureuses Capitulations jurées, ils y croyent
et ayent à obeyr avec les causes contenües en icelles,
et au contraire d'icelles, ils ne monstrent la face : et sur
tout, l'heureuse memoire de mon ayeul Sultan Soleyman Hhan, les hautes Capitulations qui ont esté données en son temps, selon la teneur d'icelles, en la
mesme forme, je les confirme; que l'on ait à y obeïr, et
ne se fasse contrarieté aucune contre icelles. Et suivant
la promesse des susdits chapitres et articles jurez, toutes
et quantefois qu'en nostre haute et heureuse Porte, de
leur part de France, la confederation et la pure verité,
et la fermesse, et toutes les paroles qui se diront et dis-
coureront seront en l'amitié, et qu'ils tiendront le pied
ferme en icelles. Je aussi, acceptant l'amitié, promets et
jure par le Tout-puissant Dieu, Créateur du Ciel et de
la Terre, et par les ames de mes grands ayeuls et
bisayeuls, et grands progeniteurs, et de mon pere, nous

confirmant en l'union de nostre amitié, confirme et maintiens, que de nostre part, il ne sera jamais fait chose au contraire d'icelle. Ainsi ayez à sçavoir, et adjousterez entiere foy au cy-dessus sacré seing. Donné au commencement des Calendes de l'Auguste Lune de Giemasiel Achir 989, à sçavoir, en l'an de Jesus-Christ, au mois de Juillet, en V^e iiij^{xx}, à l'Imperiale residence de Constantinople.

En la suscription : Les Capitulations, à l'Empereur de France.

VII.

LETTRE DU GRAND SEIGNEUR AU ROY, SUR LE RENOUVELLEMENT DES CAPITULATIONS FAITES PAR LES SOINS DU SIEUR DE GERMIGNY.

Seing sacré. Murad Schiah, Roy, fils de Selim Schiah Hhan, Empereur tousjours victorieux.

Le plus glorieux des grands princes des Jesuins, esleu entre les plus puissans des fidelles du Messie; compositeur des différens de l'universelle génération des Nazariens; distillateur des continuelles pluyes de majesté et gravité; possesseur des preuves et marques de grandeur et gloire, l'Empereur de France, Henry : que ses desseins s'accomplissent en bien. Après le receu de nostre sacré et imperial seing, vous soit notoire

comme en nostre haute, impériale et heureuse Porte, en
laquelle réside l'honnoré entre les honnorez Seigneurs
de la génération du Messie, nommé le Seigneur de
Germigny, très digne ambassadeur de Vostre Majesté;
nous avons receu vos affectionnées et considerées lettres
portées par le secrétaire dudict ambassadeur, le contenu
desquelles en tout ce que nous avez fait entendre de
toutes particularités et en tout ce qui y est écrit, le tout
est vray, tant pour le renouvellement de la capitulation
Impérialle, comme aussy du fils de Petrasque Pierre
Vayvode, pour le mettre en la possession de son estat.
Et encore pour conte de la Reyne d'Angleterre, laquelle
recherche nostre amitié, que ce soit avec nostre moyen
et intercession, ainsi que nous avez fait entendre, et
semblablement que tous les marchands Anglois qui
viendront à contracter, faire marchandise et traffiquer
soubs mon Empire et Estat, comme d'ancienneté jusques
à présent, ils venoient et viennent soubs le nom et bannière de Vostre Majesté, ayent de nouveau à venir en
la mesme manière. En outre ce, toutes les autres parti-
cularitez que le susdict vostre ambassadeur nous a fait
savoir à bouche, à nostre siege Imperial et heureuse
Porte et nous en a faict arz [1] particulièrement, le tout
par nostre très noble et très heureux entendement, nous
avons tres bien entendu et comprins. Partant les heureuses mémoires de nos peres et ayeulx et bisayeulx
(que le Seigneur Dieu fasse reluire les remarques de

---

1. *Exposition* : nous en a fait *arz*, nous les a exposées.

leurs preuves) et de leur temps heureux jusques à present, la sincere amitié qui a regné et règne entre nous, en toute sorte qu'elle a esté, à présent encor, soit stable et perpétuelle, selon que tousjours elle a este maintenue honorablement et avec confédération et affectionnement. Et pour cette cause, de nouveau, nous avons reconfirmé les hautes et heureuses Capitulations, et selon vos Requestes, avons confirmé en son estat Pierre Vayvode; mais à present pour y avoir un peu de differend avec le Vayvode, qui est en Vallaquie, ledit retablissement s'est un peu prolongé, et plaisant au Tout-puissant Dieu, le susdit Pierre, en ce temps de nos heureux jours, c'est à dire plaisant à Dieu de nous continuer la vie et felicité de nos jours, aura l'effect de son desir et contentement et encor Vostre Majesté du sien, selon que vous nous en avez requis, et cela sera pour certain, et en cecy Vostre Majesté n'ayt aucun doute : et à toutes occasions que le Roy d'Espagne avec quelque fraude et tromperie, voulant retourner de l'amitié, et voulant faire guerre, s'il sera besoin, toute bonne faveur et secours de nostre Imperiale et heureuse Porte, ou par les autres miennes que je vous ay escrit, ou par la presente, tout ce que nous vous avons notifié ou escrit, nous le confirmons et monstrerons avec les effects, et tousjours selon que d'ancienneté entre nous a couru et court, et a tousjours esté confirmée nostre amitié et sincere intelligence, ce qui convient à nos Grandeurs, assavoir de nos deux Majestez, et qu'il convient aux Empereurs de faire, ou par voye d'armées, ou par autres moyens qu'il

sera possible de faire, nous ne manquerons, en tout et
par tout, a Vostre Majesté de toutes ces faveurs et assis-
tances possibles. Et ainsi en l'inimitié que feront en
nostre heureuse Porte les malins et fraudulents qui
voudront s'attaquer avec nous, il sera pourveu, avec
l'ayde de Dieu, de tout ce qui sera nécessaire et tout
ce qui sera de besoin en faveur de Vostre Majesté, vous
le ferez sçavoir à nostre heureuse et haute Porte, mesmement qu'à present nous avons envoyé hors en la
mer avec une petite partie de nos victorieuses galleres,
le genereux entre les Seigneurs le Beglierbey d'Algers
et Capitaine general de nostre heureuse armée, appelé
Clis[1] Ally, qui veut dire Aly belliqueux (que Dieu
augmente son heur), lui ayant commis, qu'il ayt à aller
en Barbarie à Algers; et s'il sera besoin de quelque
chose, V. M. ecrira et advisera ledit Capitaine mon
general, et d'ancienneté jusques aujourd'huy, tousjours
tous ces marchands qui sont venus sous vostre nom et
banniere tant d'Angleterre, Geneuois, Anconitains et
Siciliens, et des Venitiens en hors, tous ceux qui n'ont eu
des Consuls comme ils ont cheminé sous vostre nom et
banniere, à present encor en la mesme manière ils ayent
à venir et aller en mon Estat et Empire. Et tous vos
Ambassadeurs qui viendront en nostre très-haute et
heureuse Porte, et à nostre heureux Diuan (c'est à dire
Conseil), ou bien aux Serrails et Palais de nos grands
Vizirs, comme il a esté de toûjours, ainsi soit. Et que

1. Kilidj Aly (le Sabre d'Aly).

vos susdits Ambassadeurs ayent la precedence et preemi-
nence sur les Ambassadeurs du Roy d'Espagne, ou
autres Ambassadeurs Royaulx, et en la concession des
heureuses et autres Capitulations que nous avons renouvellées avec vous, particulierement se fait mention de
toutes ces choses : et en toutes autres causes du temps
de nos predecesseurs, ayeuls et bisayeuls, celle pure,
sincere, et inviolable colleguee amitié et bonne intelligence qui a regné et regne entre nous, avec les
anciennes auctoritez et préeminences qui vous ont esté
accordées, ainsi encores vous les ayez à avoir, et les
maintenir honorablement, ayant esgard de garder vostre
honneur et grandeur. Et à toutes les fois que de la part
de Vostre Majesté, il n'y aura diminution aucune de
celle nostre amitié, et pure intelligence, avec l'ayde
de Dieu aussi de nostre part, il n'y aura aucun manquement et ne se donnera auctorité au prejudice d'icelle.
Et toujours les pactions et Promesses et Chapitres jurez
qui sont entre nous, seront maintenus et honorez : Et
pour cette occasion, generallement, à tous les Beglierbeys,
et Sangiacbeys et autres Ministres nos esclaves, se sont
ecrits très forts et heureux commandemens que tous
ceux qui à icelles voudront mettre garbuge, et faire
faulseté, soient rigoureusement chastiez et semblables
malfaicteurs. Il convient qu'avec nostre honorée et
heureuse lettre, des honorez Mustaferaga de nostre
haute et heureuse Porte, l'illustre, et estimé, et loüable
entre iceux truchement et secretaire Aly (la felicité
duquel soit avec accroissement) comme il sera arrivé,

vous debuiez conserver la confirmation de la foy, et traictez suivis entre nous, et les maintenir et honorer. Et toutes les nouvelles qui seront de vos quartiers, tant de vostre santé, comme de vos progrez, et agréables et plaisantes nouvelles, continuellement nous les faire sçavoir, selon qu'il convient à nostre commune amitié. Ce qui sera cause de l'accroissement d'icelle, et de cecy nous ne faisons doute aucune; Et touchant au faict de la Reyne d'Angleterre, dont cy–devant nous avions escript en nostre heureuse lettre, que nous vous envoyâmes, selon la forme qu'il vous a esté escrit de nouveau en la mesme teneur, nous vous le confirmons; Et pour le susnommé Mustaferaga Aly (la felicité duquel soit toujours perpetuelle) tout ce qu'il dira à bouche pour les choses appartenantes à nostre pure et sincere amitié, vous luy aurez à adjouster foy, lequel en brief, vous renvoyerez sain et sauf, en nostre heureuse Porte, et par la grace de Vostre Majesté à l'accoustumée, gracieusement le renvoyerez en ça. Donnée en l'auguste Lune de Giemaziel Achir en l'an du Prophète 989. Assavoir, en l'an de Jesus–Christ 1581 du 15 de juillet. A l'Imperial siege de protection, de Constantinople. Et en la subscription de la lettre : A l'Empereur de France [1].

1. Le texte des capitulations accordées à M. de Germigny et les lettres qui y sont annexées sont tirés du *Recueil des pièces choisies, extraites sur les originaux de la négociation de Monsieur de Germigny, ambassadeur en Turquie*. Ce recueil a été inséré par P. Cusset dans le premier volume de *l'illustre Orbandale ou l'histoire ancienne et moderne de la ville et cité de Châlon–sur–Saône*. Lyon, 1662. 2 vol. in-4°.

VIII.

Confirmation d'alliance avec le Grand Seigneur par Henry Quatre, 1597.

(Bibliothèque nationale, fonds français, n° 3653,
f° 1 *recto* à 6 *verso*.)

Les capitulations d'entre les Majestez de Henry quatrième, Empereur de France et Sultan Mehemet, Empereur des Mousolmans, à présent régnant, renouvelées en l'année 1597, augmentées de plusieurs pointz très utilles et importans aux subjectz du Roy trafficquant par cest Empire, par le soing et diligence du Sr de Breves, gentilhomme ordinaire de la Chambre du Roy, Conseiller en son conseil d'Estat et son ambassadeur pour lors près le Grand Seigneur[1].

Au nom de Dieu.

Très haute, très sacrée et très excelse marque des Empereurs Ottomans avec la beauté de laquelle tant de

---

1. Le texte original de ces capitulations a été inséré par Feri-doun bey dans son recueil de lettres et de pièces diplomatiques intitulé : *Muncheati Feridoun*, tome II, page 400. Ce recueil a été publié en l'année 1265 de l'Hégyre (1848), à Constantinople, en 2 volumes in-folio, aux frais du Grand conseil ; l'édition a été tirée à petit nombre, et les exemplaires n'ont poins été mis dans le commerce.

païs sont conquis et gouvernez de par la volonté et permission de l'Eternel. Nostre vouloir et commandement est tel :

Moy, qui suis par les infinies grâces du Juste, Grand et Omnipotent Créateur et par l'abondance des plus grands de ses prophètes, Empereur des Empereurs, donnateur des Couronnes aux plus grandz Princes de la terre, serviteur des deux très sacrées et très augustes villes belles en toutes celles du monde, assavoir : la Mecque et Médine, Protecteur de la Ste Ihierousalem, Seigneur de la plus grande partye de l'Europpe, Azie et Affricque, de la Grèce, de la Natolie et Caramanie, de l'héritage et succession de Imadie et Van, des païs d'Arabye, Curdistan (Parthes et Curdes) de la Georgianie, Damir Cappi et Tifliz d'une partye des païs de Silvan[1], Qrym et Destyciptsac nouvellement concquis avec nostre foudroyante espée, fichée aux cœurs de toutes les parties susdites, de Chypre, des païs de Zoulcadriè, Arzelon [2], Cérézul [3], Ciam et Damas, Bagdat (Babillonne), Caffa [4], Basra, Gasa, Sanha, Missir (Egipte), Caire, Iemem, Abs et Adam [5], des païs de Thunes, la Goulete et Tripoly, Souverain Monarque des mers blanche et noire et de tant d'autres divers païs, isles, destroictz, passages, peuples, générations et familles et de

1. Chirvan.
2. Erzroum.
3. Chehirzor.
4. Koufa.
5 L'Abyssinie et Aden.

tant de centenaires, de milliers victorieux à l'espée, possesseur des champs nommés Papa, Pelute et Visprian et Javarin, et des inexpugnables forteresses de Egrie prins par l'assistance de ma personne Impérialle et de tant d'autres païs qui reposent soubz l'obéissance et justice de moy qui suis Sultan Mehemet, prince et filz de l'Empereur Amourat, fils de l'Empereur Selim, filz de l'Empereur Soliman, fils de l'Empereur Selim, fils de l'Empereur Bayazet, fils de l'Empereur Mehemet, filz de l'Empereur Amourat, par la grâce de Dieu, durant leurs vyes recours des grandz Princes du monde et refuge des honorables Empereurs de la terre.

Au plus glorieux, magnanime et grand Seigneur de la création de Jésus, esleu entre les princes de la nation du Messie, Terminateur des différends qui surviennent entre le peuple chrestien, Seigneur de grandeur, majesté et richesse et glorieux guyde des plus grandz, Henri IIIIe, Empereur de France, que la fin de ses jours soit heureuse !

Soubz la rellation qui nous a esté faicte d'Icelluy Empereur de France par l'un de ses plus honnorables et estimés Seigneurs de la créance de Jésus, nommé François Savary Sr de Breves, l'un de ses conseillers et gentilshommes, maintenant son ambassadeur à notre grande Porte, lequel, au nom de Sa dite Majesté, a faict entendre à notre Hautesse le désir qu'elle a de l'antienne amitié que les deffunctz Empereurs, ses prédécesseurs, ont eue avec les invincibles Hottomans, nos ayeulz, que la grâce et miséricorde de Dieu soit sur eux !

Nous voullons que les ambassadeurs d'Icelluy Roy de France, ses Consulz, Interprètes et autres qui marchent soubz sa · banière et protection puissent venir, aller, retourner et sesjourner par les lieux de notre Empire seûerment et sans qu'il leur soit donné fascherie ou empeschement et que ce qui est porté par les capitulations antiennes soit inviolablement gardé et principallement celle qui fut du deffunct Empereur, notre père Sultan Amourat, prince heureux en sa vye et martire en sa mort, que la lumière céleste luyse éternellement sur son tombeau ; et avons commandé avec notre sacrée main que cette capitulation soit escrite de la teneur qui ensuit :

Que des Vénitiens et Anglois en là, les Espagnols Portugais, Ragusois, Genévois (Gênois), Anconitans, Florentins et généralement tous les autres qui cheminent soubz la bannière de France parmi noz païs, terres et Seigneuries puissent cy après y cheminer et venir de la mesme façon qu'elles ont faict par le passé, sans qu'à leurs vaisseaux puisse estre faict ou donné aucun empeschement en cas qu'ils se comportent selon l'honnesté, et ne facent chose contraire à ce qui est contenu en ceste suivante capitullation, asseurant que de notre part, noz conventions et promesses seront inviolablement gardées.

De nouveau, Nous commandons que les Vénitiens et Anglois en là, toutes les autres nations ennemyes de nostre grande Porte lesquelles n'ont ambassadeur à icelle, voullant trafficquer par nos païs, elles ayent d'y

26

marcher soubz la bannière de France et voullons que pour jamais, l'Ambassadeur d'Angleterre ou autre n'ayent de l'empescher ou contrarier à ce nostre voulloir, soubz coulleur d'alléguer qu'icelles nations ont esté incérées aux capitulations dernières depuis avoir esté escrites et, en cas qu'il se feust donné par cy devant ou qu'il se donnast par cy après commandement contraire à cet article, nous commandons que nonobstant, ceste capitulation soit vallable et observée.

En considération de la bonne et parfaicte amytié qu'iceux Empereurs de France ont eue avec les deffunctz Empereurs noz pères et celles qui est maintenant entre noz Majestez, nous voullons que les François qui trafficquent par nostre Empire puissent avec leur argent enlever robes de contrebande, assavoir : Cuirs, cordouans, cottons, filz, sans que aucun leur en puissent donner fascherie ou empeschement.

Que les monnoyes qu'ilz aportent de leurs pays par les lieux de nostre Empire ne puissent estre prises de noz trésoriers ni de nos monnoyeurs soubz prétexte d'en voulloir faire de la monnoye ottomane, ny voulons qu'il s'en prenne aucun droict pour n'estre ainsy l'usaige.

Et parce qu'aucuns subjectz de France navigans sur vaisseaux estrangers pour exercer la marchandise, sont faictz le plus souvent esclaves et leurs marchandises prises, par ce, Nous commandons que d'icy en avant ilz ne puissent estre faictz esclaves sinon qu'ilz soient pris sur vaisseaux de course, et commandons que ceux qui ont esté pris autrement soient faictz libres, leurs marchandises et robes restituées sans aucune contradiction.

Que les marchandises qui seront chargées à nollis sur les vaisseaux François apartenantes aux ennemis de nostre grande Porte ne puissent estre prises soubz couleur de dire qu'elles sont d'ennemys, puisqu'ainsy est nostre vouloir.

Que les marchandises qui sont apportées des marchands François en noz eschelles, havres et portz ou celles qu'ilz enlèvent d'iceux ne puissent paier, avoir commerce ny estre estimées à plus haut qu'à celles de l'antienne coustume.

Et d'autant que les corsaires de Barbarie allant par les portz et havres de la France y sont caressés, secouruz et aydez à leur besoing comme de poudres, plomb et autres choses nécessaires à leur navigation et que, néantmoins, ilz ne laissent, trouvant des vaisseaux François à leur advantage, de les piller et saccager en faisant les personnes esclaves contre nostre vouloir et celluy de l'Empereur Amourat nostre père, lequel pour faire cesser leurs viollances et déprédations avoit diverses fois envoyé les puissans ordres et commandé par iceux de metre en liberté les François détenuz et restituer leurs facultez sans que pour cela ils ayent discontinué leurs actes d'hostilitez, Nous, pour y remédier, voullons et commandons avec ceste nostre capitulation Impérialle que les François pris sur la foy publicque soient faictz libres et leurs facultés restituées : déclarant qu'en cas que lesdits corsaires continuent leurs brigandages, qu'au premier ressentiment qui nous en sera faict de l'Empereur de France, les vice Rois Gouverneurs des païs desquelz les voleurs et corsaires dépendront, seront obligez de paier les dommaiges et pertes qu'auront faict les François, et seront privés de leurs charges, promettans de donner croyance et adjouster foy aux lettres qui nous en seront envoyées dudit Empereur.

Que les interprètes qui servent les ambassadeurs d'Icelluy Empereur soient libres de tous subsides et impostz.

Que tous ceux qui chargent les vaisseaux François qui trafficquent soubz la bannière de France ayent de paier le droict des ambassadeurs et consulz sans se pouvoir opposer au contraire.

Que survenant quelque menotre ou autre inconvénient parmy les François, les Ambassadeurs et Consuls puissent, suivant leurs loys et coustumes, y faire justice sans qu'aucun de nos officiers en prenne cognoissance et l'en empesche. Que, quels consuls François qui sont establis par les lieux de nostre Empire pour avoir soing du repos et seureté des François ne puissent estre faictz prisonniers ny leurs maisons baillées, voullans que s'il s'en prétend quelque chose d'eux, la cognoissance en soit renvoyée à nostre grande Porte et Divan publicq.

Nous entendons, voullons et commandons que tous les pointz cy dessus cotez et escritz soient inviolablement observez, et que les commandemens qui, par cy devant, ont esté donnez ou se donneront pour l'advenir, au contraire d'iceux ne soit vallables ny observez.

Et parce qu'Icelluy Empereur de France est, entre tous les autres Roys et princes, le plus noble et de plus haute famille, le plus parfaict amy que noz ayeulz ayent jamais eu, comme il est veu par les effectz de sa fermeté et persévérance, nous voullons et commandons que son Ambassadeur qui réside à nostre heureuse Porte, venant à nostre grand et superbe Divan ou allant au pallais de noz grandz Vice Roys ou autres de noz conseillers, chemine devant et précedde l'Ambassadeur du Roy d'Espaigne et ceux des autres Roys et Princes, conformement à la coustume antienne.

Que les François qui viennent avec leurs vaisseaux et marchandises par les eschelles, havres et portz de nos païs puissent, durant nostre vye, venir seurement et soubz la foy publicque, et, arrivant que la fortune ou tempeste jetast aucun d'iceux ayant besoing de noz gallaires ou de quelques autres de noz vaisseaux, nous voullons et commandons qu'ilz soient incontinant aydez et que les cappitaines et lieutenantz d'iceux vaisseaux soyent respectez et caressés, et soient pourveus avec leur argent de toutes commoditez nécessaires à leur vivre.

Et en cas que lesdicts vaisseaux François donnent contre quelque escueuilz ou en terre et souffrent bris, nous voullons que tout ce qui s'en pourra recouvrer leur soit restitué ès mains et mis en pouvoir des marchans, sans que noz Vice Rois, Gouverneurs, Cadis ou autres s'opposent, mais, bien au contraire, ayent de les secourir à leur besoing, voullans qu'ilz puissent par nostre Empire aller, venir, retourner et sesjourner librement s'ilz ne commectent quelque chose contre l'honnesté.

Que d'iceux François, interprette ou autres à eux appartenans venant en noz païs soit par mer, soit par terre, pour vendre, achepter ou faire marchandise paiant les droictz de nos commerces[1] suivant la coustume et celuy des Consulz ne soient molestés eux, leurs vaisseaux et marchandises par noz cappitaines des gallaires, patrons et autres volontaires en venant, séjournant et retournant.

En cas qu'un François se trouve redevable, la debte ne puisse estre demandé à autre qu'à luy ou autre qu'à celluy qui se sera rendu pleige pour luy.

Et arrivant qu'un François meure, nous voullons et commandons qu'aucun de nos officiers et commissaires n'ayent de veoir à ses robes et facultez, ains qu'elles soient consignéez sans aucune difficulté à celluy à qui il les aura laissées par sa dernière volonté, et mourant *ab intestat,* que avec l'entreprise des Consulz, les facultez du mort soient consignées au pouvoir d'un de ses compatriez sans que nos commissaires ou autres s'y opposent.

Que les François, leurs Consulz et interprettes ou ceux des lieux qui deppendent d'eux ayent en leurs ventes et achaptz pleigeries et tous autres pointz d'en faire acte devant le Cady, au deffaut de quoy, ceux qui auront quelque prétention contre eux ne le faisant apparoir par constract publicq enregistré au lieu de nos

---

1. Douanes; en turc : *Gumruk,* du grec κουμέρκι (commercium).

juges voullans prendre tesmoings, voullons et commandons qu'ils ne soient escoutez, ains soit donné foy aux
contracts passés devant noz juges ou, n'y en ayant
d'enregistré, que les demandes ne soient adjugées; et
se tienne la main qu'il n'arrive chose contre la sacrée
justice.

Qu'estant dressé quelque embusche contre les François pour les accuser d'avoir injurié et blasphémé contre
nostre Ste Religion et produisant des tesmoings faux
pour trouver moien de les travailler, nous ordonons
qu'il se garde mesmement en semblables occasions que
les François ne soient molestez et que rien ne se passe
plus avant.

Et estant qu'aucun François soit redevable ou ayant
faict quelque mauvais acte s'absente et s'enfuye, nous
voullons que les autres François, qui ne seront nullement pleigéz pour luy, n'en puissent estre molestez ny
recherchez.

Que se trouvant par nostre Empire des esclaves
François estant recongnuz des Ambassadeurs ou Consulz,
que les maistres d'iceux ayent à les amener à nostre
grande Porte ou les renvoyer avec papiers, affin que
justice en prenne cognoissance.

Que les François ou ceux qui deppendent d'eux, mariez en noz pays ou non, exerçant la marchandise ou
travaillant de leur art ou autres ne payent aucunes
tailles ou subcide.

Qu'au changement et establissement des Consulz
François en noz eschelles d'Alexandrie, Tripoly de

Surye, Arger et autres, personne des nostres ne s'y oppose.

Et, arrivant que quelqu'un eust quelque différend avec les François, nous voulons qu'il se termine par la justice, mais que le juge n'en prenne cognoissance qu'un interprete de France ne soit présent et estant l'interprete empesché en affaires importans, que la cause soit entretenue jusques qu'ilz comparoissent; toutes fois, que les François ne se rendent difficiles, disant que l'interprette ne se trouve, et ne prolongent l'effect de la justice, ains à faire comparoitre ledit interprete.

S'il naist quelque contention ou différend entre deux François, que l'Ambassadeur ou les Consulz ayent de terminer telle controverse sans qu'aucun de noz officiers s'y oppose.

Et, arrivant que quelques frégates de corsaires ou autres vaisseaux allant par la mer facent des François esclaves et les apportent et vendent au païs d'Europpe, Asye, et autres lieux, qu'iceux François trouvés, il se face une gaillarde recherche pour sçavoir de qui ilz ont esté venduz, et que celluy qui les aura acheptéz soit obligé de trouver le vendeur afin qu'estant recongnus les esclaves François pour mal pris, ils soient faictz libres et les corsaires chastiez : et, sy les François esclaves se sont faictz Mousulmans, nous voullons aussy qu'ils soient faictz libres, mais percistant en leur créance, qu'avec la main de la justice, ils soient mis hors d'esclavitude.

Que les vaisseaux François qui auront faict la recherche en Constantinoble ne soient recherchez autre part qu'aux chasteaux, ne voullant qu'il se face la recherche à Tripoly, comme maintenant il se recherche de faire.

Que les gallaires, vaisseaux et armées qui sortent de nos pays, se rencontrant en mer avec ceux de France, ayent de s'entrecaresser et faire amitié sans s'y procurer dommaige les uns aux autres.

Que tout ce qui est accordé aux Vénitiens par leurs capitulations soit ensemble accordé et confirmé au bénéfice des François, sans que personne y contredie.

Que les vaisseaux François venant en nostre Empire y soient protégez, deffendus, caressez et y puissent avec toute seurté, et soubz la foy publicque, venir, aller, séjourner et retourner; et, arrivant que les marchandises ou robes peussent estre saccagées, qu'il se face une recherche très exacte et, se trouvant, leur soient rendues, et ceux qui auront commis telles méchancetés, chastiez.

Voullons et commandons à tous noz esclaves Vice Rois, Gouverneurs, Lieutenants, Cadis, Cappitaines de gallaires et autres vaisseaux et générallement à tous noz autres officiers, qu'ils aient d'observer le contenu de ceste capitulation sans contredire à aucun d'icelle ny moings à ceux qui sont portez par la capitulation qui en a esté traictée et accordée par nostre deffunct et bien-heureux ayeul Soltan Soliman (que la miséricorde de Dieu soit pour jamais sur luy!) protestant qu'en cas que de la part de l'Empereur de France ne soit contrevenu aux poinctz cy dessus escritz, et qu'il demeure ferme et constant en l'observance d'iceux, ou semblablement acceptant son amityé, je jure par l'Éternel Dieu qui a faict le ciel et la terre, et par les ames de nos ayeux et par celle du deffunct Empereur nostre ayeul qu'il n'y aura jamais de nostre part aucun manquement et ainsy se sçache et se preste foy à nostre sacrée marque.

Escript en nostre ville Impériale de Constantinople au commencement de la Lune de (Redjeb), en l'année 1005 qui est 1597, environ le xxvᵉ febvrier.

IX.

Lettre du Sultan Mehemet III a Henri IV.

Au plus glorieux, magnanime, et grand seigneur de la croyance de Jésus–Christ, élevé entre les princes de la nation du Messie, terminateur des différens qui surviennent entre les peuples chrestiens, Seigneur de Majesté, grandeur et richesses et clair Guide des plus grands, Henry IIII Empereur de France, que la fin de ses jours soit heureuse et tranquille!

Depuis l'arrivée de nostre Impériale marque, il sera pour avis à vostre Majesté, que par cy devant, vostre ambassadeur qui réside en nostre Souveraine Porte nous fit entendre que les Anglois sous prétexte d'estre nos confederez viennent par les mers de nostre Empire y prenans et dépredans vos subjects, ceux de la République de Venise et autre marchans qui navigent sous vostre bannière.

S'estant aussi plaint que les coursaires de nostre pays de Barbarie font le semblable, sans avoir égard à l'ancienne amitié qui se conserve entre nos Majestez. Pour cette cause, nous écrivimes une lettre à la Reyne d'Angleterre, de laquelle nous vous fismes part, comme aussi des commandemens que nous avions faict à nos esclaves de Barbarie. Depuis, est arrivé à nostre Sublime Porte, un des vostres avec vos lettres, par les quelles nous avons recogneu que les nostres ne vous avoient encore esté rendues, et la continuation des coursaires Anglois et de Barbarie sur vos subjects. Ayant bien considéré le contenu : nous désirons que vous ne doutiez nullement que c'est contre nostre intention que ceux qui dépendent de nostre obeyssance, molestent les subjects de vostre Majesté, en s'unissant avec les pirates Anglois pour participer à leurs butins et larcins.

Aussi ayant appris par vos lettres que nostre vice-Roi de Thunis, Mustapha-Bassa estoit de ceux qui s'entendoient avec lesdits Anglois, nous l'avons priué de son gouvernement, avec commandement exprès de venir rendre compte de ses actions, et nous avons étably en son lieu un autre vice-roy, auquel nous avons expressément commandé d'empécher qu'en aucune façon vos subjects trafiquans par les lieux de nostre obeyssance soient molestez. Nous avons aussi privé Solyman-Bassa nostre vice-Roy d'Alger de son office, pour les mécontentemens qu'il a donnez à vostre Majesté et commandé qu'il ayt aussi à venir rendre compte de ses déportemens, ayant mis en son lieu un autre vice-Roy fort practic qui sçait et recognoit le respect qui se doit à l'ancienne amitié de nos Majestez, nommé l'Albanois Moussy, duquel Dieu augmente la dignité!

Nous avons aussi ordonné que Cerdan-Bassa cy devant nostre vice-Roy, ayt à venir devant le tribunal de nostre Justice, pour s'en estre plaint il y a quelque temps vostre ambassadeur, et très expressément commandé à l'amiral de nos mers Sinan-Bassa de nous faire amener les uns et les autres.

Quant à ce qui regarde le particulier des Anglois, il ne nous a pas semblé honneste devoir écrire au nouveau Roy d'Angleterre avant qu'il nous ayt écrit et envoyé un ambassadeur au serrail de nostre heureuse Porte, pour renouveller les capitulations que la Reyne defuncte avoit avec nostre Hautesse. Nous nous sommes contentez de commander à nostre prudent et valeureux vesir Assan-Bassa, d'écrire audit Roy d'Angleterre en nostre nom, qu'en cas qu'il désire nostre amitié, il est nécessaire qu'il retienne et empèche que ses subjects ne fassent plus de courses sur nos mers; après la protestation qui luy sera faicte, s'il entend qu'aucuns de ses subjects commettent acte d'hostilité sur ceux qui se trouveront par les lieux de nostre Empire, seront retenus avec leurs vaisseaux et facultez qui seront distribuées à ceux qui auront receu quelque dommage d'eux.

et seront chastiez pour retenir les autres de mal faire, nous estant plus aisé d'en user ainsi. Toutesfois ayant remis l'effect de ceste nostre résolution aux réponses qui nous seront faictes par les attendans. Accompaignez, si vous le considérez à propos, celle de nostre grand Vizir au Roy d'Angleterre de l'une des vostres.

Nous vous envoyons aussi nostre lettre Impériale pour le Roy de Fez, afin qu'en considération de nostre amitié, il empèche que ses subjects n'achetent les François, et de mettre en liberté ceux qui se trouveront par les lieux de son obeyssance, afin qu'il soit cogneu à chacun le cas que nous faisons de l'amitié de vostre Majesté.

Nous avons, de plus, selon vostre prière, pour arrester le cours des voleries et pyrateries des Anglois, renvoyé expres commandement à tous les Gouverneurs de nos havres et ports, pour faire exacte recherche de tous les vaisseaux et des nations chrestiennes qui arrivoient ès lieux de leurs Gouvernemens, de voir notamment quelles marchandises ils apportent, et en quels lieux ils auront chargé, les obligeans de faire paroistre par tesmoins quel est leur déportement et au cas qu'il soit contraire à la preuve qu'ils produiront, se trouvans malfaicteurs, et que les marchandises qu'ils portent ayent esté prises ès courses, qu'ils soient retenus avec leurs vaisseaux et de ce qui se trouvera dedans qu'il en soit donné avis à nostre grande Porte. Nous avons commandé à nosdits Gouverneurs ce qu'ils doivent faire pour faire chastier ceux qui, sous ombre de marchandise, font les Coursaires. Nous avons aussi ordonné à nos Vice-Roys de Barbarie, et autres nos subjects et officiers qu'ils se gardent de permettre à qui que ce soit d'aller en course, sans prendre bonnes et suffisantes cautions d'eux, afin qu'ils ne commettent acte contre la foy publique, au dommage de vos subjects et, pour plus de facilité, que les pleiges ayent à estre responsables et tenus de représenter leurs malfaicteurs.

Prenez donc croyance que c'est contre nostre volonté que vos subjects sont maltraictez par les lieux de nostre obeyssance. Quant à ce que desirez qu'il se fasse une repressaille sur les marchans Anglois pour payer les dommages que vos subjects ont receu de cette nation, il m'a semblé nécessaire d'attendre la response du Roy d'Angleterre, lequel tardant d'envoyer un Ambassadeur au seuil de nostre heureuse Porte pour renouveller l'amitié commune avec son Royaume, et manquant au semblable de se rendre soigneux d'empescher que ses subjects ne commettent plus tant de méfaicts, et ne fassent des courses par les lieux de nostre obeyssance, selon la promesse que nous avons cydevant faicte à vostre Majesté, nous ferons retenir tous les Anglois qui se trouveront par nostre Empire, faisans represaille sur eux pour l'entière valeur de ce qui aura esté vollé et dépredé à vos subjects, les faisans chastier comme separez du nombre de ceux qui sont confederez auec nostre Hautesse.

Vostre Majesté, de sa part, trouvera bon à l'imitation des Empereurs ses ayeuls de faire cas de nostre amitié, et la conserver cherement, empéchant qu'aucun de vos subjects n'ait à servir nos communs ennemis, ayans appris que beaucoup d'iceux, contre le devoir qui se doit à nostre ditte amitié, vont au service du Roy de Vienne. Tels ne me font pas seulement deservice, mais si vous le considerez, vont au service des ennemis de vostre Grandeur. C'est pourquoy vous vous devez peiner d'empêcher leurs allées, et arrivant que quelqu'un y aille contre vostre commandement, vous devez faire confisquer ses biens, et retournant au lieu de vostre obeyssance, le faire chastier afin de faire servir d'exemple aux autres desobeyssans.

Escrit au commencement de la lune Reboulevel.

C'est le quinziesme d'Aoust (1603).

X.

CAPITULATIONS DE 1604.

Au nom de Dieu.

L'Empereur Amat, fils de l'Empereur Mehemet, toujours victorieux,

Marque de la haute famille des Monarques Otthomans, avec la beauté grandeur et splendeur de laquelle tant de pays sont conquis et gouvernez.

Moy, qui suis par les infinies grâces du Juste, Grand

et tout-puissant Créateur et par l'abondance des
miracles du chef de ses prophètes, Empereur des victorieux Empereurs, distributeur des couronnes aux plus
grands Princes de la terre, serviteur des deux très-sacrées
villes, la Mecque et Médine, Protecteur et Gouverneur
de la Saincte Hierusalem, Seigneur de la plus grande
partie de l'Europe, Asie et Afrique, conquise avec
nostre victorieuse espée, et espouvantable lance, à sçavoir des païs et royaumes de la Grece, de Themiswar, de
Bosnie, de Seghevar, et des païs et Royaumes de l'Asie
et de la Natolie, de Caramanie, d'Egypte, et' de tous
les païs des Parthes, des Curdes, Georgiens, de la
Porte de fer, de Tiflis, du Seruan, et du païs du Prince
des Tartares, nommé Qerim, et de la campagne nommée
Cipulac [1], de Cypre, de Diarbekr, d'Alep, d'Erzerum,
de Damas, de Babylone demeure des Princes des
croyants, de Basera, d'Egypte, de l'Arabie heureuse,
d'Abes, d'Aden, de Thunis, la Goulette, Tripoly de
Barbarie, et de tant d'autres païs, isles, destroits, passages, peuples, familles, générations, et de tant de cent
millions de victorieux gens de guerre qui reposent sous
l'obéissance et justice de Moy qui suis l'Empereur
Amurat, fils de l'Empereur Selim, fils de l'Empereur
Solyman, fils de l'empereur Selim : Et ce, par la grâce
de Dieu, Recours des grands Princes du monde,
Refuge des honorables Empereurs.

Au plus glorieux, magnanime, et grand Seigneur de

1. Kiptchak.

la croyance de Jesus-Christ, esleu entre les Princes de la nation du Messie, Médiateur des différents qui surviennent entre le peuple Chrestien, Seigneur de Grandeur, Majesté et Richesse, glorieuse Guide des plus grands, Henry IIII, Empereur de France, que la fin de ses jours soit heureuse.

Ayant nostre Hautesse esté priée du sieur de Breves, au nom de l'Empereur de France son Seigneur comme son Conseiller d'Estat et son Ambassadeur ordinaire en nostre Porte, de trouver bon que nos traitez de paix et Capitulations qui sont de longue mémoire entre nostre Empire et celuy de son Seigneur fussent renouvellées et jurées de nostre Hautesse : sous cette consideration, et pour l'inclination que nous avons à la conservation d'icelle ancienne amitié, avons commandé que cette Capitulation soit escrite de la teneur qui s'ensuit :

I. Que les Ambassadeurs qui seront envoyez de la part de Sa Majesté à nostre Porte, les marchans ses subjects qui vont et viennent par iceux havres, les Consuls qui sont nommez d'elle pour résider à nos havres et autres lieux de nostre Empire, et ses Interpretes ne soient inquietez en quelque façon que ce soit : mais, au contraire, receus et honorez avec tout le soin qui se doit à la foy publique.

II. Voulons de plus qu'outre l'observation de cette nostre Capitulation, que celle qui fut donnée et accordée de nostre defunct pere l'Empereur Mahomet, heureux en sa vie et martyre en sa mort, soit inviolablement accordée, et de bonne foy.

27

III. Que les Vénitiens et Anglais en la leur, les Espagnols, Portugais, Catalans, Ragousins, Genevois, Napolitains, Florentins, et généralement toutes autres nations, telles qu'elles soient, puissent librement venir trafiquer par nos pays sous l'adveu et seureté de la bannière de France, laquelle ils porteront comme leur sauvegarde; et, de cette façon, ils pourront aller et venir trafiquer par les lieux de nostre Empire, comme ils y sont venus d'ancienneté, obéyssans aux Consuls François, qui demeurent et résident en nos havres et estapes; voulons et entendons qu'en usant ainsi, ils puissent trafiquer avec leurs vaisseaux et galions sans estre inquietez, seulement tant que ledit Empereur de France conservera nostre amitié, et ne contreviendra à celle qu'il nous a promise.

IV. Voulons et commandons aussi que les subjects dudit Empereur de France et ceux des Princes ses amis alliez, puissent visiter les saincts lieux de Hierusalem sans qu'il leur soit mis ou donné aucun empeschement, ny faict tort.

V. De plus, pour l'honneur et amitié d'iceluy Empereur, nous voulons que les Religieux qui demeurent en Hierusalem et servent l'Église [1] de Comame y puissent demeurer, aller et venir sans aucun trouble et empêchement, ains soient bien receus, protégez, aydez, et secourus en la considération susdite.

---

1. *Kilissiaï kyâmèh*, l'Eglise de la Résurrection ou du Saint-Sépulcre. Les Turcs ont substitué au mot *Kyâmèh* (résurrection) celui de *koumâmèh* (ordures, immondices).

VI. Derechef, nous voulons et commandons que les Venitiens et Anglois en cela, et toutes les autres nations alienées de l'amitié de nostre grande Porte, lesquelles n'y tiennent Ambassadeur, voulans trafiquer par nos pays, ayent à y venir sous la banniere et protection de France, sans que l'Ambassadeur d'Angleterre, ou autres ayent à les empescher sous couleur que cette capitulation a esté insérée dans les capitulations données de nos peres après avoir esté escrites.

VII. Ordonnons et voulons que tous commandemens qui se sont donnez ou qui se pourroient donner par mesgarde contre cet article susdit, ne soient observez, ains que cette capitulation le soit inviolablement.

VIII. Qu'il soit permis aux marchans François, en considération de la bonne et parfaite amitié que leur Prince conserve avec nostre Porte, d'enlever des cuirs, cordouans, cires, cottons, cottons filez, jaçoit (bien que) qu'ils soient marchandise prohibée et defendue d'enlever : ratifians la permission que nostre bisayeul Sultan Selim et nostre défunct Père Sultan Mahomet en ont donné.

IX. Nous voulons aussi que ce qui est porté par cette nostre capitulation, pour la seureté des François, soit dit et entendu en faveur des nations estrangères qui viennent par nos pays, estats et seigneuries sous la bannière de France, laquelle bannière elles porteront et arboreront pour leur seureté, et marque de leur protection, comme dit est cy dessus.

X. Que les monnoyes qu'ils apportent par les lieux

de nostre Empire, ne puissent estre prises de nos thré-
soriers, sous pretexte et couleur de les vouloir convertir
en monnoye otthomane, ny moins voulons qu'il s'en
puisse prétendre aucun droict.

XI. Et parce qu'aucuns subjects de la France navigent sur vaisseaux appartenans à nos ennemis, y chargent de leurs marchandises, estans rencontrez sont faicts
le plus souvent esclaves et leur marchandise prise :
Nous commandons et voulons que, d'icy en avant, ils ne
puissent de semblable façon estre pris, ny leurs facultez
confisquées, s'ils ne sont trouvez sur vaisseaux de course :
Voulons et commandons que ceux qui l'ont esté, soient
faits libres et leur marchandise restituée sans aucune
replique.

XII. Defendons que les vaisseaux François, qui
seront rencontrez chargez de victuailles prises ès pays
et seigneuries de nos ennemis puissent estre retenus et
confisquez, ny leurs marchans et mariniers faicts
esclaves.

XIII. Defendons qu'aux François qui se trouveront
sur vaisseaux de nos subjects pris, portans des vivres à
nos ennemis, encores que nos dits subjects et vassaux en
soient en peine, il ne leur soit ce neantmoins faict et
donné aucune fascherie, ains soient relaschez et mis en
liberté, sans aucune punition.

XIV. Defendons que les vaisseaux François, marchans et mariniers qui se trouveront chargez de blé
acheté de nosdits subjects, puissent estre faicts esclaves
et leurs vaisseaux confisquez, encore que ce soit chose

prohibée; mais bien le blé. Voulons et commandons que ceux qui se trouveront par nostre Empire
esclaves de cette façon soient faits librés, et leurs
vaisseaux restituez.

XV. Que les marchandises qui seront chargées en
nos mers sur vaisseaux François, appartenans aux ennemis de nostre Porte ne puissent estre prises sous couleur
qu'elles sont de nosdits ennemis, puis qu'ainsi est nostre
vouloir.

· XVI. Que les marchandises qui seront apportées
des marchans François en nos eschelles, havres et ports,
ou celles qu'ils auront enlevées d'iceux, ne puissent
payer autre commerce, ny estre estimées à plus haut
prix que celuy de l'ancienne coustume.

XVII. Nous voulons et commandons que les marchans François et leurs vaisseaux qui viennent par nos
ports et havres, ne soient obligez de payer autre droict
que celuy des marchandises qu'ils débarqueront, et
puissent les aller vendre en quelle eschelle qu'ils voudront et où bon leur semblera, sans aucun empeschement.

XVIII. Que lesdits François soient exempts de
l'imposition de l'ayde des chairs.

XIX. Qu'ils ne soient recherchez de payer celuy des
cuirs.

XX. Ny aussi celuy des buffles.

XXI. Qu'ils soient aussi exempts de payer aucune
chose aux gardes de nos ports et péages.

XXII. Qu'à la sortie de leurs vaisseaux ils ne puissent estre forcez de payer plus de trois escus sous le nom de bon et heureux voyage.

XXIII. Et d'autant qué les coursaires de Barbarie allans par les ports et havres de la France, sont caressez, secourus et aydez à leur besoin, comme de poudre, plomb, et autres choses nécessaires à leur navigation; et que, neantmoins, ils ne laissent, trouvans les vaisseaux François à leur avantage, de les piller et saccager, en faisant les personnes esclaves contre nostre vouloir et celuy du defunct Empereur Mahomet, nostre Pere, lequel pour faire cesser les violences et prédations, avoit diverses fois envoyé ses puissances, ordres, et commandemens, et commandé par iceux de mettre en liberté les François detenus et restituer leurs facultez, sans que pour cela ils ayent discontinué leurs actes d'hostilité : Nous, pour y remedier, voulons et commandons avec cette nostre Capitulation Imperiale, que les François pris contre la foy publique, soient faits libres et leurs facultez restituées. Desclarons, qu'en cas que lesdits coursaires continuent leurs brigandages, qu'au premier ressentiment qui nous en sera faict de l'Empereur de France, les vice-Roys et Gouverneurs du pays de l'obéyssance desquels les voleurs et coursaires dependront, seront obligez de payer les dommages et pertes qu'auront faict les François et seront privez de leurs charges, promettant de donner croyance et adjouster foy aux lettres qui nous en seront envoyées dudit Empereur.

XXIV. Nous nous contentons aussi, si les coursaires d'Alger et Thunis n'observent ce qui est porté par cette nostre Capitulation, que l'Empereur de France les face courir pour les chastier et les prive de ses ports. Declarons de n'abandonner pour cela l'amitié qui est entre nos Majestez Impériales : Approuvons et confirmons les commandemens qui en ont esté donnez de nostre défunct Père à ce sujet.

XXV. Voulons et commandons que les François nommez et advouëz de leur Prince puissent venir pescher du corail et poisson au golphe de Stora Courcouri dependant d'Alger, et par tous les autres lieux de nos costes de Barbarie, et en particulier sur les lieux de la juridiction de nos Royaumes d'Alger et de Thunis, sans qu'il leur soit donné aucun trouble et empeschement, confirmans tous les commandemens qui en ont esté donnez de nos Ayeuls, et singulièrement de nostre defunct père pour cette pescherie, sans estre assubjectis à aucune cognoissance que celle qui est faitte d'ancienneté.

XXVI. Que les interprètes qui servent les Ambassadeurs d'iceluy Empereur soient libres de payer tailles, aydes des chairs, et toutes autres sortes de droicts quels qu'ils soient.

XXVII. Que les marchans François et ceux qui trafiquent sous leur bannière, ayent à payer les droicts de l'Ambassadeur et Consuls sans aucune difficulté.

XXVIII. Que nos subjects qui trafiquent ès lieux de nos ennemis soient obligez de payer les droicts de l'Ambassadeur et Consuls François sans contradiction jaçoit qu'ils trafiquent avec leurs vaisseaux ou autrement.

XXIX. Que survenant quelque meurtre ou autre inconvénient des marchans François et négocians, les Ambassadeurs et Consuls d'icelle nation puissent selon leurs loix et coustumes en faire justice, sans qu'aucuns de nos Officiers en prennent cognoissance et s'en empeschent.

XXX. Que les Consuls François qui sont establis par les lieux de nostre Empire pour prendre soin du repos et seureté d'iceux trafiquans, ne puissent, pour quelque raison que ce soit, estre faits prisonniers ny leurs maisons serrées et bullées : ains, commandons que ceux qui auront prétension contr'eux soient renvoyez à nostre Porte, où il leur sera faict justice.

XXXI. Que les commandemens qui sont donnez ou pourront estre donnez contre cette nostre promesse et capitulation, ne soient valables ni observez en aucune façon.

XXXII. Et pour autant qu'iceluy Empereur de France, est de tous les Roys le plus noble et de la plus haute famille, et le plus parfait amy que nos Ayeuls ayent acquis entre lesdits Roys et Princes de la créance de Jesus-Christ, comme il nous a témoigné par les effets de sa saincte amitié : sous ces considérations, nous voulons et commandons que ses Ambassadeurs qui résident à nostre heureuse Porte ayent la preséance sur l'Ambassadeur d'Espagne et sur ceux des Roys et Princes, soit en nostre Divan public ou autres lieux où ils se pourront rencontrer.

XXXIII. Que les étoffes que les Ambassadeurs d'iceluy Empereur résidans en nostre Porte feront venir pour leur usage à présent, ne soient obligées de payer aucuns droicts de commerce.

XXXIV. Que lesdits Ambassadeurs ne payent aucuns droicts de leurs victuailles, soit pour leur boire, soit pour leur manger.

XXXV. Que les Consuls François jouissent de ces mesmes priviléges où ils résideront, et qu'il leur soit donné la mesme préséance sur tous les autres consuls de quelque nation qu'ils soient.

XXXVI. Que les François qui viennent avec leurs vaisseaux et marchandises par les échelles, havres et ports de nos seigneuries et pays, y puissent venir seurement sur la foy publique, et, en cas que la fortune et orage jettat aucuns de leurs vaisseaux aux lieux circonvoisins, Nous commandons très-expressément aux capitaines d'iceux de les secourir, portans honneur et respect aux Patrons et Capitaines d'iceux vaisseaux François, les faisans pourvoir avec leur argent de ce qui leur sera nécessaire pour leur vie et besoin.

XXXVII. Et en cas qu'aucuns desdits vaisseaux facent naufrage, Nous voulons que tout ce qui se retrouvera, soit remis au pouvoir des marchans à qui les facultez appartiendront, sans que nos Vice-Roys, Gouverneurs, Juges et autres Officiers y contrarient : ains voulons qu'ils les secourent à leur besoin, leur permettant qu'ils puissent aller, venir, retourner et séjourner par tout nostre Empire, sans qu'il leur soit donné aucun empeschement, s'ils ne commettent chose contre l'honnesteté et la foy publique.

XXXVIII. Nous ordonnons et commandons aussi aux Capitaines de nos mers, et leurs Lieutenans, et à tous ceux qui dependent de nostre obeyssance, de ne violenter, ny par mer, ny par terre les dits marchans François, ny moins les estrangers qui viennent sur la seureté de leur banniere : voulons toutesfois qu'ils ayent à payer les droicts ordinaires de nos échelles.

XXXIX. Qu'iceux marchans ne puissent estre contraincts d'acheter autres marchandises que celles qu'ils voudront et leur seront duisibles.

XL. En cas qu'aucun d'eux se trouve redevable, la debte ne puisse estre demandée qu'au redevable ou à celuy qui se sera rendu pleige pour luy.

XLI. Et en cas qu'aucun d'iceux marchans ou autres d'icelle nation meurent par nos pays, que les facultez qui leur seront trouvées, soient remises au pouvoir de celuy qu'il aura nommé pour exécuteur de son testament, pour en tenir compte à ses héritiers : mais s'il arrive qu'il meure sans tester, que les Ambassadeurs ou Consuls qui seront par nos échelles, se saisissent de leurs facultez pour les envoyer aux héritiers, comme il est raisonnable, sans que nos Gouverneurs, Juges et autres qui dépendent de nostre obeyssance, puissent s'en empécher.

XLII. Que les François, Consuls, ou interprètes, ou ceux des lieux qui dépendent d'eux, ayent en leurs ventes, achapts, pleigeries, et tous autres points, d'en passer acte devant le Juge ou Cadi des lieux où ils se trouveront, au defaut de quoy, Nous voulons et commandons que ceux qui auront quelque prétension contr'eux, ne soient escoutez ni receus en leurs demandes, s'ils ne font apparoir par contract public leur prétension et droict. Voulons que les tesmoins qui seront produicts contr'eux et à leur dommage, ne soient receus et escoutez que premièrement ils n'ayent suivy acte public de leurs ventes, achapts, ou pleigeries.

XLIII. Qu'estant dressée quelque embuscade contre les marchans ou autres d'icelle nation, les accusans d'injurie ou blaspheme contre nostre saincte Religion produisant de faux tesmoins pour les travailler, nous ordonnons, qu'en semblables occasions, nos Gouverneurs et Juges ayent à se porter prudemment, empeschans que les choses ne passent plus avant, et qu'iceux François ne soient aucunement molestez.

XLIV. Si aucun d'eux se trouve redevable, ou ayant commis quelque mauvais acte, s'absente et fuit, nous voulons et commandons que les autres d'icelle nation ne puissent estre responsables pour luy, s'ils ne sont obligez par contract public.

XLV. Que se trouvant par nostre Empire des esclaves François recogneus pour tels des Ambassadeurs et Consuls, ceux au pouvoir desquels ils se trouveront, faisans refus de les délivrer soient obligez de les enmener, ou les envoyer à nostre Porte, afin qu'il soit faict justice à qui il appartiendra.

XLVI. Qu'à aucun changement et establissement

des Consuls François en nos eschelles d'Alexandrie, de Tripoli de Syrie, d'Alger et autres pays de nostre obeyssance, nos Gouverneurs et autres ne s'y puissent opposer.

XLVII. Si aucun de nos subjects a different avec un François, la justice ayant deu prendre cognoissance, Nous voulons que le Juge ne puisse escouter la demande qu'un interprète de la nation ne soit présent : et, si pour lors, il ne se trouve aucun interprète pour cognoistre et defendre la cause du François, que le juge remette la cause à un autre temps, jusques à ce que l'interprète se trouve : toutesfois qu'iceluy François soit obligé de trouver l'interprète, afin que l'effect de la justice ne soit différé.

XLVIII. S'il naist quelque dispute ou différent entre deux François, que l'Ambassadeur ou les Consuls ayent de terminer ledit différent sans que nos officiers s'en empèchent.

XLIX. Que les vaisseaux François qui auront faict leur charge à Constantinople, ne soient recherchez en autre part, qu'au sortir qu'ils feront des Dardanelles : defendons qu'ils ne soient forcez de le faire à Gallipoli, comme ils ont été recherchez par le passé.

L. Que les galères, vaisseaux, et armées navales appartenans à nostre Hautesse se rencontrans avec ceux de France, que les capitaines d'une part et d'autre, ayent de s'aider et servir sans se procurer les uns les autres aucun dommage.

LI. Que tout ce qui est porté par les capitulations accordées aux Venitiens soit valable et accordé aux François.

LII. Que les marchans François, leurs facultez et vaisseaux venans parmy nos mers et terres de nostre Empire, y soient en toute seureté, protegez, defendus et caressez, conforme au devoir qui se doit à la foy publique. Ordonnons qu'ils puissent y venir, aller, retourner et séjourner sans aucune contrainte, et si quelqu'un est volé, qu'il se face une recherche très exacte pour le recouvrement de sa perte et du chastiment de celuy qui aura commis le mefait.

LIII. Que les Admiraux de nos armées navales, nos Vice-Roys, Gouverneurs de nos provinces, Juges, Capitaines, Chastelains, Daciers et autres qui dependent de nostre obeyssance, ayent de se rendre soigneux d'observer ce mesme traitté de paix et capitulation, puisqu'ainsi est nostre plaisir et commandement.

LIV. Déclarons que ceux qui contreviendront et contrarieront à cettuy-ci nostre vouloir, seront tenus pour rebelles, desobeyssans, et perturbateurs du repos public, et pour ce condamnez à un grief chastiment, estans apprehendez sans aucun delay, qu'ils servent d'exemple à ceux qui auront envie de les imiter à mal faire. Et outre la promesse que nous faisons de cette nostre capitulation, nous entendons que celles qui ont esté données de nostre bisayeul Sultan Solyman et consecutivement celles qui ont esté envoyées de temps en temps de nos Ayeuls et Peres (à qui Dieu face miséricorde) soient observées de bonne foy.

LV. Nous promettons et jurons par la vérité du grand Tout-puissant Dieu, Createur du ciel et de la terre, et par l'âme de mes Ayeuls et Bisayeuls, de ne contrarier, ni contrevenir à ce qui est porté par ce Traitté de paix et Capitulation, tant que l'Empereur de France sera constant et ferme en la considération de nostre amitié, acceptant dès à présent la sienne, avec volonté d'en faire cas et de la chérir, car ainsi est nostre intention et promesse impériale.

Escript environ le 20 may 1604 [1].

XI.

Notes sur quelques articles du précédent Traicté.

Povr plus grande intelligence de la capitulation qu'a le Roy auec le Grand Seigneur, il est necessaire de sçauoir les causes qui m'ont obligé d'y faire adjouster

[1]. Ces capitulations ont été publiées en 1615 à Paris, en turc et en français (*Articles du traicté faict en 1604 entre Henri le Grand... et Sultan Amat... par l'entremise de messire* François Savary, *Seigneur de* Breues. *De l'imprimerie des langues orientales, arabique, turquesque, etc., par E. Paulin*). Le texte français a été donné par Faret, à la suite de l'*Histoire de Georges Castriot*, par J. de Lavardin (Paris, 1621), et se trouve encore dans la *Relation des Voyages de M. de Breves* (Paris, 1630). Nous avons suivi le texte de Faret, en le complétant en quelques endroits d'après l'édition de 1615.

tout plein de nouueaux articles, lorsque ie la fis re-
nouueller, qui a esté durant les regnes des Empereurs
Amurat, Mehemet, et Amat.

Du viuant du feu Roy Henry troisiesme, les Anglais
n'auoient seureté en leur commerce dans le pays du
Turc, que celuy que la banniere et protection du Roy
leur donnoit. Ils voulurent agir d'eux mesme, et ne
plus auoir ceste obligation à la France : ils supplie-
rent le sultan Amurat, qui regnoit pour lors, d'agréer
que leur Roy tint à sa Porte, vn Ambassadeur ordinaire,
luy figurant vn grand auantage de leur trafic, et vne
gloire de leur soumission. L'Ambassadeur du Roy, qui
y estoit pour lors, nommé le sieur de Germiny, n'eut
pas assez d'industrie, pour empescher et rompre ce
coup : ainsi l'amitié desdits Anglois fut acceptée, et
leur ambassadeur introduit. Ils se sont conseruez cest
auantage, jusques à present; et depuis s'estre establis,
ont soigneusement cherché les moyens de raualler
l'honneur de la banniere Françoise, faisant aggréer au
Grand Seigneur; que les nations estrangeres qui n'ont
point d'Ambassadeur à sa Porte, et qui ont liberté de
traffiquer par ses pays, sous l'estendart de France,
peussent y venir sous la banniere angloise, et leur fust
loisible de recourir à leur protection. Cette grace leur
fut accordée, au preiudice des traitez qu'a la France
auec eux. De mon temps, par le moyen de l'intelligence que j'auois avec les principaux ministres du
Grand Seigneur, ie fis revoquer tout ce qui auoit esté
concédé contre l'honneur de nostre estendart, comme

il se verra par les 4. 5. et 6. articles de la capitulation.

. Les Religieux qui demeurent à la garde du sainct Sepulchre, et les Pelerins qui le vont visiter, estoient molestez par les Iuges et Gouuerneurs de Ierusalem, pour en profiter : i'ay fait inserer dans les Traictez et Capitulations cy-dessus, article 5. qu'ils ne le seront plus à l'auenir, mais bien receus et protegez par les Iuges et Gouuerneurs.

Il est défendu aux marchands qui trafiquent par les pays de ce grand Prince, de ne charger sur leurs vaisseaux, ny cuirs, ny cires, ny cordouans, ny cottons filez, pour ne causer disette, ny cherté en yceux. Nonobstant ceste défense, i'ay fait inserer dans nos dites capitulations, article 8. qu'il leur sera permis d'en achepter et enleuer, en consideration de l'ancienne amitié de leur Prince. Ceste grace cause vn notable auantage aux trafiquans, pour l'utilité qu'ils en peuuent retirer.

Anciennement les marchands François qui alloient trafiquer par les pays du Leuant, au lieu d'y porter de l'argent monnoyé, ils y conduisoient des draps et autres sortes de marchandises, et payoient cinq pour cent, de ce qu'ils y apportoient et vendoient : Pour s'exempter, tant de ce droit, que pour l'avantage qu'ils trouuent sur le prix de leurs monnoyes, qui est grand, que pour n'estre sujets à vne longue demeure pour vendre leurs marchandises, ils n'y en apportent plus, et font entierement leur negoce auec de l'argent comptant. Les fermiers des haures du Grand Seigneur se trouuans lezez, les ont assujettis d'en payer vn certain droit. D'autre part, les officiers des monnoyes auoient pris vn vsage, de conuertir au coin et marque de leur Prince, celles qu'apportoient lesdits marchands, lesquels pour se redimer, s'estoient soumis à en payer quelque droit. Pour empescher ce désordre et dommage, j'ay fait ordonner et commander par la susdicte capitulation, article 9, que les sujets de la France, qui apporteront de la monnoye par lesdits pays, ne seront obligez d'en payer aucun droict : ce qui a esté obserué durant le sejour que j'ay fait en Leuant.

Et parce qu'il arriue que quelques sujets du Roy, par commodité de passage, s'embarquent sur des vaisseaux qui appartiennent aux ennemis du Grand Seigneur, qui par rencontre sont pris par les Turcs, j'ay fait ordonner par la capitulation, article 10, qu'ils ne le soient pour l'aduenir, ny leurs marchandises retenües, et que s'il s'en trouve de ceste façon faits esclaues, qu'ils soient faits libres.

En la coste de Prouence, il y a vn nombre infiny de vaisseaux, ceux qui en sont proprietaires les loüent à tant le mois, ou à tant pour voyage; ainsi ils sont guidéz çà et là. Les Espagnols, Geneuois, Napolitains, et Siciliens, s'en seruent ordinairement pour le port de leurs bleds, vins, et autres victuailles : s'ils sont rencontrez des galeres du Turc, il sont pris et sont faits esclaues : J'ay fait declarer par nos Traittez, que desormais il ne sera licite de les inquieter en leur trafic;

28

et commander, s'il s'en trouue d'esclaues de ceste façon, qu'ils soient mis en liberté.

Il se trouue des mariniers François vagabonds, qui
se donnent au premier capitaine de vaisseau qui s'en
veut seruir, ou se loüent à des Grecs, sujects du Grand
Seigneur, pour l'auantage qu'ils ont à transporter les
bleds hors des pays de l'obeïssance de leur Prince, pour
en faire trafic aux lieux et terres de ses aduersaires : il
arriue qu'ils sont rencontrez par les galeres qui seruent
pour la garde des mers de sa Hautesse, sont pris et
chastiez, et leurs vaisseaux et ce qui est dedans, appli-
qués au benefice du Prince. Et par ce que cest vsage
est dommageable aux sujects du Roy, de ceste condition :
l'ay fait ordonner, article 13 de ceste capitulation,
qu'ils ne seront faits esclaues, attendu que ce sont
pauures gens, qui gaignent leur vie de ceste façon, ou
qui sont passagers sur ces vaisseaux.

Il arriue aussi que les marchands François (conuiez
par ce mesme interest) font charger leurs vaisseaux de
bled, pour le porter à Gennes, ou à Majorque, où ordinairement il est cher : pour cest effet, ils s'accordent
auec des Grecs, et mesmes auec des Turcs, qui leur
vendent ce qu'ils en ont pour porter en Constantinople,
ou autre lieu de l'obéissance de l'Empire Ottoman ; et
lors qu'ils sont trouuez dans les pays du Grand Seigneur, ainsi chargez de bled, ils sont faits esclaues, et
leurs vaisseaux confisquez, comme contreuenans aux
reiglements faits pour ce regard. Pour à quoy remedier,
j'ay fait mettre en la susdite capitulation, article 14, que

ceux qui ont esté pris de ceste façon, seront deliurez, et que par cy apres, ceux qui seront trouuez en semblable delict, ne seront inquietez en leurs personnes, ny leurs vaisseaux confisquez; mais bien le bled qui se trouuera sur iceux, afin que cela les oblige à s'en abstenir.

Les Corsaires de Barbarie ont accoustumé de contraindre les capitaines des vaisseaux François qu'ils rencontrent en mer, d'auoüer que les marchandises dont leurs vaisseaux sont chargez, sont et appartiennent à leurs ennemis : i'ay aussi fait inserer dans le Traicté, article 15, qu'encores qu'il fust veritable que les dictes marchandises qui se trouveront, comme dit est, dans les vaisseaux François, fussent, et appartinsent aux ennemis du Grand Seigneur, que nonobstant il veut et commande qu'elles ne puissent estre prises. Ce point est de très-grande consequence, pourueu que les Ambassadeurs du Roy, qui resident en Constantinople, le facent religieusement obseruer : car sous ce pretexte, il n'y a année que le negoce de Prouence ne perde cinq ou six cens mil escus.

Le Grand Seigneur a d'ordinaire pour sa garde, quarante mil Janissaires, ausquels il est obligé de faire donner la liure de chair à vn pris bas : et par ce qu'à la grande quantité qu'il en faut à ce nombre d'hommes, ceux qui ont le maniment de ses finances, pour empescher que ceste perte ne les incommode, ils la font supporter aux trafiquans : (ils nomment cest impost, l'aide des chairs). Pour en exempter les sujects du Roy, i'ay aussi fait inserer dans le Traicté, article dix-huict, qu'ils en seront exempts, et n'en payeront rien.

Il y a aussi trois autres imposts, nommez Reft, Basch, et Salametlic, qui se payent par les marchands qui veulent enlever des cuirs de bufles, des cottons filez, des cuirs et autres marchandises semblables, qui sont défendues par l'article dix-huict : i'ay fait exempter de cest impost les sujects de sa Majesté qui trafiquent de ces marchandises.

Les marchands qui trafiquent par les haures, villes et ports des pays du Grand Seigneur, ayant fait leurs achapts et chargé leurs marchandises, comme ils sont sur les termes de faire voile, et payé les droicts du Grand Seigneur, les officiers de ses doüannes les rançonnent de deux ou trois cens escus, sous le nom de bon voyage : i'ay remedié à ce desordre par ce mesme article 18. ayant fait ordonner qu'ils ne se prendra, sous ce pretexte, que trois escus de chacun vaisseau.

Les Corsaires de Barbarie n'obseruent les Traictez et Capitulations, qu'entant qu'il leur plaist : I'ay faict consentir le Grand Seigneur, qu'il sera licite au Roy de les priuer du benefice de ses ports, et leur faire courir sùs, comme contre des perturbateurs du repos public. Et par ce qu'apres qu'iceux Corsaires ont volé le sujects de la France ; comme l'Ambassadeur du Roy en faict des plainctes et en demande raison, l'on le renuoye à la Iustice, laquelle ne peut condamner les malfaicteurs, s'il n'y a des preuues tres-fortes, le temoignage des chrestiens n'est pas valable contre les

Mahometans, qui ne se veulent accuser les vns les
autres ; ainsi l'on ne peut auoir raison du mal-faict.
Pour à quoy remedier, i'ay faict inserer dans la dicte
capitulation, article 19, que les plainctes qui seront
faittes au nom du Roy, authorisées de ses lettres
Royales, suffiront, et y sera adjousté foy : et que les
Viceroys des lieux d'où les Corsaires seront partis,
demeureront responsables en leur propre et priué nom,
de tous les dommages et priuez de leurs charges, pour
seruir d'exemple aux desobeïssans.

Les Sujects du Roy font vn notable profit à la pesche
du corail, en la coste de Barbarie : iē leur ay fait permettre par la dite Capitulation, article 21. qu'ils y
puissent continuer ladite pesche, mesmement en vn
golfe nommé Stora Courcouri.

Et par ce qu'i¹ peut arriver entre les marchands, des
querelles et des meurtres, i'ay fait ordonner par l'article vingt-quatriesme que la Justice du Grand Seigneur
n'en prendra point de cognoissance, et que le iugement
et punition sera remis à l'Ambassadeur du Roy, ou à
ses Consuls, pour en vser selon leurs loix.

En consideration du mauuais traittement que les
Consuls François qui resident par le haures et ports
du Grand Seigneur, reçoiuent souuent des Gouverneurs des lieux de leur demeure, i'ay creu à propos de
faire éuoquer toutes leurs causes, deuant le tribunal
de iustice ordinaire du Grand Seigneur, qui se tient
dans son Palais, par les Iuges et Presidens de sa milice,
en presence de son premier Bassa et de l'Ambassadeur

du Roy : en ceste consideration, ceux qui les veulent molester, s'en retiennent.

J'ay aussi fait declarer par ce Traicté, article vingt sept, que les Ambassadeurs du Roy auront la preseance sur ceux d'Espagne, et sur tous ceux des autres Princes et Roys qui se trouueront resider près de sa personne : le mesme est ordonné en faueur des Consuls François.

Bien souuent, il arriue que quelques marchands François font banqueroute de grandes sommes aux sujects du Grand Seigneur, qui pour se recompenser de telles pertes, s'en prennent aux autres marchands de la nation, et leur veulent faire payer leur perte, comme s'ils estoient obligez de ce faire, se seruants, pour cest effet, de faux tesmoins. Pour à quoy remedier, il est dit en l'article trente quatre, que s'il n'apparoist que ces marchands ainsi poursuiuis, soient cautions par contracts authentiques, qu'ils ne soient molestez, ny tenus des debtes des fuïards. De mon temps, pendant que i'estois en Constantinople, il y eut en Alep, quatre Facteurs des marchands de Marseille, qui firent banqueroute et emporterent aux marchands Turcs et Mores, trente ou quarante mil escus que l'on fit payer aux François qui se trouuerent dans le pays : mais l'injure ny la perte ne leur en demeura pas, par ce que i'eus assez de faueur et pouuoir pour leur faire rendre le tout [1].

1. Publié comme appendice à la *Relation des voyages de M. de Brèves fails en Hierusalem*, etc. Paris, P. Rocollet, 1630, in-4°.

· XII

LETTRES DE HENRI IV A M. DE BRÈVES

De Sainct Germain, du 8 may 1597.

Monsieur de Brèves, voz depesches du 14 et 28 janvier, 13 et 28 febvrier et premier mars ausquelles j'ay
à respondre par celle cy, font particullièrement mention,
après les advis que vous me donnez de par dela, des
difficultez qui s'y sont rencontrez à vaincre et surmon-
ter l'instance qui a esté faicte par l'agent d'Angleterre
que au renouvellement des Cappitulations, il fust inséré que les nations estrangères n'eussent plus à recon-
gnoistre la bannière de France ; en quoy vous vous estes
non seullement conduit selon mon intention, mais m'a-
vez faict service très agréable d'avoir opposé la vérité
des choses aux fausses propositions que ledit agent a
mis en avant, pour authoriser la poursuitte que je n'a-
vais d'acquis en ce royaume que ce que la Royne d'Angleterre m'avoit facilité avec l'assistance de ses armes.
Car tant s'en fault que cela soit comme je m'assure
aussy qu'elle ne voudroit pas advouer ledit agent en ce
propos, qu'au contraire la correspondance que j'ay eu
avec elle, elle pour estre de diverse religion, a bien
souvent traversé et faict préjudice à mes affaires ; ce que

je vous dy affin que vous sçachiez les impostures des ministres et non pour en publier aucune chose par delà ; j'ay aussy esté très-aise que vous avez gaigné ce poinct sur l'opiniastreté du grand Chancellier et du premier sécretaire d'Estat de ce Seigneur, que ce qu'avez désiré estre adjoinct ausdites Cappitulations y ait esté inséré, car je sçay qu'en ceste Porte l'avarice et la corruption emportent bien souvent la raison ; et parce que les principaux poinctz de vos dictes depesches se terminent en ces deux poinctz, je n'auray autre chose mander sur iceux et attandu que le renouvellement des Capitullations que vous me promettez de m'envoyer bien tost, ne me pouvant assez emerveiller du procedder ou plustost de l'imprudence dudit agent d'Angleterre qui voulloit ranger les nations estrangères sous la bannière angloise, seullement depuis trois jours en l'empire d'Orient et authoriser par delà la confirmation d'une longue correspondance entre mes prédecesseurs et ceux de ce Seigneur ; et cependant je vous diray que j'ay achevé la diette que j'estois venu faire en ce lieu pour faire provision de santé, de manière que je me trouve très bien, Dieu mercy, en intention de me rendre dans huict jours pour aller en mon armée, sur l'advis qui m'a esté donné que le cardinal d'Austriche se doibt trouver à la frontière d'Artois, le 15e de ce mois, pour essayer de desgaiger ma ville d'Amiens qui est grandement incommodée et aux environs de laquelle j'ai tousjours tenu une armée pour empescher qu'il entrast du secours ; et vous asseurez que j'ay sy grande envie d'affronter mon

ennemy et me revancher de ce qu'il a faict en la surprise de la dicte ville que j'y serois desjà sy je n'estois
allé à Paris, pour trois ou quatre jours, pour facilliter le
recouvrement de l'argent qui est nécessaire pour le
payement de ma dicte armée, avec laquelle j'espère
entreprendre quelque faict d'importance duquel vous
serez adverty; vous priant aussy continuer à me faire
sçavoir ce que vous apprendrez de la délibération de ce
Seigneur pour la guerre d'Ongrie et s'il persistera au
désir qu'il monstre d'y voulloir passer en personne,
comme de toutes autres occurances, priant Dieu, Monsieur de Brèves, etc.

Fontainebleau, du 4ᵐᵉ aoust 1604.

Monsieur de Brèves, vous m'avez faict service très
agréable d'avoir faict renouveller et augmenter noz
Capitullations avec ce Seigneur ainsy que vous m'avez
escript par vostre lettre du 5 juing que j'ay reçue le
28ᵉ de juillet et ay veu par les articles d'icelles dont
m'avez envoyé ung double; mesmes m'ont esté très
agréables celuy de la seureté du Saint Sépulchre et
l'autre du désadveu des corsaires d'Algier et suis content
ainsy que vous ay escript que vous visittiez les Saints
Lieux en revenant, affin que vous donniez ordre que les
pellerins et relligieux qui y habitent et abordent jouissent par effect de la grâce et protection que vous avez
obtenue pour eux à ma réquisition et contemplacion.
Vous avez sceu aussi, par mes dernières, combien il est
nécessaire de réprimer et chastier l'audace des corsaires

d'Algier, lesquels contre le voulloir du bassa dudict pais
ont rompu les conclusions accordées par les prédecesseurs de ce Seigneur aux miens, d'une possession et
jouissance paisible de plus de soixante et tant d'années,
et, sans raison et subject quelconque, ont desmoly le bas-
tion de France, pillé et saccagé tout ce qui estoit en icelluy appartenant au cappitaine dudict lieu, mon subject
serviteur et par telle insolence et action, offencé tellement ma dignité en l'amityé que j'ay avec la maison Ottomane que, sy ce Seigneur ne m'en faict raison et reppa-
ration telle qu'il convient, je veux que vous luy déclariez
et à ses ministres, que je n'obtiendray rien à faire pour
la prendre entière et telle que mon honneur m'oblige
de la rechercher.

Le baron de Salignac sera chargé par son instruction de leur en parler vifvement et comme de chose
que j'ay très à cœur. Touteffois d'aultant qu'il est
encore icy et qu'il demeurera long temps en chemin,
entreprenez ceste poursuite et me faictes encore ce service
d'avant que de partir, l'adjoustant à ceux que vous m'a-
vez faict depuis que vous en estes chargé par delà et je
le recognoistray à vostre retour selon qu'ilz méritent.
J'auray aussy bon esgard aux advances que vous
m'avez représentées par vostre susdicte lettre avoir faict
pour mon service, et désire que vous continuiez à m'ad-
vertir du progrez des guerres d'Hongrie et de Perse
comme des révolutions de l'Asye, et de toutes autres
occurences, jusques à ce que ledict sieur de Salignac
soit arrivé par delà, lequel sera chargé de rendre grâces à

ce Seigneur de l'octroy des dictes Cappitulations comme
d'en demander l'observation et exécution, à faulte de
ce, faire les protestations et déclarations requises à ma
dignité et au bien de mes subjectz, lesquelz doibvent
s'abstenir d'aller trafficquer en son Empire, comme je
dois faire de demeurer chargé par les autres princes de
la chrétienté de l'amityé et alliance de sa Hautesse, s'il
faut que lesdictes Capitullations continuent d'estre vio-
lées par l'avarice et désobéissance de ses esclaves et
officiers ainsy que vous remonstrez, en attendant la
venue dudict Salignac auquel j'ay commandé de partir
et se rendre par delà au plus tost. Au reste vous sçaurez
que le Roy d'Angleterre a traict celuy d'Espagne, et que
ce dernier a faict ce qu'il peut pour se descharger de
toutes sortes de despences et querelles en la chrétienté, pour pouvoir mieux et plus fortement entreprendre et s'accroistre contre ce Seigneur, sur les occurences qui s'en présenteront, chose qui luy seroit facile
s'il n'estoit rellevé de la craincte des armes et de la
prospérité de mon royaume, ce que vous ferez valloir
par delà autant que vous jugerez estre bien scéant et
utile de le faire. Les peuples d'Hollande et Zélande
continuent à faire la guerre courageusement audict Roy
d'Espagne, ayant assailly les archiducz de Flandres
dedans leurs pais, où ilz ont naguères assiégé une place
très importante pour prendre revanche de celle d'Hos-
tande, qu'ilz ont deffandue trois ans entiers et gardent
encore contre la puissance desdicts princes. Je prie Dieu,
monsieur de Brèves, etc.

XIII.

Lettre du Roy au grand Seigneur.

Tres–Haut, tres-Excellent, tres-Puissant, tres-Ma-
gnanime et Invincible Prince, le grand Empereur des
Musulmans Sultan Mehemet, en qui tout honneur
et vertu abonde, nostre tres-cher et parfait amy.

La réponfe que nous avons faite le 24. Avril der-
nier à la lettre qu'elle nous avoit écrite au mois de
Iuin de l'année precedente, laquelle nous avons mife
entre les mains de voftre ferviteur Soliman Aga, dont
le retour foit heureux, aura informé voftre Hauteffe
de nos bonnes intentions, tant fur le fujet de la venuë
dudit Aga dans noftre Cour Imperiale (gloire du
monde, et affuré refuge et protection de tous les Rois
et Potentats qui recourent à fon puiffant et clement
appuy) que pour le maintien inviolable de l'union et
étroite amitié entre nos Imperiales Perfonnes, et leurs
vaftes Empires que Dieu, Auteur de tout bien, a foûmis
à noftre obeïffance. Et d'autant que rappellant auprès
de Nous, pour les confiderations qui font marquées
dans ladite réponfe, le Sieur de la Haye Vantelet;
noftre Ambaffadeur ordinaire à la celebre Porte, pour
l'employer icy en d'autres emplois honorables, Nous

*avons pris, en mefme temps, la refolution d'envoyer en
fa place un autre de nos Miniftres avec le mefme carac-
tere, fuivant le defir que voftre Hauteffe nous a témoigné par fa Lettre que fon ferviteur Solyman cAga
nous a renduë, Nous avons jetté les yeux pour ce
fublime Emploi fur la Perfonne de noftre tres-cher et
feal Confeiller en tous nos Confeils et en noftre Cour
de Parlement, le fieur de Nointel, Magiftrat de grande
vertu, merite, probité et fuffifance, et en qui nous avons
toute confiance. Nous écrivons maintenant cette Lettre
à voftre Hauteffe, afin de la requerir de confidérer et
traiter à l'avenir ledit Sieur de Nointel dans cette
qualité de noftre cAmbaffadeur ordinaire à ladite Porte,
chargé de toutes nos affaires et de celles de nos Sujets, et Nous nous promettons cependant de l'cAmitié
de voftre Hauteffe qu'elle l'accueillera, agréera, et lui
fera toute forte de bon traitement, lui donnant la
mefme créance qu'elle pourroit donner à Nous mefme,
fur tout ce qu'il lui pourra reprefenter aux occafions
touchant les interefts de nos Sujets, et nommément
pour faire ceffer les vexations et avanies que l'on a
exercé fi longtemps fur eux dans les Efchelles de
Levant, et ailleurs dans son vafte Empire, comme auffi
fur le renouvellement des anciennes capitulations, et
Nous nous remettons du furplus à la vive voix de
noftredit cAmbaffadeur. Sur ce Nous prions Dieu qu'il
augmente les jours de voftre Hauteffe avec fin tres-
heureufe. Ecrit à faint Germain en Laye le 11 Iuil-
let 1670.*

MEMOIRE DES PRETENTIONS DE MONSIEUR L'AMBASSADEUR POUR LE RENOUVELLEMENT DES CAPITULATIONS.

Monsieur l'Ambassadeur employa ces trois jours de festes à dresser ses memoires, et à les faire mettre en Turc ; ils contenoient les points qui estoient demandez dans le renouvellement des capitulations, sçavoir :

Premierement, qu'en consideration de l'ancienne amitié, et de ce que l'Empereur de France est le protecteur du Christianisme auprés de sa Hautesse, la Religion Chrestienne sera toûjours exercée dans les lieux de l'Empire Othoman, où elle l'a esté jusques à present.

Que les Evêques Chrestiens Romains sujets du grand Seigneur et autres, seront en la mesme consideration maintenus et gardez dans leur dignité, et exercice de leur Religion.

Que les Religieux François et autres desservans l'Eglise du saint Sepulchre et de saint Sauveur, et autres Saints lieux, seront conservez dans la possession et garde desdits Saints lieux, qu'ils gardent depuis tant de siecles, sous la protection dudit Empereur de France.

Que les lieux usurpez par les Grecs, et particulierement la grotte où est né JESUS–CHRIST, et le Mont de Calvaire, ensemble toutes les appartenances, leur seront rendus.

Qu'il sera permis à tous les François, et autres, de visiter lesdits Saints lieux, sans qu'il leur soit fait aucun trouble ny empêchement.

Que deffenses seront faites aux Pachas, Gouverneurs, et autres Officiers, de molester lesdits Religieux desservans lesdits Saints lieux, et que où il interviendroit quelque condamnation contre eux, l'appel qu'ils interjetteront des Jugemens, en suspendra l'execution, jusqu'à temps qu'ils soient confirmez par la Porte.

Que les Capucins, Jesuittes, et autres Religieux François, comme ayant esté admis dans l'Empire Othoman, à la consideration de sa Majesté, y seront maintenus et conservez dans l'exercice de leur Religion, et dans la permission d'enseigner les enfans Chrestiens.

Que l'Eglise de saint Georges de Galata, accordée ausdits Capucins, sur la priere du defunt Empereur de France, et qui a esté brûlée, sera rétablie, et que le Juif qui en occupe une partie, sera tenu de l'abandonner.

Que ledit rétablissement fait, les Capucins y pourront demeurer, et faire l'exercice de leur Religion comme auparavannt.

Que ladite Eglise de saint Georges, ensemble celle de saint Benoist, seront conservées aux Capucins, et aux Jesuittes, qu'en cas de feu, ou autre accident, elles pourront estre par eux reparées, afin que tant l'Ambassadeur que les François ayent ces Églises pour faire leurs prieres.

Que les François estant dans les eschelles de l'Empire Othóman, comme à Smirne, Alexandrie, et autres lieux, y pourront faire librement l'exercice de leur Religion dans les Eglises qu'ils y ont eu jusques à présent, sans estre contraints de rien payer à ce sujet.

Que les François de Seyde ne payeront aucune somme d'argent pour l'Eglise dans laquelle ils font leurs prières, et que defenses seront faites aux Pachas, et autres de rien prendre à ce sujet.

Que tous lesdits Religieux, en quelque endroit qu'ils resident de l'Empire Othoman, seront exempts de Carache et de toutes les autres impositions publiques, tant ordinaires qu'extraordinaires.

Que les Eglises prises dans l'Isle de Chio, sur les Chrestiens Romains par les Grecs, leur seront renduës.

Qu'il sera permis de lire l'Evangile dans l'Hôpital de saint Jean à Galata.

Que la Compagnie du Commerce de Levant formée à Paris, sous l'autorité de l'Empereur de France, ensemble tous les François negotians dans l'Empire Othoman, estant recommandez à sa Hautesse par l'Empereur de France, son plus ancien et puissant ami, sadite Hautesse les prend en sa protection, et commande qu'ils soient traittez avec amitié et honneur, suivant qu'il est contenu aux presentes capitulations.

Que les.Nations estrangeres qui n'ont point d'Ambassadeurs, Residans, ou Consuls à la Porte, seront tenuës de naviger sous la banniere de France, d'en reconnoistre l'Ambassadeur et les Consuls, et de leur payer les droits.

Que deffences seront faites aux Pachas et autres, d'empêcher les Consuls François de jouïr du Consulat des Nations estrangeres.

Que le droit de cinq pour cent de Douane de toutes les Marchandises, sera reduit à trois dans toutes les Eschelles et autres lieux de l'Empire Othoman, même en Egypte.

Que les François, et Estrangers trafiquans sous leur banniere, ne seront tenus de payer un plus grand droit que trois pour cent, pour toutes les marchandises qu'ils apporteront, ou pour celles qu'ils voudront emporter.

Qu'aprés l'estimation faite au juste des marchandises en piastres, il soit au choix des Marchands de payer ledit droit de trois pour cent en marchandises ou en argent.

Que le payement se faisant en argent, les Douaniers seront tenus de recevoir toutes les monnoyes ayant cours dans l'Empire.

Qu'il ne se payera aucun droit de Douanne des soyes que l'on emporte suivant qu'il est accoûtumé.

Qu'on ne payera rien non plus pour les Indiennes et autres toilleries venans de Perse.

Qu'à ce sujet, il en sera donné des Tesquerets, comme de la soye pour les monstrer au Douanier en les embarquant.

Que deffences seront faites aux Douaniers de faire aucune visite dans les bastimens aprés leur déchargement.

Qu'on ne payera le droit de Douanne pour les mêmes marchandises qu'une seule fois.

Que le Douanier qui en aura receu le droit, sera tenu de donner un Tesqueret, afin qu'elles puissent estre transportées dans les autres lieux de l'Empire, sans payer d'autre droit.

Que les Pachas, et autres Officiers, ne pourront contraindre les François de prendre de la soye et autres marchandises, qu'il leur sera permis de prendre celles qu'ils voudront, de bon aloy, et au prix ordinaire.

Que deffences seront faites aux Pachas et autres Officiers, d'emprunter aucune somme d'argent des François, n'estant pas possible d'en obtenir la restitution, et qu'il leur soit deffendu de contraindre lesdits François de leur faire des presens.

Que les droits d'or et de garde de l'argent apporté par les voiles, seront supprimez : et qu'à cet effet, deffences seront faites à tous Malen[1] ou Douanier, de se saisir dudit argent, et aux Pachas, de rien exiger à ce sujet.

Qu'il sera deffendu à tous les Officiers de la Porte, d'empêcher ou retarder les départs des vaisseaux François sous tel pretexte que ce puisse estre.

Qu'on ne prendra aucun droit d'ancrage que celuy qui sera convenu.

Que les vaisseaux ne seront plus tenus de prendre des commandemens de la Porte pour leur départ, et que l'on les laissera passer aux Chateaux sur le tesqueret du Douanier.

---

1. Moallem, employés de la douane.

Qu'il sera permis aux Capitaines d'emporter les provisions necessaires à leurs vaisseaux, personnes et équi-
pages pour leur argent, sans qu'on les puisse empêcher
de s'en pourvoir, ny qu'il leur soit besoin pour cela
d'aucune autre permission, que celle contenuë au present article.

Que deffences seront faites à tous Capitaines de mer,
leurs Lieutenans, et autres Officiers, de rien exiger des
Capitaines, sous quelque pretexte que ce puisse estre,
de present ou autrement.

Que les Consuls seront traittez en la maniere portée
par les anciennes capitulations, que les Pachas seront
tenus de leur bailler Audiance à l'ordinaire, sans les
renvoyer à leur kehaias; que leurs maisons ne pourront
estre scellées ny bullées, quelques pretentions qu'on
aye contre eux; qu'elles seront portées à la Porte, sans
que les Pachas et Cadis s'en puissent mesler, à peine
de nullité de leurs jugemens, qu'ils ne seront point
troublez dans la presceance sur tous les Consuls, et qu'il
sera enjoint aux Pachas et Gouverneurs de les y maintenir: que les provisions qu'ils feront venir pour leur
nourriture et celle de leurs maisons seront exemptes
de tous droits.

Que pour la dette ou forfait d'un particulier Consul,
Marchand ou autre, on ne pourra contraindre que les
cautions établies par écrit, ou par contract passé pardevant personnes publiques.

Que les Ambassadeurs et Consuls jugeront les diffe-
rends tant civils que criminels qui surviendront entre

la Nation Françoise, sans que les Pachas ny autres s'en puissent méler en aucune façon que ce soit.

Que les François, et autres qui sont sous la protection de France, mariez et non mariez, leurs enfans et serviteurs seront exempts de Carache, et de toutes les autres impositions que payent les sujets du grand Seigneur.

Qu'aucun vaisseau François ny mariniers ne pourront estre contraints ny obligez d'aller pour le service du tresor, ny d'aucuns Officiers ou sujets du grand Seigneur, et qu'en cas que de leur bon gré ils y consentissent, s'il arrivoit que les vaisseaux et mariniers vinssent à se perdre, à estre pris par les Corsaires, ou ceux de l'equipage à faire quelque chose de mal à propos, que l'Ambassadeur de France, les Consuls, et Marchands François n'en seront point responsables en quelque façon que ce puisse estre.

Que tous les Pachas, Cadis, Douaniers, et autres Officiers du grand Seigneur recevront et seront tenus d'executer et de faire executer les commandemens, qui seront donnez par la Porte en faveur des François, et de ceux qui trafiqueront, et negotieront sous la Banniere de France.

Qu'il sera permis aux François d'appeler des jugemens des Pachas, Cadis, et autres à la Porte, et que ledit appel suspendra toute condamnation, jusques à tant qu'il en ait esté autrement ordonné par la Porte.

Que les François pourront negotier dans l'Empire Othoman, et porter des marchandises de port en port de telle maniere qu'il leur plaira, pour les vendre aux sujets du grand Seigneur ou à tel autre qui leur conviendra.

Que les Agas et Pachas seront tenus de changer les Janissaires des Consuls, lorsqu'ils leur en demanderont d'autres.

Que nul commandement ne pourra estre executé par les Cadis et Juges ausquels il sera adressé, au prejudice de ce qui est porté par les capitulations.

Que l'Ambassadeur de France et les François ne seront point responsables des prises faites par les Malthois.

Que les causes et affaires des Ambassadeurs de France ne seront veuës que pardevant le grand Visir pour quelque procez ou pretention que ce puisse eftre.

Que les Consuls et Marchands, qui sont aux Eschelles, pourront en sortir et s'en aller quand bon leur semblera, sans qu'on leur puisse donner aucun empeschement.

Qu'aucun François ne demeurera dans les Eschelles que par la permission de l'Ambassadeur, et qu'ils seront contraints d'executer les ordres qu'il leur pourra donner de repasser en France.

Qu'il sera defendu à tous les Pachas et autres Officiers de contraindre la Nation Françoife dans les Eschelles à leur payer ou donner aucune somme d'argent, et que, où ils auront quelque pretention contr'elle, ils seront tenus de se pourvoir à la Porte.

Que les Truchemens et Interpretes de l'Ambassadeur de quelque Nation qu'ils soient, seront considerez comme François, sans que l'on puisse leur faire aucun tort en quelque maniere que ce puisse estre.

Que l'Ambassadeur, Consuls, Religieux, et Marchands François, et autres negotians fous la Banniere de France, auront la liberté d'avoir du vin chez eux, autant qu'il leur sera necessaire pour leur provision, qu'il leur sera mesme permis d'en faire venir de France ou d'ailleurs, sans qu'il leur soit besoin d'aucune autre permission.

Le memoire traduit en Turc fut donné au grand Visir, qui promit de l'examiner et d'y faire réponse.

XIV.

CAPITULATIONS DE 1673[1].

Enfin les Capitulations furent renouvellées le cinquiéme Juin. Le Chiaoux Bachi et trente de ses Chiaoux, allerent prendre Monsieur l'Ambassadeur au Village de Bosnakkeüi[2], où il estoit logé, pour le conduire à l'Audiance du grand Visir, des mains duquel

---

1. Le texte de ces capitulations et les détails qui le précèdent sont extraits des *Mémoires du sieur de La Croix*, *cy-devant secrétaire de l'ambassade de Constantinople*. Paris, Claude Barbin, 1684; 2 vol. in-12.
2. Village des environs d'Andrinople.

il a receu ce traitté, et le fruit de ses travaux, aprés une longue negotiation, et beaucoup de patience qui est une vertu fort connuë en ce païs et par laquelle l'on vient à bout de tout.

Le Ministre François témoigna au grand Visir son esperance de la durée de cette amitié qu'il fondoit sur la grande jeunesse et les merites extraordinaires des deux Empereurs qui l'avoient contractée et sur la prudence de ce premier Ministre. Toutes ces civilitez furent faites à diverses reprises, et nonobstant la gravité du Visir, il ne laissoit pas de faire pàroistre qu'il en estoit tres-content. Il voulut même se disculper du retardement de la conclusion, en disant qu'il n'avoit pas tenu à luy qu'elle ne se fût faite plûtost; quoyque Monsieur de Nointel connût bien la fausseté de ce discours, il le laissa sans replique, n'étant plus saison d'entrer dans des discussions consommées. Le regal ordinaire du Païs suivit la conversation, et l'Audience finit par la consignation des Lettres du grand Seigneur et du premier Visir au Roy qui accompagnoient le traitté.

Cette lettre est enfermée dans une bourse de drap d'or, longue d'un quartier, dont l'entrée est fermée avec un ruban, cachetée du sceau de sa Hautesse appliqué sur le ruban et couvert d'une petite piece d'or en coquille; l'adresse est dans une longue queuë de papier de soye attachée sous le même sceau, avec le titre de Padicha, Empereur, que les Turcs donnent seulement à sa Majesté entre tous les Monarques

Chrestiens, aussi bien qu'au grand Mogol, entre les Infideles.

Les Capitulations sont dans un étuy couvert de velours rouge ; Monsieur l'Ambassadeur m'a fait l'honneur de me choisir pour les porter au Roy.

La Religion trouve dans ce Traité une protection aussi forte que speciale au nom de sa Majesté; car, non seulement tous les Religieux Francs de Jerusalem y sont maintenus dans la possession de l'Eglise du saint Sepulchre et de tous les saints lieux, qu'ils ont dedans et dehors la ville, mais encore les Evêques et tous les Religieux qui sont dans l'Empire Ottoman, sont conservez dans la joüissance de leurs biens, et l'exercice de leurs ceremonies ; les Eglises sur lesquelles les Turcs avoient imposé quelque tribut pour en permettre l'entrée, en sont déchargées : le rétablissement de celle de saint Georges en Galata est permis, et la liberté accordée de dire la Messe dans l'Hôpital du même lieu, les Jesuittes et les Capucins François y sont dénommez, et les autres en general, afin qu'il ne leur soit fait aucun tort, et qu'on ne puisse leur faire aucune avanie.

Le commerce n'est pas traitté moins favorablement, puisqu'outre les avantages que les marchands ne soient pas jugez dans les échelles, lors qu'ils auront démêlé avec des Turcs, s'il s'agit de plus de cent francs, qu'ils ne soient pas soûmis à payer le sang de ceux tuez dans leur quartier, qu'ils ne payent point la doüanne des indïennes, non plus que des soyes, l'on accorde par le même Traitté la reduction de la doüane de cinq à trois pour cent, de toutes sortes de marchandises d'entrée et de sortie.

Voilà ce que la grande réputation du Roy a fait obtenir pour le bien de ses sujets, et l'utilité de leur commerce dans l'Empire Ottoman ; il ne faut point douter que ce ne soit l'ouvrage du bruit de ses grandes conquestes, dont la Porte a esté tres-informée par les avis de Monsieur l'Ambassadeur, et cette consideration n'a pas peu contribué à déterminer le Visir à la conclusion de ce traitté.

Je ne vous en diray pas davantage, devant avoir l'honneur de vous voir dans quelques mois à Paris, où je vous assureray de vive voix que je suis, etc.

De Constantinople ce 25 Aoust 1673.

L'Autheur a crû ne pouvoir mieux finir ce premier volume, qu'en y ajoûtant l'interpretation du traitté des Capitulations faite par Monsieur de la Croix, Secretaire Interprete du Roy pour les Langues Orientales, laquelle estant tres-bien et tres-fidelement interpretée, donnera tout l'embellissement à son ouvrage qu'il pouvoit attendre de celuy d'un aussi habile homme, universellement sçavant dans toutes les Langues du Levant, et son tres-bon ami.

LES CAPITULATIONS RENOUVELLÉES ENTRE LOUIS XIV, EMPEREUR DE FRANCE, ET MEHEMET IV, EMPEREUR DES TURCS, PAR L'ENTREMISE DE MONSIEUR CHARLES FRANÇOIS OLIER, MARQUIS DE NOINTEL, CONSEILLER DU ROY EN TOUS SES CONSEILS ET EN SA COUR DE PARLEMENT DE PARIS ET SON AMBASSADEUR EN LEVANT.

Voicy ce qu'ordonne ce noble signe dont la reputation est si grande, qui vient d'un lieu si relevé, qui est vrayment royal, et le conquerant du monde, qui est Imperial, et qui par le secours divin, la protection d'en haut et les graces du Liberateur vient à bout de toutes sortes d'entreprises.

LES QUALITEZ DU GRAND-SEIGNEUR.

Moy qui suis par les infinies graces du Iuste, grand et tout-puissant Createur, Empereur des Empereurs, Distributeur des Couronnes, Serviteur des deux tres-Augustes et sacrées villes de la Mecque et Medine, Protecteur et Gouverneur de la sainte Hierusalem, Seigneur de la plus grande partie de l'Asie et de l'Afrique, de Themisvar, de l'Esclavonie, de Segutuar, et de la forteresse inexpugnable d'Agria, de la Caramanie, de l'Arabie, et toute la Sirie, de Rhodes et de Chipres, de Diarbequir, d'Alep, du Caire, de

Van, d'Erẑerum, de Damas lieu de seureté et de plai-
sance, Païs de Salut, de Babylone Paradis terrestre,
et le sejour des Princes, de Balsora, d'Aẑac, d'Egypte
rare en son temps et puissante, des villes de Tunis,
de la Goulette, de Tripoli de Barbarie, de la ville de
Constantinople, lieu de seureté, et le desir des Roys,
et de plusieurs autres Pays, Villes et Seigneuries, des
Mers blanche et noire, Isles, Destroits, Passages,
Peuples, Familles, Generations, et d'un nombre infini
de victorieux hommes de guerre, qui reposent sous
l'obeïssance et justice de l'Empereur Mehemet, fils de
l'Empereur Ibrahim, neveu de Sultan Murat, Succes-
seur des Empereurs Selim et Bajaẑet, et de l'Empe-
reur Mehemet, par la grace de Dieu, recours des
grands Princes, et refuge des honorables Em-
pereurs.

LES QUALITEZ QUE DONNE LE GRAND-SEIGNEUR AU ROY.

La gloire des plus grands Monarques de la terre,
de la croyance de Iesus, choisi entre les Princes glo-
rieux de la religion du Messie, la Victoire de toutes
les Nations Chrestiennes, Seigneur de Majesté et
d'Honneur, Patron de Loüange et de gloire, LOUIS
Empereur de France, que sa fin soit heureuse.

Nous, ayant receu une lettre sincere par la main du
sieur CHARLES FRANÇOIS OLIER *Marquis* DE NOINTEL,
de la part dudit Empereur de France son Seigneur,

comme son Conseiller en tous ses Conseils, et son Am-
bassadeur à nostre porte Ottomanne, choisi entre les
Gentils-Hommes de son Royaume, soustien de la pros-
perité du plus grand de tous les grands de la croyance
du Messie, et son Ambassadeur ordinaire à nostre
Porte, de trouver bon, que les Capitulations qui ont
long-temps duré entre nos ayeuls et les Empereurs de
France, fussent renouvelées sous cette consideration,
et par l'inclination que nous avons à conserver cette
ancienne amitié; Nous avons accordé ce qui s'ensuit.

Que les Ambassadeurs qui seront envoyez de l'Empereur de France à nostre Porte, que les Consuls qui
resident dans nos Ports, les marchands et les truchemens ne soient point inquiettez en aucune façon que ce
soit, mais au contraire, receus et honorez avec le soin
qui se doit à la foy publique : Voulons de plus, qu'outre
l'observation de nostre Capitulation, celle qui fut faite
et accordée par nôtre feu Pere glorieux en sa vie et
martyr en sa mort, soit inviolablement observée et de
bonne foy, et pour l'honneur et l'amitié que ledit Empereur de France a toûjours eus avec nôtre Porte, Nous
luy avons accordé de renouveller les Capitulations qui
luy avoient esté données du temps de l'Empereur
Mehemet nostre bisayeul, et d'y ajoûter quelques
articles sur la demande qui nous en a esté faite, que
nous avons accordée, et ordonné que elle y fut inserée.

Que les François qui vont et viennent pour visiter
les saints lieux, ne soient point mal-traittez, et que les

Religieux qui sont dans l'Eglise *du Kamam, le saint Sepulchre,* n'y soient point inquiettez, à cause de l'ancienne amitié que les Empereurs de France ont eue avec nostre Porte.

Permettons aux marchands François en consideraion de la parfaite amitié que leur Prince conserve avec nostre Porte, d'enlever des cuirs, cordoüans, cire, cotons en laine, cottons filez, soit que ce soient marchandises défenduës d'enlever ; ratifions la permission que nostre bisayeul en a donné, sans que personne puisse les en empêcher.

Que les monnoyes qu'ils apportent de leurs païs dans le nostre, ne puissent estre prises de nos Tresoriers ny de nos Monnoyeurs, sous pretexte de la vouloir convertir en monnoye Ottomane ; et nous voulons pareillement qu'ils ne puissent prendre aucun droit à cause d'icelles. Et d'autant que aucuns sujets de France navigent sur des vaisseaux appartenans à nos ennemis, y chargeant de leurs marchandises, et lesdits vaisseaux estant rencontrez et pris des nostres, ils sont faits le plus souvent esclaves, et leurs marchandises confisquées ; pour empêcher cela, nous commandons et voulons, que doresnavant ils ne puissent estre pris esclaves sous tel pretexte, ny leurs facultez confisquées.

Nous declarons que ceux qui seront trouvez sur des vaisseaux corsaires, seront esclaves de bonne foy.

Nous voulons aussi que les François qui se trouveront pris par les vaisseaux de nos sujets, portans vendre des vivres à nos ennemis, ne puissent être maltraitez ny retenus esclaves, attendu qu'ils seront mariniers gagnans leur vie.

Nous defendons que les vaisseaux François, qui seront rencontrez par les nostres, chargez de victuailles prises des païs de nos ennemis, puissent estre retenus ny confisquez, ny les gens faits esclaves, sous pretexte qu'ils les portent à nos ennemis.

Nous ordonnons que les François qui achetent des victuailles de nos vaisseaux pour porter dans leur païs, quand ils sont rencontrez de nos vaisseaux, ne puissent estre retenus esclaves, ny leurs facultez confisquées, et en cas qu'il y en ait de cette façon, Nous voulons qu'ils soient mis en liberté, et que leurs facultez leur soient renduës.

Que les marchandises qui seront apportées par les marchands François en nos ports, et celles qu'ils y acheteront, ne soient sujettes à payer d'autres droits, que ceux qui se payent d'ancienneté.

Nous voulons et declarons, que lors que les marchands François qui sont dans nos havres et ports, ne pourront point vendre leurs marchandises avantageusement, et qu'ils les veüillent conduire à d'autres ports, qu'ils le puissent faire sans aucun empéchement, ny estre forcez de payer aucun droit que de ce qu'ils auront vendu.

Que lesdits François soient exempts de l'impost nommé *Cassabié*, autrement l'aide de chair, comme aussi de celuy des cuirs appelé *Reft*, qu'ils ne soient non plus recherchez de payer celuy des bufles, *Badj*.

et *yasacouli;* qu'ils soient aussi exempts de payer aucune autre chose aux gardes de nos ports et passages, que trois cens aspres, sous le nom de bon et heureux voyage.

Les corsaires de Barbarie allans par les ports et havres de la France, y sont receus, secourus même de poudre, plomb, voîles et autres choses necessaires. Neanmoins, si sans avoir égard à nos promesses, rencontrant les vaisseaux François en mer à leur avantage, ils les prennent, et font esclaves les marchands et mariniers qui se trouvent sur iceux, contre nostre vouloir et celuy de feu l'Empereur nostre Pere, lequel pour faire cesser leur violence, les a souventes fois menacez, sans que pour cela ils ayent discontinué leurs actes d'hostilité, s'il y a des esclaves pris de cette sorte, Nous ordonnons qu'ils soient en liberté, et que leurs facultez leur soient renduës, et declarons qu'en cas que lesdits corsaires fassent demeure, qu'ils seront tenus des dommages et pertes que lesdits François auront faites, et seront privez de leurs charges, sans qu'il soit besoin d'autres preuves du malfait que la plainte qui nous en sera faite de la part de l'Empereur de France avec des lettres royalles. Nous consentons aussi qu'en cas qu'ils n'observent ce qui est porté par cette nostre Capitulation, que l'empereur de France les chastie en les privant de ses ports, et protestant de n'abandonner pour cela l'amitié qui est entre nos Majestez Imperialles, approuvons et confirmons les Commandemens qui ont esté donnez de nostre feu Pere.

Nous permettons aussi que les François puissent venir pescher du poisson, et du corail au golfe et lieux de la juridiction de Thunis, sans qu'il leur soit fait ny donné aucun trouble ny empêchement, confirmant toutes permissions qui ont esté données par nos ayeuls, et singulierement par nostre feu Pere, touchant cette pesche.

Voulons et nous plaist, que les interpretes et truchemens qui servent les Ambassadeurs, soient francs et exempts de payer le *Karatche,* taille personelle, et tous autres imposts tels qu'ils soient.

Que nos sujets qui trafiquent aux païs de nos ennemis, soient obligez de payer le droit de l'Ambassadeur et Consuls François sans contradiction, jaçoit qu'ils trafiquent avec leurs vaisseaux ou autrement.

Que survenant quelque meurtre et inconvenient entre les François, les Ambassadeurs et Consuls d'icelle Nation puissent selon leurs loix et coûtume faire justice, sans qu'aucun de nos officiers en prenne aucune connoissance ny juridiction.

Que les Consuls François qui sont establis dans les lieux de nostre Empire, pour avoir soin de ceux qui trafiquent, ne puissent pour quelque cause que ce soit, estre faits prisonniers, ny leurs maisons scellées et bullées ; mais commandons que ceux qui auront pretention contre eux, soient renvoyées a nostre Porte où il leur sera fait justice.

Que tous Commandemens qui ont esté cy-devant obtenus, ou qui le seront cy-aprés par mégarde ou surprise contre cette nostre promesse et capitulations soient de nul effet et valeur, et qu'il n'y soit ajousté aucune foy.

Et parce que ledit Empereur de France est entre tous les Rois et les Princes Chrestiens, le plus noble de la haute famille, et le parfait amy que nos ayeuls ayent acquis entre lesdits Rois et Princes de la croyance de JESUS, comme il a esté dit cy-dessus, et comme le témoignent les effets de la sincere amitié; en cette considération, *Nous voulons et commandons que son Ambassadeur qui reside à nôtre heureuse Porte ait la préséance sur les Ambassadeurs des autres Roys et Princes, soit à nostre Divan public, ou autres lieux où ils se pourront trouver.*

Que les étoffes que les Ambassadeurs de France residans à nostre Porte, feront venir pour leur usage et presens, ne soient sujets à aucun dace ou impost.

Que les victuailles et provisions qui seront achetées pour la maison de l'Ambassadeur ne payent point de droit ny d'impost.

Que les Consuls François jouissent du même privilege aux lieux où ils resideront, et qu'ils ayent la préséance sur les autres Consuls quels qu'ils soient.

Que les François qui viennent avec leurs vaisseaux et marchandises dans les ports de nostre Seigneurie et païs, y puissent venir surement sur la foy publique, et en cas que la fortune ou orage jettât quelqu'un de leurs vaisseaux à terre, rencontrant de nos galleres ou vaisseaux, Nous leur ordonnons de les aider et secourir, portant honneur et respect aux patrons ou capitaines desdits vaisseaux François, leur faisant donner pour leur argent, tout ce qui leur sera necessaire, pour leur vie et autres necessitez.

En cas qu'aucuns d'iceux vaisseaux viennent à faire naufrage, Nous voulons que tout ce qui se recouvrera soit remis entre les mains des marchands à qui leurs facultez appartiendront, sans que nos Vice-Rois, Gouverneurs, Juges, et autres Officiers y contreviennent; mais au contraire, Nous voulons qu'ils les secourent à retourner par tout nostre Empire, sans qu'il leur soit donné aucun empêchement.

Nous ordonnons et recommandons aux Capitaines de mer, Lieutenans et tous autres qui dépendent de nostre obeïssance, de ne violenter ny par mer ny par terre, lesdits marchands François, ny pareillement les interpretes et truchemens, non plus que les etrangers qui viennent sous la seureté de leur bannniere : Voulons toutesfois qu'ils soient tenus de payer les droits ordinaires des ports et havres.

Qu'iceux Marchands ne puissent estre contraints d'acheter autres marchandises que celles qu'ils voudront, et qui leur seront propres et convenables.

Et, en cas qu'aucun d'iceux se trouve redevable, Nous voulons que les dettes, ne puissent estre demandées qu'au debiteur, ou à celuy qui se sera rendu caution pour luy.

Et si aucuns marchands ou autres d'icelle nation meurent en nos païs, que les facultez qui se trouveront leur appartenir, soient remises au pouvoir de celuy qu'ils auront nommé dans leur testament; mais s'il arrive qu'ils meurent *ab intestat,* nous voulons que les Consuls qui sont dans nos païs prennent le soin des facultez du mort pour les envoyer à leurs heritiers, sans que nos Gouverneurs ou Juges, en puissent prendre aucune connoissance.

Que les Consuls François, les marchands, les interpretes et leur dépendans ayent en leurs ventes et achats, et responses, à passer actes devant les Juges du lieu où il seront; au defaut de quoy, Nous voulons et commandons, que ceux qui auront quelques pretentions contre eux, ne soient écoutez, s'ils ne font paroistre, comme dit est, par contract public, leurs pretentions ou droits.

Voulons que tous les témoins qui seront oüis à leur dommage, ne soient receus ny écoutez, si premierement, comme on dit, il n'apparoist d'actes publics de leurs ventes et achats.

Que l'on ne moleste point lesdits François en leur imputant qu'ils les ont injuriez, afin de pouvoir tirer quelque argent d'eux, puisque c'est contre la noble justice, et que nos Gouverneurs, et Juges l'empeschent.

Et, si aucun d'eux pour dettes, ou pour avoir commis quelque mauvais acte faisoit faute de nos païs, Nous voulons, et commandons que ceux d'icelle nation ne puissent estre responsables pour celuy ou ceux qui se seront absentez, s'ils n'y sont obligez, comme dit est. par contract authentique.

Et s'il se trouve par nostre Empire des esclaves François estant reconnus pour tels de l'Ambassadeur ou Consuls, ceux au pouvoir de qui ils se trouveront faisant refus de les livrer, soient obligez de les envoyer à nostre Porte, afin d'estre jugé à qui ils appartiendront.

Que les François qui demeurent dans le païs de nostre Empire soient francs et exempts de *Karatche*, c'est-à-dire de tailles.

Qu'au changement et établissement des Consuls François en nos havres d'Alexandrie, Tripoli de Sirie, Arger et autres écheles de nôtre païs, nos Gouverneurs, et Officiers ne puissent empescher qu'ils soient établis en charge.

Nous voulons qu'ils soient exempts de l'impost appellé *Hurfié*. Si quelqu'un de nos sujets a differend avec un François, dont la connoissance appartienne à nos Juges, ils ne puissent écouter la demande du demandeur qu'un interprete de la nation ne soit present, et si pour lors il ne se trouve aucun truchement pour comparoistre devant le Juge et defendre la cause du François, que les juges remettent la cause à une autre fois, jusques à ce que l'on trouve l'interprete ; le François sera toutefois obligé de le faire trouver, afin que l'effet et prompte expedition de la justice ne soient point differez.

Et s'il naist quelque contention ou differend entre deux François, que l'Ambassadeur ou Consuls ayent à les terminer sans que nos Juges, et Officiers les empeschent, et en prennent connoissance.

Nous ordonnons aussi aprés que la recherche aura esté faite à Constantinople, que les vaisseaux François ne soient plus obligez d'estre foüillez, si ce n'est au sortir des Dardanelles, ou aux chasteaux du détroit, nous defendons qu'ils le soient à Galipoli, comme ils y ont esté contraints par le passé.

Nos armées navalles, nos galleres se rencontrant avec celles de la France, nous exhortons les Capitaines d'une part et d'autre, qu'ils ayent à s'aider et servir, sans se porter les uns aux autres aucun dommage, mais au contraire secours et confort. Nous voulons aussi qu'ils ne puissent point prendre par force des jeunes enfans, et autres choses semblables sous pretexte de present.

Nous voulons, et nous plaist que tout ce qui est porté par les Capitulations accordées aux Venitiens ait lieu pour les François, et qu'iceux avec leurs vaisseaux, et marchandises trouvent seureté par nos mers, et par tous les lieux de nostre Empire, et de nôtre obeïssance, et puissent venir, aller, retourner, et sejourner sans aucun empeschement.

Que les Admiraux de nos armées navalles, et nos Vice-Rois, Gouverneurs de nos provinces, Juges, Capitaines, Châtelains, et autres qui dépendront de nostre obeïssance, soient soigneux d'observer cette nôtre Capitulation, puisque tel est nostre plaisir et commandement.

Declarons que ceux qui contreviendront à cette noble Capitulation seront declarez desobeïssans, et

perturbateurs du repos public, en cette consideration,
que sans aucune remise, ils soient condamnez à un
grief chastiment, afin qu'ils servent d'exemple. à ceux
qui auront envie de les imiter à mal-faire, et outre les
promesses que nous faisons de l'observation de cette
nostre Capitulation, Nous entendons que celles qui ont
esté faites par nostre predecesseur Sultan Suleïman,
auquel Dieu fasse misericorde, soient observées, et
entretenuës de bonne foy.

Il fut accordé à l'Empereur de France par les
Capitulations qui furent faites avec nos bisayeuls, à
qui Dieu fasse misericorde, que toutes les nations qui
n'ont point leur Ambassadeur ordinaire à nostre Porte
de felicité, pussent trafiquer sous la banniere de France,
et visiter les Saints lieux, et puis aprés pour quelque
sujet ils en furent privez, et cet article qui estoit dans
les Capitulations fut rayé, et effacé; mais quelque
temps aprés ledit Ambassadeur de France envoya une
lettre à nostre Porte de felicité, par laquelle il prioit
que puisque l'on avoit interdit lesdites nations de
trafiquer sous la banniere de France, que du moins il
leur fut permis de pouvoir aller visiter les Saints lieux
de Jerusalem, comme ils faisoient auparavant, sans
que personne leur donne aucun trouble ny empeschement, et que, si à l'avenir, il leur permettoit de trafiquer dans les lieux de son Empire, que ce fut encore
sous la banniere de France, parce que l'Empereur de
France a toûjours conservé l'ancienne amitié qu'il
avoit avec nos bisayeuls jusqu'à present; sa demande

luy fut accordée, en commandant que les nations Chrétiennes qui n'ont point leurs Ambassadeurs à nostre
Porte, et qui sont amis dudit Empereur de France,
puissent visiter les Saints lieux, comme ils faisoìent
auparavant avec assurance, et liberté, sans que personne les en empeschât ni les molestât, et puis aprés
que si nous donnons la permission aux susdites Nations
de trafiquer par les lieux de nostre Empire, que ce soit
sous la banniere de France, comme auparavant, et non
pas sous celle d'un autre, comme il a esté déclaré par
les Capitulations qui ont esté d'ancienneté jusqu'à present presentement de nouveau, *Nous voulons et commandons que les Articles mentionnez soient ajoûtez
aux nobles Capitulations.* Et premièrement.

ARTICLES NOUVEAUX.

Que les Evesques ou autres religieux de secte
Latine, qui sont sujets à la France, de quelque sorte
qu'ils puissent estre, soient dans tous les lieux de nostre
Empire, comme ils estoient auparavant, et y faire leurs
fonctions, sans que personne les trouble ni les empesche,
que les religieux François qui sont en Jerusalem, et
qui ont depuis long-temps les Lieux saints tant dehors
que dedans, comme aussi ceux qui sont dans le saint
Sepulchre en joüissent, et le possedent comme auparavant, sans que personne les moleste, en leur demandant des imposts ou autrement, et s'ils ont quelque

procés, ils soient envoyez à nostre Porte de felicité.

Que tous les François, et tous ceux qui sont sous leur protection de quelque sorte qu'il puissent estre qui vont et viennent en Jerusalem, ne soient point tourmentez ni molestez.

Nous voulons que les Peres Jesuites et Capucins qui sont en Galata, joüissent toûjours de leurs églises. Et celle des Capucins ayant esté bruslée, Nous donnons permission qu'elle soit rebastie. Nous voulons aussi que l'on ne moleste point les églises des François qui sont à Smirne, à Seyde et à Alexandrie et dans toutes les autres escheles de nostre Empire, ni qu'on leur demande aucun argent pour celle-cy.

Nous permettons qu'ils puissent exercer l'office divin dans l'hospital qui est à Galata, sans que personne les moleste.

Et comme les marchands François avoient toûjours payé cinq pour cent jusques à present de toutes les marchandises qu'ils apportoient, ou de celles qu'ils emportoient, l'Empereur des François nous a demandé qu'ils ne payassent que trois pour cent, ce que nous luy avons accordé à cause de l'ancienne amitié qu'il a toûjours euë avec nostre Porte; et Nous avons ajoûté aux nobles Capitulations que les doüanniers ne les molestassent point en leur demandant davantage que trois pour cent, Nous voulons que les marchands François payent nos doüannes avec la mesme monnoye, comme la prennent nos Tresoriers, et qu'ils ne soient point molestez en leur demandant plus ou moins.

Nous permettons que ceux qui n'ont point leurs
Ambassadeurs ou Residants à nostre Porte de felicité,
comme Portugal, Sicile, Castillans, Messinois et autres
Nations ennemies puissent venir sous la banniere de
l'Empereur de France, comme ils faisoient au temps
passé, et qu'ils payent la doüanne comme les autres
François, sans que personne les moleste, tant qu'ils ne
feront choses qui soient contraires à l'accord que Nous
avons fait.

Nous voulons qu'ils payent la *me{eterie* de Constantinople et de Galata de la mesme façon que font les
Anglois.

Et si les doüanniers estiment plus les marchandises
qu'elles ne valent pour leur profit, Nous ordonnons
sans contredit qu'au lieu de l'argent, ils prennent des
marchandises.

Que quand une fois ils auront payé la doüanne de
soye et autres marchandises, on ne leur demande de
rechef.

Que quand les doüanniers auront esté payez de
leurs doüannes, qu'ils leur donnent le *teskeret* de
leur payement, et qu'ils ne les empeschent point de les
porter à d'autres escheles, et que l'on ne les moleste
point derechef dans une autre eschele en leur demandant la doüanne.

Nous ordonnons que les Consuls François, et les
religieux qui leur sont sujets, les marchands, et les
droguemans puissent faire du vin dans leurs maisons
pour leurs provisions, et en puissent apporter de

dehors, sans que personne les moleste, ni les empesche.

Si quelqu'un de nos sujets a quelque procés contre
quelque François, dont la somme soit plus de quatre
mille aspres, Nous defendons qu'il soit fait justice
autre part que dans notre divan.

Et s'il arrive qu'on tuë quelqu'un dans des quartiers où sont les François, nous defendons qu'ils soient
molestez en leur demandant le prix du sang, si ce
n'est qu'on prouve en justice que ce sont eux qui ont
fait le mal.

Nous accordons aux truchemens qui servent les
Ambassadeurs, les mêmes privileges qu'aux François.

*Nous promettons par la verité du puissant Createur
du ciel et de la terre, et par les ames de nos ayeuls,
et bisayeuls de ne contrarier, ny contrevenir à ce qui
est porté par les nobles Capitulations, tant que l'Empereur de France sera constant et ferme à la conservation de nostre amitié; acceptons dés à présent la
sienne avec volonté de la tenir chere et en faire
estime, telle est nostre promesse Imperiale.*

Fait à Andrinople le 5 Juin 1673.

XV.

TRAITÉ ENTRE LA FRANCE ET LA PORTE OTTOMANE.

*

L'EMPEREUR SULTAN MAHMOUD,
FILS DU SULTAN MOUSTAPHA,
TOUJOURS VICTORIEUX *.

Voici ce qu'ordonne ce signe glorieux et impérial, conquérant du monde, cette marque noble et sublime, dont l'efficacité procède de l'assistance divine.

Moi, qui par l'excellence des faveurs infinies du Très-Haut, et par l'éminence des miracles remplis de bénédiction du chef des prophètes (à qui soient les saluts les plus amples, de même qu'à sa famille et à ses compagnons), suis le Sultan des glorieux Sultans, l'Empereur des puissants Empereurs, le distributeur des couronnes aux Cosroès qui sont assis sur les trônes, l'ombre de Dieu sur la terre, le serviteur des deux illustres et nobles villes de la Mecque et de Médine, lieux augustes et sacrés où tous les Musulmans adressent leurs vœux, le protecteur et le maître de la sainte Jéru-

---

* Mots entrelacés dans le chiffre du Grand Seigneur.

salem; le souverain des trois grandes villes de Constantinople, Andrinople et Brousse de même que de Damas, odeur de Paradis, de Tripoli, de Syrie; de l'Égypte, la rareté du siècle et renommée pour ses délices; de toute l'Arabie; de l'Afrique, de Barca, de Cairovan, d'Alep, des Irak Arab et Adgen [1]; de Bassora, de Lahsa, de Dilem, et particulièrement de Bagdad, capitale des khalifes; de Rakka, de Mossoul, de Chehrezour, de Diarbekir, de Zulkadrie, d'Erzerum la délicieuse; de Sébaste, d'Adana, de la Caramanie, de Kars, de Tchildir, de Van; des îles de Morée, de Candie, Chypre, Chio et Rhodes; de la Barbarie, de l'Éthiopie; des places de guerre d'Alger, de Tripoli et de Tunis; des îles et des côtes de la mer Blanche et de la mer Noire; des pays de Natolie et des royaumes de Romélie; de tout le Kurdistan, de la Grèce, de la Turcomanie, de la Tartarie, de la Circassie, du Cabarta et de la Géorgie; des nobles tribus des Tartares et de toutes les hordes qui en dépendent; de Caffa et autres lieux circonvoisins; de toute la Bosnie et dépendances; de la forteresse de Belgrade, place de guerre; de la Servie, de même que des forteresses et châteaux qui s'y trouvent; des pays d'Albanie, de toute la Valachie, de la Moldavie, et des forts et fortins qui se trouvent dans ces cantons; possesseur enfin de nombre de villes et de forteresses, dont il est superflu de rapporter et de vanter ici les noms : moi qui suis l'Empereur, l'asile de la jus-

1. Adjem.

tice et le roi des rois, le centre de la victoire, le Sultan fils de Sultans, l'Empereur Mahmoud le conquérant, fils de Sultan Mustafa, fils de Sultan Muhammed; moi, qui par ma puissance, origine de la félicité, suis orné du titre d'Empereur des deux Terres, et, pour comble de la grandeur de mon khalifat, suis illustré du titre d'Empereur des deux Mers.

La gloire des grands princes de la croyance de Jésus, l'élite des grands et magnifiques de la religion du Messie, l'arbitre et le médiateur des affaires des nations chrétiennes, revêtu des vraies marques d'honneur et de dignité, rempli de grandeur, de gloire et de majesté, l'Empereur de France et d'autres vastes royaumes qui en dépendent, notre très-magnifique, très-honoré, sincère et ancien ami, LOUIS XV, auquel Dieu accorde tout succès et félicité, ayant envoyé à notre auguste cour, qui est le siége du khalifat, une lettre, contenant des témoignages de la plus parfaite sincérité et de la plus particulière affection, candeur et droiture, et ladite lettre étant destinée pour notre Sublime Porte de félicité, qui, par la bonté infinie de l'Être Suprême incontestablement majestueux, est l'asile des Sultans les plus magnifiques et des Empereurs les plus respectables; le modèle des seigneurs chrétiens, habile, prudent, estimé et honoré ministre, Louis-Sauveur marquis de Villeneuve, son conseiller d'État actuel, et son ambassadeur à notre Porte de félicité (dont la fin soit comblée de bonheur), aurait demandé la permission de présenter et de remettre ladite lettre, ce qui lui aurait été accordé par notre consentement impérial, conformément à l'ancien usage de notre cour; et conséquemment ledit ambassadeur ayant été admis jusque devant notre trône impérial, environné de lumière et de gloire, il y aurait remis la susdite lettre, et aurait été témoin de notre majesté, en participant à notre faveur et grâce impériale; ensuite la traduction de sa teneur affectueuse aurait été présentée et rapportée, selon l'ancienne coutume des Ottomans, au pied de notre sublime trône, par le canal du très-honoré Elhadj Mehemmed pacha, notre premier ministre, l'interprète absolu de nos ordonnances, l'ornement du monde, le maintien du bon ordre des peuples, l'ordonnateur des grades de notre empire, l'instrument de la gloire de notre couronne, le canal des grâces de la majesté royale, le très-vertueux grand visir, mon vénérable et fortuné ministre lieutenant général, dont Dieu fasse perpétuer et triompher le pouvoir et la prospérité.

Et comme les expressions de cette lettre amicale font connaître le désir et l'empressement de Sa Majesté à faire, comme par ci-devant, tous honneurs et ancienne amitié jusqu'à présent maintenus depuis un temps immémorial entre nos glorieux ancêtres (sur qui soit la lumière de Dieu) et les très-magnifiques Empereurs de France; et que dans ladite lettre il est question, en considération de la sincère amitié et de l'attachement particulier que la France a toujours témoignés à notre maison impériale, de renouveler encore, pendant l'heureux temps de notre glorieux règne, et de fortifier et

éclaircir, par l'addition de quelques articles, les capitulations impériales, déjà renouvelées l'an de l'hégire 1084, sous le règne de feu Sultan Mehemmed,
notre auguste aïeul, noble et généreux pendant sa
vie, et bienheureux à sa mort, lesquelles capitulations
avaient pour but[1] *que les ambassadeurs, consuls, interprètes, négociants et autres sujets de la France, soient
protégés et maintenus en tout repos et tranquillité,* et
qu'enfin il est parvenu à notre connaissance impériale
qu'il a été conféré sur ces points entre ledit ambassadeur et les ministres de notre Sublime Porte : les fondements de l'amitié qui, depuis un temps immémorial,
subsiste avec solidité entre la cour de France et notre
Sublime Porte, et les preuves convaincantes que Sa
Majesté en a données particulièrement du temps de
notre glorieux règne, faisant espérer que les liens d'une
pareille amitié ne peuvent que se resserrer et se fortifier de jour en jour, ces motifs nous ont inspiré des
sentiments conformes à ses désirs : et voulant procurer
au commerce une activité, et aux allants et venants une
sûreté, qui sont les fruits que doit produire l'amitié,
non-seulement nous avons confirmé par ces présentes
dans toute leur étendue, les capitulations anciennes et
renouvelées, de même que les articles insérés lors de la
susdite date ; mais pour procurer encore plus de repos
aux négociants et de vigueur au commerce, nous leur

1. Ce passage étant la base de tous les priviléges des Français en
Turquie, il sert souvent de motif dans les requêtes des ambassadeurs et
de fondement aux firmans du Grand Seigneur.

avons accordé l'exemption du droit de *mézeterie* qu'ils ont payé de tout temps, de même que plusieurs autres points concernant le commerce et la sûreté des allants et venants, lesquels ayant été discutés, traités et réglés en bonne et due forme dans les diverses conférences qui se sont tenues à ce sujet entre le susdit ambassadeur, muni d'un pouvoir suffisant, et les personnes préposées de la part de notre Sublime Porte : après l'entière conclusion de tout, mon suprême et absolu grand visir en aurait rendu compte à notre étrier impérial, et notre volonté étant de témoigner spécialement en cette occasion le cas et l'estime que nous faisons de l'ancienne et constante amitié de l'Empereur de France, qui vient de nous donner des marques particulières de la sincérité de son cœur, nous avons accordé notre signe impérial pour l'exécution des articles nouvellement conclus ; et conséquemment les capitulations anciennes et renouvelées, ayant été transcrites et rapportées exactement, mot pour mot au commencement, et suivies des articles nouvellement réglés et accordés, ces présentes capitulations impériales auraient été remises et consignées dans l'ordre susdit, entre les mains dudit ambassadeur : et pour l'exécution d'icelles, le présent commandement impérial serait émané dans les termes suivants, savoir :

I.

L'on n'inquiètera point les Français qui vont et viendront pour visiter Jérusalem, de même que les religieux qui sont dans l'église du Saint-Sépulcre, dite *Kamama*.

2.

Les Empereurs de France n'ayant eu aucun procédé qui pût porter atteinte à l'ancienne amitié qui les unit avec notre Sublime Porte, sous le règne de feu l'empereur Sultan Selim, d'heureuse mémoire, il aurait été accordé aux Français un commandement impérial pour la levée ci-devant prohibée des cotons en laine, cotons filés et cordouans ; maintenant, en considération de cette parfaite amitié, comme il a déjà été inséré dans les capitulations, que personne ne puisse les empêcher d'acheter des cires et des cuirs, dont la sortie était défendue du temps de nos magnifiques aïeux, ce privilége leur est confirmé comme par le passé.

3.

Et comme, par ci-devant, les marchands et autres Français n'ont point payé de droits sur les piastres qu'ils ont apportées de leur pays dans nos États, on n'en exigera pas non plus présentement ; et nos trésoriers et officiers de la monnaie ne les inquiéteront point, sous prétexte de fabriquer des monnaies du pays avec leurs piastres.

4.

Si des marchands français étaient embarqués sur un bâtiment ennemi, pour trafiquer (comme il serait con-

traire aux lois de vouloir les dépouiller et les faire
esclaves, parce qu'ils se seraient trouvés dans un navire
ennemi[1]), l'on ne pourra, sous ce prétexte, confisquer
leurs biens, ni faire esclave leur personne, pourvu qu'ils
ne soient point en acte d'hostilité sur un bâtiment corsaire, et qu'ils soient dans leur état de marchand.

5.

Si un Français, ayant chargé des provisions de
bouche en pays ennemi, sur son propre vaisseau, pour
les transporter en pays ennemi, était rencontré par des
bâtiments musulmans, on ne pourra prendre le vaisseau, ni faire esclaves les personnes, sous prétexte qu'ils
transportent des provisions à l'ennemi.

6.

Si quelqu'un de nos sujets emportait des provisions
de bouche, chargées dans les États musulmans, et qu'il
fût pris en chemin, les Français qui se trouveraient à
la solde dans le vaisseau, ne seront point faits esclaves.

1. Le mot de *harby*, employé ici et dans plusieurs autres endroits des
capitulations, ne veut pas dire tout à fait ennemi, et signifie littéralement *militaire* ou *relatif* à la guerre : il s'entend particulièrement des
nations chrétiennes qui ne sont point en traité avec la Porte, et généralement de toutes les nations ennemies ou amies, chez lesquelles le
musulmanisme n'est pas professé ouvertement. Il reviendrait assez au
titre de *barbare* que les Grecs et les Romains donnaient à toutes les
nations étrangères. (Note de M. Duval.)

7.

Lorsque des Français auront acheté, de plein gré, des provisions de bouche des navires turcs, et qu'ils seront rencontrés par nos vaisseaux, tandis qu'ils s'en vont dans leur pays, et non en pays ennemi, ces vaisseaux français ne pourront être confisqués, ni ceux qui seront dedans faits esclaves ; et s'il se trouve quelque Français pris de cette manière, il sera élargi, et ses effets restitués.

8.

Les marchandises qui, sous le bon plaisir de l'Empereur de France, seront apportées de ses États dans les nôtres par leurs marchands, de même que celles qu'ils emporteront, seront estimées au même prix qu'elles l'ont été anciennement pour l'exaction de douane, qui se percevra de la même façon, sans qu'il soit fait aucune augmentation sur l'estime desdites marchandises.

9.

On n'exigera la douane que des marchandises débarquées pour être vendues, et non de celles qu'on voudra transporter dans d'autres échelles, à quoi il ne sera mis aucun empêchement.

10.

On n'exigera d'eux, ni le nouvel impôt de *kassabié*,

reft, ni *badj,* ni *yassak kouly,* et pas plus de trois cents aspres pour le droit de bon voyage, dit *selametlik resmy* [1].

II.

Quoique les corsaires d'Alger soient traités favorablement, lorsqu'ils abordent dans les ports de France, où on leur donne de la poudre, du plomb, des voiles, et autres agrès; néanmoins, ils ne laissent pas de faire esclaves les Français qu'ils rencontrent, et de piller le bien des marchands, ce qui leur ayant été plusieurs fois défendu sous le règne de notre aïeul, de glorieuse mémoire, ils ne se seraient point amendés; bien loin de donner mon consentement impérial à une pareille conduite, nous voulons que, s'il se trouve quelque Français fait esclave de cette façon, il soit mis en liberté, et que ses effets lui soient entièrement restitués : et si, dans la suite, ces corsaires persistent dans leur désobéissance, sur les informations par lettre qui nous en seront données par Sa Majesté, le beglerbey qui se trouvera en place sera dépossédé, et l'on fera dédommager les Français des agrès qui auront été déprédés. Et comme jusqu'à présent ils ne se sont pas beaucoup souciés des défenses réitérées qui leur ont été faites à

---

1. D'anciennes traductions, sans autorité du texte, ont attribué ces droits à la boucherie, aux cuirs, aux buffles et à la garde des ports. Cependant l'expérience ayant fait voir que ces droits ne sont pas restreints à ces articles seulement, et que les Français ont joui de ces immunités indistinctement, il est bien plus naturel et plus avantageux d'expliquer l'article littéralement, et conséquemment sans restriction.

ce sujet, au cas que dorénavant ils n'agissent pas conformément à mon ordre impérial, l'Empereur de France ne les souffrira point sous ses forteresses, leur refusera l'entrée de ses ports; et les moyens qu'il prendra pour réprimer leurs brigandages ne donneront aucune atteinte à notre traité, conformément au commandement impérial émané du temps de nos ancêtres, dont nous confirmons ici la teneur, promettant encore d'agréer les plaintes, de même que les bons témoignages de Sa Majesté, sur cette matière.

12.

Nos augustes aïeux, de glorieuse mémoire, ayant accordé aux Français des commandements pour pêcher du corail et du poisson dans le golfe d'Usturgha, dépendant d'Alger et de Tunis, nous leur permettons pareillement de pêcher du corail et du poisson dans lesdits endroits, suivant l'ancienne coutume, et on ne les laissera inquiéter par personne à ce sujet.

13.

Leurs interprètes, qui sont au service de leurs ambassadeurs, seront exempts du tribut dit *kharatch*, du droit du *kassabié*, et des autres impôts arbitraires dits *tekialif-urfié*.

14.

Les marchands français qui auront chargé des effets

sur leurs bâtiments, et ceux de nos sujets qui trafiqueront avec leurs navires, en pays ennemi, payeront exactement aux ambassadeurs et aux consuls le droit de
consulat et leurs autres droits, sans opposition ni contravention quelconque.

15.

S'il arrivait quelque meurtre ou quelque autre
désordre entre les Français, leurs ambassadeurs et
leurs consuls en décideront selon leurs us et coutumes,
sans qu'aucun de nos officiers puisse les inquiéter à
cet égard.

16.

En cas que quelque personne intente un procès aux
consuls établis pour les affaires de leurs marchands, ils
ne pourront être mis en prison, ni leur maison scellée,
et leur cause sera écoutée à notre Porte de félicité; et si
l'on produisait des commandements antérieurs ou postérieurs, contraires à ces articles, ils seront de nulle
valeur, et il sera fait en conformité des capitulations
impériales.

17.

Et, outre que la famille des Empereurs de France [1]
est en possession des rênes de l'autorité souveraine

---

1. Renouvellements et additions accordés par sultan Ahmed Ier a M. de
Brèves, ambassadeur de Henri IV, en 1604.

avant les rois et lès princes les plus renommés parmi
les nations chrétiennes, comme depuis le temps de nos
augustes pères et de nos glorieux ancêtres elle a conservé avec notre Sublime Porte une amitié plus constante et plus sincère que tous les autres rois, sans que
depuis lors il soit rien survenu entre nous de contraire
à la foi des traités, et qu'elle a témoigné à cet égard
toute la constance et la fermeté possibles, nous voulons
que, lorsque les ambassadeurs de France, résidant à
notre Porte de félicité viendront à notre suprême divan,
et qu'ils iront chez nos visirs et nos très-honorés conseillers, ils aient, suivant l'ancienne coutume, le pas et
la préséance sur les ambassadeurs d'Espagne et des
autres rois.

18.

On n'exigera d'eux ni douane ni droit de *badj*, sur
ce qu'ils feront venir à leur dépens pour leurs présents
et habillements, et pour leurs besoins et provisions de
boire et de manger; et les consuls de France, qui sont
dans les villes de commerce, auront pareillement la
préséance sur les consuls d'Espagne et des autres Rois,
ainsi qu'il se pratique à notre Porte de félicité.

19.

Comme les Français qui commercent en tout temps
avec leurs biens, effets et navires, dans les échelles et
dans les ports de nos États, y vont et viennent sur la

bonne foi et sur l'assurance de la paix; lorsque leurs bâtiments seront exposés aux accidents de la mer, et qu'ils auront besoin de secours, nous ordonnons que nos vaisseaux de guerre et autres qui se trouveront à portée aient à leur donner toute l'assistance nécessaire, et que les commandants, chefs, capitaines ou lieutenants, ne manquent pas envers eux aux moindres égards, donnant tous leurs soins et leur attention à leur faire fournir, pour leur argent, les provisions dont ils auront besoin; et si, par la violence du vent, la mer jetait à terre leurs bâtiments, les gouverneurs, juges et autres les secourront, et tous les effets et marchandises sauvés du naufrage leur seront restitués sans difficulté.

20.

Nous voulons que les Français, marchands, drogmans et autres, pourvu qu'ils soient dans les bornes de leur état, aillent et viennent librement par mer et par terre, pour vendre, acheter et commercer dans nos États; et qu'après avoir payé les droits d'usage et de consulat, selon qu'il s'est toujours pratiqué, ils ne puissent être inquiétés ni molestés en allant et venant, par nos amiraux, capitaines de nos bâtiments et autres, non plus que par nos troupes.

21.

On ne pourra forcer les marchands français à prendre, contre leur gré, certaines marchandises, et ils ne seront point inquiétés à cet égard.

22.

Si quelque Français se trouve endetté, on attaquera le débiteur, et l'on ne pourra rechercher ni prendre à partie aucun autre, à moins qu'il ne soit sa caution.

Si un Français vient à mourir, ses biens et effets, sans que personne puisse s'y ingérer, seront remis à ses exécuteurs testamentaires; et s'il meurt sans testament, ses biens seront donnés à ses compatriotes, par l'entremise de leur consul, sans que les officiers du fisc et du droit d'aubaine, comme *beit-ulmaldjy* et *cassam*, puissent les inquiéter.

23.

Les marchands, les drogmans et les consuls français, dans leurs achats, ventes, commerce, cautionnements et autres affaires de justice, se rendront chez le cadi, où il feront dresser un acte de leurs accords, et le feront enregistrer, afin que si dans la suite il survenait quelque différend, on ait recours à l'acte et aux registres, et qu'on juge en conformité; et si, sans s'être muni de l'une ou de l'autre de ces formalités, l'on veut intenter quelque procès contre les règles de la justice, en ne produisant que des faux témoins, on ne permettra point de pareilles supercheries, et leur demande contraire à la justice ne sera point écoutée; et si, par pure avidité, quelqu'un accusait un Français de lui avoir dit des injures, on empêchera que le Français ne soit inquiété contre les loix de la justice; et si un Français venait à s'absenter pour cause de dette ou de quelque faute, on ne pourra saisir ni inquiéter à ce sujet aucun autre Français qui serait innocent, et qui n'aurait point été sa caution.

24.

S'il se trouve dans nos États quelque esclave dépendant de la France, et qu'il soit réclamé comme Français par les ambassadeurs ou leurs consuls, il sera amené avec son maître ou son procureur à ma Porte de félicité, pour que l'affaire y soit décidée. On n'exigera point de *kharatch*, ou tribut, des Français établis dans mes États.

25.

Lorsqu'ils enverront de leurs gens capables, pour remplacer leurs consuls établis à Alexandrie, à Tripoli de Syrie et dans les autres échelles, personne ne s'y opposera, et ils seront exempts des impôts arbitraires dits *tekialif-urfié*.

26.

Si quelqu'un avait un différend avec un marchand français, et qu'ils se portassent chez le cadi, ce juge n'écoutera point leur procès, si le drogman français ne se trouve présent; et, si cet interprète est occupé pour lors à quelque affaire pressante, on différera jusqu'à ce qu'il vienne : mais aussi les Français s'empresseront de le représenter, sans abuser du prétexte de l'absence de

leur drogman. Et s'il arrive quelque contestation entre
les Français, les ambassadeurs et les consuls en prendront connaissance, et en décideront selon leurs us et
coutume, sans que personne puisse s'y opposer.

27.

Il était d'un usage ancien que les bâtiments qui
partaient de Constantinople, après y avoir été visités,
l'étaient encore aux châteaux des Dardanelles, après
quoi on leur permettait de partir : on a introduit depuis,
contre l'ancienne coutume, une autre visite à Gallipoli ;
dorénavant, conformément à l'ancien usage, ils poursuivront leur route après qu'on les aura visités aux
Dardanelles.

28.

Quand nos vaisseaux, nos galères et nos armées
navales se rencontreront en mer avec les vaisseaux
français, ils ne feront aucun mal ni dommage ; mais au
contraire ils se donneront réciproquement toutes sortes
de témoignages d'amitié : et si de leur plein gré ils ne
font aucun présent, on ne les inquiétera point, et on ne
leur prendra par force ni agrès, ni hardes, ni jeunes
garçons, ni aucune autre chose qui leur appartienne.

29.

Nous confirmons aussi pour les Français tout ce qui
est contenu dans les capitulations impériales accordées

aux Vénitiens; et défendons à toutes sortes de personnes de s'opposer par aucun empêchement, contestation ni chicane, au cours de la justice, et à l'exécution de mes capitulations impériales.

30.

Nous voulons que les navires et autres bâtiments français, qui viendront dans nos États, y soient bien gardés et soutenus, et qu'ils puissent s'en retourner en toute sûreté; et si l'on pillait quelque chose de leurs hardes et de leurs effets, non-seulement on se donnera toutes sortes de mouvements pour le recouvrement, tant des biens que des hommes, mais même on punira rigoureusement les malfaiteurs, quels qu'ils puissent être.

31.

Commandons à nos gouverneurs, amiraux, vicerois, cadis, douaniers, capitaines de nos navires, et généralement tous autres habitants de nos États, d'exécuter ponctuellement tout ce qui est contenu dans cette capitulation impériale, symbole de la justice, sans y apporter la moindre contravention; de sorte que, si quelqu'un ose s'opposer et s'opiniâtrer contre l'exécution de mon commandement impérial, nous voulons qu'il soit regardé comme criminel et rebelle, et que comme tel il soit châtié sans aucune rémission ni délai, pour servir d'exemple aux autres. Enfin, notre volonté

est qu'on ne permette jamais rien de contraire à la
bonne foi et aux accords conclus par les capitulations
accordées sous les augustes règnes de nos magnifiques
aïeux de glorieuse mémoire.

32.

[1] Comme les nations ennemies qui n'ont point d'ambassadeurs décidés à ma Porte de félicité, allaient et
venaient ci-devant dans nos États, sous la bannière de
l'Empereur de France, soit pour commerce, soit pour
pèlerinage, suivant la permission impériale qu'ils en
avaient eue sous le règne de nos aïeux de glorieuse
mémoire, de même qu'il est aussi porté par les
anciennes capitulations accordées aux Français : et
comme ensuite, pour certaines raisons, l'entrée de nos
États avaient été absolument prohibée à ces mêmes
nations, et qu'elles avaient même été retranchées desdites capitulations ; néanmoins, l'Empereur de France
ayant témoigné par une lettre qu'il a envoyée à notre
Porte de félicité, qu'il désirait que les nations ennemies, auxquelles il était défendu de commercer dans
nos États, eussent la liberté d'aller et venir à Jérusalem,
de même qu'elles avaient coutume d'y aller et venir,
sans être aucunement inquiétées ; et que, si par la suite
il leur était permis d'aller et venir trafiquer dans nos
États, ce fût encore sous la bannière de France, comme

---

1. Renouvellement et additions accordés par sultan Mehemet IV à
M. de Nointel, ambassadeur de Louis XIV, en 1673.

par ci—devant, la demande de l'Empereur de France aurait été agréée en considération de l'ancienne amitié qui, depuis nos glorieux ancêtres, subsiste de père en fils entre Sa Majesté et ma Sublime Porte, et il serait émané un commandement impérial dont suit la teneur, savoir : Que les nations chrétiennes et ennemies, qui sont en paix avec l'Empereur de France et qui désireront visiter Jérusalem, puissent y aller et venir, dans les bornes de leur état, en la manière accoutumée, en toute liberté et sûreté, sans que personne leur cause aucun trouble ni empêchement ; et si, dans la suite, il convient d'accorder auxdites nations la liberté de commercer dans nos États, elles iront et viendront pour lors sous la bannière de l'Empereur de France, comme auparavant, sans qu'il leur soit permis d'aller et de venir sous aucune autre bannière.

Les anciennes capitulations impériales qui sont entre les mains des Français depuis les règnes de mes magnifiques aïeux jusqu'aujourd'hui, et qui viennent d'être rapportées en détail ci—dessus, ayant été maintenant renouvelées avec une addition de quelques nouveaux articles, conformément au commandement impérial, émané en vertu de mon khatti-cherif ; le premier de ces articles porte, que les évêques dépendants de la France, et les autres religieux qui professent la religion franque, de quelque nation ou espèce qu'ils soient, lorsqu'ils se tiendront dans les bornes de leur état, ne seront point troublés dans l'exercice de leurs fonctions, dans les endroits de notre empire où ils sont depuis longtemps.

33.

Les religieux francs qui, suivant l'ancienne coutume, sont établis dedans et dehors de la ville de Jérusalem, dans l'église du Saint-Sépulcre, appelée *Kamama*, ne seront point inquiétés pour les lieux de visitation qu'ils habitent, et qui sont entre leurs mains, lesquels resteront entre leurs mains comme par ci-devant, sans qu'ils puissent être inquiétés à cet égard, non plus que par des prétentions d'impositions ; et s'il leur survenait quelque procès qui ne pût être décidé sur les lieux, il sera renvoyé à ma Sublime Porte.

34.

Les Français, ou ceux qui dépendent d'eux, de quelque nation ou qualité qu'ils soient, qui iront à Jérusalem, ne seront point inquiétés en allant et venant.

35.

Les deux ordres de religieux français qui sont à Galata, savoir, les jésuites et les capucins, y ayant deux églises qu'ils ont entre leurs mains *ab antiquo*, elles resteront encore entre leurs mains, et ils en auront la possession et jouissance ; et comme l'une de ces églises a été brûlée, elle sera rebâtie avec permission de la justice, et elle restera comme par ci-devant entre les mains des capucins, sans qu'ils puissent être inquiétés à cet égard. On n'inquiètera pas non plus les églises que la nation française a à Smyrne, à Seyde, à Alexandrie et dans les autres échelles, et l'on n'exigera d'eux aucun argent sous ce prétexte.

36.

On n'inquiétera pas les Français, quand, dans les bornes de leur état, ils liront l'Évangile dans leur hôpital de Galata.

37.

Quoique les marchands français aient, de tout temps, payé cinq pour cent de douane sur les marchandises qu'ils apportaient dans nos États et qu'ils en emportaient; comme ils ont prié de réduire ce droit à trois pour cent, en considération de l'ancienne amitié qu'ils ont avec notre Sublime Porte, et de le faire insérer dans ces nouvelles capitulations, nous aurions agréé leur demande, et nous ordonnons qu'en conformité on ne puisse exiger d'eux plus de trois pour cent; et lorsqu'ils payeront leur douane, on la recevra en monnaie courante dans nos États, pour la même valeur qu'elle est reçue au trésor inépuisable, sans pouvoir être inquiétés sur la plus ou moins value d'icelle.

38.

Les Portugais, Siciliens, Catalans, Messinois, Anco-

nois et autres nations ennemies, qui n'ont ni ambassadeurs ni consuls ni agens à ma Sublime Porte, et qui
de leur plein gré, comme ils faisaient anciennement,
viendront dans nos États sous la bannière de l'Empereur de France, payeront la douane comme les Français, sans que personne puisse les inquiéter, pourvu
qu'ils se tiennent dans les bornes de leur état, et qu'ils
ne commettent rien de contraire à la paix et à la bonne
intelligence.

39.

Les Français payeront le droit de *méçeterie,* sur le
pied que le payent les marchands anglais ; et les receveurs de ce droit, qui seront à Constantinople et à
Galata, ne pourront les molester pour en exiger davantage. Et si les receveurs de la douane, pour augmenter leurs droits, veulent estimer les marchandises à plus
haut prix, ils ne pourront refuser de la même marchandise au lieu d'argent ; et quand ils auront été payés de
la douane sur les soies et les indiennes, ils ne pourront
l'exiger une seconde fois ; et lorsque les douaniers
auront reçu leur douane, ils en donneront l'acquit, et
n'empêcheront point les Français de porter leurs marchandises dans une autre échelle, où l'on ne pourra
non plus les inquiéter par la prétention d'une seconde
douane.

40.

Les consuls de France et ceux qui en dépendent,
comme religieux, marchands et interprètes, pourront

faire faire du vin dans leurs maisons, et en faire venir de dehors pour leur provision ordinaire, sans qu'on puisse les inquiéter à ce sujet.

41.

Les procès excédant quatre mille aspres, seront écoutés à mon divan impérial et nulle part ailleurs.

42.

S'il arrivait quelque meurtre dans les endroits où il y a des Français, tant qu'il ne sera point donné de preuves contre eux, on ne pourra désormais les inquiéter ni leur imposer aucune amende, dite *djérimé*.

43.

Les priviléges ou immunités accordés aux Français auront aussi lieu pour les interprètes qui sont au service de leurs ambassadeurs.

[1] Non-seulement j'accepte et confirme les présentes capitulations anciennes et renouvelées, ainsi qu'il a été rapporté ci-dessus, sous le règne de mon auguste aïeul de glorieuse mémoire ; mais encore les articles demandés et nouvellement réglés et accordés ont été joints à ces anciennes capitulations dans la forme et teneur ci-après, savoir :

---

1. Renouvellement et additions accordés par sultan Mahmoud à M. de Villeneuve, ambassadeur de Louis XV, en 1740.

44.

Outre le pas et la préséance portés par le sens des précédents articles, en faveur des ambassadeurs et des consuls du très-magnifique Empereur de France : comme le titre d'Empereur a été attribué *ab antiquo* par ma Sublime Porte à Sadite Majesté, ses ambassadeurs et ses consuls seront aussi traités et considérés par ma Porte de félicité avec les honneurs convenables à ce titre.

45.

Les ambassadeurs du très-magnifique Empereur de France, de même que ses consuls, se serviront de tels drogmans qu'ils voudront, et emploieront tels janissaires qu'il leur plaira, sans que personne puisse les obliger de se servir de ceux qui ne leur conviendraient pas.

46.

Les drogmans véritablement français étant les représentants des ambassadeurs et des consuls, lorsqu'ils interpréteront au juste leur commission et qu'ils s'acquitteront de leurs fonctions, ils ne pourront être ni réprimandés ni emprisonnés ; et, s'ils viennent à manquer en quelque chose, ils seront corrigés par leurs ambassadeurs ou leurs consuls, sans que personne autre puisse les molester.

47.

Des domestiques, *raïas* ou sujets de ma Sublime Porte qui sont au service de l'ambassadeur dans son palais, quinze seulement seront exempts des impositions et ne seront point inquiétés à ce sujet.

48.

Ceux qui sont sous la domination de ma Sublime Porte, Musulmans ou raïas, tels qu'ils soient, ne pourront forcer les consuls de France, véritablement français, à comparaître personnellement en justice, lorsqu'ils auront des drogmans ; et en cas de besoin, ces Musulmans ou raïas plaideront avec les drogmans qui auront été commis à cet effet par leurs consuls.

49.

Les pachas, cadis et autres commandants, ne pourront empêcher les consuls, ni leurs substituts par commandement, d'arborer leur pavillon suivant l'étiquette, dans les endroits où ils ont coutume d'habiter depuis longtemps.

50.

Il sera permis d'employer, pour la sûreté des maisons des consuls, tels janissaires qu'ils demanderont, et ces sortes de janissaires seront protégés par les odabachis et par les autres officiers, sans que pour cela on puisse exiger desdits janissaires aucun droit ni reconnaissance.

51.

Lorsque les consuls, les drogmans et les autres dépendants de la France, feront venir du raisin pour leur usage, dans les maisons où ils habitent, pour en faire du vin, ou qu'il leur viendra du vin pour leur provision, nous voulons que, tant à l'entrée que lors du transport, les janissaires aga, bostandgy–bachy, toptchy-bachy, vaivodes et autres officiers, ne puissent demander aucun droit ni donative, et qu'on se conforme à cet égard au contenu des commandements qui ont été donnés à ce sujet par les Empereurs nos prédécesseurs, et qu'on a été dans l'usage de donner jusqu'à présent.

52.

S'il arrive que les consuls et les négociants français aient quelques contestations avec les consuls et les négociants d'une autre nation chrétienne, il leur sera permis, du consentement et à la réquisition des parties, de se pourvoir par-devant leurs ambassadeurs qui résident à ma Sublime Porte; et tant que le demandeur et le défendeur ne consentiront pas à porter ces sortes de procès par-devant les pachas, cadis, officiers ou douaniers, ceux-ci ne pourront pas les y forcer, ni prétendre en prendre connaissance.

53.

Lorsque quelque marchand français, ou dépendant de la France, fera une banqueroute avérée et manifeste, ses créanciers seront payés sur ce qui restera de ses effets, et pourvu qu'ils ne soient pas munis de quelque titre valable de cautionnement, soit de l'ambassadeur, des consuls, des drogmans ou de quelqu'autre Français, on ne pourra rechercher à ce sujet lesdits ambassadeurs, consuls, drogmans ni autres Français, et l'on ne pourra les arrêter en prétendant de les en rendre responsables.

54.

Lorsque les corsaires et autres ennemis de ma Sublime Porte auront commis quelque déprédation sur les côtes de notre empire, les consuls et les négociants français ne seront point inquiétés ni molestés, conformément au contenu des commandements ci-devant accordés ; et comme, pour la sûreté réciproque, il est nécessaire de reconnaître les scélérats appelés *forbans*, afin qu'ils soient tous connus dorénavant, lorsque les bâtiments barbaresques ou autres corsaires viendront dans les échelles de notre empire, nos commandants et autres officiers examineront leurs passe-ports avec attention, et les commandements ci-devant accordés à ce sujet seront exécutés comme par le passé ; à condition néanmoins que les consuls français examineront avec soin, et feront savoir si les bâtiments qui viendront dans nos

ports avec le pavillon de France sont véritablement
français; et, après les perquisitions dûment faites de la
manière ci-dessus spécifiée, tant nos officiers que les
consuls de France s'en donneront réciproquement des
avis de bouche et même par écrit, si le cas requiert
pour la sûreté réciproque des parties.

55.

La cour de France étant depuis un temps immémorial en amitié et en bonne intelligence avec ma
Sublime Porte, et le très-magnifique Empereur de
de France, de même que sa cour, ayant particulièrement donné ses soins dans les traités de paix qui sont
survenus depuis peu, il a paru que quelque faveur
dans certaines affaires de convenances était un moyen
de fortifier l'amitié, et un sujet d'en multiplier de plus
en plus les témoignages ; c'est pourquoi nous voulons
que dorénavant les marchandises qui seront embarquées
dans les ports de France, et qui viendront à notre capitale chargées sur des bâtiments véritablement français,
avec manifeste et pavillon de France, de même que
celles qui seront chargées dans notre capitale sur des
bâtiments véritablement français, pour être portées en
France, après qu'elles auront payé le droit de douane
et celui de bon voyage, dit *selametlik-resmy*, conformément aux capitulations antérieures, lorsque les Français négocieront ces sortes de marchandises avec quelqu'un, l'on ne puisse exiger d'eux, sous quelque

prétexte que ce soit, le droit de *mézeterie,* dont l'exemption leur est pleinement accordée pour l'article de la *mézeterie* tant seulement.

56.

Comme il a été accordé aux marchands français et aux dépendants de la France de ne payer que 3 p. o/o, de douane sur les marchandises qu'ils apporteront de leur propre pays dans les États de notre domination, non plus que sur celles qu'ils emportent d'ici dans leur pays ; quoique dans les précédentes capitulations on n'ait compris que les cotons en laine, cotons filés, maroquins, cires, cuirs et soieries, nous voulons qu'indépendamment de ces marchandises ils puissent, en payant la douane suivant les capitulations impériales, charger sans opposition toutes celles qu'ils ont coutume de charger pour leur pays, et qui pour cet effet sont spécifiées dans le tarif bullé du douanier, à l'exception toutefois de celles qui sont prohibées.

57.

Les marchands français, après avoir payé la douane aux douaniers, à raison de 3 p. o/o, conformément aux capitulations, et après en avoir pris, suivant l'usage, l'acquit dit *eda tezkeressy,* lorsqu'ils le produiront, il y sera fait honneur, et l'on ne pourra leur demander une seconde douane. Et attendu qu'il nous aurait été représenté que certains douaniers, portés par leur esprit d'avidité, n'exigent en apparence que 3 p. o/o, tandis qu'ils en perçoivent réellement davantage, et que, par la différence qui existe dans l'appréciation des marchandises, il se trouve que, sur les diverses qualités de drap, insérées dans le tarif de la douane de Constantinople, de même que dans les tarifs de quelques échelles, et notamment dans celle d'Alep, la douane excède les 3 p. o/o; pour faire cesser toute discussion à cet égard, il sera permis de redresser les tarifs, de façon que la douane des draps que l'on apportera à l'avenir ne puisse excéder les 3 p. o/o, conformément aux capitulations impériales; et lorsqu'ils voudront vendre les marchandises qu'ils auront apportées, à tels de nos sujets et marchands de notre empire qu'ils jugeront à propos, personne autre ne pourra les inquiéter ni quereller, sous prétexte de vouloir les acheter de préférence.

58.

Lorsque les *fess* ou bonnets que les négociants français apportent de France ou de Tunis, arrivent à Smyrne, le douanier de la douane des fruits de Smyrne, forme toujours des contestations à ce sujet, prétendant que c'est lui qui est l'exacteur de la douane des *fess* : étant donc nécessaire de mettre cet article dans une bonne forme, nous voulons qu'à l'avenir ledit douanier ne puisse exiger la douane des *fess* que les négociants français apporteront, lorsqu'ils ne se vendront pas à Smyrne; et, en cas qu'ils s'y vendissent, le droit de douane sur ces bonnets sera, selon l'usage, exigé par ledit douanier : et s'ils viennent à Constantinople, le droit de douane en sera payé, selon l'usage, au grand douanier.

59.

Si les marchands français veulent porter en temps de paix des marchandises non prohibées, des États de mon empire, par terre ou par mer, de même que par les rivières du Danube et du Tanaïs, dans les États de Moscovie, Russie et autres pays, et en apporter dans mes États, dès qu'ils auront payé la douane et les autres droits, quels qu'ils soient, comme le payent les autres nations franques, lorsqu'ils feront ce commerce, il ne leur sera fait sans raison aucune opposition.

60.

Ayant été représenté que certains envieux et vindicatifs, voulant molester les négociants français contre les capitulations, et ne pouvant pas exécuter leur dessein, ils attaquent de temps en temps sans raison, et inquiètent leurs censaux, pour troubler le commerce desdits négociants, nous voulons qu'à l'avenir les censaux qui vont et viennent parmi les marchands, pour les affaires desdits négociants, ne soient inquiétés en aucune façon, et que, de quelque nation que soient les censaux dont ils se servent, on ne puisse leur faire violence ni les empêcher de servir. Si certains de la nation juive et autres prétendent d'hériter de l'emploi de censal, les marchands français se serviront de telles personnes qu'ils voudront; et lorsque ceux qui se trouveront à leur service seront chassés, ou viendront à mourir, on ne pourra rien exiger ni prétendre de ceux qui leur succéderont, sous prétexte d'un droit de retenue nommé *ghédik*, ou d'une portion dans les censeries, et l'on châtiera ceux qui agiront contre la teneur de cette disposition.

61.

Bien qu'il soit expressément porté par les articles précédents que les droits de consulat et de bailliage seront payés aux ambassadeurs et aux consuls de France, sur les marchandises qui seront chargées sur les bâtiments français : cependant, comme il a été représenté que ce point rencontre des difficultés de la part des marchands et des *raïas* sujets de notre empire, nous ordonnons que lorsque les marchands et *raïas* sujets de notre Sublime Porte chargeront sur des bâtiments français des marchandises sujettes à la douane, il soit donné des ordres rigoureux pour que les marchandises dont le droit de consulat n'aura pas été compris dans le nolis, lors du nolissement, ne soient point retirées de la douane, à moins qu'au préalable ledit droit de consulat n'ait été payé conformément aux capitulations.

62.

Comme l'empire ottoman abonde en fruits, il pourra venir de France une fois l'année, dans les années d'abondance des fruits secs, deux ou trois bâtiments, pour acheter et charger de ces fruits, cómme figues, raisins secs, noisettes et autres fruits semblables quelconques; et après que la douane en aura été payée, conformément aux capitulations impériales, on ne mettra aucune opposition au chargement ni à l'exportation de cette marchandise.

Il sera aussi permis aux bâtiments français d'acheter et de charger du sel dans l'île de Chypre et dans les autres échelles de notre empire, de la même manière que les Musulmans y en prennent, sans que nos commandants, gouverneurs, cadis et autres officiers, puissent les en empêcher, voulant qu'ils soient protégés conformément à mes anciennes capitulations, à présent renouvelées.

63.

Les marchands français et autres dépendants de la France pourront voyager avec les passe-ports qu'ils auront pris, sur les attestations des ambassadeurs ou des consuls de France; et, pour leur sûreté et commodité, ils pourront s'habiller suivant l'usage du pays, et faire leurs affaires dans mes États, sans que ces sortes de voyageurs, se tenant dans les bornes de leur devoir, puissent être inquiétés pour le tribut *kharatch,* ni pour aucun autre impôt; et lorsque, conformément aux capitulations impériales, ils auront des effets sujets à la douane, après en avoir payé le droit, suivant l'usage, les pachas, cadis et autres officiers ne s'opposeront point à leur passage; et, de la façon ci-dessus mentionnée, il leur sera fourni des passe-ports en conformité des attestations dont ils seront munis, leur accordant toute l'assistance possible par rapport à leur sûreté.

64.

Les négociants français et les protégés de France ne payeront ni droit ni douane sur les monnaies d'or et d'argent qu'ils apporteront dans nos États, de même que pour celles qu'ils emporteront; et on ne les forcera point de convertir leurs monnaies en monnaie de mon empire.

65.

Si un Français ou un protégé de France commettait quelque meurtre ou quelque autre crime, et qu'on voulût que la justice en prît connaissance, les juges de mon empire et les officiers ne pourront y procéder qu'en présence de l'ambassadeur et des consuls ou de leurs substituts, dans les endroits où ils se trouveront; et, afin qu'il ne fassent rien de contraire à la noble justice ni aux capitulations impériales, il sera procédé de part et d'autre, avec attention, aux perquisitions et recherches nécessaires.

66.

Lorsque notre *miry* ou quelqu'un de nos sujets, marchand ou autre, sera porteur de lettres de change sur les Français, si ceux sur qui elles sont tirées ou les personnes qui en dépendent ne les acceptent pas, on ne pourra, sans cause légitime, les contraindre au payement de ces lettres, et l'on en exigera seulement une lettre de refus, pour agir en conséquence contre le tireur, et l'ambassadeur de même que les consuls se donneront tous les mouvements possibles pour en procurer le remboursement.

67.

Les Français qui sont établis dans mes États, soit mariés, soit non mariés, quels qu'ils soient, ne seront point inquiétés par la demande du tribut nommé *kharatch*.

68.

Si un Français, marchand, artisan, officier ou matelot, embrasse la religion musulmane, et qu'il soit vérifié et prouvé qu'outre ses propres marchandises il a des effets appartenants à des dépendants des Français, ces sortes d'effets seront consignés à l'ambassadeur ou aux consuls, dans les endroits où il y en aura, pour être ensuite remis aux propriétaires ; et, dans les endroits où il n'y aura ni consuls ni ambassadeur, ces effets seront consignés aux personnes qu'ils enverront de leur part avec des pièces justificatives.

69.

Si un marchand français voulant partir pour quelque endroit, l'ambassadeur ou les consuls se rendent sa

caution, on ne pourra retarder son voyage, sous prétexte de lui faire payer ses dettes ; et les procès qui les
concernent, excédant quatre mille aspres, seront ren-
voyés à ma Sublime Porte, selon l'usage et conformément aux capitulations impériales.

70.

Les gens de justice et les officiers de ma Sublime
Porte, de même que les gens d'épée, ne pourront sans
nécessité entrer par force dans une maison habitée par
un Français ; et, lorsque le cas requerra d'y entrer, on
en avertira l'ambassadeur ou le consul, dans les endroits
où il y en aura, et l'on se transportera dans l'endroit
en question, avec les personnes qui auront été commises
de leur part ; et si quelqu'un contrevient à cette disposition il sera châtié.

71.

Comme il aurait été représenté que les pachas, cadis
et autres officiers voulaient quelquefois revoir et juger
de nouveau des affaires survenues entre les négociants
français et d'autres personnes, quoique ces affaires
eussent déjà été jugées et terminées juridiquement et
par *hudjet,* et même que le cas était souvent arrivé ; de
sorte que non-seulement il n'y avait point pour eux de
sûreté dans un procès déjà décidé, mais même qu'il
intervenait dans un même lieu des jugements contra-
dictoires à des sentences déjà rendues ; nous voulons

que, dans le cas spécifié ci-dessus, les procès qui surviendront entre des Français et d'autres personnes, ayant
été une fois vus et terminés juridiquement et par *hudjet,*
ils ne puissent plus être revus ; et que, si l'on requiert
une révision de ces procès, on ne puisse donner de
commandement pour faire comparaître les parties, ni
expédier commissaire ou huissier, qu'au préalable il
n'en ait été donné connaissance à l'ambassadeur de
France, et qu'il ne soit venu de la part du consul et
du défendeur, une réponse avec des informations exactes
sur le fait, et il sera permis d'accorder un temps suffisant pour faire venir des informations sur ces sortes
d'affaires ; enfin, s'il émane quelque commandement
pour revoir un procès de cette nature, on aura soin
qu'il soit vu, décidé et terminé à ma Sublime Porte ;
et dans ce cas, il sera libre à ceux qui sont dépendants
de la France, de comparaître en personne, ou de con-
stituer à leur place un procureur juridiquement autorisé, et lorsque les dépendants de ma Sublime Porte
voudront intenter procès à quelque Français, si le
demandeur n'est muni de titres juridiques ou de billets,
leur procès ne sera point écouté.

72.

On nous aurait aussi représenté que, dans les procès qui surviennent, les dépenses qui se font pour faire
comparaître les parties, et pour les épices ordinaires,
étant supportées par celui qui a le bon droit, et les

avanistes qui intentent injustement des procès, n'étant soumis à aucun frais, ils sont invités par là à faire toujours de nouvelles avanies; sur quoi, nous voulons qu'à l'avenir, il soit permis de faire supporter les susdits dépens et frais par ceux qui oseront intenter contre la justice un procès dans lequel ils n'auront aucun droit : mais lorsque les Français ou les dépendants de la France poursuivront juridiquement des sujets ou des dépendants de ma Sublime Porte, en recouvrement de quelque somme due, on n'exigera d'eux pour droits de justice ou *mahkemé,* de commissaire ou *mubachirié,* d'assignations ou *ihzarié,* que deux pour cent sur le montant de la somme recouvrée par sentence, conformément aux anciennes capitulations, et on ne les molestera point par des prétentions plus considérables.

73.

Les bâtiments français qui, selon l'usage, aborderont dans les ports de mon empire, seront traités amicalement : ils y achèteront, avec leur argent, leur simple nécessaire pour leur boire et leur manger, et l'on n'empêchera ni l'achat et la vente, ni le transport desdites provisions, tant de bouche que pour la cuisine, sur lesquelles on n'exigera ni droits ni donatives.

74.

Dans toutes les échelles, ports et côtes de mon empire, lorsque les capitaines ou patrons des bâtiments

français auront besoin de faire calfater, donner le suif
et radouber leurs bâtiments, les commandants n'empêcheront point qu'il leur soit fourni pour leur argent la
quantité de suif, goudron, poix et ouvriers qui leur
seront nécessaires ; et, s'il arrive que, par quelque malheur, un bâtiment français vienne à manquer d'agrès, il
sera permis, seulement pour ce bâtiment, d'acheter
mâts, ancres, voiles et matériaux pour les mâts, sans
que pour ces articles il soit exigé aucune donative ;
et lorsque les bâtiments français se trouveront dans
quelque échelle, les fermiers, *musselems*, et autres
officiers, de même que les *kharatchi*, ne pourront les
retenir sous prétexte de vouloir exiger le *kharatch* de
leurs passagers qu'il leur sera libre de conduire à leur
destination ; et s'il se trouve dans le bâtiment des *raïas*,
sujets au *kharatch*, ils le payeront audit lieu, ainsi qu'il
est de droit, afin qu'à cette occasion il ne soit point fait
de tort au fisc.

75.

Lorsque les Musulmans ou les *raïas*, sujets de ma
Sublime Porte, chargeront des marchandises sur des
bâtiments français, pour les transporter d'une échelle
de mon empire à une autre, il n'y sera porté aucun
empêchement ; et comme il nous a été représenté que
les sujets de notre Sublime Porte, qui nolisent de ces
bâtiments, les quittent quelquefois pendant la route, et
font difficulté de payer le nolis dont ils sont convenus ;
si, sans aucune raison légitime, ces sortes de nolisa-

taires viennent à quitter en route les bâtiments nolisés, il sera ordonné et prescrit au cadi et autres commandants de faire payer en entier le nolis desdits bâtiments, ainsi qu'il en aura été convenu par le *temessuk* ou contrat, comme faisant un loyer formel.

76.

Les gouverneurs, commandants, cadis, douaniers, vaivodes, *musselems,* officiers, gens notables du pays, gens d'affaires et autres, ne contreviendront en aucune façon aux capitulations impériales : et si, de part et d'autre, on y contrevient en molestant quelqu'un, soit par paroles, soit par voie de fait : de même que les Français seront châtiés par leur consul ou supérieur, conformément aux capitulations, il sera aussi donné des ordres, suivant l'exigence des cas, pour punir les sujets de notre Sublime Porte des vexations qu'ils auraient commises, sur les représentations qui en seraient faites par l'ambassadeur et les consuls, après que le fait aura été bien avéré.

77.

Si par un malheur, quelques bâtiments français venaient à échouer sur les côtes de notre empire, il leur sera donné toutes sortes de secours pour le recouvrement de leurs effets ; et si le bâtiment naufragé peut être réparé, ou que la marchandise sauvée soit chargée sur un autre bâtiment, pour être transportée au lieu de sa destination, pourvu que ces marchandises ne soient pas négociées sur les lieux, on ne pourra exiger sur lesdites marchandises ni douane ni aucun autre droit.

78.

Outre que le capitan-pacha, les capitaines de nos vaisseaux de guerre, les beys de galère, les commandants de galiotes et les autres bâtiments de notre Sublime Porte, et notamment ceux qui font le commerce d'Alexandrie, ne pourront détenir ni inquiéter les bâtiments français contre la teneur des capitulations impériales, ni en exiger par force des présents, sous quelque prétexte que ce soit; lorsqu'ils rencontreront en mer des bâtiments français, soit de guerre, soit marchands, ils se donneront réciproquement, suivant l'ancien usage, des marques d'amitié.

79.

Lorsque les bâtiments marchands français voient nos vaisseaux de guerre, galères, sultanes et autres bâtiments du Sultan, il arrive que, quoiqu'ils soient dans l'intention de leur faire les politesses usitées depuis longtemps, ils sont cependant inquiétés pour n'être pas venus sur-le-champ à leur bord, par l'impossibilité où ils sont quelquefois de mettre avec promptitude leur chaloupe à la mer; ainsi, pourvu qu'on voie qu'ils se mettent en état de remplir les usages pratiqués. on ne pourra les molester, sous prétexte qu'ils auront tardé de venir à bord.

Les bâtiments français ne pourront être détenus sans raison dans nos ports, et on ne leur prendra par force ni leur chaloupe, ni leurs matelots; et la détention surtout des bâtiments chargés de marchandises, occasionnant un préjudice considérable, il ne sera plus permis à l'avenir de rien commettre de semblable. Lorsque les commandants des bâtiments de guerre susdits, iront dans les échelles où il y a des Français établis, pour empêcher leurs Levantis et leurs gens de faire aucun tort aux Français et de les inquiéter, ils ne les laisseront aller à terre qu'avec un nombre suffisant d'officiers, et ils établiront une garde pour la sûreté des Français et de leur commerce; et, lorsque les Français iront à terre, les commandants des places ou des échelles, et les autres officiers de terre, ne les molesteront en aucune façon contre la justice et les usages; de sorte que, si l'on se plaint qu'à ces égards il ait été commis quelque action contraire aux capitulations impériales, ceux qui seront en faute seront sévèrement punis, après la vérification des faits; et pareillement, de la part des Français, il ne sera nullement permis aucune démarche peu modérée contraire à l'amitié.

80.

Lorsque, pour cause de nécessité, on sera dans un cas urgent de noliser quelque bâtiment français de la part du *miry*, les commandants ou autres officiers qui seront chargés de cette commission en avertiront l'ambassadeur ou les consuls dans les endroits où il y en aura, et ceux-ci destineront les bâtiments qu'ils trouveront convenables ; et, dans les endroits où il n'y aura ni ambassadeur ni consul, ces bâtiments seront nolisés de leur bon gré ; et l'on ne pourra, sous ce prétexte, détenir les bâtiments français ; et ceux qui seront chargés ne seront ni molestés, ni forcés de décharger leurs marchandises.

81.

Comme il a été représenté que malgré l'assistance souvent accordée aux Français, conséquemment à l'exacte observation des articles des précédentes capitulations concernant les corsaires de Barbarie, ceux-ci, non contents de molester les bâtiments français qu'ils rencontrent en mer, insultent et vexent encore les consuls et les négociants français qui se trouvent dans les échelles où ils abordent ; lorsqu'à l'avenir il arrivera des procédés irréguliers de cette nature, les pachas, commandants et autres officiers de notre empire, protégeront et défendront les consuls et les marchands français, et sur les témoignages que rendront les ambassadeurs et les consuls, que les bâtiments qui viendront sous les forteresses et dans les échelles de nos États sont véritablement français, on empêchera de toutes manières que ces corsaires ne les prennent, et l'on ne prendra aucun bâtiment sous le canon ; et si ces corsaires causent quelque dommage aux Français, dans les endroits de notre empire où il y aura des pachas et des commandants, il sera permis, pour intimider, de donner des ordres rigoureux pour leur faire supporter les pertes et les dommages qui seront survenus. ·

82.

Lorsque les endroits, dont les religieux dépendants de la France ont la possession et la jouissance à Jérusalem, ainsi qu'il en est fait mention dans les articles précédemment accordés et actuellement renouvelés, auront besoin d'être réparés, pour prévenir la ruine à laquelle ils seraient exposés par [la suite des temps, il sera permis d'accorder, à la réquisition de l'ambassadeur de France résidant à ma Porte de félicité, des commandements, pour que ces réparations soient faites d'une façon conforme aux tolérances de la justice ; et les cadis, commandants et autres officiers, ne pourront mettre aucune sorte d'empêchement aux choses accordées par commandement. Et comme il est arrivé que nos officiers, sous prétexte que l'on avait fait des réparations secrètes dans les susdits lieux y faisaient plusieurs visites dans l'année, et rançonnaient les religieux, nous voulons que de la part des pachas, cadis, commandants et autres officiers qui s'y trouvent, il ne soit fait qu'une visite par an dans l'église de l'endroit qu'ils nomment le *Sépulcre de Jésus,* de même que dans leurs autres églises et lieux de visitations. Les évêques et religieux dépendants de l'Empereur de France, qui se trouvent dans mon empire, seront protégés, tant qu'ils se tiendront dans les bornes de leur état, et personne ne pourra les empêcher d'exercer leur rit suivant leur usage, dans les églises qui sont entre leurs mains, de même que dans les autres lieux où ils habitent : et lorsque nos sujets tributaires et les Français iront et viendront les uns chez les autres, pour ventes, achats et autres affaires, on ne pourra les molester contre les lois sacrées pour cause de cette fréquentation ; et comme il est porté par les articles précédemment stipulés, qu'ils pourront lire l'Évangile dans les bornes de leur devoir, dans leur hôpital de Galata ; cependant, cela n'ayant pas été exécuté, nous voulons que dans tel endroit où cet hôpital pourra se trouver à l'avenir, dans une forme juridique, ils puissent, conformément aux anciennes capitulations, y lire l'Évangile dans les bornes du devoir, sans être inquiétés à ce sujet.

83.

Comme l'amitié de la cour de France avec ma Sublime Porte est plus ancienne que celle des autres cours, nous ordonnons, pour qu'il soit traité avec elle de la manière la plus digne, que les priviléges et les honneurs pratiqués envers les autres nations franques aient aussi lieu à l'égard des sujets de l'Empereur de France.

84.

L'ambassadeur, les consuls et les drogmans de France, ainsi que les négociants et artisans qui en dépendent; plus, les capitaines des bâtiments français et leurs gens de mer, enfin leurs religieux et leurs évêques, tant qu'ils seront dans les bornes de leur état et qu'ils s'abstiendront de toutes démarches qui pourraient porter atteinte aux devoirs de l'amitié et aux droits de la sincérité, jouiront dorénavant de ces anciens et nouveaux articles ci-présentement stipulés, lesquels seront exécutés en faveur des quatre états ci-dessus mentionnés; et si l'on venait à produire même quelque commandement d'une date antérieure ou postérieure, contraire à la teneur de ces articles, il restera sans exécution, et sera supprimé et biffé, conformément aux capitulations impériales.

85.

Ma généreuse et Sublime Porte ayant à présent renouvelé la paix ci-devant conclue avec les Français, et pour donner de plus en plus des témoignages d'une sincère amitié, y ayant à cet effet ajouté et fortifié certains articles convenables et nécessaires, il sera expédié des commandements rigoureux à tous les commandants et officiers des principales échelles et autres endroits où besoin sera, aux fins qu'à l'avenir il soit fait honneur aux articles de ma capitulation impériale, et qu'on ait à s'abstenir de toute démarche contraire à son contenu, et il sera permis d'en faire l'enregistrement dans les *mahkemés*, ou tribunaux publics. Conséquemment, tant que de la part de Sa Majesté le très-magnifique Empereur de France et de ses successeurs il sera constamment donné des témoignages de sincérité et de bonne amitié envers notre glorieux empire le siége du khalifat : Pareillement de la part de Notre Majesté impériale, je m'engage, sous notre auguste serment le plus sacré et le plus inviolable, soit pour notre sacrée personne impériale, soit pour nos augustes successeurs, de même que pour nos suprêmes visirs, nos honorés pachas, et généralement tous nos illustres serviteurs qui ont l'honneur et le bonheur d'être dans notre esclavage, que jamais il ne sera rien permis de contraire aux présents articles : Et afin que de part et d'autre on soit toujours attentif à fortifier et cimenter les fondements de la sincère amitié et de la bonne correspondance réciproque, nous voulons que ces gracieuses capitulations impériales soient exécutées selon leur noble teneur.

Écrit le quatre de la lune de Rebiul-ewel, l'an de l'hégire onze cent cinquante-trois.

Dans la résidence impériale de Constantinople la bien gardée.

XVI.

Traité de paix entre la République française et la Sublime Porte ottomane,
signé a Paris le 6 messidor an x [25 juin
1802].

Le premier consul de la République française, au
nom du peuple français, et le sublime Empereur ottoman, voulant rétablir les rapports primitifs de paix et
d'amitié qui ont existé de tout temps entre la France et
la Sublime Porte, ont nommé, dans cette vue, pour
ministres plénipotentiaires, savoir :

Le premier consul, au nom du peuple français, le
citoyen Charles–Maurice Talleyrand, ministre des relations extérieures de la République française;

Et la Sublime Porte ottomane, Esseid–Mohamed-
Said - Ghalib Effendi, rapporteur actuel, secrétaire
intime et directeur des affaires étrangères.

Lesquels, après avoir échangé leurs pleins pouvoirs,
sont convenus des articles suivants :

ART. 1er.

Il y aura à l'avenir paix et amitié perpétuelles entre
la République française et la Sublime Porte ottomane.

Les hostilités cesseront désormais et pour toujours entre les deux États.

ART. 2.

Les traités ou capitulations qui, avant l'époque de la guerre, déterminaient respectivement les rapports de toute espèce qui existaient entre les deux puissances, sont entièrement renouvelés. En conséquence de ce renouvellement et en exécution des articles des anciennes capitulations, en vertu desquels les Français ont le droit de jouir, dans les États de la Sublime Porte, de tous les avantages qui sont accordés à d'autres puissances, la Sublime Porte consent à ce que les vaisseaux du commerce français, portant pavillon français, jouissent désormais sans aucune contestation du droit d'entrer et de naviguer librement dans la mer Noire.

La Sublime Porte consent de plus à ce que lesdits vaisseaux français, à leur entrée et à leur sortie de cette mer, et pour tout ce qui peut favoriser leur libre navigation, soient entièrement assimilés aux vaisseaux marchands des nations qui naviguent dans la mer Noire.

La Sublime Porte et le gouvernement de la République prendront de concert des mesures efficaces pour purger de toute espèce de forbans les mers qui servent à la navigation des vaisseaux marchands des deux États. La Sublime Porte promet de protéger contre toute espèce de piraterie le commerce des Français qui naviguent dans la mer Noire.

Il est entendu que les avantages assurés aux Fran-

çais, par le présent article, dans l'empire ottoman, sont
également assurés aux sujets et au pavillon de la
Sublime Porte, dans les mers et sur le territoire de la
République française.

ART. 3.

La République française jouira, dans les pays ottomans qui bordent ou avoisinent la mer Noire, tant pour
son commerce que pour les agents et commissaires des
relations commerciales, qui pourront être établis dans
les lieux où les besoins du commerce français rendront
cet établissement nécessaire, des mêmes droits, priviléges et prérogatives dont la France jouissait avant la
guerre, dans les autres parties des États de la Sublime
Porte, en vertu des anciennes capitulations.

ART. 4.

La Sublime Porte accepte, en ce qui la concerne, le
traité conclu à Amiens entre la France et l'Angleterre,
le 4 germinal an x (22 zilhidjé 1216). Tous les articles
de ce traité, qui sont relatifs à la Sublime Porte, sont
formellement renouvelés dans le présent traité.

ART. 5.

La République française et la Sublime Porte se
garantissent mutuellement l'intégrité de leurs possessions.

ART. 6.

Les restitutions et compensations dues aux agents des deux puissances, ainsi qu'aux citoyens et sujets dont les biens ont été confisqués ou séquestrés pendant la guerre, seront réglées avec équité, par un arrangement particulier, qui sera fait à Constantinople entre les deux gouvernements.

ART. 7.

En attendant qu'il soit pris de concert de nouveaux arrangements sur les discussions qui ont pu s'élever relativement aux droits de douanes, on se conformera, à cet égard, dans les deux pays, aux anciennes capitulations.

ART. 8.

S'il existe encore des prisonniers qui soient détenus par suite de la guerre dans les deux États, ils seront immédiatement mis en liberté sans rançon.

ART. 9.

La République française et la Sublime Porte ayant voulu, par le présent traité, se placer dans les États l'une de l'autre, sur le pied de la puissance la plus favorisée, il est entendu qu'elles s'accordent respectivement, dans les deux États, tous les avantages qui pourraient être ou avoir été accordés à d'autres puissances, comme si lesdits avantages étaient expressément stipulés dans le présent traité.

ART. 10.

Les ratifications du présent traité seront échangées à Paris, dans l'espace de quatre-vingts jours, ou plus tôt, si faire se peut.

Fait à Paris, le 6 messidor an x de la République française (25 juin 1802), et le 24 Safer Ulhaïr 1217.

Signé Ch. Maur. TALLEYRAND.

ESSEID-MOHAMED-SAID-GHALIB EFFENDI.

XVII.

TRAITÉ DE COMMERCE CONCLU ENTRE LA FRANCE ET LA PORTE OTTOMANE LE 25 NOVEMBRE 1838.

Pendant la longue alliance qui a heureusement subsisté entre la France et la Sublime Porte, des capitulations obtenues de la Porte et des traités conclus entre les deux puissances ont réglé le taux des droits payables sur les marchandises exportées de Turquie, comme sur celles importées dans les domaines du Grand

Seigneur, et ont établi et consacré les droits, priviléges, immunités et obligations des marchands français trafiquant ou résidant dans l'étendue de l'empire Ottoman. Cependant, depuis l'époque où les capitulations on. été revisées pour la dernière fois, des changements de différente nature sont survenus, tant dans l'administration intérieure de l'empire turc, que dans ses relations extérieures avec les autres puissances, et Sa Majesté l'Empereur des Français et Sa Hautesse le Sultan sont convenus de régler de nouveau, par un acte spécial et additionnel, les rapports commerciaux de leurs sujets, le tout dans le but d'augmenter le commerce entre leurs États respectifs, comme dans celui de faciliter davantage l'échange des produits de l'un des deux pays avec ceux de l'autre : à cet effet, ils ont nommé pour leurs plénipotentiaires :

Sa Majesté l'Empereur des Français, M. Albin-Reine, baron Roussin, vice-amiral, pair de France, membre de l'Académie des sciences, grand-croix de l'ordre impérial de la Légion d'honneur, décoré du grand ordre de Nichani-Iftihar, grand-croix de l'ordre grec du Sauveur, commandeur de l'Ordre de la Croix du Sud du Brésil, son ambassadeur près la Sublime Porte,

Et Sa Hautesse le Sultan, le très-excellent et très-distingué Méhémed Noury Effendi, conseiller d'État au département des affaires étrangères, tenant le porte-feuille de ce ministère par intérim, décoré de l'ordre du Nichani-Iftihar de première classe, grand-croix de l'ordre belge de Léopold, — et le très-excellent et très-distingué Mustapha Kiani bey, membre du conseil suprême d'État, président du conseil d'utilité publique et du commerce, ministre d'État de première classe, revêtu des décorations affectées à ces deux emplois.

Lesquels, après s'être donné réciproquement communication de leurs pleins pouvoirs trouvés dans la bonne et due forme, sont tombés d'accord sur les articles suivants :

ARTICLE PREMIER.

Tous les droits, priviléges et immunités qui ont été conférés aux sujets ou aux bâtiments français par les capitulations et les traités existants sont confirmés aujourd'hui et pour toujours, à l'exception de ceux qui vont être spécialement modifiés par la présente convention, et il est, en outre, expressément entendu que tous les droits, priviléges et immunités que la Sublime Porte accorde aujourd'hui ou pourrait accorder à l'avenir aux bâtiments et aux sujets de toute autre puissance étrangère, seront également accordés aux sujets ou aux bâtiments français, qui en auront de droit l'exercice et la jouissance.

ART. 2.

Les sujets de Sa Majesté l'Empereur des Français ou leurs ayants cause pourront acheter, dans toutes les parties de l'empire Ottoman, soit qu'ils veuillent en faire le commerce à l'intérieur, soit qu'ils se proposent

34

de les exporter, tous les articles sans exception provenant du sol ou de l'industrie de ce pays. La Sublime
Porte s'engage formellement à abolir tous les monopoles
qui frappent les produits de l'agriculture et les autres
productions quelconques de son territoire, comme aussi
elle renonce à l'usage des *te{kérés* demandés aux autorités locales pour l'achat de ces marchandises ou pour
les transporter d'un lieu à un autre quand elles
étaient achetées; toute tentative qui serait faite par une
autorité quelconque pour forcer les sujets français à se
pourvoir de semblables permis ou *te{kérés,* sera considérée comme une infraction aux traités, et la Sublime
Porte punira immédiatement avec sévérité tous vézirs
ou autres fonctionnaires auxquels on aurait une pareille
infraction à reprocher, et elle indemnisera les sujets
français des pertes ou vexations dont ils pourront prouver qu'ils ont eu à souffrir.

ART. 3.

Les marchands français ou leurs ayants cause qui
achèteront un objet quelconque produit du sol ou de
l'industrie de la Turquie, dans le but de le revendre
pour la consommation dans l'intérieur de l'empire
Ottoman, payeront, lors de l'achat ou de la vente, les
mêmes droits qui sont payés dans des circonstances
analogues par les sujets musulmans ou par les *raïas*
les plus favorisés parmi ceux qui se livrent au commerce intérieur.

ART. 4.

Tout article produit du sol ou de l'industrie de la Turquie, acheté pour l'exportation, sera transporté libre de toute espèce de charge et de droits à un lieu convenable d'embarquement par les négociants français ou leurs ayants cause. Arrivé là, il payera à son entrée un droit fixe de 9 pour 100 de sa valeur, en remplacement des anciens droits de commerce intérieur supprimés par la présente convention. A sa sortie, il payera le droit de 3 pour 100 anciennement établi, et qui demeure subsistant. Il est toutefois bien entendu que tout article acheté au lieu d'embarquement pour l'exportation, et qui aura déjà payé à son entrée le droit intérieur, ne sera plus soumis qu'au seul droit primitif de 3 pour 100.

ART. 5.

Tout article produit du sol ou de l'industrie de la France et de ses dépendances, et toutes marchandises, de quelque espèce qu'elles soient, embarquées sur des bâtiments français et étant la propriété de sujets français, ou apportées par terre ou par mer, d'autres pays par des sujets français, seront admis comme antérieurement dans toutes les parties de l'empire Ottoman, sans aucune exception, moyennant un droit de 3 pour 100 calculé sur la valeur de ces articles.

En remplacement de tous les droits de commerce intérieur qui se perçoivent aujourd'hui sur lesdites marchandises, le négociant français qui les importera, soit qu'il les vende au lieu d'arrivée, soit qu'il les expédie dans l'intérieur pour les y vendre, payera un droit additionnel de 2 pour 100. Si ensuite ces marchandises sont revendues à l'intérieur ou à l'extérieur, il ne sera plus exigé aucun droit ni du vendeur ni de l'acheteur, ni de celui qui, les ayant achetées, désirera les expédier au dehors.

Les marchandises qui auront payé l'ancien droit d'importation de 3 pour 100 dans un port pourront être envoyées dans un autre port, franches de tous droits, et ce n'est que lorsqu'elles y seront vendues ou transportées de celui-ci dans l'intérieur du pays que le droit additionnel de 2 pour 100 devra être acquitté.

Il demeure entendu que le gouvernement de Sa Majesté l'Empereur des Français ne prétend pas, soit par cet article, soit par aucun autre du présent traité, stipuler au delà du sens naturel et précis des termes employés, ni priver en aucune manière le gouvernement de Sa Hautesse de l'exercice de ses droits d'administration intérieure, en tant, toutefois, que ces droits ne porteront pas une atteinte manifeste aux stipulations des anciens traités et aux priviléges accordés par la présente convention aux sujets français et à leurs propriétés.

ART. 6.

Les sujets français ou leurs ayants cause pourront librement trafiquer dans toutes les parties de l'empire

Ottoman des marchandises apportées des pays étrangers;
et si ces marchandises n'ont payé à leur entrée que le
droit d'importation, le négociant français ou son ayant
cause aura la faculté d'en trafiquer, en payant le droit
additionnel de 2 pour 100 auquel il serait soumis pour la
vente des propres marchandises qu'il aurait lui-même
importées, ou pour leur transmission faite dans l'intérieur avec l'intention de les y vendre. Ce payement
une fois acquitté, ces marchandises seront libres de tous
autres droits, quelle que soit la destination ultérieure
qui sera donnée à ces marchandises.

ART. 7.

Aucun droit quelconque ne sera prélevé sur les
marchandises françaises produit du sol ou de l'industrie de la France et de ses dépendances, ni sur les marchandises provenant du sol ou de l'industrie de tout
autre pays étranger, quand ces deux sortes de marchandises, embarquées sur des bâtiments français appartenant à des sujets français, passeront par les détroits des
Dardanelles, du Bosphore ou de la mer Noire, soit que
ces marchandises traversent ces détroits sur les bâtiments qui les ont apportées, ou qu'elles soient transportées sur d'autres bâtiments, ou que, devant être vendues
ailleurs, elles soient, pour un temps limité, déposées à
terre pour être mises à bord d'autres bâtiments et continuer leur voyage.

Toutes les marchandises importées en Turquie pour

être transportées en d'autres pays, ou qui, restant entre les mains de l'importateur, seront expédiées par lui dans d'autres pays pour y être vendues, ne payeront que le premier droit d'importation de 3 pour 100, sans que, sous aucun prétexte, on puisse les assujettir à d'autres droits.

ART. 8.

Les fermans exigés des bâtiments marchands français à leur passage dans les Dardanelles et dans le Bosphore leur seront toujours délivrés de manière à leur occasionner le moins de retard possible.

ART. 9.

La Sublime Porte consent à ce que la législation créée par la présente convention soit exécutable dans toutes les provinces de l'empire Ottoman, c'est-à-dire dans les possessions de Sa Hautesse situées en Europe et en Asie, en Égypte et dans les autres parties de l'Afrique appartenant à la Sublime Porte, et qu'elle soit applicable à toutes les classes de sujets ottomans.

La Sublime Porte déclare aussi ne point s'opposer à ce que les autres puissances étrangères cherchent à faire jouir leur commerce des stipulations contenues dans la présente convention.

ART. 10.

Suivant la coutume établie entre la France et la

Sublime Porte, et afin de prévenir toute difficulté et tout retard dans l'estimation de la valeur des articles importés en Turquie ou exportés des États Ottomans par les sujets français, des commissaires versés dans la connaissance du commerce des deux pays ont été nommés, tous les quatorze ans, pour fixer par un tarif la somme d'argent en monnaie du Grand Seigneur qui devra être payée sur chaque article Or le terme de quatorze ans, pendant lequel le dernier tarif devait rester en vigueur, étant expiré, les hautes parties contractantes sont convenues de nommer conjointement de nouveaux commissaires pour fixer et déterminer le montant en argent qui doit être payé par les sujets français comme droit de 3 pour 100 sur la valeur de tous les articles de commerce importés et exportés par eux. Lesdits commissaires s'occuperont de régler avec équité le mode de payement des nouveaux droits auxquels la présente convention soumet les produits turcs destinés à l'exportation, et détermineront les lieux d'embarquement dans lesquels l'acquittement de ces droits sera le plus facile.

Le nouveau tarif établi restera en vigueur pendant sept années, à dater de sa fixation. Après ce terme, chacune des hautes parties contractantes aura droit d'en demander la révision. Mais si, pendant les six mois qui suivront l'expiration des sept premières années, ni l'une ni l'autre n'use de cette faculté, le tarif continuera d'avoir force de loi pour sept autres années, à dater du jour où les premières seront expirées, et il en sera de même à la fin de chaque période successive de sept années.

CONCLUSION.

La présente convention sera ratifiée ; les ratifications en seront échangées à Constantinople, dans l'espace de trois mois ou plus tôt si faire se peut, et elle ne commencera toutefois à être mise à exécution qu'au mois de mars mil huit cent trente-neuf.

Les dix articles qui précèdent ayant été arrêtés et conclus, le présent acte a été signé par nous, et il est remis à Leurs Excellences les plénipotentiaires de la Sublime Porte, en échange de celui qu'ils nous remettent eux-mêmes.

Fait à Constantinople le 25 novembre 1838.

Le Vice-Amiral, Pair de France, Ambassadeur de l'Empereur.

BARON ROUSSIN.

Nous, ayant agréable ladite convention, toutes et chacune des dispositions qui y sont contenues, déclarons, tant pour nos héritiers et successeurs, qu'elle est acceptée, approuvée, ratifiée et confirmée, et par ces présentes, signées de notre main, nous l'acceptons, approuvons, ratifions et confirmons, promettant en foi et en parole d'Empereur, de l'observer et de la faire observer inviolablement, sans y jamais contrevenir ni

permettre qu'il y soit contrevenu directement ni indirectement, en quelque manière et sous quelque prétexte
que ce soit. En foi de quoi nous avons apposé notre
sceau impérial à ces présentes.

Donné en notre palais impérial des Tuileries, le
dix–neuvième jour du mois de janvier de l'an de grâce
mil huit cent trente-neuf.

Signé LOUIS-PHILIPPE.

Par Sa Majesté l'Empereur,

Signé MOLÉ.

TABLE DES MATIÈRES

AVANT-PROPOS.   I

Mémoire sur l'ambassade de France en Turquie   I

INTRODUCTION.   7

PREMIÈRE PARTIE..   29

DEUXIÈME PARTIE   179

Liste des ambassadeurs, ministres et agents politiques

   des Rois de France à la Porte Ottomane depuis

   François Ier jusqu'à Louis XVI   179

   Jean Frangipani   179

   Antoine de Rincon   180

   Jean de la Forest.   181

   Jean de Montluc   181

   Marillac   182

   Cesar Cantelmo.   183

   Antoine Polin, baron de la Garde.   183

   Gabriel d'Aramon.   185

   Chesneau.   187

Codignac. 187

La Vigne 188

Pétremol. 190

Du Bourg 191

Grandchamp 192

La Triquerie. 193

François de Noailles, évêque d'Acqs 193

Gilles de Noailles 196

Jugé. 197

Germigny, baron de Germolles 197

Berthier 199

Jacques Savari, seigneur de Lancosme. 199

François Savari, seigneur de Brèves 201

François de Gontaut Biron, baron de Salignac. . . . 204

Achille de Harlay Sancy, baron de la Môle. 205

Philippe de Harlay, comte de Cézy 207

Henry de Gournay, comte de Marcheville 211

Jean de la Haye, seigneur de Vantelec 215

Jean François Roboly. 219

Denis de la Haye, sieur de Vantelec 221

Charles-François Olier de Nointel. 227

Gabriel-Joseph de la Vergne de Guilleragues 232

Jean-Baptiste Fabre. 237

Pierre de Girardin 238

L'abbé de Girardin 241

Pierre-Antoine de Castagnères de Châteauneuf 241

Charles de Ferriol, baron d'Argental 246

Pierre Puchot, seigneur de Clinchamp, comte des
Alleurs 252

Jean-Louis d'Usson, marquis de Bonac   255

Jean-Baptiste-Louis Picon, vicomte d'Andrezel. . . .   258

Gaspard de Fontenu   259

Louis-Sauveur de Villeneuve.   260

Michel-Ange, comte de Castellane   263

Roland Puchot, comte des Alleurs   265

Charles Gravier, comte de Vergennes   267

TROISIÈME PARTIE.   269

Mémoire sur le commerce et la navigation de la France
en Levant   269

Tableau général du commerce français dans le Levant et
de l'exploitation générale de ce commerce dans chaque
échelle.   327

APPENDICE.   345

I.   Confirmation par Soliman II du Traité fait antérieurement, sous la domination des Sultans mamelucks d'Égypte, avec les consuls de France à
Alexandrie.   345

II.   Traité conclu entre Sultan Suleyman et François Ier. .   353

III. Articles accordez par le Grand Seigneur, en faveur
du Roy et de ses subjects, à Messire Claude du
Bourg, pour la liberté et seurté du traffiq, commerce et passage és pays et mers de Levant . . .   362

IV.   Lettre du Roy au Grand Seigneur (6 janv. 1581) .   375

V.   Lettre du Roy à Sinan Bassa, sur le renouvellement
des capitulations   379

VI.   Capitulations du Roy avec le Grand Seigneur,
confirmées et renouvelées de M. de Germigny
(juil. 1581)   381

VII. Lettre du Grand Seigneur au Roy, sur le renouvellement des capitulations faites par les soins du sieur de Germigny 392

VIII. Confirmation d'alliance avec le Grand Seigneur par Henry IV (1597) 398

IX. Lettre du sultan Mehemet III à Henry IV. 410

X. Capitulations de 1604. 415

XI. Notes sur quelques articles du précédent Traicté . . 430

XII. Lettres de Henri IV à M. de Brèves 439

XIII. Lettre du Roy au Grand Seigneur 444

Mémoire des prétentions de M. l'Ambassadeur pour le renouvellement des capitulations. 446

XIV. Capitulations de 1673. 454

XV. Traité entre la France et la Porte Ottomane (1740). 475

XVI. Traité de Paix entre la République française et la Sublime Porte ottomane (Paris, 25 juin 1802). . 523

XVII. Traité de commerce conclu entre la France et la Porte Ottomane (25 novembre 1838). 527

FIN DE LA TABLE.

A. Quantin imprimeur : S' Benoît. — 7. à Paris.